IRENE FRANKEN • **FRAUEN IN KÖLN**

IRENE FRANKEN

FRAUEN IN KÖLN

DER HISTORISCHE STADTFÜHRER

J.P. Bachem Verlag

Bibliografische Information
Der Deutschen Bibliothek
Die Deutsche Bibliothek verzeichnet
diese Publikation in der Deutschen
Nationalbibliografie; detaillierte
bibliografische Daten sind im Internet
über http://dnb.ddb.de abrufbar.

Titelbilder
Kölner Frauengeschichtsverein:
obere Reihe links, 2. links, rechts
*Ditgen, Peter et al.: Köln auf alten
Ansichtskarten. Köln 1995:*
3. von links und 5. von links
Rheinisches Bildarchiv:
4. von links, Mitte und unten

1. Auflage 2008
© J.P. Bachem Verlag, Köln 2008
Lektorat: Severin Roeseling, Köln
Aktuelle Fotos: Uta Chlubek
Reproduktionen / Gestaltung:
Reprowerkstatt Wargalla, Köln /
Hans Schlimbach AGD, Köln
Druck:
Grafisches Centrum Cuno, Calbe
Printed in Germany
ISBN 978-3-7616-2029-8

www.bachem.de

Inhalt

Einführung ..... S. 8

1 Schutz vor Verführung im **Kölner Hauptbahnhof** ..... S. 14

2 Kaiserchic – **Alter Wartesaal** ..... S. 20

3 **Armut ist weiblich** – Überlebenskampf zu Füßen des Doms ..... S. 22

4 **Sibylle Mertens-Schaaffhausen** – Kölns erste Archäologin ..... S. 23

5 High-Tech-**Knochengroove** ..... S. 27

6 **Stadtverband Kölner Frauenvereine** ..... S. 29

7 Zugang zur Stadt und Besitzmarkierung – **Pforte des römischen Nordtores** ..... S. 33

8 **Der Dom** – ein Ort von Frauengeschichte? ..... S. 34

9 »... ein Mittelding zwischen Duftwasser, Medizin und Getränk« – **Klosterfrau Melissengeist** ..... S. 46

10 Mobilitätshilfe Duftwasser – **Das Blau-Gold-Haus** ..... S. 49

11 Zeitgemäße **Platznutzung** ..... S. 49

12 Göttliche und Kaiser-Mütter – **Das Römisch-Germanische Museum** ..... S. 53

13 »Mit heißen Herzen« – **Die nationalen Frauen** ..... S. 56

14 Vom Sofa aus für die Kolonie wirken. **Kölner Frauen-Kolonialvereine** ..... S. 65

15 **Pumpen** – schwere Frauenarbeit! ..... S. 69

16 Elitefrauen: **Der Kölner Frauen-Klub** ..... S. 70

17 Kunst für alle – **die Artothek** ..... S. 75

18 Stylisches Ruinenambiente – **das Prätorium** ..... S. 77

19 Mutter oder Jungfrau **Colonia**? ..... S. 79

20 Karriere durch Mannes Gnaden -- **Bankerin Therese Oppenheim** ..... S. 81

21 **Rechtsschutz** in Zeiten fehlender Sozialabsicherungen ..... S. 82

22 **Rederecht** für Frauen ..... S. 84

23 Kölns erste **Salondame** ..... S. 85

24 **Karitative Arbeit** von Frauen für Säuglinge und Gebärende ..... S. 87

25 **Rathaus**
Justitia – Bürgerrecht – Sophia Korth – Frauenwahlrecht – Ratsturmfiguren ..... S. 93

26 **Frauenbrunnen** ..... S. 112

Inhalt

27 Spuren in Stein – **die mittelalterliche jüdische Gemeinde** Deutschlands ..... S. 114

28 **Exportartikel** der Luxusklasse ..... S. 120

29 »... tröstet onfehlbar **die Weiber** ...« ..... S. 121

30 Aus eigener Betroffenheit: **Frauenkampf gegen Alkoholismus** ..... S. 125

31 Klotz oder Schatzkiste? **Das Wallraf-Richartz-Museum** ..... S. 127

32 **Nachtleben** an der »Marsporz« ..... S. 129

33 Sparen für die Pänz – **der Kästchenverein** ..... S. 132

34 Geschlechtswechsel – **Die Seidenmacherinnen** werden sichtbar ..... S. 133

35 **Alter Markt** – bunte Hüüscher
Griet und Jan – Marktfrauen – Straf-Ort – Karneval ..... S. 137

36 **Dicke Nase** – wenig Gehirn ..... S. 150

37 **St. Martin** & »Bishop Bridget«
Hospital – Beginen ..... S. 153

38 Die rettenden Schwiegertöchter bei **Brügelmanns** ..... S. 161

39 **Frankenturm** – Hexenturm? ..... S. 164

40 **Am Rheinufer**
Gedenkstein – Ursula – Frauenfest – Baden – Fronleichnam – Wirtinnen ..... S. 166

41 **Stapeln** macht reich – Wo bitte geht's zum Hafen? 176

42 **Fischmarkt** ..... S. 179

43 Dauerperformance und Matratzenlager – **Avantgarde bei Mary Bauermeister** ..... S. 181

44 **Bürgerliche Idylle und Armenmief** ..... S. 183

45 **Gedok** ..... S. 186

46 **Zöllnerinnen und Schmugglerinnen** ..... S. 191

47 Die kleinen Revolten der Lie Selter – **Institutionelle Frauenförderung fördert Köln** ..... S. 195

48 Das Hänneschen in Frauenhand – **Prinzipalinnen in der Kleinkunst** ganz groß ..... S. 197

49 Brauerinnen, Trinkerinnen, Kellnerinnen – **Kölnische Brauhaus-»Kultur«** ..... S. 199

50 Platzwandel – Platzverlust (Heumarkt) ..... S. 205

51 Erinnerungsplatte an die **Börse** ..... S. 209

52 **Der Gürzenich** ..... S. 212

53 **Bruloffshaus** – Hochzeiten in Köln ..... S. 215

54	Trauernde Eltern – Gedenken in der Ruine **Alt St. Alban** ..... *S. 217*	65	**Else Falk** – ein Born der Frauenförderung ..... *S. 265*
55	**Stadthaus** – Wohlfahrt *Wohlfahrtsschule – Amalie Lauer – Hertha Kraus* ..... *S. 218*	66	**Goa** – das erste erfolgreiche Kölner Frauenunternehmen der Neuzeit ..... *S. 268*
56	**Kapitolstempel** (St. Maria im Kapitol) ..... *S. 228*	67	Einbruch der **Frauenvereinskultur** ..... *S. 269*
57	Machtraum der Frauen – **das Äbtissinnenhaus** *Dorothea und Friedrich Schlegel* ..... *S. 242*	68	Magnet Warenhaus: **Leonhard Tietz in Köln** ..... *S. 272*
		69	Fast Food aus der Klappe – **frühe Automatenrestaurants** ..... *S. 278*
58	**Vinzentinerinnen** – karitativ und umstritten ..... *S. 245*	70	»Die fleißigen Hände« – **Koch- und Haushaltungsschule** ..... *S. 279*
59	**Kölner Frauengeschichtsverein** ..... *S. 248*	71	Verdächtige Flaneurinnen – **Passagebau** ..... *S. 280*
60	Eigenwillige **Lehrerinnen** – berühmte **Schülerinnen** *erstes preußisches Mädchengymnasium* ..... *S. 249*	72	Grande Dame der Photographie – **das Atelier für künstlerische Photographie** ..... *S. 284*
61	Flucht-, Prozessions-, Gedenkort - der frühere **Immunitätsbezirk** ..... *S. 255*	73	Die wahre Geschichte der **Heinzelmännchen** ..... *S. 285*
62	**Castans Panoptikum** – Monstrositäten und rassistische Inszenierungen ..... *S. 260*		

Anmerkungen ..... *S. 288*

Register ..... *S. 298*

Bildnachweis ..... *S. 303*

63	**Adele Rautenstrauch,** geb. Joest – Stifterin ..... *S. 262*
64	Eingemauert und mitten drin – **Klausnerinnen** ..... *S. 264*

Einführung

2001 erschien die erste Auflage von *Köln. Der Frauenstadtführer*. Der Erfolg der neuartigen Kölner ›Stadtbegleiterin‹ mit raschem Ausverkauf bewirkte anhaltende Fragen nach einer zweiten Auflage. Nun erscheint also ein neuer Frauenstadtführer, eine Erweiterung mit neuen Schwerpunkten und aktuellen Informationen.

Luxuriöses Reisen:
Mittelalterliche
Pilgergruppe

Die große Nachfrage bestätigte die Herangehensweise, Kölner Geschichte aus der Perspektive der Frauen aufzufächern. Kaum eine andere deutsche Stadt bietet sich hierfür historisch so sehr, im Hinblick auf ihre Bausubstanz aufgrund von Kriegsfolgen aber und Kahlschlag so wenig an. Köln war unter frauengeschichtlichen Aspekten zu vielen Zeiten herausragend. Es beginnt mit einer Stadtgründungsgeschichte, die eng mit einer weiblichen Regentin verknüpft ist. Als zentrale Kampf-, Bet- und Handelsstadt basierte die römische Metropole am Rhein in hohem Umfang auf der Erwerbsarbeit des nur angeblich ›schwachen Geschlechts‹. In der mittelalterlichen Handwerks-, Pilger- und Handelsstadt wurden Frauen über Jahrhunderte hinweg mehr Rechte zugestanden als andernorts. Weibliche Heilige waren in der kirchlichen und religiösen Tradition der Stadt von hoher Bedeutung. Eine beträchtliche Zahl über die Stadt hinaus bekannt gewordener Unternehmerinnen, Geistlicher, einzelner gelehrter Frauen und ab dem späten 19. Jahrhundert aktiver ›Frauenrechtlerinnen‹ prägte die Stadt.

Als Marktplatz, als Arbeitsort, als Reiseziel für Pilgerinnen oder Religionsflüchtlinge, Bildungsreisende und Touristinnen war Köln stets Anziehungspunkt für weibliche ›Fremde‹ aus dem Umland wie aus der Ferne. Touristinnen, die sich heute der Stadt nähern, stehen von daher in einer langen Tradition.

Jede weibliche Reisegruppe hat in der – leider erfundenen – Geschichte der auf dem Rhein anreisenden 10.999 Jungfrauen in Begleitung der Anführerin Ursula ihre (bildliche) Vorläuferin. Einwandererfamilien wie das Ehepaar Henot-de Haen oder die Schürmanns kamen aus ökonomischen oder religiösen Gründen nach Köln und brachten hier herausragende Töchter hervor.

Die ersten Köln-Touristinnen waren Anfang des 19. Jahrhunderts abenteuerlustige Engländerinnen, später folgten gebildete Deutsche wie die Reiseschriftstellerin Johanna Schopenhauer, die Lyrikerin Annette von Droste-Hülshoff – bisweilen fassungslos ob der industriellen Modernisierung – oder die Vormärzautorin und als ›Blaustrumpf‹ verschriene Jüdin Fanny Lewald.

Klassenfahrt nach Köln: Erwartungsvolle Schülerinnen aus Arnsberg (1925)

Stadtführer, die frauenspezifische Interessen berücksichtigten, standen den frühen Reisenden nicht zur Verfügung: Die Autoren des im 18. Jahrhundert entwickelten Genres der Reiseliteratur richteten sich an eine männliche Leserschaft. Dass auch schon mal eine Ehefrau ihren Teil dazu beitrug, wurde dezent verschwiegen. Die Naturschilderungen des 1828 erschienenen Werkes »Rheinreise von Mainz bis Köln« von Johann August Klein etwa stammen in Wirklichkeit aus der Feder seiner Ehefrau.[1] Es bildete die Grundlage des ersten ›Baedecker‹. Da die Reiseratgeber des 19. Jahrhunderts kaum Alltagserfahrungen behandelten, beschränkten sich die wenigen Nennungen von Frauen auf Herrscherinnen und Heilige. Erst seit die Sozial- und Frauengeschichte des 20. Jahrhunderts den Alltag von

›normalen‹ Frauen als überlieferungswürdig erachtet, findet dieser – gelegentlich – Eingang in die Reiseliteratur.

Auch das Berufsfeld der Stadtführerin mussten sich Frauen erst erkämpfen. Nachdem erste organisierte britische Bildungsreisegruppen Mitte des 19. Jahrhunderts auf den Kontinent gekommen waren, übernahmen vor Ort sogenannte Verkehrsvereine, die von männlichen Honoratioren gegründet worden waren, die kulturhistorische Erklärung von Kirchen und Kunstsammlungen für akademisch Gebildete, während wiederum die ›Cicerones‹, eher windige Vermittler der halbseidenen Aspekte einer Stadt, männlichen Reisenden den Weg zu den ›leichten Damen‹ zeigten. Als einzige Frau, von der selbst Gelehrte des 19. Jahrhunderts sich in die Geheimnisse der Stadt Köln einweisen ließen, gilt Sibylle Mertens-Schaaffhausen, die ihre Bekannten durch die Dauerbaustelle Dom oder durch die Altstadtgässchen geleitete und an Ort und Stelle die wunderbare Geschichte der Stadt erzählte. Als Mitglied des Vereins von Altertumsfreunden im Rheinland traute ›man‹ ihr ausreichende Kenntnisse zu. Aber diese Frau war in mehr als einer Hinsicht eine Ausnahme – und ein Vorbild.

Um 1900 schilderte die frauenbewegte Berufsberaterin Eliza Ichenhäuser das Berufsbild der Stadtführerin jedoch mit Skepsis: »*Es ist häufig darauf hingewiesen worden, daß der Fremdenführerberuf sich für das weibliche Geschlecht gut eigne. Ob dem so sein mag oder nicht, so ist es gleichviel ein Fehler, ein so beschränktes Gebiet über Gebühr zu empfehlen. Wie viele Städte in Deutschland sind groß genug und besitzen einen so ausgedehnten Fremdenverkehr, um Fremdenführer vertragen zu können? Doch nur gezählte, und nun gar Fremdenführerinnen, die speziell auf Damen rechnen! Wie die Verhältnisse gegenwärtig liegen, halten sich Damen in Deutschland höchst selten in Städten auf, in denen sie nicht Verwandte oder Bekannte besitzen, diese aber machen die Führerin endgültig überflüssig. Aber selbst wenn wir all das nicht in Betracht ziehen wollten, so müssten wir doch zugeben, daß in Deutschland im allerbesten Falle höchstens fünf Städte Fremdenführerinnen vertragen können, von diesen fünf Städten kann eine jede wieder höchstens nur zwei Führerinnen gebrauchen, ...*«.[2]

So kann frau sich täuschen! Heute ist die Stadtführerin eine Selbstverständlichkeit – unter den ›Stadtbilderklärern‹ (einem sinnfälligen DDR-Ausdruck) überwiegen die Frauen deutlich – kein Wunder, handelt es sich doch um einen prekären Teilzeitberuf. Besonders in Köln hat die Frauengeschichte als eigenständiges Thema von Stadtrundgängen ihren ›Markt‹ erobert. Mit dem Netzwerk *Miss Marples Schwestern – Stadtführungen zur Frauengeschichte* existiert seit Jahren ein bundesweites Netzwerk, das sich erfolgreich auf diesen feministischen Stadtzugang spezialisiert hat – der Kölner Frauengeschichtsverein ist eines der Gründungsmitglieder. Das hätte sich Eliza Ichenhäuser nicht träumen lassen!

Während der Kölner Frauengeschichtsverein auch weiterhin eine stetig wachsende Zahl von Themen-Rundgängen für Gruppen anbietet, soll dieser schriftliche Stadtführer Lebenswelten, Handlungs- und Erfahrungswelten von Kölner Frauen in Texten und Bildern sichtbar machen. Dieser Band beschränkt sich auf ein kleines Territorium der Stadt: die historische Altstadt. Vordergründig scheint dieses Herzstück Kölns durch Männerwirken dominiert zu sein – durch römische Soldaten, durch den Einfluss der Erzbischöfe, die Macht der Ratsherren und Handwerkszünfte. Doch werden auf den folgenden Seiten die Vielfalt der möglichen Aktivitäten von Frauen – und ihre Begrenzungen – deutlich. Seit 2001 die Idee des ›Via culturalis‹ entstand, um eine ›Kulturachse‹ entlang der touristischen Höhepunkte der Altstadt auszuweisen, ist die Notwendigkeit gewachsen, dabei auf die angemessene Berücksichtigung der Geschlech-

»Fremdenführerin«
– heute ein typischer Frauenberuf

tergeschichte zu achten und auf relevante frauenhistorische Informationen aufmerksam zu machen.

Dieses Buch wird einen zentralen Stadtbereich mit frauenspezifischen Informationen neu aufschließen. Die Sozial- und Alltagsgeschichte steht im Vordergrund: Die Frage nach der Arbeit von Frauen, nach ihren Bildungsmöglichkeiten, nach ihren Kämpfen um soziale und Frauenrechte. Aber auch die

Unter diesen Trümmern liegt auch die Frauengeschichte begraben

Frage nach den Ausgrenzungsstrategien, durch die sie von den verschiedenen Formen der Kölner Männerklüngelei und -bündelei in Politik, Wirtschaft, Karneval, Sport und Kultur begrenzt und ausgeschlossen wurden. Und schließlich wird auch die Mitwirkung der Frauen an der Aufrechterhaltung von sozialen Unterschieden und ›Ausbeutung‹ einbezogen.

Nicht alles lässt sich vor Ort zeigen. Einblick in das historische Köln ist schon im Rahmen eines üblichen Stadtrundgangs schwierig, da im 19. Jahrhundert viele Kirchen säkularisiert und marode Gebäude abgetragen wurden. Der Zweite Weltkrieg brachte Zerstörungen an rund 80 bis 90 Prozent der Innenstadtbauten mit sich, und die autogerechte Stadtplanung der Nachkriegsjahre trug das Ihre dazu bei, historische Straßenzüge dem Erdboden gleichzumachen. Um so mehr bereitet ein Stadtführer zur Frauengeschichte Probleme. Egal ob es um Spuren von Frauenklöstern, um ehemaligen Hausbesitz von

Frauen, um die Rheinmühlen, an denen Frauen Anteile besaßen, um ihre Arbeitsstätten als Zunftmeisterin oder die Versammlungsräume der Frauenbewegten um 1900 geht: Die mittelalterlichen, frühneuzeitlichen und auch neuzeitlichen Gebäude sind in Köln kaum mehr zu finden. Bilder aus Kölner und auswärtigen Archiven können aber helfen. Die Auswahl zeigt eine Fülle wenig bis unbekannter Bilder aus der Kölner Lebenswelt. Verschiedentlich wird ergänzend auf Objekte in Kölner Museen, in denen Frauenkunst oder Frauenalltag sichtbar werden und die wir passieren, hingewiesen.

Es wird das Zutreffen einer Aussage für beide Geschlechter durchgehend sprachlich durch das ›große I‹ kenntlich gemacht, weil aus Erfahrung nur dann wirklich die Frauen mitgedacht werden.

Die Vorfahrin aller Frauengeschichtsforschung: Die in Köln geborene Anna Maria van Schürmann (1607–1678) vermisste schon im 17. Jahrhundert die Darstellung von historischem Frauenleben

Der Text kann, muss aber nicht durchgehend gelesen werden. Da manche Themen ausführlicher behandelt wurden, werden zum bequemen Lesen öfters Sitzmöglichkeiten empfohlen. Eine Karte befindet sich am Ende des Buches. Kästen bieten ergänzende Textinformationen.

Auf dem Weg durch das baustellengeplagte Köln wünsche ich sowohl den KölnerInnen wie den auswärtigen TouristInnen viel Vergnügen. Möge ihnen diese Stadtführerin, wie einst die antiken Wegegöttinnen (Trivia und Quadrivia), einen guten Weg weisen.

Mein Dank geht an Nina Matuszewski, Dr. Severin Roeseling, Hans Schlimbach, Birgit Beese, Gabriele Rosenberg, »meine« Fotografin Uta Chlubek und nicht zuletzt Edith Franken.

Ich widme dieses Buch den drei Politikerinnen und Schirmfrauen, die am 20. Jubiläum des Kölner Frauengeschichtsvereins an einem Quiz zu Frauengeschichte teilnahmen – und alle drei äußerten, ein wenig Nachhilfe könne nicht schaden:

Dr. Lale Akgün
Marlis Bredehorst
Christine Kronenberg

1 Schutz vor Verführung im Kölner Hauptbahnhof

Vorschläge zum gemütlichen Lesen: Die Bänke auf Gleis 1 nahe der Bahnhofsmission; die dortige DB-Lounge für BesitzerInnen der entsprechenden BahnCard; die etwas versteckt im Bauch des Bahnhofs liegende Galestro Bar & Pasticceria innerhalb der »Colonaden«.

Ausgangspunkt des Stadtrundgangs: der Hauptbahnhof, Ankunftsort für Reisende und ZuwanderInnen (1904)

Mitte des 19. Jahrhunderts erlebte Köln einen starken wirtschaftlichen Aufschwung und wurde der wichtigste Finanzplatz des Rheinlandes. Arbeitskräfte wurden in Massen rekrutiert und strömten in die Stadt. Durch die Industrialisierung und Urbanisierung wuchsen die Bevölkerungszahlen rasant: Lebten jahrhundertelang zwischen 35.000 und 40.000 Menschen in der Stadt, so quetschten sich bereits 1830 ca. 67.000 Personen innerhalb der engen Mauern; 1890 – auf erweitertem Grundriss – waren es bereits 281.650. Die Migrationslinie verlief von der Eifel, dem Westerwald und Bergischen Land bis nach Köln. An der Wende zum 20. Jahrhundert machten Dienstmädchen die größte Gruppe der »ArbeitsmigrantInnen« aus.[3]

Köln war aber nicht mehr nur mit dem ländlich geprägten Umland, sondern auch mit den Großstädten in Belgien, den Niederlanden und Frankreich verbunden. Der »Central-Personenbahnhof« wurde 1859 auf dem Gelände eines ehemaligen botanischen Gartens errichtet. In den 1890er Jahren wurde er durch allerhöchste Ordre des Königs auf den Dom hin ausgerichtet. Es entstand die markante gläserne Bahnsteigüberdachung mit dem 4711-Logo. Bereits 1910 musste er nochmals erweitert werden – ein Moloch war entstanden!

Der riesenhafte und hektische Bahnhof mit seinen dampfenden und schnaubenden Lokomotiven, schrill ausrufenden Kofferträgern, herumstreifenden Flaneuren, mit verlockenden Läden und Warteräumen für die verschiedenen gesellschaftlichen Stände wurde von vielen ZeitgenossInnen als ein Ort wahrgenommen, von dem eine Gefahr für Frauen und Mädchen ausging.

Auf einem Grundriss des Kölner Bahnhofs aus den 1910er Jahren finden sich neben den klassenspezifizierten Wartehallen wie etwa den Fürstengemächern auch geschlechterspezifische Warteräume für Frauen und Männer der I. bis IV. Klasse. Hinzu kam ein Beratungsraum, der dem sogenannten Mädchenschutz diente.[4] In diesen Räumen betreuten Damen der Bahnhofsmissionen stellungsuchende, meist allein reisende junge Frauen.

Nach Klassen getrennt: Die Wartesäle im Hauptbahnhof

Um die Wende zum 20. Jahrhundert wurde im Kölner Bahnhof folgender Aufruf angeschlagen:

»Dringende Warnung und wohlgemeinter Rat an alleinreisende junge Mädchen. Hütet euch bei der Ankunft am Bahnhofe, sowie auch auf der Fahrt vor fremden Menschen, Männern oder Frauen, auch wenn sie noch so freundlich scheinen, die euch eine Dienststelle oder ein Nachtquartier besorgen wollen! Laßt Euch nicht in ein Gespräch mit solchen Leuten ein auch wenn sie Euch noch so angenehmes sagen und versprechen! Denn Ihr müßt wissen, daß es schlechte Menschen giebt, Männer sowohl als Frauen, die sich heimlich ein Geschäft daraus machen, junge unerfahrene Mädchen durch falsche Vorspiegelungen in verrufene Häuser zu verschleppen, wo sie dann gegen ihren Willen festgehalten werden und um Ehre und Freiheit gebracht werden.«[5]

Minderjährige und Ortsfremde wurden an den Bahnsteigen abgepasst, damit sie nicht den dort lauernden SchlepperInnen in die Hände fielen, die sie in Bordelle in Köln und andernorts oder sogar ins nahegelegene Ausland (Niederlande, Belgien) verschleppen wollten. Ausgerechnet das katholische Rheinland

Verhinderung von Mädchenhandel: Arbeitssuchende werden am Zielbahnhof angekündigt und von Betreuerinnen empfangen

galt als Zentrum des Mädchenhandels: »*Der Schub der Mädchen ging durch das mittlere und westliche Deutschland ins Rheinland, das Hauptgebiet der Bordelle und des Mädchenhandels.*«[6] Anscheinend mussten die mittellos angereisten Mädchen – bevor sie eine Stellung fanden – oft in Hauseingängen logieren. Es drohte sittliche Verwahrlosung.

»*Es ist ganz unglaublich, mit welcher Vertrauensseligkeit, um nicht zu sagen, mit welchem Leichtsinn, Mädchen, die kaum dem Kindesalter entwachsen sind, in die große Stadt kommen, oft mit, oft ohne Wissen ihrer Eltern, ›um eine gute Stelle zu suchen‹. In einem Falle hat sich ein 15 jähriges Mädchen die Base an den Bahnhof bestellt; es sitzt nun in der Halle und wartet, und wir erfahren, daß es innerhalb 20 Minuten dreimal von Männern angesprochen und fortgelockt wurde. Ein anderes 14 jähriges Mädchen kommt mit 47 Pfennigen in der Tasche an, ohne jede Ahnung einer Stelle, einer Unterkunft, irgend einer Hilfe. Wie verführerisch klingt da die Stimme eines freundlichen Herrn, der sofort Rat weiß und Führung und Stelle anbietet.*«[7]

Fleißig, tüchtig – und von der richtigen Konfession: Hier wird das perfekte Dienstmädchen gesucht (Ehrenfelder Anzeiger 1891)

Um 1900 war der überwiegende Teil der Kölner Bevölkerung (ca. 80 Prozent) katholisch. Dennoch waren es zunächst protestantische Frauen, die in Köln die Idee des Schutzes reisender Frauen etablierten. Die Sorge um gefährdete Mädchen und junge Frauen setzte bei den bürgerlichen Betreuerinnen vom »*Freundinnenverein*« erstaunliche Energien frei. Sie gründeten 1903 eine »*Evangelische Bahnhofsmission Köln*«, fast zehn Jahre nach Berlin, wo die erste evangelische Bahnhofsmission entstanden war.

> **1. Bahnhofsmission.**
>
> Die kath. Bahnhofsmission, von dem Marianischen Mädchenschutzverein (Präsidentin Frau Sanitätsrath H o p m a n n in K ö l n) am Kölner Hauptbahnhof eingerichtet, stellt sich zur Aufgabe, den auf den Bahnhöfen ankommenden und in der Stadt Unterkunft suchenden Mädchen und Frauen mit Rath und That zur Seite zu stehen, insbesondere ihnen ein zuläſsiges Unterkommen zu verschaffen. — Die Missions-Damen des Marianischen Mädchenschutz-Vereins sind erkenntlich an weißgelben Schleifen, welche an der linken Schulter befestigt sind (siehe Kirchl. Anzeiger 1900, Seite 87 f.).

Bahnhofsmission auf katholisch

Katholikinnen, die in der Mädchenschutzarbeit engagiert waren, gründeten ebenfalls eine Bahnhofsmission. 1895 eröffnete der Münchener »*Marianische Mädchenschutzverein*« die erste katholische Bahnhofsmission als »*Reisehilfe für Mädchen, Frauen und Kinder*«. »Marianisch« hießen diese Vereine, da sie sich die »Gottesmutter vom guten Rat« zur Schutzmatrone gewählt hatten.

In der pathetischen Sprache der Zeit hieß es: »*Der Funke apostolischer Liebe zündete auch in unserem Herzen: Wir wollten nicht versagen, wenn wir gerufen wurden, Schutzengeldienst zu tun, Seelen vor Unheil zu bewahren, wenn auch nur eine zu retten.*«[8]

Frau »*Justizrat Carl Trimborn*« – eigentlich Jeanne Trimborn (1826-1919), 1903 Mitbegründerin des reichsweiten politischen Verbandes »*Katholischer Deutscher Frauenbund*«, initiierte die marianische Mädchenschutzarbeit in Westdeutschland, und in Köln entstand auch die zweite katholische Bahnhofsmission Deutschlands. Bereits im ersten Jahr ihres Bestehens vermittelte die Kölner Bahnhofsmission in 2.000 Fällen Rat und Hilfe an Reisende.

Der Einsatz der Hilfsdamen erfolgte nach Konfessionen getrennt

Jüdische Frauenrechtlerinnen unterhielten ab 1911 ebenfalls einen reichsweiten »*Schutzdienst für weibliche Reisende*«. Die Frauen nannten ihn abweichend »*Bahnhofshilfe*«, weil der Missionsgedanke dem jüdischen Glauben zuwiderläuft. Vermutlich hat der »*Israelitische Frauenverein*« unter Vorsitz von Johanna Auerbach (bzw. später ihrer Tochter Ida Auerbach) den jüdischen Reisedienst in Köln initiiert.[9] In der Weimarer Republik betreuten sie besonders ostjüdische Auswanderinnen.

Posieren für das Foto – der Arbeitstag der Kölner Dienstmädchen sah weniger idyllisch aus

Die konfessionell organisierten »*Schutzdamen*« waren auf den Bahnsteigen präsent und sprachen die »*weiblichen Wandernden*« direkt an. Dieser Einsatz fand immerhin von 10 Uhr morgens bis 9 Uhr abends statt – 52 Damen der Kölner Gesellschaft, die sonst extrem behütet lebten, wechselten sich beim Dienst in zweistündigem Wechsel ab. Die innovativen Vertreterinnen der heute so selbstverständlichen Bahnhofsmissionen setzten um 1909 die Einrichtung eigener Frauenwartesäle durch, die nach einigen Jahren sogar mit Kiosk und Telefon ausgestattet wurden.

Es entwickelte sich »*ein regelrechtes Konkurrenzverhalten der Konfessionsgruppen um möglichst zahlreiche, eindrucksvolle und leistungsfähige Einrichtungen*«.[10] So boten alle Konfessionen Übernachtungsheime an. Die »*Mägdeherberge Marthastift*« (Im Ferkulum 29) wurde 1864 von der protestantischen Gemeinde wegen des Dienstbotinnenmangels gegründet. Hier lernten die Landmädchen, wie richtig gebügelt, geputzt, genäht, Feuer gemacht und gewaschen wird. Dieses Stift ermöglichte aber auch Auswärtigen, die vorübergehend unbeschäftigt waren, »*ohne Unterschied der Confession*« in sittlichem Ambiente zu logieren. 1898 nahm es über 1.300 junge Frauen auf.

Das jüdische Mädchenheim lag in der Lochnerstraße in der Nähe der Synagoge Roonstraße, auch hier waren Berufsberatung und Fortbildungen im Angebot. Die katholischen Damen schließlich verfügten u.a. über Heime in der Georgstraße, der Streitzeuggasse und am Gereonswall. Sie eröffneten Stellen- und Wohnungsvermittlungen und boten Lehrkurse an.

Die Damen wurden auf einem Feld aktiv, das sich erst Jahre später als Sozialarbeit (Wohlfahrtspflege, Fürsorge) zu einem eigenen Berufsfeld entwickelte (1914 wurde die Cölner Wohlfahrtsschule gegründet). Die ›Mädchenschutzvereine‹ und ihre Bahnhofsmissionen kümmerten sich unter sittlichen, körperlichen und natürlich auch psychischen Aspekten um die »*einwandernde weibliche Jugend*«. Sie waren eine Antwort auf die zunehmende Mobilität der weiblichen Bevölkerung.

Vorrangiges Ziel war, das »*Absinken der reinen Mädchenseelen*«, sprich das Abgleiten der jungen Frauen in die Prostitution, abzuwenden. Ein weiteres Motiv der scheinbar selbstlosen Arbeit dieser ›Schutzdamen‹ war jedoch auch der Wunsch, aus den Betreuten gläubige Frauenpersönlichkeiten zu machen.

Aus heutiger Sicht ist es nicht leicht einzuschätzen, ob die Furcht vor kriminellen Elementen berechtigt war. Eine Erzählung des Düsseldorfer Satirikers Hermann Harry Schmitz »Die Bahnhofsmission« schildert 1906 ironisch, dass es zwar im Endeffekt viele Angebote, aber wenig Schützlinge gegeben habe: »*Man war erstaunt, so wenig Unsittlichkeit in der Welt vorzufinden. Einige abgestandene Mädchen vorgeschrittenen Jahrgangs, die leider auch nicht mehr die geringste Aussicht hatten, moralisch gefährdet zu werden, wandten sich wohl ab und zu Auskunft heischend an die Rosettengeschmückte und wurden auch in den meisten Fällen mit großer Geschicklichkeit in die falschen Züge oder auf einen unrichtigen Bahnsteig gewiesen. Man war enttäuscht und im Inneren wütend über die herrschende Sittlichkeit.*«[11]

Begleitung in das Damenheim – Mädchenschutz-Aktivistin mit Armbinde am Zug (1920er Jahre)

Fakt ist: Heute noch oder heute wieder ist die grenzüberschreitende Zwangsprostitution dokumentiert. Die ZuhälterInnen gehen heute genauso vor, wie damals beschrieben: Werben mit verlockenden Arbeitsangeboten, Verschleppen an einen fremden Ort, wechselnde Unterbringung und Erzeugung finanzieller Abhängigkeit durch Verstecken des Passes. Nur werden heute die Reisewege global gewählt: Statt aus der Eifel, dem Westerwald oder auch dem russischen Galizien kommen die angelockten Frauen heute aus Kuba oder Thailand nach Köln.

Eine Art Wiederaufleben erfuhr der ›Mädchen‹-Schutzgedanke am Bahnhof 1989 durch die Gründung des Streetwork-Tagestreffs »*Café Mäc-Up*«, einer Anlaufstelle für wohnungslose und/oder drogenabhängige Trebermädchen und junge Frauen (14 bis 27 Jahre), die gleichfalls in der Notlage des Gelderwerbs durch Prostitution leben. Eingerichtet vom

Von Frauen gegründet: **Die Kölner Bahnhofsmission wird heute täglich von ca. 120 KlientInnen in Anspruch genommen**

»*Sozialdienst Katholischer Frauen*« dient das Café als erste Anlaufstelle zur medizinischen Versorgung, Verpflegung, Hygiene, psychosozialen Beratung – und bietet eine geschützte Ausruhzone. Die Betreuung von bereits in Kölner Bordelle verschleppten aussteigewilligen asiatischen, afrikanischen und lateinamerikanischen Frauen übernimmt heute dagegen das autonome feministische Projekt »*agisra*«.

Aus dem Haupteingang geht es auf den 2005 neu gestalteten Bahnhofsvorplatz, eine ungewöhnlich werbefreie Willkommenszone. Karg möbliert, genießen viele die neue Leere und die abendliche Installation »Licht am Dom«. Vermissten manche anfangs die »Rievkoochebud« und typisch kölsche Regellosigkeit, so zog der übliche ›Schlampamp‹ durch Nutzung der Domtreppe zu Essenspause oder entspanntem Abhängen wieder ein.

2 Kaiserchic – Alter Wartesaal Johannisstrasse 11

Wir gehen links (südlich) um die gläserne Eingangshalle im 1950er-Jahre-Stil herum. Die Kölnerin meidet üblicherweise den Weg in die ›Katakomben‹ unter den Gleisen, sind sie doch die größte Freiluftmännertoilette Kölns und abends dazu ein Angst-Raum. Es lohnt jedoch der Weg zum Restaurant »Alter Wartesaal«. Sei es der geschätzte Brunch am Sonntagmorgen, die Aufzeichnung der Sendung »Mitternachtsspitzen« oder die gay Disco am Wochenende – das Ambiente der Kaiserzeit verbreitet großen Charme.

Was heute die sterile DB-Lounge auf Gleis 1 von den zugigen Wartezonen auf den übrigen Gleisen trennt, war Ende des 19. Jahrhunderts wesentlich deutlicher ausgeprägt: die verschiedenen Wartesäle für die 1., 2. und 3. Klasse. Die Wartezonen bildeten die gesellschaftlichen Klassen exakt nach. Im Kaiserreich stand sogar ein spezieller Raum für Fürstenbesuch bereit samt Kämmerchen für deren Dienstboten. Das Kaiserpaar Wilhelm II. und Auguste Victoria pflegte in der Tat, wenn es seine preußischen Untertanen aufsuchte, hier zu Tee oder Champagner einzukehren. Ab 1910 entstand der heutige ›Alte‹ Wartesaal Klasse I und II für betuchte Reisende. Zwei große Säle zeugen noch vom Reichtum kurz vor dem Weltkrieg: geschmackvolle Kirschholz-Vertäfelung, Art-deco-Möblierung, kostbare Leuchten, Stuck und Marmor. In den sogenannten Goldenen Zwanziger Jahren spielten hier Stehgeiger Salon-

Luxuriöser Pausenraum und Kulturtempel – der Alte Wartesaal

musik zu Teestunde oder Souper, sicher auch eines der vielen rheinischen Damenorchester.

Der Wartesaal blieb im Zweiten Weltkrieg durch seine geschützte Lage unter tonnenschweren Gleisanlagen beinahe unversehrt. In den 1950er Jahren fanden hier ab und zu die bundesweit berühmten Mittwochsgespräche des Bahnhofbuchhändlers Gerhard Ludwig statt, in denen sich eine verunsicherte Nach-NS- und Nachkriegsgesellschaft über demokratische Werte auseinandersetzte. (Üblicherweise fanden sie im Wartesaal dritter/vierter Klasse statt, dort ist heute passenderweise McDonald's beheimatet.)

Gerade für viele Frauen waren die Mittwochsgespräche eine seltene Möglichkeit, sich an öffentlichen Diskussionen zu beteiligen.[12] Brennnende Themen waren u.a. »*Ich lasse mich scheiden*« (1952), »*Welches Gesicht hat die Frau?*« (1955) oder – ganz aktuell – »*Sind die Frauen besseren Politiker?*« (1955). Talkmaster Biolek verhinderte 1983 den Abriss des Gebäudes.

Haben sie im Wartesaal gespielt?
Das 1. Rheinische Damen-Blas-Orchester »Lyra«

3 Armut ist weiblich – Überlebenskampf zu Füßen des Doms Domtreppe

Die Domtreppe ist für BettlerInnen ein seit Jahrhunderten eingeführter Ort. Im Hochmittelalter standen hier vielleicht Wanderbeginen, die selbstbewusst bis ketzerisch forderten: »*Brot durch Gott!*« Später umringten Kerzen- und Devotionalienverkäuferinnen rund um die Dombaustelle und an den Kirchenportalen die Gläubigen. Ein besonders beliebter Bettel-

Die berühmte Bettlertreppe zum Dom (Finckenbaum, 1670)

platz war die Treppe zur Nebenkirche des Doms St. Maria ad gradus (heute beim Museum Ludwig). Wer auf der »Margredentreppe« gesessen hatte, genoss bei den anderen Armen hohe Anerkennung. Und hatte jemand viel Kleingeld in der Tasche, hieß es: »*Do haess gewess an der Marjriete Trapp jesesse!*«[13]

Betteln hat in Köln eine lange Geschichte, wie die vielen Bestimmungen, Berichte von Kölnreisenden oder auch Romane dokumentieren. Schon die erste Kölner Bettelordnung von etwa 1435 versuchte erfolglos, das unliebsame Phänomen einzudämmen. Arbeitsfähige »*petler*« oder »*petlerinnen*«, denen »*hie zu peteln [...] erlaubt wirdet*«, die aber »*nit krüppel, lam oder plint sind*«, sollen keine Mitleid erregenden Erkrankungen oder Behinderungen zeigen oder gar vortäuschen. »*Alle, die mit Krankheiten behaftet vor den Kirchen sitzen oder auf der Straße ihre widerlichen Wunden und Gebrechen zeigen, sollen diese verdecken, damit die wohlgesetzten Bürger (gude lude) durch den Geruch und Anblick nicht belästigt werden.*«[14] Meist wurden einheimische BettlerInnen bevorzugt behandelt. Mal kam es in Köln zu razziaartigen Stadtverweisen, mal versuchte die Obrigkeit es mit der Arbeitspflicht für BettlerInnen. Ab dem 17. Jahrhundert wurde Betteln mit Müßiggang und Faulheit verbunden und gleichzeitig geschlechtsspezifisch behandelt. ›Vagierende‹ (herumziehende) und verarmte Frauen wurden zunehmend zur Zwangsarbeit im Spinnhaus (Friesenstraße) – oder gar im Zucht- und Arbeitshaus (Perlengraben) eingekerkert.[15] Der Traum von der Stadt als Ordnungsraum, in dem Zucht und Disziplin als höchste Norm galten, wurde jedoch niemals Wirklichkeit. Die Not der kleinen Leute war stärker als alle Gesetze. Die Anti-Bettel-Bestimmungen hielten sich bis in die Gegenwart. Heute wird wieder – wie in spätmittelalterlichen Debatten – gefragt, ob nicht ›aggressives‹ Betteln strafbar sein solle. Damals wie heute gilt: Die soziale Wirklichkeit der Stadt, das Ausmaß der Verarmung soll gegenüber den TouristInnen nicht zum Vorschein kommen. Die bettelnden Gruppen sind noch die gleichen: Nichtsesshafte, verlassene Alkoholiker, Arbeitslose, Drogenabhängige. Erstaunlich ist allerdings, dass meist männliche ›Post-Punks‹ mit Hund die Reisenden oder DombesucherInnen anbetteln. Wo sind die armen Frauen, die alleinerziehenden Mütter, Rentnerinnen, Wohnungslosen? Sie unterliegen noch dem Verdikt des 18. Jahrhunderts, unsichtbar sein zu müssen. Sie versuchen alles, um ihre und ihrer Kinder Armut zu verbergen, und gehören weiterhin zu den ›verschämten‹ Armen.

Sibylle Mertens-Schaaffhausen (1797–1857), Deutschlands erste Altertumsforscherin

4 Sibylle Mertens-Schaaffhausen – Kölns erste Archäologin Trankgasse 23

Unterhalb der Dom-Treppe führte bis zur Fertigstellung des Bahnhofes die Trankgasse zum Rhein hinunter. Bedeutende Stadtpaläste machten die Straße zu einer der besten Kölner Adressen. Besonders eine der damaligen Bewohnerinnen ist bis heute in den Herzen vieler KölnerInnen präsent.

»*Um so in sich, so auf ernste männliche Studien gewiesen zu werden wie sie, muß eine Frau ein großer Charakter sein.*«[16] Sibylle Mertens-Schaaffhausen, die Fanny Lewald hier so aner-

Prägend: Der Wohnort der Familie Schaaffhausen lag direkt beim Dom (Trankgasse, Ende 19. Jahrhundert)

kennend beschrieb, wohnte in der Trankgasse 23. Die vielseitige Frau zeichnete sich durch Klugheit, aber auch durch eine außergewöhnliche Solidarität mit ihren Freundinnen aus. Ihr Vater war der Bankier Abraham Schaaffhausen, mütterlicherseits entstammte sie der Winzerfamilie Giesen. Ihre Mutter starb wenige Tage nach ihrer Geburt, und so bestimmte allein der Vater ihren Bildungs- und Lebensweg. Schon als Mädchen hatte sie Kontakt mit den gelehrten Lokalpatrioten Ferdinand Franz Wallraf und Matthias Josef de Noël und erhielt eine umfassende Bildung mit den Schwerpunkten Klassik, Geschichte – und immer wieder Köln. Schon als junges Mädchen hatte sie *»eine glühende Leidenschaft für die kleinen und oft so kostbaren Denkmäler römischer Kunst gefaßt, welche der Boden Kölns bei Ausschachtungen für Neubauten, Straßenanlagen usw. hergab. Von ihren großen Geldmitteln begünstigt, umgab sie sich mit erlesenen Denkmälern jeder Zeit und jeder Kunst«.*[17] Auf dem Gebiet der Numismatik wie Gemmenkunde (Edelsteine mit vertieft geschnittenen Bildern) galt sie unter den Gelehrten ihrer Zeit als unbestrittene Autorität.

In Köln machte sie sich um den Weiterbau des Domes verdient, obwohl sie – bedingt durch eine Zwangsehe mit dem Bankier Louis Mertens, den sie auf Druck ihres Vaters mit 19 Jahren heiratete – meist in Bonn weilte. Der Dom war, obschon bereits 1248 begonnen, jahrhundertelang unvollendet geblieben, die Bautätigkeit war wegen Geldmangel, aus Stilfragen und religiösem Schwächeln der StifterInnen im 16. Jahrhundert eingestellt worden. Seit der Renaissance galt Gotik als altmodisch, ja ›barbarisch‹. Erst die Neudefinition als ›typisch deutscher Stil‹ durch Romantiker wie die Schlegels, Sulpiz Boisserée und natürlich Ferdinand Franz Wallraf änderte diese Bewertung. Auch deren Schülerin Sibylle Mertens-Schaaffhausen führte berühmte Persönlichkeiten durch Köln, um die Weiterführung nach dem ursprünglichen mittelalterlichen Bauplan zu befördern. Dabei verblüffte sie durch ihre bei Frauen dieser Zeit ungewöhnliche Kenntnis der Antike und der Lokalgeschichte. Der Dom wurde schließlich 1880 fertiggestellt, aber als Unterstützer des Projekts werden meistens nur Männer genannt.

Zu ihrem engeren Freundinnenkreis gehörten Dichterinnen wie Adele Schopenhauer, Autorin und Scherenschnittkünstlerin, Tochter der Reiseschriftstellerin Johanna und Schwester des Philosophen Arthur Schopenhauer, sodann Henriette von Paalzow, Verfasserin beliebter historischer Romane, die noch relativ unbekannte Lyrikerin Annette von Droste-Hülshoff, Ottilie von Goethe, Herausgeberin von Literaturzeitschriften, oder auch die englische Frühfeministin Anna Jameson, u.a. Autorin eines ins Deutsche übersetzten Buches über Shakespeares Frauengestalten sowie Zeichnerin. Die zum Protestantismus konvertierte Jüdin Fanny Lewald, die den Ideen der 1848er Bewegung nahestand und sozialkritische Romane (u.a. zum Thema Ehescheidung), aber auch eine spannende Autobiographie schrieb, gehörte zum weiteren Kreis, sie verärgerte Sibylle Mertens-Schaaffhausen jedoch durch bewundernde Indiskretionen. Adele Schopenhauer schwärmte ihrer »*liebsten Freundin*« Ottilie von Goethe bereits nach dem ersten Treffen mit Frau Mertens vor: »*Ich habe wieder eine menschliche weiche Neigung in meinem von Kummer versteinten Herzen – zu einer Frau, die im Wesen Dir und mir gleicht, doch verschieden von beiden etwa zwischen uns zu stellen ist. Wenn ich nicht mit Dir leben soll, Ottilie, so möchte ich da leben, wo die Mertens lebt, denn sie befriedigt mir Herz und Geist.*«[18]

Adele Schopenhauer (1797-1849), treue Vertraute (oben) – und **Ottilie von Goethe** (1796 – 1872), kreativ-chaotische Freundin der Mertens-Schaaffhausen

Ihren zahlreichen Freundinnen stand Sibylle Mertens-Schaaffhausen wesentlich näher als ihrem Gatten, mit dem sie nach Einschätzung Annette von Droste-Hülshoffs eine »*Höllenehe*« verband. Mit diesen Fräuleins und Witwen diskutierte Sibylle zwar offen über eine mögliche Scheidung, wagte diesen Schritt aber als Mutter von sechs Kindern und ›gute Katholikin‹ nicht – anders als die Zeitgenossinnen Louise Aston (1838) oder Mathilde Franziska Anneke (1843). Das gesellschaftliche Aus, das geschiedenen Frauen unweigerlich bevorstand, und das finanzielle Nichts wären ihr unerträglich gewesen. Dabei beeinflussten Religion oder Konvention sie wenig: So gab sie der lebenslustigen und nonkonformistisch liebenden Ottilie von Goethe (Schwiegertochter Johann Wolfgangs) die finanzielle Möglichkeit, ein nichteheliches Kind heimlich auszutragen. Sibylle Mertens-Schaaffhausen wählte als Ausweg aus ihrer eigenen persönlichen Krise die räumliche Trennung von ihrem Mann. Statt eines offenen Ausbruchs aus der Ehe mit dem »*Wüterich Mertens*« und statt sich der Gefahr der gesellschaftlichen Marginalisierung auszusetzen, schaffte sie sich eigene Räume, in denen sie gegen die herrschende Konstruktion der Geschlechterrolle von Ehefrau und Mutter (über-)lebte. Sie verbrachte ihre Zeit über Jahre mal im Kölner Vaterhaus, mal im eigenen Haushalt auf ihrem Grundbesitz bei Mehlem, dann wieder lebte sie für Monate bis Jahre in Italien.

Italienische Herzensfreundin: Laurina Spinola (1806–1838) (Portrait von G. Isola)

In ihrer zupackenden Art arbeitete sie gerne körperlich, etwa auf Ausgrabungen im Ausland oder bei der Verwaltung ihrer Besitztümer. »*Während sie am Tage mit Schreiner, Schlosser, Wein- und Landbauer, Vergolder, Tapezierer, kurz mit allen Handwerkern als tüchtiger Sachkenner und Berater um die Wette arbeitet, mit den feinen Händen ungeheure Lasten hebt und immer im Denken und Tun als Praktikerin den Nagel auf den Kopf trifft, liest sie des abends mit der Mutter [Johanna Schopenhauer, d. Verf.] mythologische Schriften oder Übersetzungen der alten oder auch mit mir Ihre Werke*«, schrieb Adele Schopenhauer schwärmend an den alten Goethe.[19]

Finanziell abgesichert und charakterlich stark, fand sie Möglichkeiten für eine Frauenkultur jenseits gesellschaftlicher Konventionen. Zu der verwitweten Marquise Laurina Spinola fühlte sie sich besonders hingezogen – und wiedergeliebt: »*Kein Mensch auf dieser Erde hat mich mehr geliebt wie diese Laurina, und keiner hat mich so verstanden, keiner. Sie starb, und ihr letztes gebrochenes Wort war mein Name!«*, notierte sie bestürzt nach deren Tod.[20]

Vermutlich aus Verbitterung darüber, dass ihrer Mutter die Freundinnen und das kulturbezogene Leben in Italien wichtiger waren als sie selbst, verlangten ihre Kinder 1842 nach dem Tod des Vaters die Auszahlung des Erbes. Dadurch kam Sibylles europaweit bekannte Kunstsammlung unter den Hammer. Noch in einem Brief vom August 1857 beklagte sie, »*daß der heftige Verdruß über die Verstümmelung einer in 40 Jahren aufgebauten Sammlung ihre Gesundheit vollständig zerstöre*«.[21]

Die ehemals reiche Erbin sah sich angesichts der herrschenden ehelichen Vormundschaftsgesetze gezwungen, nun selbst ihren Lebensunterhalt zu verdienen: »*Ich muß eben arbeiten, liebe Alte, nicht zum Zeitvertreib oder zum Spaß, sondern in großem Ernste, um Geld zu verdienen, und da ich die Claretbereitung [Rotwein] gründlich verstehe und mir sonst kein Ausweg sich zeigt, so muß ich mit Mut dieses Fach ergreifen.*«[22]

1856 reiste die Frau, die sich selbst im Alter als »*der alte Münzkasten*« bezeichnete und Kölns erste Archäologin von Rang war, zum letzten Mal nach Rom, wo sie mit 60 Jahren starb.[23] Aus Anerkennung wurde sie innerhalb des Vatikanbezirks auf dem Campo santo teutonico begraben. Ihr Grabspruch lautet prägnant: *Der Geist lebt.* Nur ihren Wunsch nach einem eigenen Museum konnte sie leider nicht realisieren.

5 High-Tech-Knochengroove

Domschatzkammer

Die im Jahr 2000 neu erbaute Schatzkammer des Domes enthält aus naheliegenden Gründen wenig frauengeschichtlich Reizvolles: Die Ausstellungsstücke kreisen um die Liturgie und das Erzbistum in einer nun einmal männerdominierten Kirche. Kostbare Stickereien, die Gebeine der Hl. Cordula in einer prächtigen Reliquienmonstranz und eine nicht zur Ruhe gekommene fränkische Tote sind dennoch ansehnliche Objekte. 1959 in ihrem Bestattungsplatz unter dem heutigen Hochchor aufgespürt, handelt es sich bei der Fränkin um eine etwa 28-jährige merowingische Frau nebst

Der Forscherin großer Schmerz: Auf Veranlassung ihrer Kinder wurde ihre Kunstsammlung auseinandergerissen und versteigert

Eingang zur Schatzkammer der reichen Erzdiözese

einem sechs Jahre alten gerüstet bestatteten Knaben. Sie verstarben im zweiten Viertel des 6. Jahrhunderts. Ihre Grabbeigaben: Eine goldgewirkte Stirnbinde als Zeichen eines frei geborenen fränkischen Edelfräuleins, Rosettenfibeln und Gürtelgehänge, ein Armreif aus massivem Gold, goldene Ohr- und Fingerringe, Goldketten, Hals- und Brustschmuck mit Gold-, Glas- und Bernsteinperlen. Die Schmuckarbeiten der fränkischen Frauentracht stellten einen Höhepunkt der merowingischen Kunst dar. Möglicherweise handelt es sich bei der Toten um die dauerverlobte Wisigarde, die lange vom Zukünftigen verschmäht wurde, der eine andere bevorzugte. Schließlich zwangsweise mit dem unwilligen Merowingerkönig Theudebert I. vermählt, starb Wisigarde schon kurze Zeit später. Trinkgläser, Schere und Messer sowie Münzen oder Spinnwirtel als Arbeitsgerät und Zeichen einer sittsamen Frau im Frauengrab hinterließen keine offenen Fragen. Aufmerksamkeit erweckte dagegen eine beigelegte Flasche, die mit einer rätselhaften Flüssigkeit gefüllt war – jüngst wurde sogar der bekannte Kriminalbiologe Mark Benecke zur Analyse eingeschaltet.[24] Zu Recht: Gleich zweifache Gewalteinwirkung war beim Tod der jungen Frau im Spiel, Bleizucker und Waffengewalt – Stoff genug für einen neuen Mittelalterkrimi.

Schmuck der ermordeten Fränkin Wisigarde (Domgrabung)

6 Stadtverband Kölner Frauenvereine Deichmannhaus

Ebenfalls in der Trankgasse, jedoch im noch existierenden Teil Ecke Bahnhofsvorplatz/Komödienstraße liegt das Deichmannhaus. In einem Vorgängerbau war in den 1920er Jahren der »Stadtverband Kölner Frauenvereine« angesiedelt, ein Dachverband für die ›gemäßigten‹ Kölner Frauenvereine. Im Folgenden nun ein Einblick in die Verbandsgeschichte – mit dem Rundgang geht es auf Seite 33 weiter. Bei schönem Wetter locken Bänke auf der Domplatte zum Betrachten des touristischen Treibens – oder zum Lesen.

Geschäftsstelle des Stadtverbandes Kölner Frauenvereine im Deichmannhaus (1924)

Eine politisch-soziale-kulturelle Stimme – der Dachverband der bürgerlichen Kölner Frauenvereine

1908 wurde – nach zähem Kampf – endlich das seit 1850 für Frauen in Preußen geltende Verbot aufgehoben, sich in politischen Vereinen zu organisieren und öffentlich zu politischen Themen zu äußern. Nun konnten Frauen sich auch in Köln erstmals legal und ungefährdet treffen, um über ihre eigenen Belange zu sprechen, über ihre Situation als rechtlose Wesen. Sie konnten politische Organisationen, nicht mehr nur karitative Vereine gründen, an politischen Versammlungen teilnehmen, aber auch bisherige Männervereine durch ihren Beitritt ›aufmischen‹. Schon bald nach der Aufhebung des bisherigen Vereinsgesetzes gründeten Engagierte in vielen Städten Frauenvereine und dann auch Dachverbände, um darin die Arbeit zu koordinieren.

Else Wirminghaus (1867–1939) - Kämpferin für bequeme Frauenbekleidung

Der Kölner Dachverband wurde 1909 in den Räumen des Kölner Frauen-Klubs unter dem Namen »*Verband Kölner Frauenvereine*« gegründet. Das Protokollbuch vermerkt:

»*Am 24. Juli 1909, 3 1/2 Uhr nachm. fand im Frauenklub Neumarkt 18 eine Versammlung von Mitgliedern der zum Verband Kölner Frauenvereine zusammengetroffenen Vereine statt. Anwesend waren je zwei bis 3 Mitglieder der Ortsgruppen des Allgem. Deutschen Frauenvereins, des Kölner Lehrerinnenvereins, der Ortsgr. Köln des preuß. Volksschullehrerinnenvereins, des Vereins zur Verbesserung der Frauenkleidung, des Frauenklubs u. der Rechtsschutzstelle für Frauen.*«[25]

Nach Ende des Ersten Weltkrieges wurde das Netzwerk in »*Stadtverband Kölner Frauenvereine*« umbenannt.

Bald fanden sich unter dem Vorsitz von Else Wirminghaus, der Gattin eines Professors der Handelshochschule, der sich ebenfalls für die Frauenbewegung einsetzte, elf Vereine zusammen, um sich für die Erweiterung von Frauenrechten und die Verbreitung von Frauenkultur einzusetzen. Mitglied des Verbandes konnte jeder Frauenverein werden, der gemeinnützige Ziele verfolgte und satzungsgemäß den Interessen des Verbandes entsprach – dies waren in der Regel nicht-konfessionelle Vereine. 1933 waren im »*Stadtverband Kölner Frauenvereine*« mehr als 45 Gruppierungen assoziiert, die fast 10.000 Frauen vertraten.

Die Satzung von 1912 nennt als Vereinszweck, »*einen Mittelpunkt zu schaffen für die gemeinnützigen Bestrebungen und Aufgaben der Frauenvereine Kölns, um einer Zersplitterung von Zeit, Kraft und Geld vorzubeugen*«. Dieses Ziel sollte zum einen durch das Sammeln von Unterschriften auf Eingaben, Aufrufen und Resolutionen, zum anderen durch öffentliche Kundgebungen, Vorträge und Versammlungen erreicht werden. Interessant ist heute die Vielfalt der Themen: allgemeine Politik, Wahlrecht, höhere Mädchenbildung, Zugang zur Universität, Zulassung von Armenpflegerinnen, Aufwertung der Hausfrauenarbeit, Verbesserung der Arbeitssituation der Heimarbeiterinnen, die Frau als Konsumentin, gesunde Kleidung, Wohnen u.a.m.

Aufschlussreich ist aber auch, welche Gruppierungen nicht Mitglied wurden. Abseits hielt sich zunächst die größte Frauenorganisation des Kaiserreiches, der »*Vaterländische Frauenverein*«, ein zwar ebenfalls überkonfessioneller, aber stark nationalistisch orientierter Frauenhilfsverein, der seit den 1860er Jahren neben karitativem Engagement auch kriegsbegleitende Bereitschaftsdienste organisierte.[26] Auch die konfessionellen Vereine, darunter die Mädchenschutzvereine, wollten mit den Vorstellungen der bürgerlichen Frauenbewegung nichts zu tun haben. Die konfessionellen Frauenvereine gründeten eigene Dachverbände. Allein der Jüdische Frauenverband wurde Ende der 1920er Jahre Mitglied. Mit den Sozialistinnen wiederum, die sich gleichfalls erst seit 1908 wirklich offensiv für Arbeiterinnenbelange einsetzen konnten und die Forderung nach dem Frauenwahlrecht am deutlichsten unterstützten, kam zunächst eine Zusammenarbeit nicht zustande. Rosemarie Ellscheid, die Chronistin des Verbandes, erläuterte plastisch die Grenzen zwischen Bürgerlichen und Sozialistinnen: »*Ein organisatorischer Zusammenschluß mit den sozialistischen Frauen war deshalb nicht möglich, weil deren politische Ziele von der bürgerlichen Frauenbewegung nicht mitgetragen werden konnten und weil den Sozialistinnen ein gemeinsamer politischer Kampf mit den männlichen Genossen vorrangiger zu sein schien.*«[27] Die proletarischen Sozialistinnen pflegten meist ihrerseits Misstrauen gegenüber den bürgerlichen Damen: »*Ein tiefer Graben trennte die beiden Klassen. Er trennte auch die beiden Frauengruppen trotz mancher gemeinsamer Forderungen, wie nach dem Frauenstimmrecht und Frauenschutz.*«[28]

Viele Arbeiterinnen erlebten die bürgerlichen Frauen nur in der Rolle als vermeintliche Wohltäterin: »*Manche der bürgerlichen Damen brachte die herablassende Miene und den überheblichen Ton mit, der uns die bürgerliche ‹Liebestätigkeit› bisher oft unsympathisch machte.*«[29] Die Arbeiterinnenschaft empfand Bitterkeit darüber, »*daß die bürgerliche Gesellschaft dem Proletariat, als es zu Klassen- und Selbstbewußtsein erwachte, grundlegende Änderungen verweigert hatte, so daß es gezwungen war, der bürgerlichen Gesellschaft seine Rechte im Kampf abzuringen*«.[30] Erst bei Ausbruch des Ersten Weltkrieges rückten die Lager näher zusammen und es kam eine Kooperation aller Beteiligten zustande – da kannten auch Frauen keine Parteien mehr, sondern nur noch Deutsche. (Vgl. zum Nationalen Frauendienst Seite 56 ff.)

STADTVERBAND
KÖLNER FRAUENVEREINE

WINTERPROGRAMM
1930/31

DEICHMANNHAUS, ZIMMER 304 III.
TELEFON 228359

Das Veranstaltungsprogramm des Stadtverbandes ...

Die bürgerlichen Kölnerinnen gehörten überwiegend dem gemäßigten Flügel der Frauenbewegung an – Vertreterinnen der ›Radikalen‹ sind in Köln bisher nur eine Handvoll bekannt. Sie verfolgten zu Beginn des Jahrhunderts – ähnlich wie die heutigen Feministinnen – eine Doppelstrategie: In vielen gesellschaftlichen Bereichen forderten sie eine Überwindung der Geschlechtertrennung und beklagten den Ausschluss von Frauen aus öffentlichen, beruflichen und rechtlichen Bereichen. So forderten sie die Zulassung zur Waisenverwaltung, zur Universität, zu Meisterprüfungen, zu Parteien, Börsen, Schulen, Handwerkskammern usw. Andererseits verteidigten die gleichen Frauen das Prinzip der Geschlechtertrennung, wenn sie eigene Institutionen für Frauen wie Mädchengymnasien, ein Frauen-Schwimmbad auf den Poller Wiesen oder auch sogenannte Frauenheimstätten, also Wohnhäuser für alleinstehende Frauen, Frauenberatungsstellen wie Rechtsschutzstellen und Stellenvermittlungen für Frauen schufen oder zumindest forderten. Die Feministinnen vertraten die Auffassung von der Frau als spezifischem Wesen, dessen ›Wesenszüge‹ zur Bereicherung der bisher rein männlich geprägten Kultur erhalten bleiben sollten. Manche frauenbezogene Refugien dienten auch als notwendige Schonräume gegen eine als gewalttätig empfundene Männer- und Jungenwelt.

Die Öffentlichkeitsarbeit der Vereine wurde seit 1925 durch eine eigene Beilage im Stadt-Anzeiger erleichtert, die acht Jahre lang erscheinen konnte – ein Verdienst der langjährigen stellvertretenden Vorsitzenden Alice Neven DuMont.[31] Die Gattin des Verlegers Alfred Neven DuMont war in vielen Vereinen aktiv und u.a. Mitherausgeberin der Verbandszeitung.

In den 1920er Jahren war dieser Verband in der bürgerlichen Öffentlichkeit vollständig etabliert. Die Ehemänner, oft Verleger, Rechtsanwälte, Geheimräte oder Fabrikanten, unterstützten – anders als die Exemplare des 19. Jahrhunderts – die Gattinnen. Noch verließen die meisten (Ehe-)Frauen das gewohnte gesell-

---

Februar/März 1931, GOA Hohestr. 38 I.:
Soziale Arbeitsgemeinschaft.
Leitung: Stadtdirektorin Dr. **Hertha Kraus** und Grete **Martin.**
Tag und Stunde werden nach Übereinkunft mit den Teilnehmerinnen festgelegt. Anmeldungen bis zum 1. Januar 1931 an die Geschäftsstelle des Stadtverbandes.

18. März 1931, 17 Uhr, Kölner Frauenklub, Albertusstr. 29:
Frau und Presse.
Leitung: Dr. **Emmy Wingerath** und Dr. **Luise Straus-Ernst.**

März/April 1931, GOA Hohestrasse 38 I.:
Frauenberufe.
Leitung: Dr. **Margarethe Thomae** und Dr. **Fritz Cremer.**
Tag und Stunde werden nach Übereinkunft mit den Teilnehmerinnen festgelegt. Anmeldungen bis zum 1. Februar 1931 an die Geschäftsstelle des Stadtverbandes.

März/April 1931, GOA Hohestrasse 38 I.: **Kölner Kunst.**
(mit Führungen).
Kölner Kunstgewerbe,
Leitung: Dr. **Elisabeth Moses.**
Kölner Kirchen,
Leitung: Dr. **Lempertz.**
Tag und Stunde werden nach Übereinkunft mit den Teilnehmerinnen festgelegt. Anmeldungen bis zum 1. Februar 1931 an die Geschäftsstelle des Stadtverbandes.

... vielfältige Angebote zu Bildung, Sozialpolitik und Kultur

schaftliche Umfeld nur, um sich in fürsorgerischer Absicht ›dem Volk‹ zu nähern. Bald aber brachten Fachfrauen wie Hertha Kraus neue Ansätze ein, u.a. die Selbsthilfeidee. Das NS-Regime machte die Stadt dann wieder zu einem Herrschaftsraum, in dem nur Männer Karrieren machen konnten.

7 Zugang zur Stadt und Besitzmarkierung – Pforte des römischen Nordtors Domplatte

Ein gut sichtbarer Eingangsbogen des bedeutenden Nordtors der römischen Stadtmauer markiert an einer Ruheterrasse ungefähr den Ort, wo die HändlerInnen und Soldaten aus der Neußer Richtung in die Stadt kamen. In den Boden einge-

Stadtseite des römischen Nordtores (Rekonstruktion, Zeichnung von G. Heuser)

lassene Metalltafeln verdeutlichen hier und an den wichtigsten Stellen der Altstadt die Ausmaße der Colonia Claudia Ara Agrippinensium (abgekürzt als CCAA, wie auf einem anderen Bauteil des Eingangstores zu lesen). Die römische Mauer schützte die kleine Stadt immerhin bis ins 12. Jahrhundert. Der gesamte in der RömerInzeit infrastrukturell genutzte Stadtbezirk kann rasch abgeschritten werden: Das Areal reichte vom Dom bis zum Römerturm, von der Griechenpforte bis zum Alter Markt. Bis heute umrahmt diese virtuelle Grenzlinie das Herz der Stadt.[32] – *Im Eingang zur Dom-Tiefgarage unter dem Plateau ist eine Rekonstruktion der Stadtmauer aus Original-Steinwerk zu besichtigen.*

Bei gutem Wetter bietet sich die Sicht von der Terrasse des (hochpreisigen) Café Reichard jenseits der Trankgasse auf den Dom zum Weiterlesen an. Es bot früher spezielle Damensalons an.

8 Der Dom – ein Ort von Frauengeschichte?

Die eilige Touristin betritt den Dom durch das Westportal, läuft nach rechts Richtung Chor, bestaunt Lochners Altar der Stadtpatrone, verharrt kurz ehrfurchtsvoll vor dem Luxusgrab der Heiligen Drei Könige, stellt bei der Schmuckmadonna eine Kerze auf und verlässt die Kirche nach einem Blick auf den berühmten Klarenaltar (Frauenorden) am Nordportal wieder. – Der klassische Wallfahrtsweg beginnt am Südportal, führt von der Mailänder Madonna am Dreikönigenschrein vorbei durch den Umgang und endet vor dem Gerokreuz. Wir jedoch betreten das Bauwerk durch den Haupteingang.

Am mittleren Eingang (der leider verschlossen ist) grüßt uns vom zentralen Mittelpfeiler eine steinerne Madonna auf der Mondsichel (14. Jahrhundert). Als Attribut ›heidnischer‹ Göttinnen wie Artemis, Selene oder Luna symbolisierte der Mond die Fruchtbarkeit, das Fest, auch die Leidenschaften, das Fließende und den Wahnsinn. Mondgöttinnen waren Herrinnen über die Tiere. Im Christentum wird der Mond dem Heidentum bzw. dem Alten Testament zugeordnet, während die Sonne das Zeichen der Erlösung wurde. Maria setzt hier in alter Tradition ihren Fuß auf Mond und Tier, siegt stellvertretend über das Chaos, besonders über das ›Heidentum‹. Maria als Fürbitterin war und ist für viele Menschen die wichtigste Person der heiligen Familie. Ihre Vielgestaltigkeit gemahnt an die dreifache Göttin des Orients und Germaniens. Mal Jungfrau, mal Mutter, mal Schmerzensreiche oder gar Sterbende, verkörpert Maria Vorbilder für irdische Frauen in allen Lebensaltern. Die Patronin (in Köln besser ›Matrone‹?) ist überall im Dom präsent, in blau den Glauben, in grün die Hoffnung, in weiß die Reinheit – und in rot die Liebe repräsentierend.

Wir bewegen uns einmal im Uhrzeigersinn durch die Kirche und spüren den Frauen nach. Schauen Sie jedoch aus allen Perspektiven immer mal auf den goldenen Schrein. Nehmen Sie zunächst für die allgemeinen Informationen auf einer der hinteren Bänke Platz.

Touristin auf dem Domplatz (ca. 1930)

Der Dom – fast verstellt durch die vielen Projektionen als architektonisches Wunderwerk, wirkkräftiges Wallfahrtsziel, nationale Ruine, gerade noch beendetes Gotteshaus, Vorbild der Neogotik, Ort der Superlative, Ort der Kuriositäten und nicht zuletzt als Ort der Macht – ist in seiner Komplexität kaum zu erfassen.

Lange war nicht klar, ob das Bauwerk, begonnen 1248, unterbrochen im 16. Jahrhundert, jemals fertig gebaut würde. Johanna Schopenhauer besichtigte den Torso, als er seiner Fertigstellung noch entgegenschlief: *»Keine Ruine in der Welt, nicht die tief versunkene Herrlichkeit des alten Roms, nicht Pompeji und Herkulaneum, selbst nicht die Ruinen von Palmyra können, nach meinem Gefühl, einen ernsteren, schmerzlich wehmüthigern Eindruck hervorbringen, als der Anblick dieses Doms! Sie waren*

Der Dom wächst seiner Fertigstellung entgegen (1875)

doch einst, jene Städte, jene herrlichen Paläste, jene mit den Wunderwerken bildender Kunst geschmückten Tempel. Dann kam auch ihre Zeit, sie sanken und fielen; aber Erblühen und Vergehen ist das unabwendbare Gesetz im Kreislauf der Zeiten, dem auch das Herrlichste auf Erden unterworfen bleibt; und über jenen Trümmern weht der Geist der Poesie und der Erinnerung, und schafft sie zu dauernden Denkmälern einer großen Vergangenheit um. Wie ganz anders aber ist es hier, wo wir das noch nicht zur Hälfte ins Dasein getretene, aus Mangel menschlicher Kraft und Ausdauer, der Zerstörung anheimgefallen sehen müssen, wo bei jedem Schritt die Nichtigkeit des Lebens, der ewig ungleiche Kampf zwischen unserm Wollen und unserm Vollbringen uns recht anschaulich entgegentritt! Diese Trümmer stehen da, ein trauriges Monument der Wandelbarkeit und Unzulänglichkeit unsers beschränkteren Daseins, dem Geiste der Schwermuth und ernster Erinnerung an die Eitelkeit und Vergänglichkeit des menschlichen Lebens und Schaffens geweiht.«[33]

Der Dom als Marienkirche

Die bedeutendste deutsche Kathedrale wurde 1880 fertig gebaut und zählt heute zum ›Weltkulturerbe‹. Der Dom ist *der* Kölner Mythos: Ein Wunder des Kirchenbaus schon im Mittelalter; ein Wunder, weil er nach mehr als 200 Jahren Unterbrechung schließlich fertig gebaut wurde; ein Wunder, weil er den Krieg überstand – und fast mehr Museum als Kirche. »*Der Dom hat etwas Fremdes aber nicht zu verstehen als feindlich, sondern unerreichbar, als hoch, ja als heilig. Der Dom ist nicht intim, nicht arm, nicht freundlich, nicht vertraut, wie einige der alten romanischen Volkskirchen Kölns vertraut waren. Typisch, im Kölner Dom sieht man mehr Leute, die staunen, als Leute, die beten*«, bemerkte ein Kölner in den 1950er Jahren.[34] Zur Hochzeit der Neuen Frauenbewegung wurde der Dom zu einem Symbol der Männermacht: »*Der Dom gehört dem Stadtbild der Stadtväter, ist dem Lieben Gott, dem heiligen Geist, dem Sohn, dem Papst, dem Bischof, dem Priester, den Messdienern, den heiligen Drei Königen, dem Kirchenchor, den Mönchen, dem Christlichen Verein junger Männer[35], dem Schützenverein, den Kaplanen [sic!], den heterosexuellen Spendern erbaut. Frauen dürfen dem Zeremoniell als Zuschauer beiwohnen, heute anstelle der Kastraten singen und die Predigt still anhören, Söhne und Mütter gebären«.*[36] Doch heute haben sich Frauen den Dom angeeignet, indem sie auf die manchmal gut sichtbaren, meist aber verborgenen Spuren von Vorgängerinnen aufmerksam machen.

Die Mondsichelmadonna grüßt vom Hauptportal herab

Erscheint auch der Dom heute vielen als dunkler, eckiger, ›männlicher‹ Bau, ist er doch eine halbe ›Frauenkirche‹ – geweiht wurde er ›St. Peter und Marien‹. Die Aufteilung in westlichen Petrus- und östlichen Marienchor lässt sich schon in der 1. Hälfte des 7. Jahrhunderts belegen.[37] In Köln heißt das Bauwerk einfach ›dä Dom‹ und wird eher mit Petrus als mit der Gottesmutter verbunden.[38] Jedoch: Über Petrus wurde viel geschrieben – und Maria viel verehrt. Die erste Marienkapelle befand sich vermutlich schon im römischen Atriumbau des 6. Jahrhunderts. Der Tag von Mariä Himmelfahrt bildete 1248 nicht zufällig den Tag der Grundsteinlegung und wurde 1880 wiederum mit Bedacht als Tag der endgültigen Weihe gewählt.

Im Eingangsbereich des Nordturms links befindet sich eine ungewöhnliche ›Grablegung Christi‹: Gleich mehrere Frauen tragen Salbengefäße; dieses Bestattungsattribut wird sonst nur der Sünderin Maria Magdalena beigegeben, die damit zugleich Pandora repräsentiert, eine antike Mythenfigur, die in ihrer Büchse (!) das Übel der Welt birgt – und freilässt. Diese lebendige 14. Station des Kreuzweges ist wie die anderen im Kirchenraum eine Schöpfung des 19. Jahrhunderts.

Am Beginn des recht karg möblierten Nordquerhauses ist der Klarenaltar, ein Highlight der mittelalterlichen Frauen-Klosterkultur, zu bestaunen. Mitte des 14. Jahrhunderts wurde der mehrteilige Flügelaltar für die Kölner Franziskanerinnen-

Der Klarenaltar, ein bedeutendes Zeugnis klösterlicher Frauenkultur. Unten: Die Hl. Ursula (mit Pfeil) birgt die Jungfrauen unter ihrem Schutzmantel

kirche St. Clara (beim Römerturm gelegen) gestaltet. Der Schreinkasten mit seinem zweifachen Flügelpaar weist drei unterschiedlich prächtige Öffnungsweisen auf. Ein Flügel zeigt dabei eine recht selten dargestellte Szene: die innige Kommunikation zwischen Josef und der schwangeren Maria – parallel zur Flucht nach Ägypten aufklappbar. Hier steht einmal nicht das Kind im Mittelpunkt des Geschehens, sondern das durch die ungewöhnliche Art der Empfängnis herausgeforderte, aber dennoch liebevolle Paar.

Eine geschnitzte Schutzmantel-Ursula von Anfang des 16. Jahrhunderts am Ende des nördlichen Seitenschiffes über einer Wappenengel-Konsole zeigt sieben Jungfrauen, die sich schutzsuchend unter Ursulas Gewand drängen. Die Schutzmantelheilige ist ein Frauen vorbehaltener Bildtypus, von Maria früh auf Ursula übertragen. Ursula hält ihre Hand beschirmend über die Gefährtinnen im Martyrium (stellvertretend für die Menschen), in der anderen Hand hält sie das Symbol ihres Märtyrertodes, den Pfeil.

Wir bemerken von hier aus bereits einen Strom zu der populärsten, wenn auch kunstgeschichtlich unbedeutendsten Skulptur der Kirche, der sog. Schmuckmadonna aus dem nördlichen Querhaus (17. Jahrhundert). Sie singt für KatholikInnen das Loblied der Frau, die »*an die Schwelle zum Göttlichen berufen*« war, – im Christentum eben nur an die Schwelle. Zahlreiche Votivgaben zeugen vom innigen Verhältnis der Gläubigen zu diesem Gnadenbild. Maria hat einen kleinen Kopf –, egal, alle Aufmerksamkeit gilt der eher dunklen Hautfarbe, dem roten Gewand und dem von dankbaren BeterInnen geschenkten Schmuck. Diese volkstümliche Anbetungsfigur wird – nicht nur – von den Roma sehr verehrt. Auch viele Kölner Frauen schätzen diese sentimental rührende Figur. Die Mitgründerin des Kölner Frauenzentrums, Gertraut Müller, z.B. betrat nach ihrem Wegzug nie die

Heimatstadt, ohne als erstes eine Kerze vor dieser Muttergottes aufzustellen. Die feministische Video-Künstlerin Ulrike Rosenbach kritisierte zur gleichen Zeit die in der unglücklichen Proportionierung inszenierte Machtlosigkeit: »*Schmuckbeladen, puppenhaftes Wachsgesicht, das Kind ein Duplikat der Mutter – die Goldkrone zeichnet den Kopf der Madonna, leblose Krücke für Tand und Eitelkeit. Dein Mantel ein hohles Zelt, Klunkerelli. Machtlose Göttin auf dem Opferaltar, eingekettet von Ringen und kostbaren Steinen, die dich zuschütten, dich hilflos machen, verurteilen. Gnadenmadonna, du sollst Fürsprache halten beim Vater? Nicht einmal die Hände zu heben, ist Dir möglich. Verlogener deal, nicht die Madonna ist die Fürbitterin, sondern die Schmuckstücke sind's, Handel um Gnade.*«[39]

Wir betreten nun durch das Gitter den Chorumgang.

Auf dem Grabmal des Erzbischofs Engelbert von der Mark (links) erkennen wir unterhalb der Liegefigur aus dem 14. Jahrhundert hinter einem Sicherungsgitter auf allen Seiten Kalksteinskulpturen von trauernden Frauen und Männern in kleinen Maßwerkarkaden, alle einstmals in farbiger bürgerlicher Tracht gewandet. Sie umringen die Grabtumba des Kirchenfürsten. Kunsthistoriker Clemen identifizierte sie als Angehörige einer Art Trauergilde, einige der Frauen könnten Beginen sein, die oftmals Trauerdienste übernahmen.[40]

Sarkophag des Erzbischofs Engelbert III († 1368) mit trauernden Beginen (mittlere Statuette im »Klagemantel«)

Schauen sie links am Eingang der Marienkapelle hoch, sie wird von einem ›Kerzenbalken‹ der Kannengießerzunft bekrönt. Dessen kleine Szenen vermitteln Einblicke in das Leben von Mutter und Sohn zwischen der Verkündigung und der Krönung Mariens (der Kölner Malerschule zugerechnet, ca. 1400).

Das prägnante Gerokreuz mit seiner geschnitzten Mandorla – diese wurde erst 1683 zugefügt – befindet sich heute an der Ostwand der Kreuzkapelle. Das faszinierende Schmerzensbild spielt in der Legende der Hl. Irmgardis, die gleich vorgestellt wird, eine gewisse Rolle.

Königinnen im Chor

Wir befinden uns bereits im bedeutendsten Bauteil des Doms aus der Anfangsphase des späten 13./ frühen 14. Jahrhunderts, dem spirituell wie baugeschichtlich bedeutenden Chorumgang mit seinen sieben Kapellen. Hier sind reale und ›virtuelle‹ Frauenpersönlichkeiten bestattet, die eine Beziehung zum Dom aufweisen: Herrscherinnen und regional bekannte Heilige.

In der *Johanneskapelle* (links neben der leicht erkennbaren Achskapelle, zudem mit einer erklärenden Tafel versehen),

liegen im schlichten Holzsarkophag die Gebeine einer einflussreichen Förderin des Domes: der seligen Richeza, die als Enkelin Theophanus und Ottos II. kaiserlicher Herkunft und als Witwe des Herrschers Mieszko Lambert für kurze Zeit Königin von Polen war. Diese denkwürdige Stifterin wird heute noch von vielen polnischen WallfahrerInnen verehrt.

Es ist in der nachfolgenden *Achskapelle* nicht zu erkennen, aber im Boden soll ein Zeichen den Ort einer Bestattung markieren. Angeblich sollen dort die Eingeweide oder das Herz der exilierten Königin Maria von Medici ruhen. Maria von Medici war eine bestenfalls ungeschickt zu nennende Herrscherin, die nach dem endgültigen Zerwürfnis mit ihrem Sohn durch Europa irrte. Wer genau hinschaut, erkennt zumindest das königlich-bourbonische Lilienmuster auf den 1892 neu gestalteten Fliesen.[41]

Rechts neben der Achskapelle befindet sich in der *Agneskapelle* das Reliquiengrab einer weiteren Förderin des Domes: die ab 1030 regierende Gräfin Irmgardis von Süchteln (bzw. von Zutphen, auch von Aspel) war eine Art

Sarkophag der seligen Richeza (um 995-1063) in der Johanneskapelle – ein Anziehungspunkt für polnische PilgerInnen. Unten: Maria von Medici (*1573) – einst Herrscherin über Frankreich – 1642 im Kölner Exil gestorben (Darstellung von 1610)

›Königin der Herzen‹ des Mittelalters. Als junge Waise erbte sie einen größeren Besitz, der ihr nicht viel bedeutete. Sie versuchte zunächst 1040 als Einsiedlerin im Wald bei Süchteln zur Erleuchtung zu kommen, pilgerte dann insgesamt dreimal nach Rom und wählte schließlich Köln als Wohnort, wo sie ihr Erbe großherzig an die Kirche verschenkte. Gräfin Irmgard gründete ein Hospital und widmete sich fortan den Alten und Hinfälligen. Hochbetagt starb sie in Köln. Irmgard wird stets als Pilgerin mit Stab, Stirnreif und blutigem Handschuh dargestellt – ein Hinweis darauf, dass sie dem Papst disteldurchzogene Märtyrer-Erde aus dem Grab der heiligen Ursula überbrachte. Sie gilt als Friedensbeschützerin, weil sie selbst ihren inneren Frieden fand. Ihre sterblichen Reste liegen in einem Kästchen innerhalb einer gotischen Reliquientumba. Das schmale Grab bildet für heutige PilgerInnen eine bedeutende Bet-Station auf ihrem Weg durch den Chorumgang. Die Domverwaltung appelliert verständlicherweise an die Pilgernden, der Irmgard nachzufolgen und dem Dom heilbringende Wohltaten zu erweisen. An den Wänden erzählen Bilder die Legende: Ein linkes Wandgemälde zeigt die Schenkung ihrer väterlichen Burg Aspel, hinter ihr die Gruppe der weiblichen Zeugen (hinter dem virtuellen Empfänger Petrus die männlichen Zeugen). Ein rechtes Motiv zeigt, wie die hl. Irmgard in einer römischen Kirche Grüße von einem Kreuz an das kostbare und monumentale Gerokreuz im Kölner Dom erhält, das erstmals Christus als leidende Figur zeigte. Irmgard überbrachte dem Gerokreuz im Dom die Grüße, und das Kölner Kruzifix grüßte dankend zurück – und erhielt angeblich dabei einen Riss.

Verehrt bis heute: **Die heilige Irmgard von Süchteln** (11. Jahrhundert)

Eine bärtige Heilige in der Agneskapelle?

MancheR BesucherIn erkennt in der rechten gekreuzigten Figur die Darstellung der Hl. Kümmernis, auch Wilgefortis (starker Wille, tapfere Jungfrau) genannt – einer bärtigen Frau. Auffallend ist in der Tat, dass die Figur – anders als die linke – vollständig bekleidet ist; einen Bart wirklich zu erkennen fällt schwer. Aber es gab sie durchaus: Wie so viele legendäre Leidensgenossinnen soll die schöne Königstochter Kümmernis trotz ihres heidnischen Vaters dem Christentum angehangen haben. Der Vater wollte sie um 130 n. Chr. zur Ehe mit einem ebensolchen Prinzen zwingen. Kerkerhaft brachte die Prinzessin nicht zur Umkehr. Sie bat Gott, so abstoßend zu werden, dass der ausgewählte Verehrer sie wieder heimschicken würde. Und was geschah? Sie erblickte Christus – und fortan war ihr Gesicht durch einen starken Bartwuchs gekennzeichnet. Für eine Ehe kam sie nun nicht mehr in Frage. Der wutentbrannte Vater soll sie daraufhin gekreuzigt haben. Seitdem gibt es eine Art Transgender-Heilige – eine bärtige Frau, ans Kreuz genagelt wie Christus, gekrönt wie Christus, jedoch züchtig mit einem langen roten Gewand verhüllt.

Rettende Verunstaltung ist in Legenden kein unüblicher Ausweg aus einer drohenden Zwangsehe.[42] Auch das Motiv der ›Frau am Kreuz‹ ist nicht selten. Die Hl. Kümmernis zierte einige oberösterreichische Votivtafeln, die über die Salzstraße nach Norden transportiert wurden. Nach einem Höhepunkt im 14./15. Jahrhundert ebbte die Verehrung ab und die bärtige Frau wurde ab dem 18. Jahrhundert vergessen. Wie es der deutsche Name andeutet, war sie für ›Bekümmernisse‹ zuständig, sei es Liebeskummer oder der Verlust einer geliebten Person. Angeblich konnte sie auch bei der räumlichen Entfernung ungeliebter Gatten helfen. Die Hl. Kümmernis war schließlich für die Errettung vor dem Henkerstod zuständig. Kein Wunder, dass ihr Stern im 18. Jahrhundert sank: Da wurden auch die meisten Henker arbeitslos. Ihr Attribut ist ein (goldener oder silberner) Schuh, der von den Füßen der Heiligen auf einen Altartisch herunterfiel. Heute ist ›unweibliches‹ Wesen verpönt, ›Mannweib‹ eine hochaktuelle Pausenhof-Kategorie für burschikose Mitschülerinnen – früher konnte eine Frau dafür heiliggesprochen werden.

Von Weitem wirkt er recht klein, erst im Umgangschor können wir Größe und Reichtum des Dreikönigenschreins ermessen. Die kunstgeschichtlich weltweit hochgeschätzte ›Aufbewahrung‹ (12./13. Jahrhundert) bildet an den Seiten die Anbetung der Drei Hl. Könige (und eines vierten Königs, Otto des IV.) vor Mutter und Kind ab. In den zwölf heiligen Nächten rund um Weihnachten wird die Nach-der-Geburt-Szene naheliegenderweise am innigsten verehrt. Es gibt viele Deutungen über die Weisen, eine zeichnet den Lauf des Lichts nach: Balthasar gilt als Frühlingssonne/rot, Melchior als Sommersonnenwende/weiß und Caspar als Herbst/Winter/schwarz, Jesus stehe als

Wiedergeburt des Lichts zu Mittwinter im Mittelpunkt der Verehrung.[43] Üblicher ist jedoch die Herleitung der drei im Neuen Testament nicht eingeführten Namen Caspar, Melchior und Balthasar von den drei heiligen Frauen Catharina, Margaretha und Barbara, den sogenannten *virgines capitales* der alten Kirche. Die im Schrein aufbewahrte staatstragende Reliquie (sie bewirkte das Krönungsrecht der Kölner Erzbischöfe) machte im 13. Jahrhundert den Neubau des Doms erforderlich – es sollte eine angemessene Hülle, ein steinernes Reliquiar für den kostbarsten Schatz Kölns entstehen.

Erhöhter Standort für rituelle Durchgänge: Der Schrein der drei weltberühmten Weisen

Geschützt hinter Chorschranken (14. Jahrhundert) waren die mächtigen Herren des Domkapitels während des Gottesdienstes auf besonders exquisitem Chorgestühl platziert (dem größten Deutschlands, gefertigt 1308 bis 1311). Die Schnitzereien der 104 Lehnen, Wangen und heimlichen Sitzstützen (sogenannte Miserikordien) behandeln das Leben in all seinen Facetten: Tod und Teufel, Liebe und Sex, Kampf und Vergebung, Essen und Völlerei, und es entwirft auch Bilder der Geschlechter. Das beliebte Motiv der ›Weiberlist‹ bekommen die Domherren im Chorgestühl gleich mehrfach warnend vorgeführt – vielleicht zur dauerhaften Abwehr von Gelüsten auf ›Weiber‹? Sei es Delila, die dem schlafenden Samson das Haar abschneidet und ihn damit seiner scheinbar unbesiegbaren Kraft beraubt, sei es die auf Aristoteles reitende Phyllis, die damit den armen Philosophen seiner (geistigen) Potenz beraubt und in die Abhängigkeit treibt. Das waren über Jahrhunderte akademisch eingeführte misogyne Schreckbilder. Schnörkel-Schnitzereien, sogenannte Voluten, zeigen hilfreich, wie der Geistliche die Souveränität bewahrt: Eine Nonne beichtet vor einem Mönch, ergeben reicht die kniende Nonne ihm ihre Hände, und er segnet sie über dem Nonnenschleier. Allein Gnadenvermittlung war die erlaubte Annäherungsweise an Frauen.

Das berühmteste Altarbild Kölns, das weltweit verehrte »Dombild« Stefan Lochners (um 1440/50 erstellt, erst seit 1810 wirklich im Dom aufgestellt) ist wegen seiner zarten Mariendarstellung berühmt. Es zeigt als »Altar der Stadtpatrone« auf

Stefan Lochners demütig lächelnde Madonna vom Altar der Stadtpatrone (15. Jahrhundert)

dem linken Flügel die Patronin der Kölner Frauen, die heilige Ursula strahlend im roten Gewand, rechts St. Gereon und in der Mitte wiederum die Madonna mit dem Kind. Die kostbar in Renaissancekleidung gewandeten Könige bringen luxoriöse Geschenke, die schlichte Jungfrau mit dem demütig gesenkten Kopf und der lieblich-verspielte Knabe ziehen alle Aufmerksamkeit auf sich. Links sind dem Jesuskind opfernde jüdische Männer zu sehen – eigentlich selbstverständlich, da ja fast alle Menschen der bethlehemischen Region Juden/Jüdinnen waren. Tatsächlich zeigt sich hier aber ein konfessioneller Triumph: Das Werk wurde ursprünglich für die Kapelle St. Maria in Jerusalem gefertigt, die im Jahr 1425 entstand, nachdem die letzten Kölner Juden/Jüdinnen vertrieben worden waren; sie wurde aus den Mauern der Kölner Synagoge errichtet.

Die grazile und heitere Mailänder Madonna stand früher über dem Altar der Marienkapelle und wurde von einem Baldachin gekrönt. Heute thront sie eher entrückt im südlichen Seitenschiff. Die Mailänder Madonna gilt als Eigenproduktion der Kölner Dombauhütte, der Name verweist auf eine Vorgängerfigur aus dem gleichen Raub wie die Hl. Drei Könige. Diese Marienskulptur genoss stets besondere Verehrung – sie wurde zur Gnadenvermittlung oder Heilsbringung angebetet. Das

älteste gotische Mariengnadenbild des Doms (Wende 13./14. Jahrhundert) weist einen offenen, ungewöhnlich vergnügten Gesichtsausdruck auf, das ›Kölner Lächeln‹, das auch viele Kölner Ursulareliquiare zeigen – eine kunstgeschichtliche Besonderheit der Rheinlande.

Wir verlassen den Dom, der berührenden Worte der Reiseschriftstellerin Johanna Schopenhauer eingedenk. Der Dom erhielt im 19. Jahrhundert seine Chance, »*ins Dasein zu treten*«, auch er fällt heute aufgrund der Umweltverschmutzung täglich »*der Zerstörung anheim*«, und vermittelt so die »*Nichtigkeit des Lebens*«, die Johanna Schopenhauer schon in der Ruine erkannte.

Mailänder Madonna, das älteste Mariengnadenbild des Domes (ca. 1285)

Vermutlich vor der karolingischen Domkirche fand im Spätsommer 1163 ein bedeutendes ›Event‹ statt: Die Äbtissin Hildegard von Bingen predigte zu den KölnerInnen. Die bekannte Benediktinerin, Ärztin, Musikerin und Mystikerin war aus ihrem Kloster Rupertsberg gekommen, um gegen GlaubensabweichlerInnen zu predigen, deren Zahl in der Stadt spürbar zugenommen hatte.[44] Nach 20 Jahren Ruhe waren im August wieder drei Ketzer identifiziert und verbrannt worden. Die 65-jährige Äbtissin warnte speziell die Frauen. Sie seien durch lustbetonte Ausschweifungen verführbar, da sie eine geringere Bildung hätten und den besonderen Tücken der Verführer direkt ausgesetzt seien. Dabei sah sie grundsätzlich »*das Verhältnis der Geschlechter als gegenseitig und kooperativ an*«.[45]

Äbtissin Hildegard von Bingen (ca. 1098–1179) predigte in Köln gegen die KetzerInnen (Urkunde von 1342). Unten: Ketzerverbrennungen gab es im 12. Jahrhundert auch in Köln

Hildegard machte in ihrer Predigt den Kölner Klerus wegen seines korrupten Verhaltens, seiner Anhäufung von Reichtümern für den Erfolg der Ketzer haftbar. In ihrer unverblümten Sprache klagte sie, dass sein verweltlichter Lebensstil die Hauptschuld am Schaden durch die Ketzerei trage. Hildegard riet nicht zur grausamen Verfolgung, aber doch dazu, die Betreffenden nicht in der Mitte der Gesellschaft zu dulden. Im Dom selbst konnte erst mehr als 800 Jahre später erstmals eine Frau predigen – und dann ausgerechnet eine Protestantin! In der Reihe »Frauen-Wort im Dom« sprach am 20. März 1998 die vergleichende Religionswissenschaftlerin Prof. Hanna-Barbara Gerl-Falkovitz aus Dresden über – »*Die Aktualität der Hildegard von Bingen*«![46]

9 »... ein Mittelding zwischen Duftwasser, Medizin und Getränk« – Klosterfrau Melissengeist Domhof 19/21, heute Domforum

Im Jahr 1825 siedelte auf dem Gelände gegenüber dem Haupteingang zum Dom eine außergewöhnliche Frau ihre Firma an, die sie aus kleinsten Anfängen selbst aufgebaut hatte: Die Nonne Maria Clementine Martin produzierte hier destilliertes Heilwasser, eines ihrer Produkte ist bis heute als »Klosterfrau Melissengeist« am Markt.[47] In Köln befand sich die Destillateurin in guter Gesellschaft, denn hier wurden diverse Wässerchen hergestellt und in zahlreiche Länder verkauft. Maria Clementine Martin unterschied sich in einem wichtigen Punkt von anderen Eau-de-Cologne-HerstellerInnen: Sie war ursprünglich Ordensschwester. Erst die Auflösung der Klöster durch die französische Besatzungsregierung brachte sie in ihre Laufbahn als Unternehmerin.

Die berühmte »Klosterfrau« als Destillateurin und Apothekerin

Maria Clementine Martin wurde 1775 in Brüssel geboren. Nach dem Tod der Mutter Christine im Jahr 1792 lebte die junge Frau im Kloster, u.a. in Coesfeld.[48] Sie wuchs mehrsprachig auf, was ihr später als Migrantin zugutekam. Im Kloster erlernte sie die Krankenpflege und in der Klosterapotheke erwarb sie ihre Kenntnisse auf dem Gebiet der Kräuterkunde und Arzneimittelherstellung. Um 1802 wurden fast alle Klöster ›säkularisiert‹ und die früheren Nonnen wurden wieder weltliche Personen. Nach der Beendigung der französischen Herrschaft in Preußen wurden geistliche Gemeinschaften wieder zugelassen, aber Frl. Martin hatte sich bereits für einen anderen Lebensweg entschieden. Da die Ex-

Nonne 1815 bei Waterloo auf Seiten der Gegner Napoleons mutig Sanitätsdienste geleistet hatte, wurde sie vom Preußischen König mit einer jährlichen Pension bedacht. Damit war ihr ein bescheidener Lebensstandard gesichert. Im April 1825 zog sie als private Pflegerin nach Köln und baute sich hier mit fast 50 Jahren eine völlig neue Existenz auf. Zwar hat Maria Clementine Martin ihr Melissenwasser nicht ›erfunden‹, aber die spezielle Zubereitung war, wie sie in einem Brief mitteilt, »*mein Geheimnis, und das eifrigste Studium fast meines ganzen Lebens*«.⁴⁹

Maria Clementine Martin im Nonnenhabit

Über den Beginn ihres Unternehmens schreibt sie selbst: »*Als ich mich im Jahre 1825 unter dem Schutze des Herrn Erzbischofs Grafen Spiegel zu Desenberg hier häuslich niederließ, schien mir die Destillation der besagten aromatischen Wässer ein schickliches Mittel zur nützlichen Beschäftigung in den Nebenstunden meiner täglichen Andachtsübungen und Sicherung meines Unterhalts durch eigener Thätigkeiten darzubiethen.*«⁵⁰ Tatsächlich fand sie in Köln einen geeigneten Ort für ihr Unternehmen. Die Stadtoberen bemühten sich aktiv um den Wiederaufstieg zur Handels- und Touristenstadt. Ihr »*innerlich desinfizierendes*« Heilwasser, das gegen Kopfschmerzen, Nervenleiden, zur Krampflösung, bei Ohnmachten und anderen Schwächen angewandt wurde, wusste Maria Clementine Martin gut zu vermarkten. Schon im Jahr ihres Umzugs erschien die erste Anzeige für ihr Produkt in der Kölnischen Zeitung. 1829 bat sie König Friedrich Wilhelm III. – mit Hinweis auf ihre Verdienste auf dem Schlachtfeld – um das Privileg, auf ihren Etiketten den Preußischen Adler führen zu dürfen, was ihr gewährt wurde. Sie ließ mehrere

Mehrsprachige Werbung für das »Cölnisch Wasser« der Maria Clementine Martin, Klosterfrau (1861)

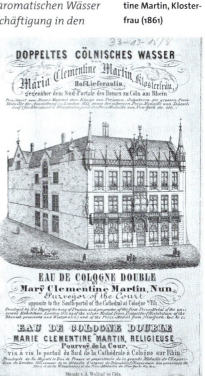

Ratsturmfigur der Unternehmerin in Sachen Heilwässer

eigene Warenzeichen eintragen. Obwohl sie real keine Klosterfrau mehr war, gab sie ihrer Marke einen entsprechenden Namen und schuf damit eine unverwechselbare ›*corporate identity*‹. Ihre Werbung betonte explizit, dass ihr Produkt auf ihrem langjährigen Studium, klösterlichen Geheimnissen der Rezeptur und hoher Qualität basiere – und das alles in Zeiten, wo der Begriff Marketing noch unbekannt war! Der Fabrikations- und Vertriebsort am Dom eignete sich perfekt für den Verkauf an ruinenbegeisterte TouristInnen, PilgerInnen und Kranke. Schon wenige Jahre nach der Unternehmensgründung konnte sie die benachbarten Häuser erwerben. Diese Geschäftstüchtigkeit scheint auch Missgünstige auf den Plan gerufen zu haben; Frau Martin schrieb einmal von »*Unbilden und Beeinträchtigungen feindselig gesinnter Menschen*«, mit denen sie konfrontiert gewesen sei. Aber die zähe Frau baute ihr Unternehmen, das sie weiterhin nur mit ihrer Magd Margarethe Graß und später einem Lehrling betrieb, weiter aus: In Berlin richtete sie ein Depot zur schnelleren Belieferung Preußens ein, erweiterte das Angebot und versuchte sogar, ein »*Exklusiv-Privileg*« für die Melissengeist-Herstellung zu bekommen. Dagegen sprach jedoch die historisch noch relativ neue Gewerbefreiheit, die die Franzosenherrschaft mit sich gebracht hatte. Im August 1843 starb die rührige Frau nach 18-jähriger Unternehmensleitung. Sie wurde auf Melaten begraben. Ihr ehemaliger Gehilfe baute die Firma aus, wodurch sie bis in die heutige Zeit erhalten wurde. Er ließ ihren Namen aus Reklamegründen an das Geschäftshaus meißeln.

Das Hausmittel »Klosterfrau« wurde auch öfter mal zweckentfremdet verwendet. Frauen ohne Zugang zum Weinkeller – aber in Notzeiten auch Männer – setzten das Produkt gerne innerlich ein: »*Ich kannte einen, der – es war 1940, als der Schnaps knapp war – bei der siebten Kleinpackung, damals noch in Drogerien zu haben, sich ›geschafft‹ fühlte*«, schrieb ein Köln-Kenner, dem nichts entging.[51] Auch diese Nutzung trug zum anhaltenden Erfolg des Produkts bei. Am Ort der Martinschen Produktionsstätte steht heute das Domforum, ein Angebot des Erzbistums, Reisenden gratis einen Ruheort in den brandenden Fussgängerwogen zu gewähren (inkl. Meditationsraum).

🔟 Mobilitätshilfe Duftwasser – Das Blau-Gold-Haus
Domkloster 2

Der Fabrikationsort von 4711 lag zwar traditionell in der Glockengasse, aber ein Neubau am Dom sollte die Zielgruppe der TouristInnen leichter erreichen. Ab den 1920er Jahren wurde die berufstätige Frau als Zielgruppe für die Duftwasser-Werbung entdeckt. Das Produkt 4711 der Firma Mülhens half weiblichen Angestellten und Handelsreisenden, immer frisch und einsatzbereit zu erscheinen.

Tagsüber ist das Blau-Gold-Haus von 1950 (erbaut von Wilhelm Koep) eher unscheinbar, aber abends strahlt es als eines der »*Mysterien der Stadt Köln*« in den Kölnisch-Wasser-Farben auf den Domvorplatz.[52]

Frische für moderne Frauen – Werbeplakat für Eau de Cologne

Wir biegen vom Strom der Erwerbstätigen, TouristInnen, Einkaufenden in Richtung des südlichen Domplatzes, des heutigen Roncalliplatzes, ab. Die 1973 vom Stadtplanungsamt geschaffene Brunnenanlage ›Domfontaine‹ lockt – durch neun Fontänen mit Wasser gespeist – im Sommer zum Füßekühlen.

1️⃣1️⃣ Zeitgemäße Platznutzung
Roncalliplatz ehemals Domhof

Einst der wichtigste Ritualplatz Kölns, der Platz der kirchlichen Macht, ist der Roncalliplatz heute das Paradies der Skater. Jungen Männern wird in Köln traditionell viel Macht gegeben: Sei es im Mittelalter den aufrührerischen Gesellen, sei es Ende des 18. Jahrhunderts den Karnevalsbanden und sei es heute durch Preisgabe eines der wichtigsten Plätze in der Stadt an junge Luftkünstler. Ältere Menschen fühlen sich beim Überschreiten oft sehr unsicher.

Früher drängte sich Gebäude um Gebäude an die unfertige Kathedrale, gleich mehrere Kirchlein schmiegten sich an die Hauptkirche. Am Ort des heutigen Bedürfnishäuschens suchten im Spätmittelalter (männliche) Studenten die berühmte

Domhof auf der Südseite des Doms (Cap. Batty / J. Redawy nach einem Stich von 1826)
Auf dem Domhof lag das Kirchliche Gericht, das für Ehescheidungen zuständig war (Bibliothèque Saint Geneviève, 13. Jahrhundert)

theologische Fakultät der Universität auf. Genau hier – und ausgerechnet in Köln – wurden 1520 erstmals die ›ketzerischen‹ Schriften von Luther in einem feierlichen Autodafé verbrannt.

Beim heutigen Südeingang tagte das höchste Gericht über alle Kölnerinnen und Kölner, zugänglich durch einen Torbogen. Immer wenn es um die Frage ›Leben oder Tod‹ ging, musste das Hohe Weltliche Gericht des Erzbischofs eingeschaltet werden. Und so war hier der Schauplatz vieler Urteilsverkündigungen. Im Rahmen von Hexenprozessen wurden Todesurteile, Stadtverweise, Hausarrest oder auch Freisprüche verkündet. Noch 1861 befand sich hier die gefürchtete Hacht – das erzbischöfliche Gefängnis, in dem die Wahrheit erfoltert werden sollte.

Ernst Weyden hat beschrieben, welche Angst Kinder, die diesen Platz überquerten, noch im 19. Jahrhundert befiel: »*In der südwestlichen Ecke droht unheilverkündend das Kriminal-Gefängnis, die ›Hacht‹, ein schauerlicher Bau, dessen düsteres grauenhaftes Äußere von den Greueln erzählt, welche derselbe in seinen Verließen mit ihren steinernen Fuß- und Handstöcken, ihren Halseisen und schweren Fesseln birgt. Wir Kinder schlugen ein andächtiges Kreuz, wenn wir vorübergingen, und dies nicht* *minder bei dem an die dem südöstlichen Eingange des Domes vorgebauten Häuser stoßenden unheimlichen Bau, den wir das ›hohe Gericht‹ nannten, wo den armen Sündern ihr Todesurteil verkündet, wo der Stab über sie gebrochen, wo sie dem Henker zum letzten Gange überantwortet wurden. Den an der Kirche St. Johann früher eingemauerten ›blauen Stein‹, eine zerbrochene Schieferplatte, über der das kurfürstliche Wappen angebracht war, hatten die Revolutionsmänner vernichtet. Wer kannte aber nicht des Nachrichters [Henkers, die Verf.] Spruch, mit welchem dieser den armen Sünder dreimal mit dem Rücken an den Stein stieß, ehe er den Karren bestieg, ehe die Armsünderglocke von dem Turme dröhnte: ›Ich stüssen dich an der bloe Stein, Do küss dingen Vader un Moder ni mih heim!‹«*⁵³

Domhotel – Ort des ersten Kölner Reisebüros

Auf dem Platz gegenüber dem Domzugang stand im Mittelalter der erzbischöfliche Palast samt Offizialat, das kirchliche Gericht, das u.a. über die Gültigkeit von Ehen befand. Außerdem stand dort das Geisthaus, ein Hospital. Im frühen 19. Jahrhundert machte der Platz dagegen den Eindruck von Verfall: »... *neben der Kirche zum heiligen Geist ... umtrauern verfallene Gademen oder Hütten, morsche hölzerne, von Schuhflickern oder Altruyschern bewohnte Baracken, an deren Bedachungen ein Mann mit der Hand reichen kann, die ganze Süd- und Ostseite (...) In einer Stadt wie Köln konnte man sich nichts trostlos Vernichtenderes denken als den Dom in seiner Trauer, nichts Bettelhafteres als den damaligen Domhof.*«⁵⁴ Dann kam Bewegung in den Platz. Seit 1857 dominiert hier das bekannteste Kölner Hotel, das Dom Hotel. In ihm befand sich ab den 1870er Jahren auch das erste Kölner Reisebüro, eingerichtet vom Pilgermanager Thomas Cook.

Die Frauenwohlfahrtspolizei auf Streife

Betuchte TouristInnen, die im Dom-Hotel nächtigten, konnten in den 1920er Jahren vom Fenster aus ein regelmäßiges nächtliches Zeremoniell verfolgen: Die Patrouille der Frauenwohlfahrtspolizei im Außendienst.[55] Sie sollte zwischen 21 und 1 Uhr ›Streunerinnen‹, die in den Zeiten der englischen Besatzung durch die Innenstadt liefen und sich aus Geldnot mit Soldaten einließen, aufgreifen. Wirkten die Mädchen unschuldig, wurden sie heimgeschickt, waren sie jedoch schon auf der ›schiefen

Die uniformierte Wohlfahrts-Polizei patrouilliert – bereit für den Aufgriff streunender Mädchen

Bahn‹, verfrachteten die Polizistinnen die jungen Frauen in ein Heim in der Domstraße 11. Dort wurden sie sozialpolitisch verwaltet – sozusagen die ordnungspolizeiliche Fortsetzung des Mädchenschutzes! Die frauenspezifische Polizei, die 1923–1925 tätig war, galt als Fürsorgearbeit, auch wenn zahlreiche irrtümliche Aufgriffe mit gesundheitsamtlicher Zwangsuntersuchung Proteste hervorriefen. Die Polizistinnen im Dienste der Sittenpolizei wurden von der Bevölkerung verspottet und waren oftmals auf Hilfe von Kollegen angewiesen. Ihre Leiterin Josephine Erkens war Anhängerin der sog. Abolitionisten, die gegen Doppelmoral auf dem Feld der Prostitution kämpften. Nachdem ihr vorgeworfen wurde, ihre Kollegen der Erpressung und Bestechlichkeit bezichtigt zu haben, und als die englische Besatzung des Rheinlandes endete, wurde die Stelle abgeschafft. Gleichzeitig wurden 1925 Frauen bei der Kripo eingestellt, die ersten ›richtigen‹ Polizistinnen Kölns.

Am östlichen Ende des Roncalliplatzes, Richtung Ludwig-Museum passieren wir die Dombauhütte. Ggf. hören Sie Arbeitsgeräusche heraufschallen.

Noch ohne Sage:
Die erste Dombaumeisterin

Erstmals in der Geschichte ruht die Bauleitung über die weltberühmte Kathedrale in den Händen einer Frau: Prof. Barbara Schock-Werner. Neben der Bauleitung und Betreuung von künstlerischen Projekten ist sie für die Finanzen und die Erforschung des Mammutbaues verantwortlich. Sympathisch: In einem Interview bezeichnete Schock-Werner Alice Schwarzers »Der Kleine Unterschied« als ein für sie wichtiges Buch; schön, wenn Karrierefrauen sich bewusst sind, dass sie – bei aller eigenen Kompetenz – der Neuen Frauenbewegung Erkenntnisse und Durchsetzungsvermögen verdanken. Ihr aktuelles Anliegen: die Sanierung der heruntergekommenen Terrasse und die Wiederplatzierung des Petrusbrunnens, der Neuzugang zu Turm und Tiefgarage. Ein neuer Glaspavillon für den Andenkenverkauf wird ab 2008 den Südbereich aufwerten. Hoffentlich gibt es eines Tages auch eine Sage über die erste Dombaumeisterin!

Dombaumeisterin Prof. Schock-Werner (* 1947) harrt noch der Sage

12 Göttliche und Kaiser-Mütter – Das Römisch-Germanische Museum [56]

Im Flachbau des Römisch-Germanischen Museums sind Fundstücke von germanischen Ansiedlungen und aus der Zeit der Entwicklung von der kleinen Siedlung ›oppidum ubiorum‹ zur Hauptstadt der römischen Provinz Niedergermanien ausgestellt. Die Mehrheit der Objekte gehören zur Dominanzkultur der römischen BesetzerInnen. Aber es finden sich auch Gegenstände aus dem Alltagsfrauenleben wie Arbeits- und Schmuckgegenstände. Erfreulicherweise sind die von den RömerInnen angenommene lokale Göttinnendreiheit der Matronen sowie die Verehrung der Epona, Nehalennia, der Quell- und Wegegöttinnen breit dokumentiert. Und schließlich gibt es Hinweise auf einzelne römische Herrscherinnen.

Die Ergänzung zum römischen Nordtor vor dem Dom, der mittlere Durchgang für breite Lasten und Gefährte mit seiner

Ziel von Wanderungen des Kölner Frauengeschichtsvereins: **Kultstätte der dreifachen Göttinnen** (Matronen) in der Eifel

berühmten Inschrift CCAA, eröffnet den Reigen im ersten Stock – er geht auf die Stadtprivilegierung durch Agrippina und Claudius zurück.

Wenig beachtet wird meist die Mutter der Stadtgründerin, Vipsania Agrippina die Ältere. Von den Zeitgenossen wurde ihre für römische Adelige hohe Kinderzahl als Zeichen der Sittlichkeit gelobt. Während ihres Aufenthalts im *oppidum ubiorum* (dem Vorläuferort der Stadt Köln) führte sie die meuternden Legionäre durch eine flammende Rede zur Solidarität mit Rom zurück. Selbst ein ›Starke-Frauen-Verächter‹ wie der römische Historiker Publius Cornelius Tacitus spricht ihr in seinen »Annalen« zu, die Aufgaben eines Heerführers erfüllt zu haben.[57] Das Museum hat im Jahr 2000 eine ›Propagandabüste‹ dieser Enkelin des Augustus erworben und beim nördlichen Torbogen aufgestellt.

Eine Vielzahl von Matronenweihesteinen belegt die reiche Verehrung dieses Göttinnentyps. Stets thronen drei machtvolle Frauengestalten in langen Gewändern unter einem Muschelbaldachin nebeneinander.[58] Auf ihrem Schoß halten sie meist Obstkörbe als Fruchtbarkeitssymbole, seltener Brote. Bisweilen sehen wir Opferszenen auf dem unteren oder seitlichen Teil eines Weihesteins – durchaus auch mal eine Frauenprozession; auf den Seitenwänden sind weitere steinerne Weiheobjekte sichtbar. Die alte weibliche Dreiheit steht für die Phasen zunehmender Mond, Vollmond und Neumond und auch für die idealtypischen Lebensphasen der Frau: Jungfrau, Mutter und alte Frau. Tragen die beiden äußeren Göttinnen regionaltypische Kopfbedeckungen, so lässt die jüngere Göttin ihre Haare lang und offen wehen. Mondsichelförmiger Halsschmuck symbolisiert die enge Verbundenheit zu dem Prozess des Werdens und Vergehens. Hunderte solcher Weihesteine wurden zwischen Walcheren und dem Genfer See gefunden, mit einem Schwerpunkt im Köln-Bonner Raum und in der Voreifel.[59] Ob römische Legionäre oder einheimische Frauen – sie alle stifteten Mitte des zweiten bis Mitte des dritten Jahrhunderts n. Chr. diese Weihesteine als Erfüllung eines Gelübdes.

Die Matronen sind die Vorläufer der Maria vom Typ ›Unsere liebe Frau‹, wie die Eifeler Matronenforscherin Sophie Lange darlegt: »*Matronen breiten ihren Schutzmantel nicht nur über die Mutterschaft, sondern auch über das Wachsen in der Natur und das geistige Fruchtbarsein aus. Selbst das lateinische Wort matrona weiß nichts von Mütterlichkeit; es muss mit ehrbare Hausfrau oder Dame übersetzt werden. In der Mythologie ist diese Erkenntnis seit eh und je offenkundig.*«[60] Inzwischen zeigt sich an einzelnen früheren Kultorten wie Nettersheim eine lebendige Re-Aktivierung der Matronenverehrung durch Frauen, die sich in den christlichen Kirchen mit ihrem Wunsch nach weiblicher Spiritualität nicht aufgehoben fühlen.

Geehrte Frauenarbeit: Grabstein der Amme Severina (3. Jahrhundert n. Chr., Fundort bei St. Severin)

Schmuckstücke, Keramiken und Münzen aus der keltischen, germanischen und römischen Kultur geben auf der ersten Etage Aufschluss über antike Symbolwelten. Dabei finden sich zahlreiche ›Weiblichkeitsmotive‹ wie Lunula-Mondreifen, Buckelvasen mit Brustmotiven oder Frauenarbeitsgeräte wie der Spinnwirtel. Die weltweit größte Sammlung römischer Gläser sollte ebenso Beachtung finden wie die Vitrinen mit römischen und frühmittelalterlichen Schmuckgegenständen. Das weltberühmte Dionysos-Mosaik, ein prachtvoller Boden aus über 1 Million Steinchen aus einer Römervilla, 1941 in der Baugrube für den geplanten Luftschutz-Bunker entdeckt und jüngst im Sturm Kyrill beschädigt, zeigt eine berauschte Festgesellschaft, in der Satyrn nach Mänaden greifen. Köln als Ort munterer Orgien? Oder nur Phantasie biederer Herrschaften? Die 75 Quadratmeter Feier der Lebensfreude und des Überflusses bildeten jedenfalls einen sinnvollen Anlass, das Museum an dieser Stelle zu erbauen.

Richtung Rheinbrücke befindet sich ein Bäumchen mit ›Sitzkreis‹. Weiter mit dem Rundgang geht es auf Seite 65.

13 »Mit heißen Herzen« – Die nationalen Frauen
Dombauhütte, Domhof 28, Rheinufer

Auf dem Gelände der Dombauhütte wie auch östlich am Rheinufer im Gebäude der Kgl. Eisenbahndirektion befand sich seit 1915 die Schaltzentrale des »Nationalen Frauendienstes«. Zu Beginn des Ersten Weltkrieges im Sommer 1914 waren auf Initiative von Dr. Gertrud Bäumer im ganzen Land Hilfsorganisationen von Frauen gegründet worden, die den Krieg unterstützen und die Kriegsfolgen mindern helfen sollten. Bevor wir den Rundgang fortsetzen, hier einige Informationen über die sozialen Aktivitäten der Kölner Frauen als Beitrag zum Weltkrieg.

Die Beratungsstelle der Nationalen Frauengemeinschaft residierte im Gebäude der Königlichen Eisenbahndirektion (Trankgasse 24)

Noch am 28. Juli 1914 fand mit etwa 10.000 Menschen eine der größten Protestkundgebungen gegen den Krieg in der Geschichte der Kölner Arbeiterbewegung statt. Aufgerufen hatte die Kölner Leitung der Sozialdemokratischen Partei. Wenige Tage später reagierte der Großteil der Bevölkerung auf die Kriegserklärung vom 1. August 1914 zunächst schockiert und dann doch enthusiastisch. Die gebürtige Kölner Schriftstellerin Adele Gerhard schildert die Stimmung der ersten Kriegstage, die sie in Berlin erlebte: »*In langen Reihen zogen die Reservisten, grüne Zweige am Helm, die Wilhelmstraße hinunter. ›Zum Rhein, zum Rhein, zum deutschen Rhein‹ tönte es weithallend.*«[61]

Auch die meisten SPD-AnhängerInnen waren begeistert auf Kriegskurs: »*... dieser Aufmarsch eines großen Volkes hat etwas Gewaltiges, etwas Mitreißendes. Eine Riesenwoge unerhörten Opfermutes rollt durch das Land. Aus dem Frondienst für das Kapital, aus dem Befreiungskampf für seine Klasse, aus dem schweren Ringen für des Lebens Notdurft wird er zum Schutze für das bedrohte Land gerufen. Er gibt hin alles was er hat: sein Leben, seine Familie, seine Organisation*«, schrieb die Rheini-

Wo jubelten die Frauen? Männer begrüßten den Kriegsbeginn vor den Aushängen des Stadtanzeigers (August 1914)

sche Zeitung am 4. August 1914 über ›den‹ Proletarier.⁶² Die Hausfrauen und Mütter wiederum »*stürzten zu Hamsterkäufen. In den Kölner Straßen und Kaffeehäusern tobte der nationalistische Rummel.*«⁶³ Adele Gerhard dokumentierte später selbstkritisch ihre erste Reaktion: »*Die Welt erschien gewandelt. Aus Not und Bedrängnis stieg jäh und heftig das Gefühl der Gemeinschaft auf. Trat man in diesen ersten Wochen in einen kleinen Laden, in einen Kohlenkeller, so schlug einem oft aus ganz einfachen Naturen ein stärkeres Leben entgegen, eine ernste Verbundenheit, ein gemeinsames, tapferes Sich-Einsetzen. Später wandelte sich das Gesicht der Dinge. Aber in jenen frühen Tagen spürte man ein vertieftes Volksempfinden sich regen.*«⁶⁴
Aus dieser Stimmung heraus veröffentlichte die Kölner Presse am 15. August 1914 einen Gründungsaufruf zur Schaffung einer »Nationalen Frauengemeinschaft«, wie sie konservative Führerinnen der bürgerlichen Frauenbewegung von Berlin aus gefordert hatten. Schon am Vorabend der Kriegserklärung, am 31. Juli 1914, hatte Gertrud Bäumer verkündet, es bedürfe eines Nationalen Frauendienstes, um gerüstet zu sein, wenn die Schicksalsstunde schlage. Bald gründeten sich im ganzen Land Hilfsorganisationen von Frauen, die bereit waren, den Krieg mitzutragen und vor Ort die Kriegsfolgen zu verringern. In Köln wurde dieser Zusammenschluss abweichend »*Nationale Frauengemeinschaft*« (NFG) genannt. Vorsitzende war die Gattin des Oberbürgermeisters, Frau Wallraf.

Im Mitteilungsblatt des Rheinisch-Westfälischen Frauenverbandes war über die Kölner Gründung zu lesen: »*Die Frauen der Stadt Köln verbinden sich zu einer Nationalen Frauen-Gemeinschaft für die Dauer des Krieges zur Regelung notwendig gewordener Frauentätigkeit im Anschluss an die bestehenden Organisationen, seien sie städtisch oder privat.«*[65] Noch im Hochsommer 1914 war die Bandbreite und das hohe Niveau der Kölner Frauenaktivitäten auf der renommierten Werkbund-Ausstellung in Deutz sichtbar geworden – nun wurde diese mühsam geschaffene Frauenkultur zugunsten eines einzigen Themas reduziert: Kriegsfolgenbewältigung, also indirekte Kriegsbeihilfe.[66] *»Was so wichtig und lobenswert uns vor einigen Tagen noch erschien, versank vor dem Alles erfüllenden Empfinden, daß unser Höchstes gefährdet sei und daß wir mit berufen seien zu helfen«*, dokumentierte die Kölner Fabrikantengattin Adele Meurer ihre Empfindungen.[67]

Die Nationale Frauengemeinschaft (NFG) war mit ihren rund 40 lokalen Frauenvereinen verschiedenster Couleur ein Spiegel der Machtverhältnisse – ein für Köln typischer pragmatischer, aber nicht wirklich demokratisch-paritätischer Zusammenschluss. Organisatorische Keimzelle war der 1909 gegründete Stadtverband der Kölner Frauenvereine. Er umfasste das bürgerlich-liberale Spektrum. Jüdische Frauen aus dem Israelitischen Frauenverein, dem Kindersparverein und dem Zionistischen Debattierklub agierten in der NFG Hand in Hand mit antisemitisch auftretenden ›Vaterländischen‹.[68] Wo zuvor kein Dialog möglich war, kooperierten nun Frauen der radikalreformerischen *»Gesellschaft für Mutter- und Kindesrecht«* mit konfessionellen Frauengruppen. Auch der Deutsche Evangelische Frauenbund, der gegen das Frauenwahlrecht agierte, gliederte sich ein, und die evangelische Bahnhofsmission stellte wichtige Infrastruktur zur Verfügung. Nur die Kölner Ortsgruppe des Katholischen Deutschen Frauenbundes entschied sich gegen eine Mitwirkung, woraufhin einzelne Kölner Vorstandsfrauen des reichsweiten Verbandes, der in Köln residiert(e), individuell mit-

Rosa Bodenheimer (1876 – 1938) – Gründerin des bis heute bestehenden »Lädchens« für verarmte Frauen (Neven-DuMont-Straße 17)
Unten: Ausnahme-Katholikin: Minna Bachem-Sieger (1870 – 1939) wirkte gegen einen Vorstandsbeschluss in der NFG mit

arbeiteten. »*Ich glaube sicher, dass der katholische Frauenbund, mit dessen 2. Vorsitzender Frau Bachem-Sieger ich täglich eng zusammenarbeite, ebenfalls die Möglichkeit, auch über den Krieg hinaus auf neutralem Gebiet zusammenbleiben zu können, freudig begrüßt*«, äußerte sich Luise Wenzel, eine bekannte nationalliberale Frauenrechtlerin, begeistert über diese neue Verbindung.[69] Die NFG bestand teils aus wohlhabenden Damen, teils aus Mittelschichts- und gar Unterschichtsfrauen, die bisher getrennt in ihren jeweiligen Milieus verkehrt hatten. Die meisten Mitgliedsvereine kamen aus dem Kölner Bürgertum, wobei die in der Stadt dominierenden KatholikInnen unterrepräsentiert waren. Was über dieses bürgerliche Bündnis hinausging, war eine historische Novität: Erstmals überhaupt engagierten sich bürgerliche Frauen zusammen mit Sozialistinnen. Die Parteisekretärin und spätere Begründerin der Arbeiterwohlfahrt, Maria (Marie) Luise Juchacz, die erst ein Jahr zuvor von der Sozialdemokratischen Partei als hauptamtliche Frauensekretärin für den Bezirk Obere Rheinprovinz nach Köln geschickt worden war, bewirkte diese Verbindung. Sie hatte den Aufruf des Stadtverbandes gelesen und beschlossen, die Arbeit der ›Kriegswohlfahrt‹ nicht den Bürgerlichen allein zu überlassen: »*Der ‹Kölner Stadtverband der Frauenvereine› rief alle Frauen auf, sich für gemeinsame Arbeit bereit zu stellen. Bisher war es gar nicht üblich gewesen, daß die bürgerliche und die proletarische Frauenbewegung zusammen arbeiteten. Aber war hier nicht eine Situation gegeben, die in sich selber zwingend war?*«[70] Die Mehrheit der Genossen hatte sich zuvor für die Kriegskredite ausgesprochen und sich damit bereits »*in die nationale Gemeinschaft eingegliedert*«[71] – für Marie Juchacz eine Entscheidung, die sie nach eigener Aussage »*wie eine Zentnerlast*« drückte.[72] Immerhin »durfte« sie nun aufgrund dieser Abstimmung bei den bürgerlichen Frauen mitmachen. Juchacz erinnert sich in ihren Memoiren an ihre erste Begegnung mit den Protagonistinnen: »*Ich kannte keine der Damen. Sie vertraten katholische, evangelische, liberale und soziale Vereinigungen mannigfacher Art. Zu Anfang wurde ich übrigens mit sehr sichtbarer, etwas peinlicher Neugier begrüßt und ‹sehr wohlwollend› willkommen geheißen, es waren recht exklusive Damen der Kölner Gesellschaft dabei. Doch bei einzelnen spürte ich bald sehr deutlich die größere Vorurteilslosigkeit heraus. Diese waren mir angenehmer.*«[73]

Novum: Damen des Bürgertums und Sozialdemokratinnen agieren gemeinsam – federführend: SPD-Frau Marie Luise Juchacz (1879–1956)

Die eher fortschrittlichen Liberalen um Luise Wenzel hatten die geringsten Probleme mit den neuen Bündnispartnerinnen: »*Betr. der Teilnahme der Sozialdemokratinnen habe ich und die Damen, mit denen ich sprach, keine Bedenken. Wir haben die Vertreterin der sozialdemokrat. Frauengruppe, mit der sich ausgezeichnet arbeiten läßt, kürzlich in den Vorstand der Nat. Frauengemeinschaft gewählt, und auch anderswo, wo vielleicht schwierigere Persönlichkeiten im N.F.D. mitarbeiten, wird man gerade jetzt während des Krieges auf keinen Widerstand stossen, im Gegenteil bei den Sammlungen grosse Hilfe finden. Denn von den ärmsten Familien soll groschenweise gegeben werden können – neben einer Liste mit Büchse gesammelt*«, schrieb Luise Wenzel.[74]

Die Zusammenarbeit der Nationalen Frauengemeinschaft empfand Juchacz »*zunächst nicht als besonders produktiv. Es war auch so vieles dabei, was meinem demokratischen Gefühl widersprach, z.B. hieß es in einem Aufruf (er betraf Kindergärten und die Sorge für die Kleinkinder), daß diese Arbeit ‹unter dem Protektorat der Frau Oberbürgermeister› stünde. Das ging mir stark gegen den Strich, und ich protestierte dagegen. Das waren aber Dinge, die sich mit der Zeit einrenkten, auch hier bewahrheitete es sich, daß man in der Arbeit gegenseitig voneinander lernt.*«[75]

Die Frauen richteten verschiedene Geschäftsstellen in städtischen oder staatlichen Gebäuden ein, sei es im Stadthaus Gürzenichstraße oder im Hauptbahnhof. Erstmals trugen die Vereinsfrauen kommunale Aufgaben mit, und zwar die Verteilung der Güter und die Verwaltung des Mangels. Die Beratungsstelle am Domhof kümmerte sich primär um Flüchtlinge aus Kriegsgebieten, um Frauen von Kriegsteilnehmern und ›Kriegshinterbliebene‹. Die Frauenorganisationen ordneten sich dabei den einzelnen Kommunalverwaltungsstellen unter.[76]

Die Sozialstation vermittelte zu Beginn des Krieges Arbeitsstellen und gewährte Unterstützungsbeihilfen, half bei der Beschaffung von Wohnungseinrichtungen und organisierte Volksküchen. Später rückte die Ernährungsfrage in den Vordergrund: Lebensmittelausgabe, Gutscheinsysteme, Weitergabe von Kenntnissen auf dem Gebiet des sparsamen Kochens und der Resteverwertung.[77] Existenzprobleme hatten besonders die sogenannten ›Kriegerfrauen‹. Als Ehefrauen der Soldaten erhielten sie oft überhaupt keine Zahlungen zum Lebensunterhalt. Arbeitende Frauen aus der Unterschicht wurden wegen der Umstellung von Konsumgüter- und Textilindustrie (die überwiegend Frauen beschäftigte) auf neue kriegsorientierte

Wirtschaftszweige erwerbslos.[78] Die NFG vermittelte daher Heimarbeit und kaufmännische Arbeiten sowie ehrenamtliche Tätigkeiten.

Die konkrete Arbeit knüpfte dabei immer stärker an die hausfrauliche Kompetenz an: »*Überall wuchsen ‹Stadtküchen› wie Pilze aus der Erde*«, notierte etwa Juchacz.[79] Nähen, Kinderversorgung, Vorratshaltung – alle sonst individuell erledigten Arbeiten wurden nun im großen Rahmen organisiert, Abteilungen zu den Bereichen Auskunft, Kinderhort und Säuglingspflege, Haushaltspflege, Volksküchen und Suppenanstalten gegründet – eigentlich eine frauenbewegte Utopie, diese kollektive Hausarbeit.

In Berührung mit dem meist eher fernen Krieg kamen die Frauen durch die Einrichtung von Lazaretten und die Organisation der Verwundetenfürsorge. Die Kölner Frauen nähten Hunderte von Soldatenhemden, kochten für durch die Stadt marschierenden Truppen und leisteten auf dem Hauptbahnhof direkte Truppenverpflegung. Alle diese Aktivitäten dienten der Kriegsunterstützung, waren »*Frauenhilfe für den Krieg*«. Die nationalen Frauen organisierten die ›Heimatfront‹, da die Männer im aktiven Kriegseinsatz den Lebensunterhalt und auch den Schutz der Familien und Wohnstätten nicht mehr gewährleisteten. Mit zunehmender Kriegsmüdigkeit wurde die ›innere Mobilmachung‹ zum wichtigsten Einsatzfeld der Frauen, z.B. durch moralische Beeinflussung auf Vorträgen über den ›Wert der Hausarbeit‹. Auf sogenannten ›Volksabenden‹ wurde nun zunehmend eine ›vaterländische Gesinnung‹ vermittelt. Minna Bachem-Sieger dichtete passende Verse zum Thema ›Deutschland muß Sieger werden‹.

Die Leitung der »Abteilung Volksabende« mit der Vortragskommission hatte Helene Weber, eine spätere Karrierefrau, inne: Ihre Position als Führerin des Katholischen Deutschen Frauenbundes erleichterte ihr den Zugang zu Positionen wie der einer Ministerialrätin im preußischen Wohlfahrtsministerium. Sie wurde Abgeordnete für die Nationalversammlung, den Preußischen Landtag, den Deutschen Reichstag, den britischen Zonenbeirat, den Parlamentarischen Rat,

Kriegsbegeistert: Gedicht der Patriotin Minna Bachem-Sieger (1870–1939) [80]

Deutschland muß Sieger werden

Und starren Feinde ringsumher
Mit wütenden Gebärden,
Und dräuen sie auch noch so sehr –
Deutschland muß Sieger werden!

Und kommt aus West der Franzmann an
Mit Zuav' und Singalesen,
Die ‚dicke Berta' faucht sie an:
‚Es wär zu schön gewesen!'

Uns schreckt auch nicht die Flottenmacht
Der schnöden, falschen Briten,
Volldampf voraus! Eh' sie's gedacht,
Ist ihr der Kurs zerschnitten.

Kommt nur, ihr Feinde, dichtgeschart
Von Nord und West und Osten,
Sollt kennenlernen deutsche Art
Und deutsche Hiebe kosten!

Und wenn uns oft auch bangt und graut,
Als sei die Höll' auf Erden,
Nur unverzagt auf Gott vertraut –
Deutschland muß Sieger werden!

den nordrhein-westfälischen Landtag und war bis zu ihrem Tod im Deutschen Bundestag vertreten. Weber wurde so 1949 auch eine der vier ›Mütter des Grundgesetzes‹.[81]

Auch Marie Juchacz hielt Vorträge wie »Die sozialen Aufgaben der Frau im Krieg«.[82] Immer wieder wurde an die Durchhaltekraft der Frauen appelliert. »*Wir werden durchhalten, eine geschlossene Heimatfront, die ebenso wenig von der Not und dem Druck der Zeit durchbrochen werden wird, wie da draußen die Front, welche unsere Männer, Söhne und Brüder halten*«, lautete die Parole, die im Gürzenich verkündet wurde.[83] Noch im Oktober 1918, einige Tage vor Kriegsende, forderte Else Wirminghaus die Kölnerinnen auf, der »*über das Maß der Berechtigung hinausgehenden gedrückten Stimmung echt deutsche Zuversicht entgegenzusetzen*«.[84] Oberstes Ziel war inzwischen, die Bevölkerung zu befrieden. Dabei waren die Interessen vieler Stadtbürgerinnen ganz anders gelagert. Die Straßenbahnerinnen etwa, die nun als Ersatz für die eingezogenen Männer kassieren und kontrollieren durften, verdienten wesentlich weniger als zum Lebensunterhalt erforderlich. Sie setzten im Juni 1916 in einem dreitägigen Streik eine Lohnerhöhung von 50 Pfennig pro Tag und die Beteiligung von Frauen an den Arbeiterausschüssen der städtischen Bahnen durch.[85] Die Frauen der NFG haben diesen ersten Kölner Streik in der Kriegszeit sicherlich nicht unterstützt. Und obwohl die streikenden Frauen meist nicht politisch organisiert waren, zogen sie an den SozialdemokratInnen glatt »links vorbei«. Es wurde 1914 schnell deutlich, dass die KriegsgegnerInnen letztlich nur eine Minderheit unter den etwa 635.000 StadtbewohnerInnen darstellten.[86] Pazifistische Positionen waren innerhalb der Kölner Frauenbewegung tabu, vielmehr wurden die Aktivitäten der wenigen radikalen frauenbewegten Kriegsgegnerinnen bis zum Schluß als »*Dolchstoß der Frauen gegen die Männer im Schützengraben*« empfunden.[87]

Wie ist diese Not-Vereinigung zu bewerten? Marie Juchacz erinnerte an die Lage der Kölner Frauen vor dem Krieg: »*Man muß sich immer wieder sagen, daß die Frauen bis dahin als Bürgerinnen gar nicht gewertet worden waren. Es gab in Köln ein paar weibliche katholische Waisenpflegerinnen, sonst nichts. Das*

Marie Luise Juchacz organisierte die männerlose »Heimatfront« mit

Wahlrecht hatten die Frauen nicht, so konnten sie nicht Stadtverordnete werden. Zu Armenpflegern nahm man den Herrn Schlachtermeister, den Bäckermeister, mal einen Lehrer, aber nur keinen Sozialdemokraten, oder wenn, dann nur zufällig und ausnahmsweise.«[88] Nun arbeiteten Tausende von Frauen und auch eine nicht unerhebliche Zahl Männer in Köln der NFG zu. Die Beratungsstelle hatte von 1915 bis 1917 durchschnittlich 9.500 BesucherInnen pro Jahr! Der nationale Frauendienst wird heutzutage als »*das größte jemals existierende ‹Frauenprojekt›*« eingeschätzt, »*da es Millionen von Frauen beschäftigte*«[89]. Für die bürgerlichen Frauen brachte diese Mitwirkung

Frauen beraten Frauen in Notlagen

sichtbare politische Fortschritte, denn die Stadt berief erstmals Frauen in ihre Deputationen und Ausschüsse. Die national gesinnten Frauen konnten erstmals öffentlich und damit sichtbar nützliche Arbeit tun und dafür Anerkennung erhalten. Für Frauen aus der Unterschicht und für ledige Frauen brachte der Krieg jedoch die größten Veränderungen. Die Lohnarbeit galt nun nicht nur als notwendig, sie wurde durch Not erzwungen. »*Während des Krieges erwuchs aus der Knappheit der Männer, die Kriegsdienst taten, für die Regierung die Notwendigkeit, sich werbend an die Frauen zu wenden, damit sie in den Munitionsfabriken arbeiteten. Für die Männer wurde die ‹Kriegsdienstpflicht› angeordnet, während man sich bei den Frauen an die ‹Freiwilligkeit› wandte, was natürlich bei einem großen Teil der Frauen durch den Zwang, einen zusätzlichen Verdienst zu haben, unterstützt wurde.*«[90] War noch vor kurzem das Glück der Frau die Hausfrauenehe, so gab die Oberste Heeresleitung nun die Losung aus: »*Es gibt ungezählte Tausende von kinderlosen*

Kriegerfrauen, die nur dem Staate Geld kosten. Ebenso laufen Tausende Frauen und Mädchen herum, die nichts tun oder höchstens unnützen Berufen nachgehen. Der Grundsatz ‹Wer nicht arbeitet, soll auch nicht essen› ist in unseren jetzigen Tagen mehr denn je berechtigt, auch den Frauen gegenüber.«[91] Es wurden völlig neue Arbeitsplätze für Proletarierinnen erschlossen – und keineswegs immer freudig begrüßt. Warum Frauen nicht

Modernste Werbegraphik für konservative Inhalte (Alexe Altenkirch)

gerade begeistert Arbeitsplätze in Munitionsfabriken annahmen, verdeutlicht schon der Titel der Biographie der Kölner KPD-Stadträtin Gertrud Meyer-Plock (1898–1975): »*Die Frau mit den grünen Haaren*« – so wurde eine Munitionsarbeiterin bezeichnet, die an ihrem Arbeitsplatz längere Zeit ungeschützt schädlichen Chemikalien ausgesetzt war.[92] Erstmals wurden nun Fabrikpflegerinnen eingestellt, die die Arbeiterinnen in kriegswichtigen Betrieben vor der gröbsten Willkür und Gefährdung schützen sollten. Jenseits der früheren Sittlichkeitsnormen übernahmen Frauen jetzt Stellen als öffentliche Angestellte und sogar als städtische Straßenbahnerin.

Dass die erlangten Positionen nicht unbedingt auf Dauer zu halten sein würden, befürchteten die bürgerlichen Organisatorinnen bereits vor Kriegsende. Sie hofften aber dennoch auf eine dauerhafte Erweiterung des Handlungsspielraumes der Stadtbürgerinnen. Die liberale Frauenrechtlerin Luise Wenzel schickte schon im Januar 1918 im Auftrag der Nationalen Frauengemeinschaft Köln vorsorglich Anträge an entsprechende Stellen, »*alle Maßregeln zu ergreifen, die eine Schädigung des Wirtschafts- und Volkslebens durch die Entlassung weiblicher*

Arbeitskräfte bei der kommenden Demobilisierung verhüten können«. Selbst wenn alle Frauen, deren Ernährer zurückkämen, sich wieder ausschließlich ihren Hausfrauen- und Mutterpflichten widmeten, blieben doch etwa viereinhalb Millionen Frauen übrig, die bei der Demobilisierung arbeitslos dastehen würden.[93] Die Beratungsstelle am Domhof wurde daher 1918 nicht aufgelöst, sondern in einen karitativen Verein umgewandelt (Domhof e.V.).

Für die Sozialdemokratinnen brachte die Mitarbeit in der NFG keine greifbaren langfristigen Erfolge. Juchacz, die in den wichtigen Ernährungsausschuss gewählt wurde und sich dort als Arbeitervertreterin und als Frau Respekt verschaffte, blieb ›Ausnahmefrau‹. Und in der Weimarer Zeit vertieften sich die Gräben zwischen den völkischen und demokratischen, den konfessionell gebundenen und ›liberalen‹ sowie den sozialistischen Frauen wieder.

Quer über den Roncalliplatz geht es an der Stele vorbei die Treppe herunter zur Straße Am Hof.

14 Vom Sofa aus für die Kolonie wirken.
Kölner Frauen-Kolonialvereine Am Hof 20

Großbürgerliche Kolonienfreundin: Adele Josefine Esser (1845–1919)

Wo heute ein Fünfziger-Jahre-Haus mit WDR-Studios steht, lag Ende des 19. Jahrhunderts die Schaltzentrale der Frauenvereinigung »*Deutscher Frauenverein vom Roten Kreuz für die Kolonien*« aus dem Jahr 1888 und des »*Frauenbundes der deutschen Kolonialgesellschaft*«. Hier wohnte Frau ›Geh. Justizrat‹ Adele Josefine Esser.[94] Diese Dame der höchsten Gesellschaft war in vielen ›paramilitärischen‹ und kolonialen Vereinigungen tätig. Sie unterstützte kriegshinterbliebene Offizierstöchter des Krieges von 1870/71, beteiligte sich an der Einrichtung eines Erholungsheimes für Rotkreuzschwestern der Kolonien und war ab 1907 im »*Frauenbund der Deutschen Kolonialgesellschaft*« aktiv.[95]

Große Teile des Großbürgertums in Deutschland unterstützten die Kolonialpolitik des Kaiserreiches, die bei der Ausbeutung der Rohstoffe fremder Länder mit England und Frankreich gleichziehen wollte – auf Kosten der dort lebenden Menschen. Adelige Kölnerinnen und Bürgerliche aus den »besseren Kreisen« beteiligten sich an den Frauen-Kolonialvereinen, deren Ziel es war, »*Frauen aller Stände für die kolonialen Fragen zu interessieren*« und »*Fraueneinwanderung in die Kolonien anzuregen*«.[96] Der von Esser geförderte »*Deutsche Frauenverein vom Roten Kreuz für die Kolonien*« hatte so auch als einzigen Zweck,

Das Wohnhaus der Essers – einstmals ein bekanntes Stadtpalais (Brabanter Hof)

»*Krankenschwestern für die deutschen Kolonien auszubilden und auszusenden*«.[97] Kolonialistinnen wie Pauline Gräfin Montgelas forderten weiterhin, »*unsere Kolonien mit weißen Frauen zu besiedeln und deutsche Heimstätten zu gründen*«. Fehle die weiße Frau in den Kolonien, dann »*verbreiteten sich ausschweifende Sitten und Gebräuche, die ein Volk demoralisierten und dem europäischen Manne zur Schande gereichten*«.[98] In einem Gedicht der in der Kölner Kolonialgesellschaft engagierten Schriftstellerin Charlotte Francke-Roesing von 1913 wird dies besonders deutlich: In ihrer geschlechtlichen Not sollten die guten deutschen Männer nicht »*Rassenschande*« begehen müssen. Gräfin Montgelas meinte, von der Frau hänge es ab, ob die Kolonien den Stempel der Heimat trügen, ob auf ihrem Boden wahre Zivilisation zur Entfaltung gelange. Deutsche Frauen wurden zu »*Trägerinnen einer mit ›Familie‹ und ›Häuslichkeit‹ identifizierten ›deutschen Kultur‹*« bestimmt.[99] Darüber, dass ihre fern lebenden Brüder, Ehemänner oder Väter afrikanische Frauen vergewaltigten und ihnen Kinder anhängten, sprachen die feinen Kolonialdamen nur hinter vorgehaltener Hand. Der 1907 gegründete »Frauenbund der Kolonialgesellschaft«, in dem Esser ebenfalls aktiv war, organisierte die Auswanderung deutscher Frauen »*in häusliche Stellungen nach Deutsch-Südwestafrika*«. Pro Jahr wurden um die 100 »*Mädchen*« geprüft und »*zur Gewährung freier Ausreise empfohlen*«, was ihnen eine Reise in der 3. Schiffsklasse bescherte. »*Von den im Jahre 1912 ausgesandten 107 Mädchen haben sich 29 verheiratet, mehrere haben sich selbständig als Schneiderinnen oder Weißnäherinnen niedergelassen, fünf sind nach Deutschland zurückgekehrt, die übrigen befinden sich in Stellung*«, dokumentiert das Deutsche Kolonial-Lexikon.[100]

Abenteuerlustigen Frauen, die nicht als Gattin und Mutter oder Haushaltsangestellte in eine Kolonie gelangen konnten, bot sich eine Auswanderungsmöglichkeit durch Eintritt in die Mission.[101] ›Frauenmission‹ in den Kolonien sollte nicht nur vorbeugend und verhütend wirken, sondern auch verbindend. Die Frau sei – so Montgelas weiter – als Hüterin der Sitte zur Miterzieherin der Eingeborenen bestimmt. Durch soziales Wirken werde die weiße Frau der Schwarzen nahekommen, am Gefühl der Mütterlichkeit, das auch dieser innewohne, solle sie anknüpfen, um die Brücke bauen zu helfen, die die Frau mit der Frau, die Mutter mit der Mutter verbinde – so die Vorstellung.[102] Adele Josefine Esser und ihre fast 200 Kölner Mitstreiterinnen hielten die wirtschaftliche und gesellschaftliche Verbindung mit den Kolonisatorinnen, um ihnen ein Band zur Heimat zu schaffen und sich vor allem um das »*heranwachsende Geschlecht*« und den Erhalt der Kolonien für Deutschland zu bemühen. »*Unser Bestreben ist, das Deutschtum in Afrika zu erhalten und zu pflegen, deutsche Schulen und deutsche Schülerheime in Südwest- und Ostafrika einzurichten und zu fördern, Stipendien zur Berufsausbildung der deutschen Jugend in Afrika zu gewähren, notleidende Witwen und Waisen von Kolonialdeutschen zu unterstützen, Bücher und Zeitschriften an die deutschen Farmer in Afrika zu versenden, junge Mädchen in der kolonialen Frauenschule auszubilden und für deutsche Frauen und Mädchen in Übersee Stellen zu vermitteln.*«[103] Die Wirklichkeit sah anders aus: So unterstützten z. B. Krankenschwestern

> Deutscher Frauenverein für Krankenpflege
> in den Kolonien.
> Abteilung: Cöln.
> Vorsitzende: Frau Geh. Justizrat Rob. Esser, Am Hof 20.

Primäres Anliegen: Aussendung und Stärkung weißer Frauen, Verhinderung von »Mischehen«

Der Bund der Kolonialdamen ließ sich problemlos in die NS-Politik zum Kampf um »Lebensraum« in Afrika integrieren

in Afrika finanziell die Angehörigen der berüchtigten ›Wissmanntruppe‹, die 1888 einen ostafrikanischen Freiheitskrieg, den sogenannten Araberaufstand, mit ungeheurer Brutalität unterdrückte.[104] Mütter beteiligten sich an der Rassentrennung auch gegenüber anderen Müttern. Das Projekt »*Mitarbeit an der Hebung und Förderung unserer Kolonien*« war ein Ausfluss des zeitgenössischen Rassismus und Sexismus: Hinter dem Einsatz der Damen stand der Wunsch nach einer räumlichen und vor allem gesellschaftlichen Trennung der ›*Rassen*‹.[105] Während der Kolonialzeit wurden Tausende von Schwarzen erschlagen, gefoltert, starben an Überarbeitung oder Hunger und wurden ihrer Freiheit beraubt. Die Frauen der Kölner Kolonialvereine unterstützten offensiv die rassistische Politik des Herrenmenschentums. Offensichtlich hatte die eigene Randständigkeit als Frau nicht dazu geführt, ein ausgeprägtes Empfinden für andere Menschen in Unterdrückungsverhältnissen zu entwickeln.

Die Kölner Kolonialfrauen veranstalteten Benefiz-Galas und organisierten Liedvorträge mit Büfett und Schießbudenzauber. Die Frauen-Kolonialvereine bestanden bis in die 1930er Jahre, obwohl Deutschland seit dem Versailler Vertrag von 1920 gar keine Kolonien mehr besaß. In dieser Zeit forderten die Frauen die Rückgabe der Kolonien, angeblich im Interesse der ›Eingeborenen‹.[106] 1930 freuten sich die Mitfrauen über das starke Aufleben des kolonialen Gedankens, und 1933 schloss sich der »Frauenbund der Deutschen Kolonialgesellschaft« erst dem »Reichskolonialbund«, dann der »Deutschen Frauenfront« an. Der deutsche Übermensch begann wenige Jahre später seinen Vernichtungskrieg und landete bald auch wieder in Afrika.

Die Straße Am Hof führt abwärts Richtung Rhein. Ein Barrierestein gegen Autos kann zum Sitzen genutzt werden.

15 Pumpen – schwere Frauenarbeit! Am Hof

Hier wie auch am Marsplatz oder auf dem Alter Markt stehen noch Pumpenanlagen aus dem 18. Jahrhundert, die bereits die älteren Ziehbrunnen ersetzten. Während die Mehrheit der StadtbewohnerInnen im Mittelalter auf öffentliche Schöpforte angewiesen war – an die hundert gab es davon im mittelalterlichen Köln –, besaßen nicht wenige noble Kölner Häuser bereits Privatbrunnen (Pütze). Pumpengemeinschaften und städtische Verbote regelten die Sauberhaltung, die gewährte Menge der Wasserentnahme und den temporären Zugang. In Notzeiten, bei Bränden oder Überschwemmungen, in ländlichen Gemeinden auch bei Krankheit und Tod, mussten Pumpennachbarschaften füreinander einstehen; die Sanierung der Wasserstelle wurde kollektiv geleistet. Menstruierende Frauen, Juden/Jüdinnen, Lepra- oder Pestkranke durften kein Wasser entnehmen. Das Trauma von der Wasserverschmutzung spiegelt sich in drakonischen Strafen wie in den hysterischen Anwürfen von 1349 gegen die jüdische Bevölkerung, der absichtliche Brunnenvergiftung vorgeworfen wurde.[107] Entgegen der Romantisierung der gemütlichen Treffen am öffentlichen Brunnen auf Bildern des 18. oder 19. Jahrhunderts mussten Frauen (Dienstmädchen) und Männer Wasser für die Haushalte in großen Mengen hochpumpen und nach Hause befördern. Sog. Wasserträgerinnen taten dies

Schwerarbeit: Jeder Wassertropfen musste gepumpt und in die Wohnung getragen werden. Unten: **Das Bild der Kölner Magd** wäre unvollständig ohne den Krug

hauptberuflich, sie hatten zum gemütlichen ›Schwaden‹ wenig Zeit. Erst ab den 1870er Jahren gab es in Köln eine zentrale Wasserversorgung. Die Kölner Stadtverwaltung hat vor einigen Jahren für viel Geld drei der historischen Wasserheber wieder funktionstüchtig machen lassen, um dann zu erkennen, dass damit wieder die gleichen Probleme entstanden, die zur Sperrung geführt hatten: Erkrankungen durch verseuchtes Wasser! Die Pumpenschwengel wurden verplombt, sinnliche Erfahrungen sind leider nicht mehr möglich.

Wir erblicken ein Gebäude in einer markanten Ecklage.

16 Elitefrauen: Der Kölner Frauen-Klub   Am Hof Nr. 30

In Zeiten, in denen es nicht schicklich war, allein in der Stadt umherzugehen oder sich zu mehreren Frauen in einem öffentlichen Lokal aufzuhalten, schufen sich privilegierte Kölnerinnen einen Ort, um sich treffen, um gemeinsam Mittag essen oder sich ›zwanglos austauschen‹ zu können. Die alleinstehenden und berufstätigen Frauen wollten sich einen »*Sammelpunkt schaffen, wo sie das Behagen eines Heims, gegenseitigen Anschluß und geistige Anregung finden*« könnten.[108] In einem den rechten Nachbarhäusern vergleichbar repräsentativen Gebäude trafen sich seit 1910 im ersten Stock die Frauen der ›besseren Kreise‹, um zusammen ihre Freizeit zu verbringen und sich zu bilden.

Briefkopf des Kölner Frauen-Klubs

Bereits 1905/06 hatte sich eine exklusive Vereinigung von Vertreterinnen des oberen Bürgertums und einzelner Adeliger zu einem Frauen-Klub e.V. zusammengefunden. Bei einer Versammlung im Isabellensaal des Gürzenich wurde der Verein standesgemäß gegründet. Die Klubdamen folgten einer Idee der Initiatorin Maria von Leyden, die sich 50 Jahre später erinnerte: »*Mein Leitgedanke bei diesem Unternehmen war, einen neutralen Boden zu schaffen, auf dem die Frauen der verschiedensten Kreise und der verschiedensten Anschauungen sich treffen sollten, (...) denn damals waren die Salons der ›Dame‹ den kämpfenden Frauen verschlossen, und die aus der Enge herausstrebende ‹Frau› blickte mit Nichtachtung auf die nur den häuslichen und geselligen Pflichten lebende ›Dame‹ herab.*«[109]

Im ersten Stock der Frauen-Klub, im dritten Stock Appartements für alleinstehende oder alleinreisende Frauen

Eine Initiatorin des Kölner Frauenklubs war Mathilde von Mevissen. Sie und ihre Schwester Melanie setzten sich in Köln aktiv für politische Forderungen wie das Frauenstimmrecht, für Mädchenbildung, das Universitätsstudium für Frauen u.a. ein. Nachdem die reichen Fräulein das 24. Lebensalter erreicht hatten und noch ledig waren, wurden sie nicht mehr in die Salons der Kölner High Society eingeladen. Das mag auch daran gelegen haben, dass besonders Mathilde eine für Kölner Verhältnisse fast schon radikale Denkerin war. Es hatte demnach nichts genutzt, dass ihr Vater, der Industrielle Gustav (von) Mevissen, den Töchtern den Zugang zu seiner Bibliothek verboten hatte. Besonders engagiert bei der Gründung waren weiterhin die Malerin und spätere Professorin an den Kölner Werkschulen Alexe Altenkirch und die Vorsitzende des Allgemeinen Deutschen Frauenvereins, Adele Luise Meurer.

Das Ausgangsverbot umgangen: Mathilde von Mevissen (1848–1924)

»*Frauen der verschiedensten Kreise*« trafen sich im Kölner Frauenklub nicht. Laut Satzung konnte »*jede weibliche Person*« Mitglied werden, »*die das 18. Lebensjahr erreicht hat*«, doch diente der sehr hohe Mitfrauenbeitrag als Ausgrenzungshürde. Eine Arbeiterin konnte diesen Club nicht betreten, auch eine kleine Angestellte musste draußen bleiben. Es wurde sogar diskutiert, ob Frauen aus der Mittelschicht überhaupt Zugang erhalten sollten. Zudem wurde nach dem Prinzip der Kooptation aus einer Vorschlagsliste ausgewählt, wer Vereinmitglied werden durfte. Die Namen der Interessentinnen wurde wie bei einem Aufgebot zwei Wochen lang in den Clubräumen ausgehängt, alle eingeschriebenen Frauen hatten Einspruchsrecht. Jede Aspirantin benötigte die Fürsprache mindestens einer Mitfrau, um überhaupt auf die Liste zu gelangen. Eine SpenderInnenliste von 1906 zeigt den *inner circle:* Millionärsfamilien wie Guilleaume, Andreae, Bürgers, Camphausen, Charlier, Stein, vom Rath, Farina, Deichmann, Oppenheim, Joest und Tietz waren vertreten[110] – Gattinnen oder Töchter von Industriellen, Bankern, Kaufleuten und Versicherungsunternehmern –, auch die Männer selbst öffneten ihre Geldbörsen weit. Nur wenige Frauen verfügten zu der Zeit über eigenes Geld, wie die berühmte Kaufmannswitwe Laura Oelbermann – eine sagenhaft reiche Protestantin, die viel Geld für wohltätige Stiftungen ausgab, oder die ledigen Erbinnen von Mevissen und von Mumm. Die Ehefrauen waren durch die gesetzlich verankerte Geschlechtervormundschaft auf die Großzügigkeit ihrer Ehemänner angewiesen. 1931 sind schon weniger bekannte Namen zu finden, auch mehr »Fräuleins«, die etwas Eigenes darstellten wie Frl. Maria Knipp, Lehrerin, Frl. Dr. med. Rohling, Ärztin, oder Frl. Emmy Worringer, Malerin. Der Club schaffte es immerhin, die aristokratische Rittmeisterin oder Baronin mit der Künstlerin, die Frau Generalmajor mit der Frauenrechtlerin oder die Industriellengattin mit der Stadtärztin ins Gespräch zu bringen. Der Austausch förderte nicht zuletzt eine höhere Akzeptanz der berufstätigen Frau, die eigenes Geld verdiente.

Die Initiatorinnen des Frauenklubs: **Alexe Altenkirch** (1871–1943), seit 1904 in Köln beheimatet Rechts: Fabrikantengattin **Adele Meurer** (1852–1923)

Von den Stadtverordneten der Weimarer Republik finden sich 1931 nur Frau Pohlschröder-Hahn von der DDP und Frl. Maria Vogts von der DNVP als Klubmitglied. Stadtdirektorin Dr. Hertha Kraus war vermutlich die einzige Sozialdemokratin, die Zutritt suchte und fand.

Das Herz jedes Klubs war der Salon. In diesem großzügigen Saal fanden auch viele Veranstaltungen anderer Frauenvereine statt. Sodann gab es ein Lesezimmer mit Bibliothek, die überwiegend Klassiker und Zeitschriften im Abonnement führte. Hier konnten die Frauen Bücher ausleihen und »Die Frau« (eine Zeitschrift der gemäßigten Frauenbewegung), das »Centralblatt für öffentliche Gesundheitspflege« oder die »Daily Mail« lesen. Weiter gab es ein Speisezimmer. Eine ›Hauswirtschaft‹ kümmerte sich um die Beköstigung. Das Mittagessen gab es im Abonnement, was darauf schließen lässt, dass vor allem alleinstehende Frauen diesen Service in Anspruch nahmen; in der Weimarer Republik kamen Studentinnen hinzu. Zusätzlich gab es im dritten Stock Wohnungen für alleinstehende Frauen und Zimmer für durchreisende Klubfrauen. Ein Jahr nach der Gründung waren schon 300 Frauen im Club eingeschrieben. Bis 1916 wuchs die Zahl auf 575 an.

Mitfrauen treffen, Kontakte knüpfen, Sitzungen abhalten, gemeinsam Essen, Feste feiern, Zeitungen lesen, Post erledigen – fürwahr ein »Treff gebildeter Frauen aller gesellschaftlichen Schichten zu geselliger und geistiger Anregung«

Die kleine »Festung« Am Hof verhalf privilegierten Frauen dazu, nach und nach Einblick in ihnen fremde gesellschaftliche Bereiche zu gewinnen, sich ein öffentliches Leben zu schaffen und bei Bedarf Einfluss zu nehmen. In Vorträgen wurde politisches Grundwissen vermittelt, etwa im Dezember 1906 in einer »Belehrung über den wirtschaftlichen und politischen Aufbau des Staates« oder ein anderes Mal über die »sozialen Pflichten der häuslich

tätigen Frau«. Führerinnen der Frauenbewegung wie Elsbeth Krukenberg plädierten in diesem Salon für die Erweiterung der Mädchenschulen zu Hochschulen für Frauen.

Aus Spenden der Mitfrauen wurde Kindernachmittage für Hortkinder aus dem Erwerbslosenheim in der Buschgasse, Mittagstische für Studentinnen und Künstlerinnen oder Fürsorge für in Not geratene Mitglieder finanziert. Im Zentrum des Klubs stand jedoch der kulturelle Austausch. Gut besucht waren die Fünf-Uhr-Tees am Freitagnachmittag, die englischen, französischen oder italienischen Nachmittage mit Rezitationen, Liedvorträgen, musikalischen Veranstaltungen und literarischen Vorträgen. Der Frauenklub war auch eine ›Kontaktbörse‹. Klubfrauen wie Luise Wenzel und Anna Caspary lebten über Jahre in einem Haus zusammen, Prof. Alexe Altenkirch zog zu ihrer Olga Zanders nach Bergisch Gladbach, Mathilde von Mevissen und Elisabeth von Mumm arbeiteten in enger Freundschaft für die Sache der Frauen. Inwieweit die noblen Räume auch ein Treffpunkt für ›sapphische‹ Frauen waren, wie damals Frauen genannt wurden, die Zuneigung ›nur für Frauen‹ empfanden, ist wie überall nicht sicher festzustellen. Erkennbar war für ZeitgenossInnen wohl, dass sich manche Frauen wesentlich stärker für Frauenbelange engagierten als andere: »*Von den ersten Anfängen der Frauenbewegung an bis zum heutigen Tag sind es zum nicht geringen Teil homogene [gleichgeschlechtlich liebende, die Verf.] Frauen gewesen, die in den zahlreichen Kämpfen die Führerschaft übernahmen, die erst durch ihre Energie die von der Natur gleichgültige und sich leicht unterwerfende Frau des Durchschnitts zum Bewußtsein ihrer Menschenwürde und ihrer angeborenen Rechte brachten.*«[111] Die Verfasserin dieser Beobachtung, die 24-jährige Anna Rüling, die später als Journalistin für das offizielle Kluborgan der Rheinischen Frauenclubs »Neue Deutsche Frauen-Zeitung« arbeitete, hatte sich 1904 als erste Frau öffentlich zu ihrer Neigung bekannt und das Schweigen der frauenbewegten Damen zu diesem Thema beklagt. Sie kritisierte die Tabuisierung von Frauenliebe durch diejenigen, die seit Jahrzehnten in engen Gemeinschaften zusammenlebten. – Als nach dem Niedergang des Kaiserreiches ein demokratischer Staat ent-

Das Logo des Kölner Frauenklubs

Ein spannendes Dokument: Der Bibliothekskatalog des Frauenklubs (Layout: Alexe Altenkirch)

stand, verlor der illustre Kölner Klub zunächst an Bedeutung. Ende der 1920er Jahre war allerdings wieder ein erheblicher Aufschwung festzustellen: 1928 bezog der »Kölner Frauen-Klub« mit fast 800 Mitgliedsfrauen ein neues Domizil in der Albertusstraße 29, das ›Clubhaus‹ nebst Garten. 1931 wurde das 25-jährige Jubiläum groß gefeiert. Anders als viele andere deutsche und Kölner Frauenvereine blieb der Kölner Club in der NS-Zeit noch lange bestehen. 1937 und Anfang der 1940er Jahre ist er in Grevens Adressbuch noch mit Else Kessel als erster Vorsitzender und Karola Leidgens als Schriftführerin aufgeführt. Die Frauenklubs waren da bereits in das nationalsozialistische »Deutsche Frauenwerk« integriert. Nach dem Krieg scharte Johanna Hesse die überlebenden Clubfrauen um sich und gründete 1946 den »Kölner Frauen-Klub« neu. Er fusionierte in den frühen 1950er Jahren mit dem »Internationalen Lyzeumsclub«. Bedingt durch die Nähe zur Bundeshauptstadt Bonn traf sich frau nun im elitären Zirkel der Diplomatengattinnen und Ehefrauen der Bundesminister. Die enge Verbindung zur Frauenbewegung ging verloren. Mit Hilfe der Stadt Köln wurde 1954–56 das »Johanna-Hesse-Haus« (Albertusstraße 13–17) als Apartmenthaus für alleinstehende Frauen errichtet. Solch ein generationenübergreifendes Frauenwohnhaus hat heute bereits wieder utopisches Potential.

Johanna Hesse (1890–1965), die letzte Präsidentin des Kölner Frauen-Klubs vor seiner Vereinigung mit dem Lyzeumclub

17 Kunst für alle – die Artothek Am Hof 50

Wer das mittelalterlich anmutende »Haus Saaleck« betreten möchte, kann dies nachmittags an Wochentagen leicht tun: Die »Artothek« verleiht seit 1973 Werke aktueller KünstlerInnen. Unter der engagierten Leitung von Christiane Dinges werden heute in einem unkonventionell geformten Ausstellungsraum anspruchsvolle kleine Ausstellungen präsentiert. Durch Bürgerinnenengagement (u.a. der langjährigen Gedok-Mitfrau Ruthilde Bürgers) konnte in den 1990er Jahren eine Schließung verhindert werden. Ausgeliehen werden kleinformatige Werke u.a. von Angelika Hoerle, Ulrike Rosenbach, Rosemarie Trockel, Niki de Saint-Phalle, Elvira Bach, Elisabeth Vary,

Rune Mields, Mary Bauermeister, Krimhild Becker, Gina Lee Felber, Angela Räderscheidt, Monika Loh, Ruth Rebecca Fischer-Beglückter, Bettina Gruber, Tina Haase, Laila Mookerjee, Lissy Winterhoff, Fietse Nowitzki oder Yukako Ando.

Haus Saaleck – Produktionsort, Lagerhaus, Wohnhaus und Arbeitsstätte für das Gesinde (Ecke Unter Taschenmacher, um 1460)

Märjenbild

Typisch für repräsentative Kölner Häuser ist die Eckmadonna, auf Kölsch »Märjenbild« genannt, die hier als Schutzmantelfigur gestaltet wurde und das Haus und seine BewohnerInnen symbolisch unter ihren Schutz nehmen sollte. Die Fratzen und Masken an den sogenannten Eckwarten (Erkerkonstruktionen) dienten zur Abwehr von Schaden und als Schmuckmotiv.[112]

Wir biegen rechts ab Richtung »Unter Taschenmacher« und rechts in die Kleine Budengasse ein. Ein paar Schritte stadteinwärts stehen wir links vor einem unscheinbaren Eingang zu einer faszinierenden unterirdischen Ruinenlandschaft.

18 Stylisches Ruinenambiente – das Prätorium
Kleine Budengasse

Hier geht es an Wochentagen »*Mit dem Fahrstuhl in die Römerzeit*«.[113] Im Untergeschoss können Gebäudegrundrisse des Statthalterpalastes mit den Originalsteinen verglichen, ein Abwasserkanal durchstreift und ausgewählte Objekte der Kölner Antike besichtigt werden. Von hier aus wurde die große Provinz Niedergermanien verwaltet. Vom 1. bis 4. Jahrhundert repräsentierten die Heere und der Prätor in Köln die römische militärische Übermacht und brachten dabei den GermanInnen kulturelle Neuerungen mit (Luxusbad an der Cäcilienstraße, Theater, große Märkte, Landhäuser). Die Ruinen des Amtssitzes der römischen Statthalter für Niedergermanien haben 2005 ein neues Beleuchtungskonzept erfahren; wer also Lust hat, kann die halbe Länge der Grundmauern des Prätoriums umschreiten und wird in eine andere, nicht länger historisch-verstaubt anmutende Welt versetzt. Das Prätorium grenzte früher aus strategischen Gründen direkt an den Rhein. Zeichnungen machen die gewaltigen Ausmaße deutlich. Stellen Sie sich oberirdisch Wandelhallen, Diensträume, Kulträume und zum Stadtinneren hin Laubengänge vor. Die Anlage wurde durch eine Fußbodenheizung erwärmt, wie an den Fundamenten zu erkennen ist. Im achteckigen Kultraum, den wir nach der halben Umrundung erreichen, stand eine Statue der Viktoria als Siegesgöttin – eine für den römischen Staat bedeutende Allegorie.

Modell des Statthalterpalastes »Prätorium«

»Agrippina heiß die Frau, die Köln am Rhing gegründet hät« – oder etwa nicht?

In einem Nebengebäude dieses römischen Regierungssitzes wird der Geburtsort der späteren Kaiserin Agrippina (15 oder 16 bis 59 n. Chr.) vermutet. Diese für Köln nicht unwichtige Herrscherin erfährt in Köln eine sehr ambivalente Rezeption.[114] Die selbstbewusste römische Patrizierin Julia Agrippina die Jüngere ließ laut bisheriger Darstellung im Jahr 50 ihren kleinen Geburtsort *oppidum ubiorum* in den Rang einer Stadt er-

Die Stadtgründerin Agrippina d. J. (15/16 – 59) als Göttin Fortuna mit dem Füllhorn (Reliefdarstellung aus Aphrodisias, Ausschnitt)

heben. Sie konnte dies erreichen, da sie mit dem amtierenden Kaiser Claudius verheiratet war – und sie wollte es erreichen, um ihre Macht zu dokumentieren und sich ein Denkmal zu setzen. Der neue Stadtname enthielt auch ihren Namen: *Colonia Claudia Ara Agrippinensium* (CCAA). Dem römischen Historiker Publius Cornelius Tacitus, der erst kurz vor Agrippinas Ermordung geboren wurde, war sie geradezu ein Gräuel. Er unterstellte, sie habe ihren Mann, den eher zurückgezogen lebenden Kaiser Claudius, umgebracht. Hat sie es getan? Zu beweisen ist es nicht. Sie hatte an seiner Seite recht viele Freiheiten, befand sich in keiner physischen oder psychischen Notsituation. Andererseits war sie eine sehr machthungrige Frau, und im römischen Patriarchat konnte eine Frau nur regieren, sofern und solange sie als Regentin ihren unmündigen Sohn vertrat. Auf diese Weise regierte die ›Kaiserin‹ (unterstützt von Beratern und neben dem Senat) immerhin von 54 bis ca. 59 n. Chr. über das riesige Römische Reich. Schon als Kleinkind hatte sie gelernt, dass ein Menschenleben nichts wert ist: Ihr Vater wurde aus politischen Gründen umgebracht, so stellte es zumindest die Mutter dar. – Agrippina verließ bereits als Kleinkind Köln. Sie ließ die Stadt zwar durch Claudius Hand im Jahr 50 (nochmals) privilegieren, aber sie hat sie nie wieder besucht. Dennoch nannten sich die entzückten EinwohnerInnen die nächsten Jahrhunderte *AgrippinenserInnen,* und die Straße nach Köln hieß *Agrippinensische Straße.* Erst im 8. Jahrhundert kam der erste Teil des Stadtnamens, *Colonia,* zum Zug, und mit der Zeit verkürzte er sich zu *Köln.*

Agrippina verhielt sich offenbar wie ihre männlichen Zeitgenossen, die ebenfalls ihnen lästige Menschen aus dem Weg räumen ließen. Daher lehnten die Stadtväter die Ahnin lange Zeit ab. Erst die Romantiker und die Karnevalisten nahmen die Urheberschaft an: »*Die Stadt am Rhein, die du den Namen trägst / der hohen Gründerin mit deinen Mauern; / Mit der Vergangenheit ehrwürd‹gen Schauern*« usw. schwärmte in den

1820er Jahren der erste wirkliche Karnevalsdichter Christian Samuel Schier.[115] Mit »*Agrippina, Agrippinensis*« schuf Karl Berbuer 1952 einen karnevalistischen Dauerbrenner. Auch hier war Agrippina zwar nicht gerade eine »*Kääzemöhn*«[116], also keine ehrsame, gläubige Frau, sondern ein »*oos*« und ein »*eschte Vämp*«, aber für Köln doch letztlich ganz »*famos*«:
»*Agrippina heiß die Frau, / die, dat wesse mer genau, / Köln am Rhing gegründet hät. / Süch dat Minsch kunnt doch jet, / däm möht mer ens sage bloß, / Köln wor hellig, doch do Oos / Wors bestemmb kein Kääzemöhn, ävver sons famos: / (...) / Agrippina do bestemmb / wors zor Zick d´r eschte* »*Vämp*«. / *Denn vun dingem Schisselameng / wacklen hück noch de Wäng, / wenn mit Jipije d´r Tünn / Boogie-Woogie danz mem Plünn. / Un die Bebop-Bottersteen läht ne Raspa hin*«[117]

Agrippina die Jüngere, Gattin des Kaisers Claudius, bewirkte den Bau der Stadtmauer um ihren Geburtsort (Marmor, Louvre)

Inzwischen meint ein Kölner Universitätsprofessor beweisen zu können, dass Agrippina nicht Urheberin der Stadtgründung sei, sondern dass diese schon durch Augustus erfolgte.[118] Aber schnöde fallen lassen werden die KölnerInnen ihre ambivalente, vielbesungene Stadtmutter niemals.

Wir wenden uns beim Verlassen des Palastes nach links und erblicken – die Stufen hochgehend – die Rückseite des Rathaus-Neubaues.

19 Mutter oder Jungfrau Colonia? Theo-Burauen-Platz

Köln verfügt über viele Symbole und Schutzpersonen, darunter auch viele Frauen: Die ›Stadtmutter‹ Agrippina, die Allegorie Colonia, die 11.000 Jungfrauen, und nicht zu vergessen: die Jungfrau des Karnevals. Diese alle vermischen sich ab und zu.

Im Hochmittelalter hieß die Stadt in selbstbewusster Erhöhung oft nur noch ›Sancta Colonia‹, ›hilliges Köln‹.[119] Am sogenannten Spanischen Bau – einem Neubau aus den 1950er Jahren – erblicken wir eine Schutzmantelfigur namens »Mutter Colonia« (gleichfalls aus den 1950er Jahren). Städte als weibliche Allegorie (Sinnbild) darzustellen, hat eine lange Tradition, die bei den antiken Stadtgöttinnen Athene oder Roma einsetzt. Antike Stadtgöttinnen besaßen Schutz- und Segenskräfte und waren jungfräulich; die Unberührtheit eines Mädchens wurde mit der Unversehrtheit der jeweiligen Stadt verknüpft.[120] Spätestens im 16. Jahrhundert kam die Idee auf, eine Landschaft, eine Stadt oder auch Europa bildlich als Frau darzustellen.[121] Ein unversehrter weiblicher Körper wurde zum Symbol der Stadt, des Volkes (Borussia, Bavaria) oder der Nation (Germania) stilisiert. Kriegsverluste wurden dann auch als Vergewaltigung der Stadt/Nation dargestellt und als Schändung der sozialen Gemeinschaft aufgefasst.

Die Stadt Köln folgte bald ebenfalls der Mode und ließ sich als Jungfrau imaginieren (1573) – sie trug Agrippinas Mauerkrone (Stadtrechte!) zugleich als Zeichen der Unbesiegbarkeit der Stadt.[122] Wieder war es der romantische Dichter Schier, der 1823 das Bild der »Jungfrau Colonia« für den Karneval popularisierte: *»Mit Mauern sind die Scheitel dir umgeben, / Die Linke hält den weltgerühmten Schild, / Elf Flammen siehst du seinen Grund beleben, / Drei Kronen in dem glühenden Gefild, / Die Rechte trägt das Sinnbild von dem Leben / Des Fleißes, der dem Bürger treu vergilt, / Den festen Stab, den Schlangen eng umwinden, / Ein Bild wie Klugheit sich und Kraft verbinden. / Den stolzen Nacken ziert der Locken Strom, / Den Busen hat der Gürtel keusch umspannt, / In reichen Falten wirft sich das Gewand, / Es zeigt das Pallium [Amtsabzeichen] den Stamm aus Rom, / Obgleich am Rheine blüht das Vaterland, / Den Blick erhebt sie nach dem prächt‹gen Dom, / Als wollte gleichsam sie der Erde sagen: / Seht, solches konnten meine Söhne wagen!«*[123]

Damit war bereits das Bild entworfen, das später als Vorlage für die Colonia auf dem Jan-von-Werth-Brunnen diente (zu sehen auf dem nahegelegenen Alter Markt.) Stets mischen sich profane Stadtallegorie und Schutzmantelheilige. Das mit der ›zarten Jungfrau‹ wurde in Köln allerdings nie so ganz wörtlich genommen. Am liebsten stellten Kölner Dichter, Maler und Sänger die Colonia als dicke Frau dar, deren übergroße Brust für sie der Hort der Geborgenheit darstellte und zu der sie jederzeit flüchten oder – nach dem bombenbedingten Wegzug – zurückkehren konnten.[124]

»Mutter Colonia« als Schutzmantelheilige und Städteallegorie

20 Karriere durch Mannes Gnaden – Bankerin Therese Oppenheim

Große Budengasse 8–10, Richtung Hohe Straße, heute Musikgeschäft

Die Große und Kleine Budengasse haben eine große Wandlung durchgemacht. Im Mittelalter lebten hier die Stadtbediensteten samt Familie, z.B. die ›Boten‹, Untergebene des ›Gewaltrichters‹, die den beiden Straßen den Namen gaben. Daneben wohnten die ›ganz Reichen‹ in den Häusern zum Papagei, zum Kurfürsten oder zum Einhorn. Im 19. Jahrhundert war die Bevölkerung vollkommen neu zusammengesetzt: Weißnäherinnen, jüdische TuchhändlerInnen, KolonialwarenhändlerInnen, Büglerinnen, StellenvermittlerInnen oder Modistinnen belebten die Große und Kleine Budengasse. Zu ihnen zog in einen repräsentativen Stadtpalais das junge Ehepaar Salomon und Therese Oppenheim (eigentlich Deigen Levi), Banker und Bankerin, und zwei der ersten jüdischen BürgerInnen, die nach der Religionsfreiheit von

Das Stadtpalais eines ehemaligen Bürgermeisters kam 1808 in den Besitz der Oppenheims und wurde Wohn- und Geschäftshaus der vielköpfigen Familie

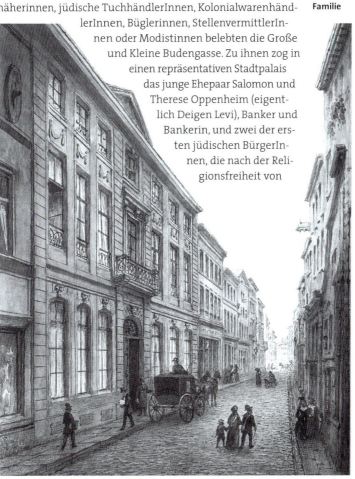

Bankerin Therese Oppenheim (1775–1842) erhielt die Wechselfähigkeit von ihrem Mann

1794 die Chance ergriffen, nach 370 Jahren Ausschluss wieder in Köln zu leben. Zusammen bekamen sie 12 Kinder. 1821 wurde nicht nur der älteste Sohn Simon in das Bankwesen eingeführt, auch Therese erhielt die Unterschriftsvollmacht für die Oppenheimsche Bank und damit die höchsten Weihen im Geschäftsleben. Sie erwies sich als verständige Geschäftsfrau, wenn sie ihn während seiner Reisen vertrat. Ab 1828 Witwe, führte sie über 14 Jahre lang das von Salomon gegründete Bankhaus weiter. Ihre Söhne übernahmen die Bank erst nach dem Tod der Mutter.[125]

Unter Goldschmied heißt heute die Straße, die bis zum Festhaus Gürzenich führt, und an der sich bedeutende Gebäude wie an einer Kette reih(t)en. Früherer Name: Vor St. Laurentius.

21 Rechtsschutz in Zeiten fehlender Sozialabsicherungen Unter Goldschmied 36, Ecke Laurenzgittergässchen, heute Theo-Burauen-Platz

»Frauen aller Stände wird unentgeltlich Rat und Auskunft in allen Rechtsfragen und Rechtsstreitigkeiten erteilt. Sprechstunde jeden Donnerstag Nachmittag 5 ½ bis 7 ½ Uhr – der Vorstand.«

Im zweiten Stock des Hauses war ab 1907 die »*Vereinigung Rechtsschutz für Frauen*« beheimatet. Diese 1901 gegründete Frauenrechtsberatung war der erste nichtkonfessionelle Kölner Frauenverein der sogenannten ›historischen‹ Frauenbewegung, in dem wirklich nur Frauen organisiert waren.

Die Rechtsschutzstelle suchten im ersten Jahr bereits 268 Frauen auf, 1910 waren es 2.150. Themen waren Mietstreitigkeiten, unterlassene Unterhaltszahlungen, Eheverträge oder Unehelichkeit der Kinder. Die Juristin Camilla Jelinek schilderte ihre Erfahrungen beim Thema Alimente für vom Dienstherrn geschwängerte Dienstmädchen. Wer jemals der Sprechstunde einer Frauenrechtsschutzstelle beigewohnt habe, wisse, dass dort »*Frauen mit größerer Offenheit über diese Dinge berichten als vor Männern*«.[126] 1907 wurden die beiden Begründerinnen und Mitarbeiterinnen, Luise Wenzel und Marie Classen in den Vorstand der »*Stadtcölnischen Rechtsauskunftsstelle für Unbe-*

Rechtsschutzstelle für Frauen, Cöln
Unentgeltliche Sprechstunden: Jeden Montag, Mittwoch und Donnerstag
Unter Goldschmied 38 II links, 5-7 Uhr.

mittelte« delegiert, die nach dem Vorbild der Frauen gegründet worden war. Bestimmt war es für die beiden nichtstudierten Frauen anfangs ungewohnt, neben dem Herrn Oberbürgermeister, den Herren Doktoren, Justizräten, Stadtverordneten und Vertretern der königlichen Regierung, aber auch neben Buchdruckern oder Konditormeistern zu sitzen und auf die Einhaltung von Fraueninteressen zu achten! Aus den Jahresberichten wird deutlich, wie sehr ihre Arbeit behindert wurde. Es wird erkennbar, dass erst die Mitwirkung der Frauen der städtischen Beratungsstelle »*den Weg zu dem Vertrauen des Volkes gebahnt*« hat.[127] Luise Wenzel fand an der sozialpolitischen Gremienarbeit immerhin so viel Gefallen – oder erkannte so viele Mißstände –, dass sie Mitglied der Nationalliberalen Partei wurde. 1909 stiegen sie und Mathilde von Mevissen als erste Frauen in den Vorstand der Partei auf.[128]

Viele Kölnerinnen holten sich Auskunft bei den juristisch geschulten Beraterinnen, sei es zu Mietproblemen oder auch zu Scheidungsfragen.

Ein paar Schritte weiter passieren wir den Laurenzplatz, der einstmals eine innerstädtische Idylle war.

22 Rederecht für Frauen Laurenzplatz

Der namengebende Hl. Laurenz hatte sich laut Legende lieber über einem Feuer rösten lassen, als Schätze des Papstes, die für Arme gedacht waren, an einen bösen Herrscher auszuhändigen. So wurde er zum Heiligen der Magistrate. – Hier in der Nähe der Macht wählte die Kölner Ortsgruppe

Laurenzplatz im 19. Jahrhundert – 1902 war hier der Sitz der »Gesellschaft für Soziale Reform«

der »*Gesellschaft für Soziale Reform*« (heute »*Gesellschaft für Sozialen Fortschritt*«) ihren Sitz. Die bürgerlichen Sozialreformer erregten 1902 reichsweit Aufsehen – mit der Einladung einer Referentin! Der Verband hatte die bekannte Sozialpolitikerin Helene Simon engagiert, um auf seiner Generalversammlung in Köln ein Referat zum Thema Frauenarbeitsschutz zu halten. Simon war zu diesem Aspekt auch schon als Autorin hervorgetreten. Die ausgewiesene Fachfrau musste nun im preußischen Köln hinnehmen, dass ein Mann ihren Text vortrug, während sie selbst hinter einen Bretterverschlag verwiesen war – unsichtbar, ohne eigene Stimme.[129] Dieser ›Kölner Fall‹ sorgte über die Stadtgrenzen hinaus für Aufsehen und wurde sogar im Reichstag diskutiert.[130] Er spiegelte die Absurdität des restriktiven Vereins- und Versammlungsgesetzes von 1850.

Nachdem einige wenige Frauen der demokratischen 1848er-Bewegung das Recht auf Beteiligung an der Staatsgestaltung erhoben hatten, wurden Frauen – ebenso wie SchülerInnen und Lehrlinge – durch das Vereinsgesetz von 1850 umgehend aus dem politischen Diskurs ausgeschlossen. Sie durften sich nicht einmal zu diesem Ausschluss öffentlich äußern. Als 1877 die sozialdemokratische Freie Presse in Köln eine Volksversammlung zu dem Thema »*Die Stellung der Frau in Staat und Gesellschaft*« zusammenrief und Frauen mitredeten, löste die Polizei die Veranstaltung aufgrund des preußischen Vereinsgesetzes auf. 1902 hatte der preußische Innenminister von Hammerstein in seiner Neufassung des Vereins- und Versammlungsrechts als Konzession eingeräumt, es sei Frauen in politischen Zusammenkünften fortan zu erlauben, sich in ein von den Männern getrenntes ›Segment‹ zu begeben und zuzuhören. Politisch denkende und sozialpolitisch tätige Bürgerinnen konnten nun bei größeren Veranstaltungen körperlich anwesend sein, aber noch immer nicht ihre Meinung kundtun. Eine Schnur oder eine Kreidelinie musste sie von Männern und Diskussionen trennen. Viele Frauenverbände wie der überregionale Dachverband »Bund Deutscher Frauenvereine« reichten wiederholt Petitionen gegen diese Diskriminierung ein. Die Kölnerin Pauline Christmann trug stets ein Stück Kordel mit sich, um es in Versammlungen spontan zwischen einige Stühle zu spannen, diesen Bereich als ›Segment‹ zu definieren und dann doch lautstark ihre Meinung zu äußern. Erst ab 1908 konnten Frauen ganz ›normal‹ politische Debatten bestreiten und gleichwertige Parteimitglieder werden.

Frl. Helene Simon, Berlin.

Helene Simon (1862–1947), eine renommierte Ökonomin, durfte als Frau ihr Referat nicht selbst halten

23 **Kölns erste Salondame** Unter Goldschmied 24
Rathausplatz / Ecke Portalsgasse

Ab 1715 war hier der Sitz der Firma Schauberg. Köln war seit dem 16./17. Jahrhundert ein wichtiger Umschlagplatz von Nachrichten, besonders auch über das europäische Ausland.[131] Die ersten Zeitungen erschienen ab den 1580er Jahren zunächst halbjährlich. Seit dem späten 17. Jahrhundert entstanden als weitere Form moderner Kommunikation in Europa Salons, eine Form bürgerlicher Geselligkeit, die oft von Frauen geprägt war. In Köln bot der Salon von Dorothea Menn (geb. Schauberg) ein seltenes Beispiel intellektueller Geselligkeit. Sie lud im 18. Jahrhundert regelmäßig illustre Gäste in ihr Allerheiligstes ein und führte mit Geschick durch den Abend.[132] Die Tochter des Druckers Gereon Arnold Schauberg, in zweiter Ehe mit dem bekannten Hofrat und Professor der Medizin Johann

Die Kölner Salonkultur war weit entfernt von jeder Freigeistigkeit (Abendgesellschaft um 1825)

Georg Menn verheiratet, gab sich nicht mit dem Dasein als Leiterin eines repräsentativen Hausstandes zufrieden, sondern war seit 1736 Geschäftsführerin des Verlags mit Druckerei Schauberg. Zu diesem Zeitpunkt gelangte auch die Zeitschrift »Relationes« in ihren Besitz. Damit verfügte Dorothea Menn über außergewöhnliche ökonomische Freiheiten. Frau Menn besaß selbst zwar keinen journalistischen Ehrgeiz und verkaufte 1761 wegen sinkender Auflage die ererbte Zeitschrift. Aber die Unternehmerin übernahm »*mit sicherer Hand*« den Druck der »Kaiserlichen Reichs-Ober-Post-Amts-Zeitung«, die ab 1763 für die Thurn- und Taxis'sche Postverwaltung hergestellt wurde – eine Erfolgsgeschichte und Basis der späteren »Kölnischen Zeitung«.[133]

Ein Erfolg war auch ihr Salon. Hier im Schauberg-Menn'schen Haus verkehrten die »*guten Köpfe der Stadt*«.[134] Die gebildete Kunstfreundin trat als Gastgeberin und niveauvolle Unterhalterin auf, sie trug anspruchsvolle Lieder vor, zeichnete, spielte auf alten Instrumenten, beherrschte auch das Gespräch über Musiktheorie, und sie war sogar auf dem Feld der Physik bewandert, denn sie hatte naturwissenschaftliche Interessen. Daneben betätigte sich die kinderlose Frau als sanfte Managerin eines chaotischen Genies: Bei ihr ging der jugendliche Geistliche und spätere Kunstsammler Ferdinand Franz Wallraf ein und aus. Sie fütterte den Köln-begeisterten jungen Geistlichen mit Nahrung und weltlichem Geist, ihr Mann finanzierte sein

Katharina DuMont (1779 – 1845) erbte Zeitung wie Salon von ihrer Tante

Studium, sie diente als ›Schutzdame‹ für Wallrafs Konzertabende mit Damen. Der Kreis um die Menns wagte sich im verschlafenen Köln am weitesten auf Felder vor, wo von »*maßvoller Aufklärung*« oder »*konfessioneller Toleranz*« gesprochen werden kann.[135]

Dorothea Menn, 1781 abermals verwitwet, starb im Revolutionsjahr 1789.

Die Leitung des Druckerei-Imperiums übernahmen für drei Jahre ihre beiden Nichten, (Maria) Katharina Schauberg und Gertrud (verh. Köster).[137] Dann kaufte 1805 Marcus DuMont für 1.400 Thaler die Schauberg'sche Druckerei samt »Kölnische Zeitung« und ehelichte die fünf Jahre ältere Erbin Katharina Schauberg, deren Mitgift er zu dem Ankauf benötigt hatte. Der Firmenname veränderte sich von »Erben Schauberg« zu »DuMont-Schauberg«. Katharina Schauberg, die die ganze Zeit über die Druckerei weiter leitete und durch ein Kläppchen dirigierte, sicherte nach dem frühen Tod des Mannes 1832 die Existenz des Verlages DuMont-Schauberg bis in ihr 60. Lebensjahr, dann gab sie an einen modernisierungswilligen Sohn ab.

> Wie die Rückständigkeit der KölnerInnen ansonsten auf Fremde wirkte, beschrieb der Reiseschriftsteller Johann Kaspar Riesbeck (1783): »*Überhaupt ist Köln wenigstens noch um ein Jahrhundert hinter dem ganzen übrigen Deutschland zurück, Bayern selbst nicht ausgenommen. Bigotterie, Unsittlichkeit, Trägheit, Grobheit, Sprache, Kleidung, Möbeln, kurz, alles zeichnet sie so stark von ihren übrigen Landsleuten aus, daß man sie mitten in ihrem Vaterlande für eine fremde Kolonie halten muß.*«[136]

In dieser rathausnahen Straße hatten verschiedenste Wohltätigkeitsvereine ihren Sitz – das Thema ›Frauen und Armut‹ war besonders im frühen 20. Jahrhundert sehr aktuell und Hilfe aus der Bevölkerung zwingend. Auf dem Rathausplatz gibt es Bänke zum Hinsetzen und Lesen. Sie können ggf. auch mit Hochzeitsgruppen feiern.

24 Karitative Arbeit von Frauen für Säuglinge und Gebärende

Unter Goldschmied 20, Rückseite des Spanischen Baues

Im ersten Stock des Rathausgebäudes hatten in den 1920er und 30er Jahren gleich mehrere Frauenvereinigungen ihre Geschäftsstellen, z.B. der »*Kölner Hilfsverein für Wöchnerinnen, Säuglinge und Kranke*« und der »*Verein für Hauspflege*«. Die Telefonnummern wurden im Kölner Adressbuch als städtische Rathausnebenstelle geführt, was auf eine enge Verbindung zwischen Stadt und durch Frauen getragene Wohlfahrt schließen lässt. Im Folgenden wird etwas eingehender über die Arbeit von Frauen zugunsten hilfsbedürftiger Wöchnerinnen und ihrer Säuglinge berichtet.

Der Rundgang wird auf Seite 93 fortgesetzt.

Über Jahrhunderte wurde eine Schwangere durch die selbst gewählte Hebamme im eigenen Haus entbunden: Daran schloss sich – ebenfalls im Wohnraum der Wöchnerin – Privatpflege durch Nachbarinnen, Verwandte oder auch bezahlte Kindbettmägde an. Bei Problemgeburten kam ggf. ein Chirurg dazu. Schon im Mittelalter entstanden vereinzelt Häuser für arme

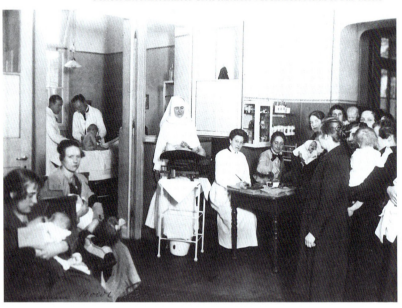

Wöchnerinnen- und Säuglingsfürsorge als neueste bevölkerungspolitische Maßnahme (1910, Städtische Beratungsstelle)

Frauen zur Erleichterung problematischer Niederkünfte. Im frühneuzeitlichen Köln kümmerten sich die Ehefrauen der »Armenmeister« offiziell um hilfsbedürftige Wöchnerinnen und ihre Kinder; sie schickten die Frauen bei akuten Notfällen ins Hospital Ipperwald. Mit dem Anwachsen der Städte im 19. Jahrhundert zerrissen die tradierten sozialen Bindungen, und es wurde notwendig, entsprechende Institutionen zu schaffen. Seit 1808 konnten arme Schwangere in der Hebammenlehranstalt entbinden, dieses Angebot war jedoch nicht beliebt, da die Entbindenden als Ausbildungsobjekt dienten. 1815 entstanden die ersten Wöchnerinnenvereine, eine Folge der Befreiungskriege, die neue Möglichkeiten für bürgerliche Frauen bewirkt hatten, sich in der Öffentlichkeit zu bewegen.¹³⁸ Bereits diese frühen Frauenvereine agierten nach Konfessionen getrennt. Die jüdischen Frauen integrierten die Fürsorge für ihre Gebärenden in den »*Israelitischen Frauenverein*« (gegründet 1816). In katholischer Trägerschaft entstanden bei den Pfarreien »*Vereine zur Fürsorge für arme Wöchnerinnen*« und die noch wenigen in Köln ansässigen protestantischen Frauen kümmerten sich innerhalb ihrer Gemeinden um die bedürftigen Wöchnerinnen. Vermutlich aufgrund dieser privaten Aktivitäten dauerte es mehr als 70 Jahre, bis die Stadt Köln selbst eine Einrichtung für Wöchnerinnen schuf. Dabei war die Situation brisant: In Preußen starben Ende des 19. Jahrhunderts jährlich 5.000 bis 6.000 Frauen am Kindbettfieber. Manche Gebärende erkrankte an langwierigen Leiden und erholte sich niemals wieder ganz. Auch die Säuglingssterblichkeit war in Köln gegen Ende des 19. Jahrhunderts mit 15 bis 25 Prozent recht hoch.¹³⁹ Durch Krankheiten der Atmungsorgane, Verdauungsorgane, typische Kinderinfektionen, »angeborene Lebensschwäche«, schlechte Versorgungsmöglichkeiten oder auch durch gewaltsamen Tod (Kindsmord) starben in Köln 1867 etwa 250 von 1.000 Neugeborenen im ersten Lebensjahr.¹⁴⁰ Wegen ihres häufig sehr niedrigen Geburtsgewichtes und weil ihre Mütter zu schnell an ihren Arbeitsplatz zurückkehren mussten und kaum Zeit fanden, ihre Kinder zu stillen, hatten die Kinder von Industriearbeiterinnen noch geringere Überlebenschancen.

Die Musterungsbehörden stellten fest, dass die Militäruntauglichkeit prozentual immer stärker zunahm. Das machte wach. Im Jahr 1889 luden folgerichtig die Damen des Vaterländischen Frauenvereins, die sich um die Wehrhaftigkeit des Volkes sorgten, den berühmten Gemeindearzt Dr. Eduard Lent ein, ihnen über die Vor- und Nachteile von Wöchnerinnenheimen zu referieren. Lents Plädoyer im Rathaus für die Errichtung einer kommunalen Fürsorgestelle verhallte nicht ungehört: Eine Betreuungsstelle wurde bald gegründet.

Das allgemeine Interesse an dem Thema Mütter- und Säuglingsfürsorge um die Wende zum 20. Jahrhundert muss auch vor dem Hintergrund der heftig geführten Debatte über Bevölkerungspolitik gesehen werden. Der Begriff ›Rassenhygiene‹ tauchte nun erstmals auf, und die darwinistische Vorstellung

Ein Vortrag des städtischen Beigeordneten führte zur Gründung eines Wöchnerinnenheims für verheiratete Mütter durch Kölner Frauen

von der Notwendigkeit der Selektion wirkte auf viele Fragen der Sozialpolitik ein. Viele Menschen befürchteten eine genetisch oder sozial bedingte ›Degeneration‹ weiter Kreise der Bevölkerung. Staat und Stadt wollten die ›Schwächung‹ des ›Volkskörpers‹ auffangen. Immerhin war gesunder und ausreichender Nachwuchs eine der Voraussetzungen für eine bezahlbare Sozialpolitik. Mütter- und Säuglingssterblichkeit zu bekämpfen, bedeutete eine Stärkung der Stadt wie auch der Nation. Frauen konnten nun erstmals einen ›weiblichen‹ Beitrag zum Wohl der Allgemeinheit leisten und Solidarität mit Frauen, Kindern und der Stadt zugleich zeigen. BürgerInnen, Stadtverwaltung und ab 1904 auch die neu gegründete »*Akademie für praktische Medizin*« schufen ein Versorgungs- und Unterbringungsnetzwerk aus Wöchnerinnenheimen, Entbindungsanstalten, Geburtshilfestationen, Säuglingsstationen, Erholungsheimen, Säuglings- und Mütterheimen, Fürsorgevereinen, Krippen, Milchküchen usw. Begüterte Damen statteten ganze Wöchnerinnen- und Säuglingsheime aus. Der »*Vaterländische Frauenverein*« eröffnete 1889 ein Wöchnerinnenasyl im Sionsthal. Hier konnten jährlich bis zu 1.000 Frauen samt Neugeborenen gepflegt werden. 1916 folgte das protestantische Säuglings- und Mütterheim »*Auguste Victoria*« in der Overstolzenstraße, das ca. 80 Säuglingen und Kleinkindern Platz bot – eine Spende von Laura Oelbermann. Das St. Josefshaus nahm ›auf die schiefe Bahn‹ geratene katholische Fräuleins vor und nach der Entbindung auf, desgleichen gab es eine entsprechende Zufluchtsstätte für ledige evangelische Mütter. Das Säuglings- und Mütterheim der »*Deutschen Gesellschaft für Mutter- und Kindesrecht*«, dessen Vorsitzende die ›Radikale‹ Laura Rautenbach und später Alice Neven DuMont waren, war das vergleichbare Heim der nichtkonfessionellen (›liberalen‹) Frauenbewegung; es lag ebenfalls in der Südstadt (An der Pauluskirche 3).

Laut der Volkszählung von 1885 lebten über 9.000 KölnerInnen in Zwei-Raum-Wohnungen mit bis zu zehn Familienange-

Liste städtischer und privater Beratungsstellen in den »Veedeln«

hörigen! Arme gebärende Kölnerinnen sollten fortan eine hygienische ›Heimstatt‹ aufsuchen können, wenn »*gesundheitsgemäßes Wochenbett in der eigenen Wohnung unmöglich*« war, und sich nach der Geburt einige Tage ausruhen können.[141] Die karitativen Stifterinnen richteten ihr Hauptaugenmerk auf die Mütter und erklärten, Kinderschutz ohne Mutterschutz bleibe Stückwerk: »*Die Mutter ist die kräftigste Lebensquelle des Kindes und zu seinem Gedeihen unentbehrlich.*«[142] Die Wöchnerinnenheime unterschieden sich von den Geburtshilfe-Kliniken eben dadurch, dass bei ihnen der Gesichtspunkt der Fürsorge nach der Geburt überwog, während es in den Kliniken vor allem um den medizinischen Aspekt ging.[143]

Alice Neven Dumont (1877–1964) – aktiv in vielen staatstragenden Frauenvereinen

Auch die Stadt selbst beteiligte sich: 1908 wurde die städtische Zentralstelle für Säuglingsfürsorge eingerichtet, bald darauf die Säuglingsmilchanstalt in der Liebigstraße in Betrieb genommen. 1913 stellte die Stadtverwaltung eine Hausarbeitswärterin für Kinderreiche ein. Die inzwischen errichteten Kliniken mit Entbindungsabteilung aber konnten anfänglich die Erwartung, die Überlebensrate zu heben, nicht erfüllen, da uns heute selbstverständliche Grundlagen der Hygiene (Antisepsis) nicht berücksichtigt wurden. Die Kliniken wurden geradezu zum Multiplikationsort für todbringende Keime.

Wenn eine Gebärende heute nach einer ambulanten Geburt keine geeignete Pflegeperson hat, kann sie sich von der Krankenkasse eine Haushaltshilfe bezahlen lassen. Ging zu Beginn des 20. Jahrhunderts eine Frau ins Wöchnerinnenheim, so musste sie die Familie alleinlassen. Der »*Cölner Verein für Hauspflege e.V.*« von 1913 schuf Grundlagen für eine Versorgung der Familie, indem er ›Hauspflegerinnen‹ in die Haushalte schickte, bis die Mütter völlig wiederhergestellt waren. Hauspflege war Sorge »*für Haushalt und Kinder einer niederkommenden oder erkrankten Frau sowie deren Pflege durch meist in Krankenpflege ungeübte, in einfacher Haushaltsführung erfahrene Hauspflegerinnen, also hauptsächlich Ersatz der Arbeit der erkrankten Hausfrau und Mutter*«.[144] Das ideologische Prinzip war der Erhalt der Familie. Es sollte verhindert werden, dass die Ehemänner aufgrund der Überforderung tageweise oder gar dauerhaft fortgingen. Viele Frauen wären ohne die Hauspflegerin gezwungen gewesen, gleich nach der Geburt aufzustehen und

Wäsche zu waschen, zu kochen und einzukaufen. Erste Vorsitzende des Vereins war die Ehefrau des jeweiligen Oberbürgermeisters, in den Anfangsjahren also Frau (Max) Wallraf. Zum engeren Vorstand gehörten die ›Gattinnen‹ Frau (Alfred) Tietz, Frau (Robert) Peill, Frau (Richard) von Schnitzler sowie Frau (Simon) Herzbach.

Wäschezentrale zur Verleihung von Säuglingskleidung und Kinderwagen

In der Weimarer Republik öffnete sich die Armutsschere nochmals. Der »*Kölner Hilfsverein für Wöchnerinnen, Säuglinge und Kranke*« verfolgte ab 1924 den Zweck, »*bedürftigen Wöchnerinnen teils Geldunterstützungen zu gewähren, teils sie und ihre Familien mit Suppen, sonstiger Nahrung und Wäsche zu versorgen*«[145]. Die Vereinsgründerinnen übernahmen anfangs persönlich Hausbesuche; bald aber bezahlten sie lieber »*pflegende oder werktätige Mitglieder, die die Pflegschaft für die in ihrem Bezirk vorhandenen Wöchnerinnen*« übernahmen und eine »*tiefere Beziehung zwischen den Mitgliedern und den Bedürftigen*« herstellen sollten.[146] Die Damen unter Vorsitz von Alice Neven DuMont besorgten lieber Geld: Im ersten Jahr veranstalteten sie etwa die »*Aktion Wäschekorb*«, bei der Bettücher, Säuglingswäsche und Leibwäsche gesammelt und verteilt wurden. Sie stellten ›Wandersäcke‹ und ›Säuglingspäckchen‹ zusammen, die an bedürftige Familien ausgeliehen wurden. Über 700 Kinder- und Krankenwagen standen zur Ausleihe bereit, damit die Arbeiterkinder mal an die Luft kämen.[147]

25 Rathaus

Die folgenden Abschnitte handeln vom Rathausplatz, vom Rathaus mit seinem aussagekräftigen Fassaden-Schmuck, dann auch von den Funktionen und Aufgaben des Rates – und natürlich von den Frauen im Stadtrat. Der Rundgang geht auf Seite 112 weiter.

Der Rathausplatz zur Franzosenzeit mit Freiheitswimpeln – eine scheinbare Idylle (Kupferstich, 1789)

Rathausplatz – Schutzzone

Der heutige Platz ist letztlich ein Ergebnis von Antisemitismus, Schutzwünschen der Ratsherren, Bombenschäden der Kriegszeit und fehlenden Konzepten der Nachkriegszeit. Im Mittelalter war der Rathausplatz, ebenso wie der Domhof, eng bebaut – und abgeriegelt: Bereits aus dem 14. Jahrhundert sind erste Schutztore gegen Überfälle auf die hier lebenden Juden/Jüdinnen überliefert (Judinporze), so wurde der Wohnbezirk abends zum Ghetto.[148] Nach der Vertreibung der Jüdinnen und Juden aus Köln erhielt der Rathausplatz im 16. Jahrhundert neue Tore an der Bürgerstraße (bis 1875), Portalsgasse (bis 1873) und Judengasse (bis 1861), nun eine militärische Sicherheitsmaßnahme, um aufmüpfiges Volk von den Stadtoberen fernzuhalten.[149] Dadurch erhielt der Platz seinen bis in die 1930er Jahre bestehenden geschlossenen Charakter – und es entstand die Portalsgasse. Dieser Name bezieht sich auf die Gasse zum Rathausportal.

Rathausplatz – Protestzone

Der Rathausvorplatz war, ebenso wie ein ummauertes Areal um Kirchen oder Gerichtsstätten, ein rechtlicher ›Sonderbezirk‹. Vergehen auf diesem Platz wurden besonders hart geahndet. Nach alter Vorstellung sollte es vor christlichen Kultstätten wie vor Regierungsgebäuden einen Asylbereich geben, einen speziellen Schutz- und Friedensbereich, die ›Immunität‹. Außerdem war der Rathausplatz hoheitliches Gebiet. Es war daher verboten, sich hier ohne Anlass zu ›vergadderen‹ (versam-

Hungerschlange 1917

Protestaufmarsch von Frauen während des Ersten Weltkriegs aufgrund mangelhafter Ernährungslage

meln).[150] Lag allerdings ein Anlass vor, war er einer der erlaubten Orte zum Protestieren: »*Die Bürger sollen sich nicht mehr wie zuvor auf zwölf, sondern nur noch auf fünf Plätzen versammeln: vor dem Rathaus, auf dem Heumarkt, Waidmarkt, Neuer Markt und vor St. Paulus*«, lautete eine Neue Versammlungsverordnung für die Bürger der Stadt Köln aus dem Jahr 1576.[151] Jegliche Form von Aufruhr war der Stadtregierung verhasst – der Rat hatte gerade in der Frühen Neuzeit große Angst vor Verschwörungen. Dennoch fanden auf dem Rathausplatz immer wieder genehmigte und nicht ›genehmigte Aufläufe statt. Am 2. März 1848 gab es hier demokratische Protestaktionen, bei denen die Erziehung von Kindern auf öffentliche Kosten, Versammlungsrecht, Arbeit, Pressefreiheit und besonders Redefreiheit gefordert wurden. Explizite Frauenforderungen standen während der 1848er-Revolution in Köln nicht auf der Agenda, hier existierte offenbar auch kein institutionalisierter Frauenverein. Kurz bevor Frauen 1918/19 dann endlich Zugang zu (partei-)politischer Macht erhielten, spielten sich auf diesem Platz erregte Demonstrationen ab. Im März 1916 – mitten in der Nahrungsmittelkrise des Ersten Weltkrieges – versammelten sich hier überwiegend Frauen aus Ehrenfeld, um eine

Verbesserung der Ernährungslage zu fordern. Die Hungerproteste der Arbeiterinnen wurden massiv als schwächender Dolchstoß aus der Heimat gegen die Front denunziert.

Heute ist das Rathaus immer mal wieder Ziel von Demonstrationen gegen Hortstreichungen oder Hartz-IV-Verknappungen. Demonstrationen und Stadtbesuche von Prominenten finden in Köln in der Regel wenig Öffentlichkeit, nur Sporthelden werden auf dem Platz wirklich gefeiert.

Schauen wir uns den Gebäudekomplex näher an, so fällt auf, dass das Rathaus aus einer Aneinanderreihung von einzelnen Bauten besteht. Den ersten Blick auf das Historische Rathaus zieht die Rathauslaube aus dem 16. Jahrhundert auf sich – sie gilt als bedeutendstes Renaissancebauwerk der Rheinlande.

Ein preußischer Soldat stellt Platzhoheit her (Rathausplatz um 1854)

Rathaus-Politik: Männliche Heroen, weibliche Allegorien (Justitia)

Vom Rathausbalkon aus verkündeten die Bürgermeister stellvertretend bis zum Ende der freien Reichsstadt (1794) sogenannte ›Morgensprachen‹ (s.u.).¹⁵² Auf der Schmuckfassade wurden von Anfang an nur männliche Heroen gefeiert: Medaillons und Inschriften an der Frontseite ehren Cäsar, Augustus, den Feldherrn Agrippa, Konstantin, Justinian und andere. Mächtige Vertreter weltlicher Macht werden als Förderer und Patrone gezeigt. Die (Mit-)Begründerin Kölns, Agrippina, fehlt. Drei Reliefs von 1573 zeigen Szenen mit Löwenbezwingern und feiern den Mut von männlichen Helden. Wie in vielen Städten gibt es auch in Köln eine Sage, die von einer heldenhaften Tierbezwingung erzählt: Der tapfere Bürgermeister Hermann Gryn war an einem Abend des Jahres 1262 bei seinem Gegner, dem Erzbischof, eingeladen, um bei ihm zu speisen. Nach dem Mahl stießen Gastgeber und Kumpane ihren Gast in den Käfig eines Löwen, den sie zuvor recht knapp gehalten hatten, damit er entsprechend hungrig sei. Der tapfere Bürgermeister streckte das Biest mutig nieder. Der sagenhafte Kampf soll im Inneren des Rat-

Heroen-Konstruktion auf der Rathauslaube (Löwenkampf)

hauses, im sogenannten Löwenhof, stattgefunden haben. Die Sage und ihre Darstellung am Rathaus illustrieren die Auseinandersetzung der Stadtherren mit dem Erzbischof, der zu diesem Zeitpunkt noch weltlicher Stadtherr war. Der Kampf mit diesem königlichen Untier ist ein altes Motiv der Mythologie und wird gerne zur Erhöhung von Städten oder anderen Herrschaftsräumen genutzt.[153] Während eine weibliche Städteallegorie wie Colonia eher passiv das Schicksal der Stadt bewacht, verwandelt der Held mit seiner Körperkraft Natur in Kultur (Stadt). In Köln verhinderte die Territorialherrschaft des Erzbischofs die freie Entfaltung der neuen Kräfte: der Patrizier (Kaufleute) und der Zünfte (Handwerker). Viele Städte forderten daher im 13. Jahrhundert das Entscheidungsrecht über Krieg und Frieden sowie über Steuern, Zölle, Vermögensverwaltung, die Vereinheitlichung von Maßen, Gewichten und Münzen, die Marktaufsicht, die Ernennung und Kontrolle von Amtsträgern, kurz: die Freiheiten, die für Handel und Handwerk wichtig waren. 1288 wurde in der Schlacht von Worringen der erzbischöfliche Alleinherrscher entmachtet. Nun nahm ein Rat – angeführt von zwei Bürgermeistern – diese Führungsposition ein. Die Kölner Patrizier wurden die neuen Herren – eine »Machtergreifung« durch sehr privilegierte Bürger. Die neuen Gremien brachten Vor- und Nachteile: Einerseits gab es in Köln fortan keinen Hof mehr, daher auch wenig Glanz – und keinen Einfluss für Mätressen. Nur an feudalen Höfen, an denen Machtstrukturen parallel zum Privathaushalt konstruiert waren, konnten einzelne Frauen überhaupt persönliche Macht erlangen. Andererseits musste kein teurer Hofstaat mehr erhalten werden.

Für Frauen blieb am Rathaus nur ein symbolischer Einflussbereich auf dem Feld der Allegorie. So wird die Fassade des Rathauses von einer Justitia gekrönt. Die personifizierte Gerechtigkeit schwebt über den irdischen Dingen und suggeriert die Vorstellung von der guten, weil gerechten Regierung: Der Rat wird nicht parteiisch entscheiden, denn ihr Schwert hilft, Wahrheit von Unwahrheit zu scheiden. Im Gegensatz zu heroischen Frauengestalten des Altertums, die selbst das Schwert ergriffen und benutzten (z.B. Judith, die Holofernes enthauptete), sind die Allegorien bewaffneter Frauen des Mittelalters eher ein Sinnbild ihrer Unterlegenheit.[154] Leider haben die KölnerInnen in den letzten Jahren leidvoll erlebt, dass auch die Colonia schwach war – in Köln wurde so oft nach parteilich-privaten Interessen Politik gemacht statt nach dem Gemeinwohl, dass Köln schon als Synonym für eine Bananenrepublik gehandelt wird.[155]

1360 wurde das Rathaus auf Resten der alten Stadtmauer um den Saalbau mit Zinnen erweitert und bekam Burgcharakter. Der prächtige Hansasaal von 1330 ruft in Erinnerung, dass Köln einmal Mitglied der Hanse war. 1412 wurde das Rathaus abermals ausgebaut. Auf der Höhe des tieferliegenden Alter Marktes lag die Wohnung des Stadtschreibers und des Greven. Dieser ›Burggraf‹ – auf kölsch ›Greve‹ – lebte als Hausverwalter mit seiner Frau innerhalb des Amtsgebäudes. Das städtische Amt selbst und die Ehre wurden von männlichen Bürgern eingenommen, doch die Ehefrauen konnten und sollten es mit (aus) füllen. Der Greve betreute die männlichen Gefangenen auf dem Stadtturm, ›Frau Greve‹ hatte die Aufsicht über die weiblichen Gefangenen. Parallel betreuten die Ehefrauen der sogenannten ›Armenmeister‹ die unehelichen Wöchnerinnen, die Frauen der ›Hospitalmeister‹ führten im Hospital die Küche und leiteten die Krankenpflege – vertragslose halbamtliche Frauenerwerbsarbeit im Auftrag der Stadt.[156]

Im Ratssaal gemahnten kostbare Intarsien an für Politiker wichtige Tugenden wie die Gerechtigkeit (»Justitia«)

Zunftbrüder

Das spätgotische Rathausgebäude symbolisiert schließlich den Sieg der Handwerker-Zünfte über die ›Geschlechter‹ (die Patrizierherrschaft). Männliche Handwerkergruppen hatten um 1396 die ehemaligen Widersacher des Erzbischofs in der Regie-

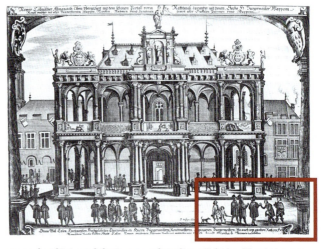

Die frühneuzeitliche Szene vor dem Rathaus zeigt u.a. die Übergabe einer Bittschrift, – eine Möglichkeit, die auch Frauen offen stand (Johann Toussyn, 1655)

rung abgelöst, und dort, wo vorher die mächtige Vereinigung der Kaufleute, die Richerzeche, saß, wurde nun das neue Haus der Bürger errichtet. Sowohl die Patrizierherrschaft als auch der Rat der 44 Zunftvertreter bedeuteten den vollständigen Ausschluss von Frauen aus der Stadtregierung, wie auch von jüdischen, besitzlosen oder ausländischen Männern. Alle wichtigen Einflussbereiche wie Militär, Recht, Politik, Kirche, aber auch die halböffentliche Geselligkeit waren exklusiv für eine sehr kleine – stets männliche – Bevölkerungsgruppe reserviert. Der Kölner Rat der reichen Handwerker und Kaufmänner entschied dabei über Themen, die auch das Leben von Frauen betrafen, seien es Sexualität, Ehelichkeit des Nachwuchses, Mädchenbildung, Eidfähigkeit der Frau, Erbrecht, Namensrecht, Zugang zu Berufen, Duldung oder Verfolgung von Prostituierten usw.[157]

Bei den öffentlichen Morgensprachen wurden Ratsbeschlüsse oder komplexe Grundsätze der Verfassung und des Polizei-

Allein Ratsherren verhandelten bis 1919 im Senatssaal über die Angelegenheiten der Stadtbürgerinnen (Kupferstich des »hochwerten Rates«, 1655)

wesens in verständlicher Sprache verbreitet.¹⁵⁸ Viele Verbote des Rates behandelten die ›Sittlichkeit‹ der Frau. Dahinter standen die Wünsche nach Sicherheit über die Ehelichkeit und Verfügungsgewalt über die Kinder. Das wichtigste Instrument dazu war, die Ehelichkeit der Zeugung zu dokumentieren. Von der Frau wurde voreheliche Jungfräulichkeit verlangt. Mit Keuschheits- und Monogamiegeboten, Züchtigungsrecht des Haushaltsvorstandes (Vaters oder Ehemannes), Scheidungserschwernissen, moralisch gefärbten Ausgangsbehinderungen (zumindest für adelige und später bürgerliche Frauen), Verhütungsverbot, Abtreibungsverbot, Ächtung unehelicher Kinder und lediger Mütter sollte die Ehelichkeit der Geburten gesichert werden. Bei jeder Geburt, bei der es etwas zu vererben gab, mussten drei ehrbare Frauen bezeugen, dass diese Frau dieses Kind zur Welt gebracht hatte.

Der Rat gab in ›Morgensprachen‹ bekannt, auf welche Art Ehen rechtsgültig zu schließen seien: Ab Ende des 16. Jahrhunderts galt nur noch die vor einem Pfarrer geschlossene Ehe »*nach Catholischer Ordnungh*«.¹⁵⁹ Eine Ehe ohne Zustimmung der Eltern konnte nach Kölner Gesetz mit dem Tod bestraft werden, denn sie verhinderte die Regelung familiärer Verbindungen und galt als Kuppelei.

Drei ehrbare Frauen mussten die eheliche Geburt bezeugen, um das Erbrecht zu sichern

Fug und Recht im Mittelalter – Gaffeln

Hatten Unternehmerinnen wie Sophia Korth (s. S. 101) Einfluss und Mitsprachemöglichkeiten in der Kommune? Wie waren Frauen mit selbständigem Bürgerrecht in die Stadtgemeinde integriert? Weil Frauen in Köln qualifizierte Tätigkeiten ausübten, hat sich für sie ein gewisses Zeugnis- und Eidrecht eingebürgert. Professionelle Geschäftspartnerinnen mussten schließlich über ihr Werk oder ihre Handelsware gerichtsverwertbares Zeugnis ablegen können. Aber wie sah es mit den politischen Einflussmöglichkeiten aus?

Schon vor der Vertreibung des Erzbischofs (1288) fungierten religiös-karitative Bruderschaften als private Wohlfahrtsbünde, diese nahmen bisweilen auch Schwestern auf. Berufsständisch orientierte Bruderschaften, die Zünfte, in Köln ›Ämter‹ genannt, waren in Köln erstaunlich offen für weibliche Mitarbeit. Die wichtigste politisch-militärische Verbindung waren jedoch die aus geselligen Festgemeinschaften entstandenen ›Gaffeln‹[160], die zunehmend mehr Aufgaben in der Politik übernahmen. Zur Zeit der PatrizierInnen beanspruchten die männlichen Vertreter der ›Geschlechter‹ die politische Macht und Stellung des höchsten Richters. Als nach dem Erzbischof wiederum die Patrizier entmachtet wurden, wurde eine neue Integration der StadtbewohnerInnen geschaffen.[161] Das neue Untertanenverhältnis verpflichtete jeden Einwohner und jede Einwohnerin, mindestens einer der genannten Gruppierungen anzugehören. Es setzten sich letztlich die Gaffeln durch, woraufhin alle Einwohner Kölns einer der 22 Gaffeln beitreten mussten. Alle ›Haushaltsvorstände‹ mussten den Gaffeleid schwören, »*der Stadt getreu und hold zu sein*«. 1396 entstand so eine Schwurgemeinschaft ähnlich wie in der Schweiz, die für ewig Friede und Eintracht versprach.[162] An dem Zustandekommen dieser »*leiblichen und gütlichen*« Vereinigung waren Frauen sicherlich nicht beteiligt. In der Regel wurden nur Männer Mitglied, in seltenen Fällen konnten Witwen den Platz ihrer verstorbenen Männer einnehmen, wie Catharina Brassart (verw. Pelser) in der vornehmen Kaufmannsgaffel Eisenmarkt.[163] Auf einer Steuerliste von 1417 tauchen vier Frauen auf, die aufgrund eigener Gewerbetätigkeit Gaffeln zugeordnet waren, u.a. eine »*smedynne*« (Schmiedin) Fia upper Bach, die zunftmäßig beim Schmiedeamt geführt wurde.[164] Bemerkenswert ist: Obwohl ›alle‹ Zünfte gezwungen wurden, sich einer der Gaffeln anzuschließen, tauchen die drei in Köln existierenden Frauenzünfte bei der Gaffeleinteilung nicht auf.[165] Selbst die reichen Zunftmeisterinnen waren über den Ehemann definiert.

In Köln durften selbstständig wirtschaftende Frauen vor bestimmten Gerichten Eide leisten (Gemälde, Graz, 15. Jahrhundert)

Die Gaffeln besaßen politische Privilegien wie die Wahl der Mehrheit der Ratsmitglieder. Von dieser Ausübung der Macht waren Bürgerinnen ausgeschlossen, und politisch ambitionierten Frauen war der Weg versperrt. Die fehlende Gaffelzugehörigkeit und reduzierte politische Einflussmöglichkeit war jedoch für die meisten wirtschaftlich selbständigen Frauen aufgrund familiärer Einflussmöglichkeiten kein sehr gravierender Nachteil.

Eine der berühmtesten Mütter Kölns: Sophia Korth

An der rechten Ecke zur Bürgerstraße wohnte im 16. Jahrhundert Sophia Korth.[166] Ihre Lebensumstände sind durch das fleißige Tagebuchschreiben ihres Sohnes, des berühmten »Ratsherrn Weinsberg«, überliefert. Auf Tausenden Seiten notierte er Kleinigkeiten aus dem Alltag, geschichtliche Ereignisse, große Gefühle, kleine Ärgernisse – und auch Reflektionen über seine Mutter Sophia Korth. Die Tochter reicher Bauern lebte ab 1517 in einer arrangierten Ehe mit dem Witwer Christian Weinsberg, in der sie laut Sohn Herrmann gerne die ›Regierung‹ übernahm. Sophia behielt, wie es damals üblich war, ihren Nachnamen. Zunächst stieg sie in den Betrieb des Mannes mit ein (Blaufärberei für Leinenzwirn und Stoffe), eröffnete dann aber zwei Jahre später mit ihm einen Weinhandel samt Weinausschank, für den sie mehr und mehr die Verantwortung übernahm. Sophia Korth war zwischen ihrem 20 und 42. Lebensjahr fast immer schwanger und brachte 11 Kinder zur Welt. Ab 1549 Witwe, warf der Weinschank soviel ab, dass sie ihren Kindern eine Aussteuer bzw. die Aufnahmegebühr für das Kloster bezahlen konnte. Auch in hohem Alter nahm sie immer wieder Enkel und andere Kinder zur Versorgung und Betreuung in ihr Haus. Hermann lobte besonders, dass sie mit 77 Jahren trotz ihrer steifen Glieder den Haushalt noch ordentlich führen konnte.

Sophia Korth (1498–1573/5), vielbeschäftigte Unternehmerin und Mutter (Gemälde, Barthel Bruyn d. Ä.)

Bürgerstraße – Frauen und das Bürgerrecht

Links führt nicht zufällig die »Bürgerstraße« auf das Rathaus zu. Zeitgenössische Quellen sprechen »*Bürger, Bürgerinnen oder Eingesessene*« an und beziehen damit die BesitzerInnen des Bürgerrechts, wie auch diejenigen ohne in ihre Grußformel ein.[167] Mit dem ›Bürgerrecht‹/›Bürgerinnenrecht‹ waren Rechte und Pflichten verbunden. Die *Pflichten* waren recht gering: Alle hatten das »*Beste zu bewirken und das Ärgste abzuwenden*«. Da es in Köln fast nur indirekte Steuern gab, mussten die Vollbürgerinnen auch keine regelmäßigen Abgaben entrichten, nur eine Aufnahmegebühr war ggf. fällig.[168] Die *Rechte* stellten einen wirklichen Aktivposten dar: Neben der persönlichen Freiheit (und bei Männern politischen Zugangsrechten[169]) waren es wirtschaftliche und Schutzaspekte, die das Bürgerrecht attraktiv machten. Nur VollbürgerInnen war die Ausübung bestimmter Tätigkeiten erlaubt. Die Auswahl erscheint heute willkürlich: Der Gewandschnitt, also das Zuschneiden von Tuchen, oder das Weinzapfen waren die wichtigsten Sonderrechte.[170] Hinzu kamen das Auswiegen von Spezereien (Gewürze, Apothekerware), das

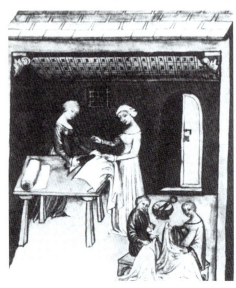

Wer das Bürgerrecht hatte, hatte das Recht zum Zuschneiden von Stoffen (15. Jahrhundert)

Gastgewerbe oder auch das Halten »*eines offenen Ladens*«. Der Einzelhandel war lange ein Privileg der Einheimischen, daher war es für neu zugezogene HändlerInnen interessant, sich einbürgern zu lassen. Bald verlangte die Stadt von ganzen Berufszweigen das BürgerInrecht, von WirtIn, MüllerIn, BrauerIn und auch FischverkäuferIn.[171] Nicht zufällig gehören viele in den Nahrungsmittelsektor – die Stadt wollte diesen sensiblen Bereich aus Fürsorge stärker beobachten und ggf. den Markt steuern. Mehr und mehr Zünfte machten das Bürgerrecht zur Voraussetzung einer Mitgliedschaft. Somit war das BürgerInrecht ein bedeutendes wirtschaftliches Zugangsrecht.

Ob alle in Köln geborenen Mädchen wie die Söhne qua Geburt das Bürgerrecht besaßen, »*kölsche Tochter*« wurden, ist noch ungeklärt.[172] Ehefrauen von Kölner Bürgern »*galten, wenn darüber auch sich ausdrücklich keine Bestimmung erhalten hat, ohne weiteres als Bürgerinnen*«.[173] Für manch eingewanderte Neukölnerin wie Haidwigis de Mulnheim im Jahre 1361 war das Bürgerrecht unter wirtschaftlichen Aspekten so bedeutend, dass sie es geldlich erwarb.¹⁷⁴ Frauen konnte das Bürgerrecht auch verliehen werden. Bürgerinnen finden sich in den Rechtsbüchern »*zwar weniger häufig als Männer, aber selten sind sie dort auch nicht*«.

Wie erwähnt brachte das Bürgerrecht den Frauen keine politischen Rechte und keine Gleichheit. Ideologische Grundlage des Ausschlusses und der Abwertung war ein Konglomerat aus Bibel, griechischer Philosophie (Aristoteles) und akademischer Theologie. Der berühmte Dominikanermönch, Kölner Professor und Heilige Thomas von Aquin (1225/6 – 1274) handelte in seiner »Summa theologica« auch die Stellung der Frau ab. Nach ihm entsprach das mindere Recht der Frau ihrem minderwertigen Stand. Die Frau sei zwar im Gegensatz zum Sklaven frei, aber Bürgerin des Staates nur mittelbar durch den Mann. Danach galt jahrhundertelang, sie sei keine Vollbürgerin, denn sie könne keine Ämter einnehmen und habe weder passives noch aktives Wahlrecht.¹⁷⁵ Es gab folglich zwei ›gelebte‹ Bürgerrechte: eins für Männer und eins für Frauen. Frauen wurden als Bürgerin bezeichnet, auch wenn sie eigentlich nur ›Vereidete‹ bzw. ›Geschworene‹ sein konnten.¹⁷⁶ Auch die Kölner Regierung folgte diesem Denkmuster: Frauen wurde trotz Gaffelmitgliedschaft die ›Qualifikation‹ der Ratsfähigkeit abgesprochen. Rechtlich waren die Kölner Frauen Bürgerinnen zweiter Klasse, auch wenn die Gesellschaft im ökonomischen Bereich außergewöhnliche Erweiterungen der Frauenrolle zuließ.¹⁷⁷ Für die meisten arbeitenden Kölnerinnen war das Bürgerinrecht gänzlich unwichtig, da sie sich von verschiedenen ›Teilzeit-Arbeiten‹ ernährten, bei denen ein Zunftzwang nicht bestand. Sie gingen als Hökerin durch die Straßen, reparierten alte Kleider, spannen Garn oder luden zum Leichenschmaus – lauter Gewerbe, die sie als Eingesessene zunftfrei ausüben konnten.

Auch Fischverkauf bedingte das Bürgerrecht (Holzschnitt von O. Magnus, 16. Jahrhundert)

Ratsturm

Der spätgotische Rathausturm aus dem frühen 15. Jahrhundert war einmal das höchste europäische profane Turmgebäude. Mit seinen mehr als 60 Metern beherrschte er zusammen mit Groß St. Martin die Kölner ›Skyline‹. Das Bauwerk wurde begonnen, als der Dombau schon nur noch schleppend voranging.

Hier gab es potente Auftraggeber: Nach dem Sturz der Patrizier wollten sich die im Rat vertretenen Zünfte baulich repräsentiert sehen. Wie die Kirchtürme und die auch in Köln üblichen Geschlechtertürme (meist eher Treppentürme) war der Ratsturm ein Zeichen der Macht, der Turm am Bürgerhaus symbolisierte die Eigenständigkeit des Rates.

Was bei den Kölner Domportalen die Heiligen, waren beim Ratsturm die ›kunstreichen Steinfiguren‹. 124 Steinsockel trugen Figuren aus Kölns Legenden- und Geschichtskanon, Heilige thronten an der Spitze (im Himmel) und über den gotisierenden Eingangsportalen, ansonsten gab es verdiente Bürger (Bürgerinnen?) zu sehen. Im unteren Bereich wurde manche Figur von einer witzigen bis grotesken Sockelfigur getragen, wie etwa einem Teufel, der eine Begine in einem Schubkarren in die Hölle fährt oder Gestalten mit hämischen Fratzen.

Der Ratsturm – ein typischer »Belfried« des Spätmittelalters. Er erhielt 1994/95 seinen **Figurenschmuck** zurück, dann musste dieser wegen Gefährdung wieder abgenommen werden (unten)

Einige Skulpturen waren bereits im 19. Jahrhundert verfallen und wurden ersetzt. Im Zweiten Weltkrieg wurde dann der gesamte Ratsturm in Schutt und Asche gelegt.

Als in den 1980er Jahren eine Neubestimmung des Figurenprogramms ins Auge gefasst und 124 historische Persönlichkeiten ausgewählt wurden, entsprachen laut der ersten Vorlage der HistorikerInnenkommission nur fünf Frauen dem Kriterium, etwas zu Kölns Größe beigetragen zu haben. Auf den Protest der »grünen« Ratsabgeordneten Gundi Haep hin wurde die Autorin als Gründerin des Kölner Frauengeschichtsvereins zugezogen. Eine massive Presseschlacht gegen eine angebliche Frauenquote begann, obwohl doch die ganze Liste nach verschiedenen Kategorien quotiert war, nur waren

die Frauenleistungen ›vergessen‹ oder missachtet worden. Ein Historiker trat zwar aus Protest aus der Kommission aus, aber der Frauenanteil konnte – mit Unterstützung der Ratsfrauen aus allen Fraktionen – auf immerhin 18 Persönlichkeiten erhöht werden: 18 Frauen, die nun offiziell zur Stadtgeschichte gehören, 18 Frauen, die das Handlungsspektrum von Kölner Frauen

18 Frauenskulpturen erinner(te)n u.a. an Kaiserin Theophanu, Mathilde Franziska Anneke, Edith Stein oder Irmgard Keun

Liste der 18 Frauengestalten am Ratsturm

1. Agrippina (15/16 – 59)
2. Ursula (Legende, angeblich 4. Jahrhundert)
3. Plektrudis († nach 717)
4. Theophanu (ca. 955 – 991)
5. Ida (11. Jahrhundert)
6. Sela Jude (ca. 1180 – nach 1230)
7. Fygen Lützenkirchen († nach 1515)
8. Katharina Henot († 1627)
9. Anna Maria van Schürmann (1607- 1678)
10. Mater Augustina de Heers (um 1610 – 1666)
11. »Klosterfrau Melissengeist« Maria Clementine Martin (1775 – 1843)
12. Mathilde Franziska Anneke (1817 – 1884)
13. Mathilde von Mevissen (1848 – 1924)
14. Amalie Lauer (1882-1950)
15. Christine Teusch (1888 -1968)
16. Edith Stein (1891 -1942)
17. Hertha Kraus (1897 – 1968)
18. Irmgard Keun (1905 – 1982)

zu verschiedenen Zeiten repräsentierten. Die Steinfiguren wurden Mitte der 1990er Jahre aufgestellt – 124 Stiftungen aus der Bürgerschaft. Warum dennoch die Vergangenheitsform? Die Skulpturen mussten bereits 10 Jahre später wieder abgenommen werden – inkompetente Haltbarmachung führte zu ihrer Schädigung. Der Turm ist derzeit wieder fast ›nackt‹.

Kölner Suffragetten? – Frauen kämpfen um politische Partizipation

Im Spanischen Bau (benannt nach einem Vorgängerbau, in dem 1623 die Sitzung der Spanischen Liga stattfand) tagt heute der Stadtrat. Noch ein Plan des 19. Jahrhunderts weist ein »Weiberdepot« auf. Ab wann durften Frauen ihre Belange im Rat selbst vorbringen, ihre Interessen selbst vertreten?

Das Rathaus war jahrhundertelang während der Ratssitzungen nur wenigen Männern – den Bürgermeistern und Ratsherren – vorbehalten. Bedienstete, die etwas zu überbringen hatten, selbst Gesandte, mussten untertänigst anfragen, ob sie wohl vorgelassen würden.[178] Bei der Darstellung ihrer Anliegen waren Frauen besonders abhängig, denn sie mussten, um ihr Recht zu verteidigen oder einen Wunsch vorzutragen, durch Männerhand sogenannte Suppliken einreichen lassen, die ihr Begehr darlegten. Immer unterlagen sie bei der Urteilsfindung der männlichen Einschätzung des Sachverhaltes.

Es herrschte die Auffassung, dass es der ›Beruf‹ der Frauen nicht mit sich führe, sich mit politischen Dingen zu beschäftigen – eine Auffassung letztlich der hochmittelalterlichen Kirchenväter.[179] Erst während des Verfalls des Deutschen Kaiserreiches Anfang des 20. Jahrhunderts wurde die Kompetenz der Frauen so notwendig und ihr Kampf um Gleichberechtigung so heftig, dass ihnen das Wahlrecht und dann auch eine noch einschränkbare Egalität zugebilligt wurde. Der Kaiser hatte aus dem Exil heraus 1917 noch schnell ein allgemeines Wahlrecht versprochen, und 1918 wurde es von der neuen Regierung erlassen. 1919 konnten auch die Kölner Frauen erstmals wählen und gewählt werden.

Bis erwachsene Frauen wählen durften, waren sie rechtlich explizit Kindern, Jugendlichen sowie ›Geisteskranken‹ gleichgestellt.

Das Wahlrecht fiel den Frauen nicht kampflos in den Schoß. Dabei spielten in Köln auf lokaler Ebene zu Ausgang des 19. und zu Beginn des 20. Jahrhundert die bürgerlichen Frauenvereine eine größere Rolle als die sozialistische Frauenbewegung und die Gewerkschaften.

Suffragetten im englischen Sinne von politischen Aktivistinnen, die mit den Mitteln der Sabotage und des Hungerstreiks

Solche Karikaturen dienten zur Abschreckung von Frauen vor den Stimmrechtsaktivistinnen (frühes 20. Jahrhundert)

kämpften, hat es in Köln nicht gegeben. Seit 1902 forderten Mitglieder der bürgerlichen und proletarischen Frauenbewegung das Frauenstimmrecht mit gemäßigten vorparlamentarischen Mitteln ein.

Nur wenige mutige **Frauen wie diese Münchnerinnen forderten lautstark und sichtbar das »Frauenstimmrecht«**

Leider agierten die Frauen bei diesem Thema nicht vereint. Auf der bürgerlichen Seite gab es zunächst ab 1907 den eher radikaldemokratisch gesinnten *Kölner Stimmrechtsverein*. Die bürgerliche Mehrheit distanzierte sich jedoch von diesem Dachverband, organisierte sich als »*Frauenstimmrechtsgruppe Köln*« und integrierte sich 1909 in den »*Westdeutschen Verband für Frauenstimmrecht (Ortsgruppe Köln)*«. Diese eher ›gemäßigte‹ Gruppierung um Mathilde von Mevissen, Luise Wenzel, Rosa Bodenheimer, Elisabeth von Mumm und andere forderte lediglich ein Wahlrecht in der Fassung, wie es die Männer besaßen, d.h. gestuft auf der Basis des preußischen Dreiklassenrechts. Zudem verknüpfte diese Fraktion das Thema Wahlrecht mit Staatsaufgaben für Frauen: Nur wer Pflichten wie Mutterschaft, soziale Tätigkeit oder auch Fabrikarbeit leiste, dürfe politische Rechte beanspruchen.

Als Reaktion auf deren wenig fortschrittliche Forderungen bildete sich wiederum Ende 1910 noch einmal eine radikalere Frauenstimmrechtsgruppe, die von der großen Berliner Kämpferin Minna Cauer, der wichtigsten deutschen Erstreiterin des Frauenwahlrechts, beeinflusst war. Diese ›frauenbewegte‹ Denkerin reiste eigens aus Berlin an, um die Kölner Frauen zu ermutigen und einer Ortsgruppe des »*Deutschen Verbandes für Frauenstimmrecht*« auf die Beine zu helfen. Die Vertreterinnen dieses Verbandes, Laura Rautenbach, Pauline Christmann oder Clara Speyer-Kaufmann, setzten sich – wie auch die Sozialdemokratinnen – für das weitergehende allgemeine, gleiche und geheime Wahlrecht ein.

Hedwig Dransfeld (1871–1925) befürwortete als eine der wenigen katholischen Frauen das Frauenwahlrecht – und profitierte direkt davon

Die Sozialdemokratinnen unterlagen bis 1890 nicht nur dem frauenfeindlichen Reichsvereinsgesetz, sondern zusätzlich dem sog. Sozialistengesetz. Nach dessen Aufhebung gründeten sie 1893 den Kölner Frauen- und Mädchenbildungsverein. SPD-Frauen wie die Kölnerin Anna Schneider teilten viele Positionen der Radikalen, doch gab es vor 1914 bei diesem Thema wenig Zusammenarbeit zwischen den fortschrittlichen Flügeln. Ideologische Barrieren, Klassengegensätze und Berührungsängste verhinderten gemeinsame Aktionen. Die beiden bürgerlichen Gruppen wiederum einte im Kampf für das Frauenwahlrecht zwar die Argumentation mit dem besonderen Wesen der Frau, das sich in der Parteiarbeit nur positiv auswirken könne. Aber die gesellschaftspolitischen Auffassungen waren doch unvereinbar.[180]

Ob Spaltung in drei Flügel oder Zugriff aus drei Richtungen, es verbreitete sich die Basis derer, die das Frauenwahlrecht forderten, seien es die protestantischen Frauen des Deutschen Evangelischen Frauenbundes, die zunächst einmal nur das Kommunalwahlrecht forderten, oder Frauen aus dem Bereich der Wohlfahrtsarbeit, die in Gremien mitbestimmen wollten. Der Katholische Deutsche Frauenbund mit dem Hauptsitz in Köln bekräftigte zwar durch Hedwig Dransfeld noch im Februar 1918, »*daß er gegenüber dieser Frage zur Zeit unbedingt Neutralität zu wahren gedenkt, da er die gesamte Frage noch nicht für genügend reif erachtet, um in seinen Kreisen behandelt zu werden*«.[181] Doch schon einige Monate später war die Frage überreif: Am 12. November 1918 wurde das Frauenwahlrecht beschlossen. Und am 6. Februar 1919 zogen Frauen bereits in die verfassunggebende Nationalversammlung ein, darunter Hedwig Dransfeld selbst.

Pionierinnen

Die erste weibliche Abgeordnete, die jemals eine Rede im Kölner Stadtrat hielt, war die SPD-Abgeordnete Elisabeth Kirschmann-Roehl, die jüngere Schwester der bereits erwähnten Sozialdemokratin Marie Juchacz.[182] Beide Frauen waren Weißnäherinnen und Schneiderinnen und fanden über den Besuch sozialdemokratischer Frauenversammlungen in die Politik. Beide hatten gescheiterte Kurzehen hinter sich, beide waren Mutter und beide wurden später Politikerin. Dabei setzte Kirschmann-Roehl ihren Schwerpunkt recht konventionell auf Erziehung und Haushaltsführung.[183] Interessanterweise erbat sich die Ratsabgeordnete Kirschmann-Röhl von der Parteileitung das Zugeständnis, in Köln die antiklerikalen Argumentationen gering zu halten und den Eindruck von Religionsfeindlichkeit zu vermeiden. Anders hätte sie im katholischen Köln keine weibliche Gefolgschaft gefunden.

Über die ersten Kölner Ratsfrauen ist bisher wenig bekannt, und die vorhandenen Zeitzeuginnenberichte variieren stark.[184]

Die Zentrumsabgeordnete Minna Schumacher-Köhl, von 1919 bis 1926 Stadtverordnete, war »*wissenschaftliche Oberlehrerin*« am Lehrerinnenseminar in der Spichernstraße und Vorsitzende des Verbandes katholischer deutscher Lehrerinnen (Bezirksverein Köln). Sie beschrieb plastisch die politischen Grünschnäbel: »*Was aber brachten wir an Voraussetzungen für diese Aufgabe mit, besonders wir jüngeren Frauen, die wir zum Teil nicht einmal in der Frauenbewegung gestanden, die wir keinerlei staatsbürgerliche Schulung genossen hatten? Von dem Aufbau und den Aufgaben der Stadt- und Gemeindeverwaltungen hatten die wenigsten von uns eine Ahnung; vielen war auch das Parteileben Neuland; in den parlamentarischen Formen waren wir ungeübt.*«[185]

SPD-Abgeordnete Elisabeth Kirschmann-Roehl (1888–1930), Redakteurin der Frauenbeilage der sozialdemokratischen Rheinischen Zeitung, hielt als erste Frau eine Rede im Kölner Rat.

Zentrumsfrau Minna Schumacher-Köhl (1883–1970) dokumentierte ihre Erfahrungen als eine der ersten Stadtverordneten im Stadtrat der 1920er Jahre

Die Frau, die am längsten im Kölner Rat und überhaupt in einem Parlament gesessen hat (erst fürs Zentrum, dann für die

CDU), Sibille Hartmann, betonte dagegen gerade die politische Erfahrenheit der ersten Riege: »*Als Ende 1918 die Wahl zur Nationalversammlung bevorstand und die damaligen politischen Parteien erstmals die deutschen Frauen zum Mitwählen aufriefen, waren Frauen bereits bei ihnen mit tätig und befähigt, zur Wahl zu kandidieren. Es waren die Frauen, welche von der Frauenbewegung her das Stimmrecht erstrebt und sich für staatsbürgerliche und politische Arbeit geschult hatten.*«[186]

Sibille Hartmann (1890–1973), erst Zentrum, dann CDU, war am längsten Ratsabgeordnete

Geschlechter- versus Parteiensolidarität?

Minna Schumacher-Köhl bezweifelte allerdings eine besondere Solidarität zwischen den weiblichen Ratsmitgliedern: »*Zu tief waren die Gegensätze in den grundlegenden Fragen und zu stark die Bindung des Einzelnen an seine Partei und Fraktion, zu gering vielleicht auch das Vertrauen zueinander.*«[187] Auch hier urteilte Sibille Hartmann positiver: »*Ich erinnere mich vieler Gelegenheiten, wo diese Frauen vereinzelt oder auch – das haben wir in den 14 Jahren zwischen 1919 und 1933 gepflegt – in Zusammenarbeit außergewöhnliche Sachen vertraten, verfolgten und auch durchsetzten. (...) Das ist vielleicht der innere und bleibende Wert unseres Mittuns im politischen Leben, daß wir uns dem Manne wohl zugesellten, daß wir aber unserer eigenen Anschauung aus unserem Frauenleben und Frauenbewußtsein heraus treu geblieben sind. Wir waren eben doch Frauen, ob wir aus der Frauenbewegung oder der Arbeiterbewegung kamen, die etwas mitbrachten, was außerordentlich wertvoll war. Das war nämlich die Solidarität, und die führte uns dann von selbst zusammen, um bestimmte Dinge miteinander zu besprechen und zu planen, wie wir sie in Zusammenarbeit durchführen könnten. Wir beriefen uns auch oft auf die*

Die ledige USPD bzw. KPD-Abgeordnete Henriette Ackermann (1887–1977) war das beliebteste Objekt der Karikaturisten (siehe auch oben rechts)

Meinung der Frauenverbände.«[188]
Heute ist diese Solidarität der Rats-
Frauen nur bei sehr herausragenden
Ereignissen abrufbar (zuletzt bei der
Ratsturmdebatte).

1933 – das Aus für die Frauen

Bereits am 8. März 1933 wurde vom
Kölner Rathaus die Hakenkreuzfahne
gehisst, und Gauleiter Grohé pöbelte
vom Balkon des Rathauses aus gegen
die bisherige Stadtregierung, obwohl
die NSDAP erst am 12. März offiziell
bei den Wahlen zur Stadtverordnetenversammlung siegte.

Die NationalsozialistInnen hatten 1929 5,7 Prozent männliche und 3,4 Prozent weibliche Stimmen erhalten (im Schnitt 4,6 Prozent), die KommunistInnen 17,2 Prozent männliche und 9 Prozent weibliche.[189] Bei der Wahl des Reichspräsidenten von 1932 votierten 26,1 Prozent der Männer und lediglich 19,7 Prozent der Frauen für den Kandidaten Hitler.[190]

Die meisten Frauen hatten dem ›Verhinderungskandidaten‹ Hindenburg ihre Stimme gegeben. Kurz darauf (im April 1932) wurden die Nazis bereits größte Fraktion im Preußischen Landtag – auch mit Kölner Stimmen. Der sonst auf parteipolitische Neutralität bedachte »*Stadtverband Kölner Frauenvereine*« rief angesichts der dramatischen Lage vor der Reichstagswahl von 1933 und gewarnt durch erste Diskriminierungen wie der Verabschiedung eines Frauen ausgrenzenden Beamtinnengesetzes zur »*Stimmabgabe für die demokratischen Parteien*« auf: »*Deutsche Hausfrau, deutsche Mutter! Es geht am 5. März um Dein und Deiner Kinder Schicksal. Soll es so weitergehen? Keine Frau darf auf ihr Wahlrecht verzichten. Mit dem Stimmzettel wehren wir uns gegen die Verdrängung der Frau im Staatsleben, gegen die Zerstörung der Sozialpolitik. Mit dem Stimmzettel fordern wir Recht auf Arbeit auch für die Frauen*« – wie wir wissen, ohne Erfolg.[191]

Trotz starker katholischer Verankerung konnten sich die NationalsozialistInnen auch in Köln durchsetzen. Am 13. März 1933 übernahmen NSDAP-Mitglieder die Macht; Anfang Juli gab es keine Politikerin mehr im Parlament

Direkt nach der Machtübernahme durch die NSDAP erging an die weiblichen Stadtverordneten, die 1933 demokratisch in ihre politischen Ämter gewählt worden waren, der drohende Befehl, diese niederzulegen.[192] Der aktiven Staatsbürgerinnenschaft der Frau war damit ein frühes Ende bereitet und der Rat wieder frauenlos.[193]

Wir gehen über die Straße Unter Goldschmied und betreten den Innenhof von einem der teuersten Wohnkomplexe Kölns.

26 Frauenbrunnen Innenhof von *An Farina*

Der Charakter einer noblen Gegend wie im Mittelalter hat sich hier erhalten. In dem großen Hof mit prächtiger Begrünung steht der Brunnen »*Die Frauen Kölns im Wandel der Zeiten*«. Zwischen der Ubierin aus der Zeit um Christi Geburt und der Frau der Gegenwart repräsentieren weitere acht Frauenreliefs Aspekte der Kölner Stadtgeschichte: Römerin, Fränkin, Hl. Ursula, Magd, Jüdin, Niederländerin, Italienerin und Preußin.

Die Keramikerin Anneliese Langenbach schuf Mitte der 1980er Jahre das Kunst-Handwerk-Stück – das abzubildende Personal wurde vom Kölnischen Stadtmuseum vorgeschlagen. Es fehlen leider einige Vertreterinnen, die gerade die Besonderheit der Kölner Geschichte ausmachen: die Zunftfrauen, die als ›Hexe‹ umgekommene Postmeisterin Katharina Henot, eine 1848er-Kämpferin wie Mathilde Franziska Anneke oder auch ein freches Original wie Bolze-Lott. Vom Leben, Lieben und Arbeiten der unkonventionellen Kölnerinnen wird hier nichts vermittelt. Auch stehen die Figuren eher unverbunden und statisch nebeneinander. Besonders die Repräsentantin der Gegenwart enttäuscht: Auf dem Höhepunkt der Neuen Frauenbewegung erstellt – immerhin war Köln damals Ort vieler Paragraf-218-Kampagnen, des ersten autonomen Frauenhauses, der ersten kommunalen Gleichstellungsstelle, des Frauenfilmfestes Feminale, Redaktionssitz der Zeitschrift Emma und Schauplatz vieler frauengeschichtlicher Rundgänge – repräsentiert sie die universelle Mutter mit Kind, das Kind mit Puppe, die Frau im Kleid, statt wie von der Künstlerin gewünscht in einer zeitgemäßen Jeanshose. Die Geldgeber, die *moderne stadt GmbH/modernes köln gmbh,* mochten auf dem Höhepunkt der

Frauenbrunnen mit Repräsentantinnen Preußens und der Gegenwart (Keramik, 1987)

Emanzipationsbewegung keine ›bewegungsfördernde‹ Frauenkleidung finanzieren.

Die lieblichen Frauengestalten haben – bis auf die Stadtheilige Ursula – keinen Namen, keine Geschichte und keine Zukunft, sie sind keine Symbole des Aufbruchs, sondern verharren in einem quasi naturhaften Zustand. Der große Blumenkranz zu den Häuptern der Frauen rückt sie in den Bereich des Pflanzenhaft-Lieblichen. Rieselndes Wasser legt immer mal wieder einen tristen Moosbezug über die Figuren, die Sonne bleicht die ehemals bunten Terrakottaobjekte aus. Seit dem Besuch des früheren Präsidenten Clinton bedeckt eine große Metallplatte als Bombenschutz den Brunnen, der Wasserfluss versiegte – schon ist es eine Skulptur, kein Brunnen mehr. Trotz gewisser Kritik ist anzuerkennen, dass hier ein Ort geschaffen wurde, an dem seit 22 Jahren zu Tausenden Teilnehmenden der Kölner Frauenstadtrundgänge über Frauen aus der 2000-jährigen Stadtgeschichte gesprochen wird.[194]

Nach diesem Ausflug in die ›Natur‹ gehen wir über den Rathausplatz zurück, nun in Richtung der gläsernen Pyramide. Wir befinden uns vor der Mikwe, dem ehemaligen mittelalterlichen Judenbad, eigentlich besser Jüdinbad genannt. Wer es besichtigen möchte, kann gegen Identifikationspapiere beim Rathauspförtner (wochentags) oder im Prätorium (Wochenende) einen Schlüssel abholen, sofern nicht alle ausgeliehen sind.

27 Spuren in Stein – die mittelalterliche jüdische Gemeinde Deutschlands
Rathausplatz / derzeit Grabungszone

Wie schon das Straßenschild »Judengasse« (früher Jerusalemsgässchen) deutlich macht, befinden wir uns auf dem Gebiet der mittelalterlichen jüdischen Stadtansiedlung, die seit dem 11. Jahrhundert an dieser Stelle bezeugt ist. Steine im Boden markieren heute die Umrisse der ehemals gemeinschaftlich genutzten Bauten: Da standen eine Synagoge mit einem Raum für die Frauen (die »Frauenschule«, gegründet 1012), ein Backhaus, ein Hochzeitshaus, ein Hospital, eine Talmudschule, ein kaltes und ein warmes Bad.[195] Der gemeindeeigene Friedhof lag vor dem Stadttor bei St. Severin. Das Bürgerhaus bzw. spätere Rathaus wurde von den Christen 1135 direkt an die jüdische Ansiedlung von etwa 48 Häusern gebaut. Zeugnis der Toleranz und des Miteinanders? Oder stille Art der Besetzung? Das ist heute nicht mehr zu beurteilen.[196]
Die jüdische Stadtbevölkerung jedenfalls benötigte eine Aufenthaltsgenehmigung und hatte damit einen rechtlichen und religiösen Sonderstatus. Welche sozialen Konsequenzen das im Alltag hatte, wissen wir allerdings nicht.

Mit Beginn des Kreuzzuges von 1096 – letztlich einem Aufruf zu einer ›bewaffneten Wallfahrt‹ – kam es verstärkt zu antisemitischen Angriffen aus der Bevölkerung. Schon nach der Predigt des eremitischen Fanatikers Peter von Amiens zu Ostern 1096 gab es erste Pogrome. Angeblich sollen sich 150.000 niederrheinische KreuzfahrerInnen in Köln zusammengefun-

Beim Kreuzzug von 1096 wurden schon in Köln die ersten »Heiden« getötet, bevor es nach Jerusalem ging (Zeichnung, 19. Jahrhundert)

den haben, um nach Süden zu ziehen. Als die gewaltbereite Missionierungshorde Köln erreichte, startete sie eine massive Hetze, unterstützt von Kölnern und Kölnerinnen, die sich dem Zug anschlossen.[197]

Ähnlich wie später bei den ›Hexen‹ wurden die Argumente gegen die Juden von den ›Oberen‹ (Theologen, Politiker) vorgebracht (hier z.B.: »*Die haben unseren Jesus totgeschlagen*«), und frustrierter Pöbel setzte die Propaganda in Pogrome um.

Der Kölner Erzbischof hatte seinen jüdischen Untertanen, von denen er hohe Schutzgelder kassierte, zwar angeblich sichere Verstecke in anderen Ortschaften vermittelt, aber auch dort wurden sie bald aufgespürt. Drei Tage lang tobten sich die ›VerteidigerInnen des Glaubens‹ an Menschen und Sachen aus. »*Wie hat sich Gottes Hand so schwer gelegt auf die hochgeschätzte, herrliche Gemeinde zu Köln!*«, klagten die wenigen Überlebenden.

Frauen diskutieren im Lehrhaus mit dem Rabbi (Jüdisches Museum Berlin)

Ab dem 12. Jahrhundert begrenzte die Stadtverwaltung das Judenviertel innerhalb der Laurenzpfarre, angeblich um die Unversehrtheit des jüdischen Wohngebietes mit seinen damals etwa 600 BewohnerInnen zu garantieren. Sie ließ Tore anbringen, die abends von einem Stadtboten abgesperrt wurden. Um 1340 wurde ein ›Ghetto‹ definiert – von nun an durfte kein Christ mehr einem Juden ein Grundstück außerhalb des Areals verkaufen.[198] Für Jüdinnen und Juden wurde die Freizügigkeit beschränkt, auch konnten sie ihren Beruf nicht mehr frei wählen. Der Zugang jüdischer Männer zu Ämtern wurde für diejenigen, die nicht zum Christentum konvertieren wollten, massiv eingeschränkt.

Einige Jahrzehnte wohnten jüdische und nichtjüdische KölnerInnen wieder relativ konfliktfrei nebeneinander, allerdings auf Kosten der jüdischen EinwohnerInnen. Dann löste eine europaweite Pestepidemie ab 1346 wieder eine allgemeine antisemitische Hysterie aus. Auch in Köln wurde zur Vernichtung der Juden/Jüdinnen aufgerufen. Mehr als 3.000 KölnerInnen sahen keine andere Möglichkeit, als schnellstens die Stadt zu verlassen. Sofern die Gefahr drohte, den wütenden Horden in die Hände zu fallen oder zwangsgetauft zu werden, brachten jüdische Männer ihre Familie und sich um. Das jüdische Wohn- und Arbeitsviertel wurde zerstört.

Mittelalterliche Synagoge: Frauen halten sich im Sonderraum auf (unten rechts)

Ab 1372 durften sich Jüdinnen und Juden wieder ansiedeln, mit abermals gravierenderen Einschränkungen: Ausgehverbote, Aufenthaltsverbote im Rathausbereich – ihrem angestammten Wohnbezirk –, Kleiderordnungen, das Verbot, christliche Ammen einzustellen u.a.m. 1424 entzog der Rat den 26 jüdischen Familien die Aufenthaltsgenehmigung. Sie mussten die Stadt ›endgültig‹ verlassen. Einige Familien zogen nach Deutz, die meisten in weiter entfernte Gegenden. Erst genau 370 Jahre später, unter französischer Herrschaft, konnten sich wieder Juden und Jüdinnen in Köln ansiedeln und eine jüdische Gemeinde gründen, die langsam anwuchs. 1925 lebten 17.000 Jüdinnen und Juden in Köln, die fünftgrößte Gemeinde Deutschlands. Über die Geschichte der jüdischen Bevölkerung in der NS-Zeit kann hier nicht ausführlich berichtet werden: So viele Menschen, so viele Schicksale – sie alle traf an ihrem jeweiligen sozialen Ort die Entscheidung der RassistInnen, die als Untermenschen definierte Gruppe vollständig auszumerzen. Manche KölnerInnen wanderten aufgrund von bereits erlebtem Antisemitismus Anfang der 1930er Jahre sofort aus, zu ihnen gehörte die hellsichtige Leiterin des Wohlfahrtsamtes, Dr. Hertha Kraus. Eine kleine Zahl JüdInnen überlebte versteckt in den Trümmern, die meisten wurden deportiert und ermordet. Von einigen Kölnerinnen, seien es Mitglieder der blühenden Synagogengemeinden oder nichtgläubige Jüdinnen, sind berührende Zeugnisse ihres Lebens in Köln, ihrer anschließenden Vertreibung und ggf. Ermordung überliefert.[199] In Köln gibt es heute wieder zwei Synagogen-Gemeinden mit einigen Tausend Mitgliedern; sie gründeten Sozialeinrichtungen und Schulen, bieten Kulturveranstaltungen oder Gottesdienste an – und sie alle beobachten aufmerksam den neuerlichen Rassismus in Stadt und Land.

Das jüdische Ritualbad des Mittelalters Rathausplatz
›Anfassen‹ können wir die Geschichte der gläubigen mittelalterlichen Jüdinnen am sinnlichsten in der Mikwe, dem ehemaligen Kultbad, von dem nur die unterirdischen Teile erhalten sind. Es ist heute mit einer modernen Glas-Stahl-Konstruktion überdacht.

Das Jüdinnenbad (Mikwe) – das rituelle Reinigungsbad im früheren Judenviertel benötigte einen Zugang zum Grundwasser (Schlüssel beim Rathauspförtner)

Maria mied als gläubige Jüdin nach der Geburt des Knaben Jesus 40 Tage lang die Synagoge, und erst nach dem Reinigungsbad in der Mikwe wurde sie wieder Teil der Kultgemeinschaft. Das um 1170 erbaute Kölner Ritualbad – in Köln zunächst Puteus Judaeorum, Judenpütz genannt – lohnt durchaus den Besuch. Spüren Sie nach, wie Frauen einst die ausgetretenen Stufen hinabstiegen, ihr Trockentuch in einer der Nischen ablegten, ihre Leuchte in der kleinen halbrunden Höhlung abstellten – und mehrmals untertauchten. ›Mikwe‹ bedeutet ›Ansammlung von lebendigem Wasser‹ und bezieht sich auf die Anlage des Bades: Hier wird auf natürliche Weise Wasser eingefangen. Die Wasserhöhe ist vom jeweiligen Grundwasserstand abhängig, sie korrespondiert mit dem Wasserspiegel des Rheins. Beim Untertauchen selbst – Twila genannt – handelt es sich um eine rein spirituelle Reinigung. Für die körperliche Reinigung gab es das Badehaus.

Jüdische Frau steigt in das Tauchbad, um die monatliche spirituelle Unreinheit zu transformieren

Wasser wird in den meisten Kulturen ein starker Umwandlungscharakter zugeschrieben, und Brunnen – in Märchen im Reich der Mütter angesiedelt – sind in vielen Geschichten ein Schauplatz der Verwandlung. Als Ort der spirituellen Erneuerung wird eine Mikwe mehrheitlich von Frauen genutzt. Zwar sollten sich Männer nach den levitischen Gesetzen (3. Buch Mose, 15) nach einem Samenerguss ebenfalls zur spirituellen Reinigung einfinden, doch wurde diese Bestimmung der Tora außer Kraft gesetzt.[200]

Sieben Tage nach Ende der Menstruation, am Vorabend des Hochzeitstages und ca. einen Monat nach der Niederkunft stiegen Jüdinnen hier in 16 – 18 Meter Tiefe hinab und tauchten in das Becken, wobei sie Erneuerungsgebete sprachen. Das Untertauchen symbolisierte eine monatliche Reinigung von allen negativen Energien des letzten Zyklus (die nicht befruchtete Eizelle machte die Frau unrein); das regelmäßige Wiederherstellen eines ›jungfräulichen‹ Zustandes wurde durchaus als Privileg der Frauen begriffen. Das Ritual diente ggf. als Vorbereitung auf die ›erlaubten Tage‹ mit Geschlechtsverkehr. Auch eine Niederkunft bewirkte durch die Nachgeburt eine spirituelle Verunreinigung, ebenso galt es, nach jeder Berührung mit einem/einer Toten das transformierende Bad aufzusuchen. Daher wurde Maria nach dem Bad wie jede jüdische Mutter wieder in die Kultgemeinschaft aufgenommen. Das jüdische Brautbad erfolgte im Kreis der Freundinnen, die Braut wurde symbolisch mit ›Kamelle‹ beworfen, einem alten Fruchtbarkeitssymbol. Der Übergangsritus eines Brautbades vor der Hochzeit hat in

Mikwe und Warmbad auf einer Abbildung des späten 18. Jahrhunderts

vielen Kulturen Tradition. Mal springt das Brautpaar gemeinsam über einen von der Brautmutter gespannten roten Gürtel in das Bad hinein, mal geht ein Kreis von Freundinnen am Vorabend mit der Braut schweigend zur Wandlung in einen Fluss. Bei den Wikingern gingen beide Beteiligte – nach Geschlecht getrennt – mit den jeweilgen BegleiterInnen ins Badehaus; sie wurden mit aromatischen Blütenblättern wohlriechend gemacht, aber auch über die Pflichten und Freuden des Ehelebens aufgeklärt. – Und so handhaben es gläubige Jüdinnen bis heute. ›Weltliche‹ Feministinnen beleben derzeit das monatliche Wasser-Ritual wieder neu: Wie andere regelmäßig einen Sauna-Tag einlegen, nutzen amerikanische und deutsche Jüdinnen die Mikwe als Kraftquelle für Reflexion und somit innere Reinigung.[201] Auch nach einem erlebten Trauma wie einer Fehlgeburt, Missbrauch oder einer Vergewaltigung nutzen einige wieder die heilende Kraft des Wassers.

Die Grundmauern der Synagoge wurden zur christlichen Kirche St. Maria in Jerusalem umgenutzt (Foto: 19. Jahrhundert)

Judengasse – Christenterror

Kurz nach der endgültigen Vertreibung der Jüdinnen und Juden aus Köln wurde auf den Resten der jüdischen Synagoge die *Ratskapelle* »St. Maria in Jerusalem« erbaut (1426). Für diese Kapelle hat Stefan Lochner ursprünglich das berühmte Altarbild gemalt, das die Kölner Stadtpatrone zeigt. Auf dem mittleren Teil des Tryptichons von ca. 1445

sind bei den Hirten Männer mit Judenhüten als Opfernde abgebildet – fürwahr ein makabres Zitat!

Derzeit wird diskutiert, auf dem Platz ein »Museum der Jüdischen Kultur in Nordrhein-Westfalen« zu errichten, was inhaltlich von allen demokratischen Parteien getragen wird, topographisch aber umstritten ist.

28 Exportartikel der Luxusklasse   Unter Goldschmied

Wir befinden uns am südlichen Ende der Straße Unter Goldschmied.

Goldspinnerinnen drehten Brokatfäden aus echtem Gold, die auf kostbare Seidenstoffe gestickt wurden

In dieser illustren Straße wohnten – wie zu vermuten – über Jahrhunderte die Mitglieder der Goldschmiedezunft. Auf der Ecke Obenmarspforten befand sich seit 1401 bis ins 18. Jahrhundert ihr Zunft- und Gaffelhaus »Zum goldenen Horn«.

Auch Frauen waren lange in dieser Zunft tätig. Während der Neuformierung der politischen Struktur gelang es einigen Kölner Frauen der reichsten Stadt Deutschlands, in viele Handelssparten einzudringen und sogar eigene Frauenzünfte beim Rat bewilligen zu lassen – ein Unikum in der gesamten deutschen Wirtschaftslandschaft! Durch günstige ökonomische Bedingungen, handwerkliche Geschicklichkeit, nutzbringende eheliche Verbindungen und nicht zuletzt aufgrund ihres Kauffrauengeistes waren die Goldspinnerinnen (»goltspenressen«) an diesem Aufschwung beteiligt. Sie formten mit den Goldschlägern eine assoziierte Zunft.

Goldspinnerinnen stellten den dünnen Brokatfaden für die kostbaren Stoffe der begüterten KölnerInnen und der Geistlichkeit her: Sie umwickelten einen Grundfaden (Seele genannt), der aus Seide, Leinen oder Baumwolle sein konnte, mit einem dünnen Metallfaden aus Gold und Silber, den ihre Ehemänner zuvor durch Ziehen und Schlagen einer Gold- oder Silberfolie hergestellt hatten. So entstand das Material für kostbare Brokatstoffe – Exportware für Kölner Fernkaufleute, die diese bis nach

Italien transportierten. Selbst im toskanischen Lucca empfahl man im 14. Jahrhundert Kölner Gold- und Silberfäden![202] Während die lohnabhängige Arbeit der Wollspinnerinnen im Mittelalter ein armseliges Geschäft blieb, zählte das Spinnen von Gold- und Silberfäden aus geschlagenen Edelmetallen zu den lukrativen Gewerben, weil es von dem hohen Exportaufkommen der Kölner Waren profitierte.

29 »… tröstet onfehlbar die Weiber …«
Obenmarspforten 21

Benachbart entstand im 18. Jahrhundert ein Zentrum der Kölnisch-Wasser-Herstellung, und das Gebäude wird noch heute nach dem Firmennamen Haus Farina genannt, wie an der gerundeten Hausecke ›gegenüber dem Jülichplatz‹ erkennbar.[203]

»Kölnisch Wasser« war zunächst ein innerlich einzunehmendes Breitband-Wunderwasser. Im 18. Jahrhundert wurde sogar schwangeren Frauen der Gebrauch von »aqua mirabilis« empfohlen. »… *tröstet onfehlbar die Weiber in beschwerlichen Kindbetten, und befördert die Nachgeburt …*«[204], lautete eine einschlägige Werbung aus dem Jahr 1736. Wichtiger noch: »*Schließlich wie es die Gesundheit wiederbringet, so verschaffet es auch die Schönheit, dan es ist eine Schminke, so die Haut und deren Farb schön und glatt machet …*«.[205] Das zog bei vielen Frauen! Französische Soldaten machten es im feinsinnigen Rokoko zur Mode, ›Eau de Cologne‹ als Duftmittel einzusetzen. Und spätestens als die französischen Besatzer im frühen 19. Jahrhundert forderten, bei Medikamenten seien die Ingredienzien offenzulegen, war sein Schicksal als reines Duftmittel endgültig besiegelt.

ROTE FARINA MARKE
Echt Kölnisch Wasser
Seife · Shampoon · Cremes · Puder

Kölnische Patrizierin aus dem Spätmittelalter in kostbarer Gewandung.

Reisende Frauen der 1920er Jahre auf einer Werbung für das vermutlich älteste Eau de Cologne (unten)

Bei den verschiedenen Zweigen der Farina-Familie gab es vorübergehend auch immer mal eine Frau in der Leitungsfunktion. Hier »Unter Goldschmied« übernahm 1792 beim Tod des Johann Maria Farina, Sohn des Gründers, seine Witwe Maria Magdalena Farina geb. Brewer die Leitung des Hauses, da ihre drei Söhne unter ihrer Führung die Firma weiterführen wollten. Im Adressbuch von 1797 findet sich ihr Name eingetragen. Ein Jahr zuvor brachte die Witwe Maria Theresia Hieronymus Farina von der konkurrierenden Firma »Zur Stadt Mailand« das Unternehmen durch die Revolutionswirren und Kriegsereignisse – »*eine sehr umsichtige und tatkräftige Frau (...), die das von ihrem Mann begonnene Werk erfolgreich fortsetzen konnte*«.[206] 1817 erwarb sie den Titel Königlich-Preußischer Hoflieferant, wobei sie konstant als »Johann Anton Farina« firmierte.[207] Ein Chronist urteilte über sie: »*Frau Maria Theresia war auch geschäftlich eine streitbare Frau, wenn es den Ruf und das Recht ihres Hauses betraf. Sie verteidigte mit Zähnen und Klauen ihr Anrecht als Nachfolgerin des ächten Geheimnisses von Paul Feminis, ersten Erfinders des Köllnischen Wassers.*« Nach 28 Jahren im Geschäft schenkte sie 1829 ihrem Neffen die Firma zur Hochzeit.[208] Bis heute dauern die Animositäten der verbliebenen Kölnisch-Wasser-Hersteller an. – Im Untergeschoss des Stammhauses befindet sich ein kleines Duftmuseum, und der Romanautor Patrick Süßkind soll für »Das Parfum« in Quellen des Firmenarchivs recherchiert haben – es bietet sicher Stoff für spannende weitere Duftgeschichte(n).

Bisher unbekannt: Im Hause Farina spielten Unternehmerinnen wiederholt eine Rolle. Bemerkenswert: Die drei Söhne der Witwe Maria Magdalena Farina geb. Brewer wollten lieber unter ihrer Leitung arbeiten als ohne sie (Adressbuch von 1797)

Mit dem Rundgang geht's weiter auf Seite 127.

Die Rache der Ausgeschlossenen – Fortbildung für Mädchen
Durch eine eheliche Verbindung der Parfum-Familie Farina (Köln) mit der Weinhändlerdynastie Mumm von Schwarzenstein (Hessen) kam Elisabeth von Mumm von Schwarzenstein zu ihrem Geburtsort in Köln und 1906 zu ihrem neuen Wohnsitz in diesem Gebäude, einem Neubau von 1897.

Elisabeth von Mumm wurde eine der wichtigsten Förderinnen der bürgerlichen Frauenbewegung in Köln. Hand in Hand mit ihrer Lebensfreundin Mathilde von Mevissen setzte sie seit 1895 all ihre Energien für die gesellschaftlichen, juristischen, politischen, pädagogischen und auch geselligen Interessen der Frauen ein. Zunächst initiierte Elisabeth von Mumm 1895 den »Kölner Frauen-Fortbildungs-Verein«, der Kölns erster nicht konfessioneller, nicht nationaler und nicht parteipolitisch gebundener Frauenverein überhaupt war; er markiert somit den Beginn der bürgerlichen Kölner Frauenbewegung. 1896 baute sie die Fortbildungsschule für Mädchen am Rothgerberbach mit auf. Professionalisierung der Berufstätigkeit von Frauen unterstützte sie auch mit dem »Verein weiblicher Angestellter« (gegründet 1897), der seinerseits Träger eines Heims für weibliche Angestellte und einer »Auskunfts- und Beratungsstelle in Frauenberufsfragen« war. In all diesen Projekten war Frl. von Mumm selbst sehr aktiv.[209] 1900 genehmigte das preußische Ministerium für Handel und Gewerbe den ›weiblichen Angestellten‹ die Errichtung einer privaten Höheren Handelsschule für Mädchen, die sogar 1920 von der Stadt übernommen wurde (anfangs im Klapperhof 26–30, heute Berufskolleg an der Lindenstraße). Diese wiederum ermöglichte jungen Frauen die Aufnahme eines Studiums an der Kölner Handelshochschule.

Elisabeth von Mumm (1860–1937) förderte die Berufsausbildung von Mädchen

Wie kam es zu solch einem Engagement? Die Mäzenin war selbst nie ›berufstätig‹ gewesen, dies aber nicht aus eigener Entscheidung, sondern durch ihre Herkunft erzwungen. Für Frauen des Großbürgertums war eine gute Ausbildung oder gar bezahlte Berufstätigkeit außer Haus undenkbar. Während Töchter der unteren Schichten durch Arbeit zum Lebensunterhalt beitragen mussten, erhielten Töchter der Oberschicht eine finanzielle Versorgung, die die Führung eines eigenen Hausstandes ermöglichte – und sollten sich ansonsten im Hintergrund halten. Auch Elisabeth von Mumm lebte vom Familieneinkommen, aber als eine Persönlichkeit, die über die Welt nachdachte und nach Taten drängte, empfand sie ihr Leben als hohl. Sie fühlte sich und andere Frauen gesellschaftlich diskriminiert und setzte sich für die Zukunft einer neuen Mädchengeneration ein, was zugleich ihren Alltag sinnvoll ausfüllte. Mit ihrem Engagement gab Elisabeth von Mumm vielfältig, was ihr versagt worden war: eine qualifizierte Ausbildung.

1906 war sie abermals Pionierin: Als erste Frau nahm sie eine höhere (ehrenamtliche) Position im Kölner Wohlfahrtswesen ein und wurde Waisenrätin. Zusammen mit Stadtverordneten und Abgesandten der drei Konfessionen nahm sie an den monatlichen Sitzungen des 13- bis 15-köpfigen Waisenrates teil, teilte Kinder Familien zu – und sorgte fortan für die erstmalige Einstellung vieler bezahlter Waisenamtsmitarbeiterinnen.

Im 1. Stock logierte die an der wirtschaftlichen Seite der Frauenfrage interessierte Großbürgerin Elisabeth von Mumm

Nachdem bis dato die Organisation der ›Waisenpflege‹ vollständig in der Hand männlicher Honoratioren und Armenortsvorsteher gelegen hatte, gelang es mit dem Argument der ›Mütterlichkeit‹, die Tür zu dieser ersten öffentlichen Betätigung für Frauen zu öffnen. In der »Kölner Hausfrau« wurde Verwunderung darüber artikuliert, »*daß bisher im Waisenaufsichtswesen die Mitwirkung von Frauen so wenig in Betracht kam. Gilt es doch, den Waisenkindern vor allem die Mutter zu ersetzen, also Personen zu finden, die mit warmem Herzen und liebevoller Hand für die Pflegebefohlenen eintreten und dem kindlichen Wesen Verständnis entgegenbringen*«.[210] Mehrere Hundert Kölner Waisenpflegerinnen arbeiteten bald in den 78 Kölner Waisenbezirken und bewirkten eine Professionalisierung der Waisenfürsorge, die bisher eher ›selbstgestrickt‹ gewirkt hatte. Elisabeth von Mumm wurde selbst Vormund von 15 Mündeln und organisierte Arbeitsstellen, die ihren Schützlingen eine ›zweckentsprechende Ausbildung‹ sicherten.

30 Aus eigener Betroffenheit: Frauenkampf gegen Alkoholismus Marspfortengasse

Am oberen Ende der Marspfortengasse tagte zu Beginn des 20. Jahrhunderts der »Deutsche Bund abstinenter Frauen« in einem Lokal besonderer Art: dem sogenannten Reformrestaurant. Innerhalb der Anti-Alkohol-Bewegung an der Wende zum 20. Jahrhundert bildete dieser Verein die reichsweit größte Frauenorganisation.[211] Der Bund war 1900 auf Anregung der Bremerin Ottilie Hoffmann gegründet worden.[212] Schon im 19. Jahrhundert wurde eine ungeheure Zunahme des Alkoholismus festgestellt. Um die Wende zum 20. Jahrhundert stieg der jährliche Pro-Kopf-Verbrauch auf zehn Liter reinen Alkohols (inklusive Kinder und Frauen) an. Und nach dem verlorenen Ersten Weltkrieg bis zum Ende der 1920er Jahre wuchs der Bierkonsum von 35 auf 90 Liter pro Kopf an. Dafür gab es viele Gründe: Alkoholgenuss gehörte zu den ›Mannbarkeitsritualen‹ von der Studentenverbindung über den ›Herrenabend‹ bis zum ›Gelage‹ der Arbeiter. In den städtischen Gilden und Zunftbrüderschaften wurden Vertragsabschlüsse seit Jahrhunderten mit gemeinsamem Trinken besiegelt.[213] Mittels der Mengen, die sie »anstandslos vertrugen« und »ohne mit der Wimper zu zucken hinter die Binde kippen konnten«, bewiesen verunsicherte Zeitgenossen sich in der Gruppe gegenseitig ihre Männlichkeit.[214] Auch war den Wirtschaften durch die Brauereien ein Zwang zum Alkoholausschank auferlegt, und es gab kaum andere Möglichkeiten, die Mittagspause in warmen Räumen zu verbringen als in einer Gastwirtschaft.[215] Hinzu kamen die Verschlechterung des Trinkwassers, neue und billigere Produktionsweisen bei der Schnapsherstellung, der Glaube an die Heilwirkung des Alkohols bei Krankheiten und die Vorstellung, Hochprozentiges helfe dabei, persönliche Krisensituationen zu bewältigen.

Bei Frauen aller Stände galt Alkohol als Ursache für tägliche Erniedrigungen durch die Ehemänner. Im Proletariat führte der Alkoholgenuss häufiger dazu, dass Arbeiterfrauen und -kinder

Deutscher Bund abstinenter Frauen, Bremen.
Ortsgruppe Cöln.

I. **Vorsitzende:** Frau Gelhausen, Rolandstraße 96 I.
Vereinslokal: Reformrestaurant, Obenmarspfortengäßchen.

Zweck: Der „Deutsche Bund abstinenter Frauen" hat den Zweck, dem Alkoholismus, welcher Familienglück und Volkswohlfahrt untergräbt, mit allen Mitteln, die den Frauen zu Gebote stehen, entgegen zu wirken.

Dies soll erreicht werden:

1. durch gänzliche Enthaltsamkeit von allen alkoholischen Getränken seitens der Mitglieder;
2. durch Aufklärung über den verderblichen Einfluß des Alkohols auf den menschlichen Organismus, auf die Gesellschaft und auf das Gemeinwohl;
3. durch Erziehung und Unterricht der Jugend aller Stände;
4. durch Bekämpfung der Trinksitten;
5. durch Errichtung von vorbeugenden Wohlfahrtseinrichtungen;
6. durch Trinkerrettung.

Die Ziele des Bundes abstinenter Frauen laut dem Adressbuch der Kölner Rechtsschutzstelle

Hunger zu leiden hatten. Ein Kölner Sozialdemokrat schilderte die häuslichen Dramen aufgrund von männlicher Trunksucht: »*Jeder Betrunkene, den wir sehen, sollte uns das Bild seiner Heimkehr vor die Seele stellen: Die Frau, die vielleicht ohne Geld und Brot die Rückkehr des Mannes erwartet, der den kärglichen Wochenlohn mit sich trägt. Die Kinder, hungrig und verschüchtert, die aus Erfahrung schon wissen, was drohen kann, wenn der Vater so spät über die gewohnte Zeit bleibt. Dann Tränen und Vorwürfe der Frau, Zornesausbrüche des Trunkenen, gemeinste Schimpfworte vor den Ohren der Kinder, oft nicht nur Zank, sondern wildes Einschlagen auf Frau und Kinder, Zertrümmern mühsam erworbenen Hausrates.*«[216] Und ein Genosse ergänzte: »*Wieviel brave Frauen und Kinder sind lebenslang in die elende Kellerwohnung verbannt worden, weil der Vater die Miete für eine erträgliche Behausung vertrank.*«[217] Alleinernährer fielen z.B. betrunken von Gerüsten, weil die Bauarbeiter in den Kantinen nur Bier und Branntwein hatten kaufen können. Die Trunksucht der Arbeiter wurde damit erklärt, dass ein zum Proletariat abgesunkener ehemaliger Handwerker sich in seiner Stellung als Arbeiter elend fühle und seine fehlende soziale Anerkennung in Alkoholkonsum und Männlichkeitspflege suche.[218]

Resolute Mutter sperrt betrunkenen Mann aus (Karikatur, 1848)

Überhöhter Alkoholgenuss war der wesentliche Auslöser für Gewalt in der Ehe und Familie und Kindesmissbrauch in allen Schichten. Frauen, besonders Mütter, hatten ein besonderes Interesse, das Grundübel Alkohol zu bekämpfen, da sie besonders unter dem »*Dämon Alkohol*« litten.[219]

Was aber konnten sie tun? Eine Möglichkeit war die Aufklärung: Nach englischem und amerikanischem Vorbild gründeten deutsche Frauen Vereinigungen, um möglichst viele Geschlechtsgenossinnen von der Notwendigkeit des Kampfes gegen den Alkohol zu überzeugen. Eine andere Strategie bestand darin, alternative Geselligkeitsorte zu schaffen. Kölner Alkoholgegnerinnen richteten zu Beginn des 20. Jahrhunderts ›Reformgaststätten‹ ohne Alkoholzwang ein, sie eröffneten Milchhäuschen, Speise- und Volksküchen oder Kaffeestuben mit Mittagessenausgabe, oder sie boten einfache beheizte Räume ohne Trinkzwang als Pausenort an.

Der »*Deutsche Bund abstinenter Frauen*« betonte vor allem, dass der Alkoholgenuss große gesamtgesellschaftliche Kosten verursache. Seine Herangehensweise entsprach dem klassischen bürgerlichen Wohlfahrtsprinzip »*gediegene Bürgerin kümmert sich um die minder bemittelte Klasse*«.[220] Das Experiment, das Suchtproblem über die ›Mäßigung‹, den verringerten Alkoholgenuss zu lösen, scheiterte. Auch die neue Devise: ›Abstinenz‹, also völlige Enthaltsamkeit, wurde nicht befolgt.[221] Da die Damen nicht – wie andere sozialpolitische Vereine – langfristige Veränderungen wie die gerechte Verteilung des gesellschaftlichen Reichtums anstrebten und sich nicht um die Behebung der Ursachen der Verelendung, so die Aufhebung des Gefälles zwischen Mann und Frau, bemühten, griffen ihre Ansätze ins Leere und sie fanden keinen großen Anklang.[222] Ihre moralinsaure Kampagne zur Veränderung des Trinkverhaltens verhallte in Köln relativ ungehört.

Katharina van Hemessens **Frau am Virginal (1548)**

31 Klotz oder Schatzkiste? Das Wallraf-Richartz-Museum

Obenmarspforten / Martinstraße 39

Eines der neueren Museumsgebäude ist das des Wallraf-Richartz-Museum (plus Fondation Corboud[223]) zwischen Rathaus und Gürzenich (WRM). Es liegt an einem denkbar geeigneten Ort für ein Museum mit der bedeutendsten Sammlung Altkölner Malerei: Im Mittelalter befanden sich in den Straßen »Unter Goldschmied« und »Schildergasse« die Werkstätten der zünftigen GoldschmiedInnen und MalerInnen. Das lichtdurchflutete Treppenhaus zeichnet die mittelalterliche Gasse »In der Höhle« nach. Hier stand das repräsentative Doppelhaus von Kölns berühmtestem Maler, Stefan Lochner, der zwischen 1444 und 1451 mit seiner Frau Lisbeth auf der Ecke zum gegenüberliegenden Quatermarkt wohnte. Der kanti-

ge Museumsbau war zunächst umstritten, doch von innen zeigt sich: Der kubische Neubau von Oswald Mathias Ungers hütet den Kölner Bilder-Schatz in einem höchst angemessenen Kästchen. Nach dem nicht ganz freiwilligen Auszug aus dem Ludwig-Museum fand die Sammlung 2001 hier eine repräsentative Bleibe.

Bei den an der Außenwand in geschmackvollen Schieferbändern eingemeißelten Namen sollten wieder einmal – immer noch! – nur männliche Künstler berücksichtigt werden. Petra May (damals noch grüne Abgeordnete) machte darauf aufmerksam und erstritt die Nennung von zwei Künstlerinnen: Nun wird zur ehemaligen Zigarettenfirma Neuerburg hin die flä-

Erkämpft: Schriftbänder für zwei Künstlerinnen am Wallraf-Richartz-Museum

mische Renaissancemalerin Katharina van Hemessen genannt, die immerhin das erste Selbstbildnis der Kunstgeschichte schuf, in dem sich einE KünstlerIn an der Staffelei das eigene Bildnis malend präsentiert.[224] Als zweite wird dort Berthe Morisot erwähnt, die erste und bedeutendste Impressionistin – Landschaftsmalerin und Porträtistin bezaubernder bürgerlicher Mutter-Kinder-Ensembles. Viele Museumsstücke stammen aus dem Besitz des gelehrten, genialen und chaotischen Geistlichen und Sammlers Ferdinand Franz Wallraf sowie des etwas zwielichtigen Kölner Wildhäutehändlers Johann Heinrich Richartz, die ihre reichen Sammlungen nach der Säkularisierung von Klöstern durch die Franzosen zusammengetragen hatten. Leider sind aufgrund der Sammlungsgeschichte nur wenige Werke von Künstlerinnen im Depot des Wallraf-Richartz-Museums aufzuspüren, und noch weniger ausgestellt. Auch die vielen begüterten Damen aus dem Umfeld der Industriellen und des Frauenklubs, die später Kunstwerke stifteten, achteten noch nicht auf das Geschlecht der Produzenten – dazu bedurfte es erst der Gründung der Gedok (s.u.).[225] Viele Altarbilder, so zur Ursula-Legende, vermitteln ein Bild von der Wahrnehmung der Stadt im Mittelalter und faszinieren auch bei wiederholtem Betrachten.

Der Ecksaal im Obergeschoss mit seinem großen Fensterbereich im Nordosten gewährt einen schönen Ausblick auf Rathausplatz und Domtürme. Ein großer Veranstaltungssaal schmiegt sich an die Ruine der benachbarten Kirche Alt St. Alban und gibt den Blick auf deren gotische Spitzbögen frei. Beliebt: die Abendführungen am Dienstag.

Video-Amazone Ulrike Rosenbach (* 1943) »schoss« im Jahr der Frau als Performance symbolische Pfeile auf Lochners gehorsame »Muttergottes in der Rosenlaube« (um 1450)

Die Bilder der Ulrike Rosenbach

Ein für Köln sehr bedeutendes Altarbild Stefan Lochners hat sich die feministische Videokünstlerin Ulrike Rosenbach im Jahr 1975 ausgesucht, um in einer Performance auf das einengende Frauenbild der Kirche aufmerksam zu machen. »Entrückt, sanft, jung, den Blick ergeben nach unten gesenkt, sitzt auf dem Schoß der lebhafte Sohn.«[226] Nachdem die Beuys-Schülerin bereits im Dom vor der Schmuckmadonna, bei der Kanzel, am Lochnerbild der Stadtpatrone und bei der Christopherusstatue auf die einengenden Demutsgebärden der Frauen und die entgegengesetzte körperliche Freiheit der Männer aufmerksam gemacht hatte, schloss sie die Kunstaktion damit ab, virtuell auf das Lochner-Bild zu schießen (»Glauben Sie nicht, daß ich eine Amazone bin«).[227] Der Aufschrei war programmiert, aber die Botschaft kam bei vielen an.

In der Verlängerung zum Alter Markt liegt der Marsplatz – lenken Sie Ihre Schritte dorthin.

32 Nachtleben an der »Marsporz« Marsplatz

Wo in römischer Zeit ein Tempel des Kriegsgottes Mars gelegen haben mag, befand sich auch eine vielbenutzte Pforte in der römischen Grenzmauer. Noch im Spätmittelalter war die »Marsporz« ein Durchgang mit einer Besonderheit: Als eines von zwei Kölner Toren besaß es überhaupt eine Beleuchtung. Die dafür vorgesehenen (Öl-)Laternen fachte im 14. Jahrhundert für einige Jahre eine Laternenanzünderin, eine ›candelatrix‹, an.[228] Für diesen Dienst war es der Ehefrau des Gürtelmachers Heinrich von Medemen gestattet, unter dem Tor Kleinhandel mit Gürteln zu betreiben – eine sinnvolle Tauschhandlung.

Nächtliches Licht war in dieser Zeit besonders rar, denn künstliches Außenlicht, der Versuch die Nacht zu erhellen, galt im Mittelalter als Eingriff in die göttliche Ordnung. Aber sein Feh-

Streetlife im Mittelalter (Gemälde, Max Reichlich, ca. 1515, Ausschnitt)

len sollte auch ›ungebührliche‹ nächtliche Aktivitäten verhindern. Viele der restriktiven spätmittelalterlichen Erlasse betrafen solches nächtliche Treiben. Um 1400 war es etwa grundsätzlich verboten, sich nachts auf der Straße aufzuhalten: Fremde mussten bis neun Uhr ins Gasthaus zurückgekehrt sein, am besten sollten sie dann schon im Bett liegen. Für Einheimische war die Vorgabe für das Verlassen der Straßen elf Uhr.[229] Polizeistunde im Brauhaus war zwischen 9 und 10 Uhr. Von Kölner Nightlife keine Spur? Eben doch, sonst wären die sich wiederholenden Erlasse ja nicht nötig gewesen! Anscheinend zogen wiederholt sangesfreudige Gruppen von BürgerInnen durch die Gassen und störten die Nachtruhe.[230]

Ob trotz oder wegen dieser Beleuchtung: Die Marsporz war im Mittelalter ein Zentrum der Prostitution, wie mehrere Edikte des Rates bezeugen. Den dortigen Wirtinnen und Wirten war ausdrücklich verboten, Kölner Bürger oder Bürgerskinder mit eigenem Wohnsitz in ihren Häusern, meist ›baitstoven‹

(Badestuben) und ›bartscherers huyseren‹, nächtigen zu lassen.²³¹ »*Jugendliche Handwerksgesellen, Studenten und Nachtwächter und ihre Gewalttaten bestimmen das abendliche und nächtliche Leben in Köln zu einem wesentlichen Teil. Die männ-*

Wegen der verkehrsgünstigen Lage fand Handel häufig schon an den Stadttoren statt

liche Jugend eroberte sich nachts regelrecht die Stadt. Der strengen häuslichen oder meisterlichen Kontrolle und ihren Rollenzwängen entkommen, schlossen sie sich mit anderen in gleicher Lage und in gleichem Alter zusammen und forderten im Hochgefühl von Macht und Freiheit ihre Umgebung heraus«²³², beschrieb ein Historiker das Nachtleben nach entsprechenden Quellen. Für ›ehrenhafte‹ Frauen empfahl es sich nicht, nachts allein auf der Straße herumzulaufen, zumal oftmals gerade die Nacht- und Kettenwächter, die für Sicherheit sorgen sollten, Gewaltverbrechen begingen.²³³ Wachtorte wie das nahe gelegene Gebürhaus (Nachbarschaftshaus) von St. Brigiden, der Versammlungsplatz der ›gehenden Nachtwachen‹ und Treffpunkt von über 20 Söldnern, mieden Frauen daher besser.²³⁴

Natürlich gingen Frauen trotzdem aus, sie gingen ins Wirtshaus oder besuchten Verwandte im anderen Teil der Stadt. Die Kölnerin führte in der Regel eine eigene Lampe mit sich. Geriet sie in eine nächtliche Rauferei, so war sie häufiger Opfer und Zeugin als Täterin. ²³⁵ Die meisten Gewaltdelikte gegen

Die humoristisch »berüchtigte« Kölner Funkentruppe war stets zum Schäkern bereit – nicht immer traf dies auf Gegenliebe

Frauen wurden aber auch in früheren Zeiten nicht in der anonymen Nachtsituation verübt, sondern erfolgten durch Vertraute innerhalb des häuslichen Bereiches.

> ### Essen im Doppelhaus (Marsplatz 1–3)
> Zeit für eine Pause? Erwägen Sie einen Besuch im Weinhaus Brungs, einem Gasthaus aus dem 16. Jahrhundert, das im Untergeschoss sogar antikes Ambiente bietet. Dort wurde atmosphärisch geschickt ein Teil der römischen Stadtmauer in das Kneipengewölbe integriert (genau hier stand das prächtige Tor zum Hafen!); es bietet den ältesten gastronomisch genutzten Gewölbekeller an. Lassen Sie sich die für ein größeres Wohnhaus typische dunkelhölzerne kölnische Wendeltreppe zum 1. Stock nicht entgehen (18. Jahrhundert). Auf der Empore sind originale Wandtäfelungen aus der Renaissance zu besichtigen. Das Gasthaus vermittelt dort oben durch die »Kölner Decke« mit sichtbarer Balkenstruktur ein spätmittelalterliches Raumgefühl. Drei Gästezimmer liegen an diesem früheren Ort sündigen Tuns und bieten – dem eleganten Stil Kölner Kaufmannshäuser des 16. Jahrhunderts entsprechend – einen authentischen milchigen Blick aus zeittypischen Kreuzstockfenstern.

Wir gelangen zu dem Eckhaus Marsplatz Nr. 10–14/Ecke Steinweg.

33 Sparen für die Pänz – der Kästchenverein

Das Sparen von Münzen war lange verpönt, entzog es dem Herrscher doch wertvolle Edelmetalle. Dies änderte sich im 19. Jahrhundert, und verschiedene Spargemeinschaften entstanden. Hier residierte um 1914 der *»Israelische Kindersparverein«*, eine jüdische Frauenorganisation, die Ende des 19. Jahrhunderts von Fanny Marx gegründet wurde und anfangs ›Kästchenverein‹ hieß.[236] Der Name bezog sich darauf, dass die Vereinsfrauen Sammelbüchsen unter dem Motto ›Das glückliche Kind dem Hilfsbedürftigen‹ aufstellten. Der Verein hatte zunächst den *»alleinigen Zweck, armen Kindern Milch ins Haus zu liefern«*.[237] Zielgruppe waren vor allem die Kinder neu zugewanderter ostjüdischer Familien, die im Griechenmarktviertel und in der Kölner Altstadt lebten.[238] Der Verein erweiterte sein Angebot, indem er die ›Pänz‹ der israelitischen Volksschule mit Frühstück versorgte und ihre Bekleidung aufbesserte. 1899 organisierten die Frauen die erste Kurverschickung für kränkelnde jüdische Kinder, sie boten auch orthopädischen Turnunterricht an. Angemietete Schrebergärten lockten Kinder ins Freie, um erstmals die Arbeit im Gemüsegarten kennenzulernen. Ab 1914 führten die Kästchenfrauen – inzwischen mehr als 300 Förderinnen – ein Tagesheim für 70 erholungsbedürftige Vorschulkinder in der Kyllburgerstraße 7 und hatten damit den ersten jüdischen Kinderhort Kölns gegründet.[239] Unter der Leitung der frauenbewegten Pädagogin Frieda Szilard konnten sich die Kinder in dem jüdischen Kindertagesheim vergnügen und regenerieren.[240]

Der Sparverein gehörte zu einem Netz von Institutionen für Frauen und Kinder, die vom »*Israelitischen Frauenverein*« (gegr. 1813) koordiniert wurden. Sie rechneten sich in den 1920er Jahren der gemäßigten Frauenbewegung zu, was die Mitgliedschaft im reichsweiten Jüdischen Frauenbund beweist.[241] In der NS-Zeit blieb er nicht mehr lange bestehen, obwohl viele jüdische Wohlfahrtsorganisation noch einige Zeit zugelassen wurden, um dem NS-Staat Arbeit und Ausgaben für ›nichtarische‹ Menschen zu ›ersparen‹. Der »*Israelische Kindersparverein*« wurde schon am 12. September 1933 aufgelöst und 1935 das vereinseigene Erholungsgelände in der Blankenheimerstraße 55 geräumt. Frieda Szilard verließ 1937 Köln und lebte später in Israel.

Kölner Mädchen erlernen die Gartenarbeit (frühe 1930er Jahre)

34 Geschlechtswechsel – Die Seidenmacherinnen werden sichtbar Seidenmacherinnengässchen

Die Verlängerung der Marspforte ist das Seidmacherinnengässchen. Die enge Gasse war im Mittelalter erstaunlicherweise noch sehr viel dichter bebaut, eine Häuserzeile teilte sie in zwei Gässchen. Zudem waren vielen Wohnhäusern überbaute Gewerbelauben vorgebaut, es war also fast *su eng wie en ener Kevverendos* (Käferdose)! In dieser Straße lag 1437 der »Seidmarkt beneden der Marspforte«, woran die spätere Namensgebung in »Unter Seidmacher« bzw. »Seidmachergässchen« erinnerte.[242]

Der heutige frauenbezogene Straßenname ist auf Initiative der Gründerinnen des »*Kölner Frauengeschichtsvereins*«, Gwen Edith Kiesewalter und der Verfasserin, zustandegekommen, die

Testweise Umbenennung in »Seidmacherinnengasse« auf dem ersten Frauenstadtrundgang (Edith Gwen Kiesewalter, 1985)

auf dem ersten ›Historischen Stadtrundgang‹ zur Frauengeschichte am 27. April 1985 symbolisch ein neues Straßenschild aufhängten. Sie empfanden die früheren Benennungen als historische Verfälschung, da im mittelalterlichen Köln die Seide fast ausschließlich von Frauen hergestellt wurde und es 1437 zu der Bildung einer Frauen vorbehaltenen Zunft gekommen war.

Die Werkstätten der Handwerks-Meisterinnen lagen jeweils in ihren Wohnhäusern; stellen Sie sich vor, dass im Haus »Zum Peter« (Ecke Heumarkt) noble Frauen am Webstuhl saßen. Das schöne Eckhaus, ein Wohn- und Geschäftshaus aus dem 16. Jahrhundert, gehörte der Ratsherren-Familie van Lennep (Ternaen van Lennep war Weinmeister), und diese repräsentierte genau die Schicht, aus der auch die Zunftmeisterinnen stammten. In einem solchen Haus lebte eine ganze Wirtschaftsgemeinschaft. So lagen im niedrigen Zwischengeschoss Lagerräume, evtl. auch Gesinderäume. Darüber im zweiten (höheren) Geschoss bildete vielleicht eine Meisterin ihre Lehrtöchter in der Werkstatt aus, noch darüber lagen die Privaträume der Familie.

Die Meisterinnen waren Angehörige des »Seidamts« und stellten hochwertige Exportware her. Dass dies ungewöhnlich war, belegt ein Schreiben aus dem Jahr 1498, in dem ein Vertreter der Stadt Köln den erstaunten ›Herren von Antwerpen‹ versicherte, »*dat dat sidemakerampt bi uns durch die frauwespersonen gemeinliken und ser weinich durch manspersonen verhantiert und verhandelt wirt und darumb denselven frauwespersonen van dem handel und koupmanschap alletijd langer und forder kundich is dan den manspersonen*«[243].

Im ausgehenden 14. Jahrhundert stieg Köln zur führenden Seidenstadt nördlich der Alpen auf. Zunächst schlossen sich 1437 die Seidenspinnerinnen, dann zwanzig Jahre später die Seidenweberinnen, die die Fäden zu feinen Stoffen weiterverarbeiteten, zusammen. Die Seidenweberinnen und -spinnerinnen operierten in einem Handwerkermilieu neben fast 50 Zünften, in denen Männer das Sagen hatten und politischen Einfluss nahmen. Die Kölner Frauen waren ungewöhnlicherweise in fast allen diesen Zünften als Mitglied, lohnabhängige Beschäftigte, mithelfende Ehefrau oder übergangsweise autonom agierende Witwe präsent.

In den Frauenzünften arbeiteten keine lohnabhängigen Männer, es durften nur Männer, deren Meisterinnengattin verstorben war, vorübergehend den Betrieb weiterführen. Aber auch in diesen Korporationen mussten Frauen Konzessionen an das patriarchalische Vormundschaftssystem machen: Die zwei Zunftmeisterinnen vertraten die Zunft nur unter den Kolleginnen. Für die politische Außenvertretung wurden zwei männliche Zunftmeister bestimmt. Ab Ende des 15. Jahrhunderts forderten die Gesellen in vielen Kölner Zünften, dass die Frauen eine untergeordnete Rolle spielen sollten. Dies hatte langfristig auch Auswirkungen auf die Frauenzünfte.

Die berühmteste Kölner Seidenweberin Fygen Lützenkirchen lebte im ausgehenden 15. und beginnenden 16. Jahrhundert sicher in einem vergleichbar glanzvollen Haus.[244] Zwischen 1474 und 1497 war sie 23 Jahre lang sog. Hauptseidmacherin, anschließend noch Unternehmerin im Fernhandel. Die Mutter mehrerer Kinder webte selbst, beschäftigte in ihrer Werkstatt mehrere Lohnweberinnen und bildete als Meisterin 135 junge Frauen (Lehrtöchter) aus ganz Deutschland aus, darunter ihre fünf leiblichen Töchter. Ehemann Peter tätigte für Fygen Einkauf und Vertrieb der Seide, er pflegte als Rohseidenkaufmann internationale Handelsbeziehungen. Fygen wiederum besaß Anteile am Unternehmen ihres Mannes und betrieb zudem noch eigene Handelsunternehmungen. Wenn ihr Mann auf Reisen war, leitete sie alleinverantwortlich das Handelshaus. Zudem managte sie

Noble Seidenhandwerkerin auf Fresken (Anfang 14. Jahrhundert). Ratsturmskulptur der Fygen (Sofia) Lützenkirchen, **die 135 Lehrtöchter ausbildete (unten)**

Geschafft: Auf Initiative des Frauengeschichtsvereins bezeichnet der neue Straßenname zukünftig die qualifizierte Arbeit der Zunfthandwerkerinnen

den großen Haushalt. Das Ehepaar Lützenkirchen stand 18 Jahre lang gemeinsam der Frauenzunft vor. Nach Peters Tod übernahm Fygen Lützenkirchen das Geschäft ihres Mannes und übergab die Werkstatt endgültig ihrer Tochter.

Durch seine kapitalorientierte innereheliche Zusammenarbeit konnte das Paar seinen Besitz vervielfachen. Frauen wie Sofia (kölsch Fygen) Lützenkirchen konnten selbständig, im Auftrag bzw. als Stellvertreterin ihres Mannes zahlreiche wirtschaftliche Tätigkeiten ausüben. Die nach innen tendenziell egalitäre Ehe brachte dabei keine rechtliche Gleichstellung der Frau mit dem Mann nach außen und konnte die theologischen Festschreibungen über weibliche Gehorsamspflichten nicht aufheben. Aber ein privilegiertes Paar wie die Lützenkirchens konnte seine Kompetenzen fruchtbar ergänzen und eine relative Selbständigkeit beider vereinbaren.[245] Auch die ›Herrschaft‹ im Haus brachte der Frau durchaus ein hohes Prestige ein, galt es doch nicht (nur) als intimer Privatraum, sondern als Ort gesellschaftlicher Organisation, Produktion und Repräsentation.

Unter Seidmacher

Eine Straße ändert ihr Geschlecht

exp **Köln** — Seit langen Jahren schlenderten die Kölner in der Altstadt durchs „Seidmacher Gaesschen" und die Straße „Unter Seidmacher". Ab Herbst 1987 ist es damit vorbei. Die Straßen bekommen einen Namen und ein neues Geschlecht: Sie heißen dann beide „Seidmacherinnen-Gäßchen".

Grund der Umbenennung: Die früher dort arbeitenden Seidenmacher waren fast nur Frauen. Ein geschichtsfester Kölner stellte einen Bürgerantrag — und Ehre, wem Ehre gebührt: Die Politiker stimmten der „Geschlechtsumwandlung" zu.

Bei vielen Anwohnern aber stößt die Umbenennung auf Ablehnung. Sie wollen ihre historischen Straßennamen behalten. Außerdem, so klagen Geschäftsleute, sollen auch Hausnummern geändert werden. Besorgt fragen sie: „Wer bezahlt uns die Kosten?" Denn bei Adressenänderungen müssen Eintragungen bei Verbänden, Organisationen und Firmen geändert werden und auch die Geschäftspost muß umgestellt werden.

Als Zentrum der Herstellung luxuriöser Stoffe erlebte Köln eine Wandlung der handwerklichen Werkstätten in frühkapitalistische Produktionsbetriebe, die im Verlagssystem wirtschafteten. Ärmere Zunftgenossinnen wurden als Subunternehmerinnen und Heimarbeiterinnen beschäftigt und waren von der Auftragsvergabe extrem abhängig. Ihre Auftraggeberinnen nutzten dies durch die Herabsetzung der Löhne aus oder entlohnten die Spinnerinnen nicht mit Geld, sondern mit Ware, die keinen adäquaten Geldbetrag einbrachte. So kam es während des 15. Jahrhunderts immer wieder zu Konflikten. Die Gründung einer eigenständigen Seidenspinnerinnenzunft 1456 kann daher auch als früher Arbeitskonflikt mit Bildung einer Interessenvertretung verstanden werden.[246]

Zusammen mit den Teilnehmerinnen des ersten Frauenstadtrundgangs wurde die Idee entwickelt, einen Antrag auf

Änderung des Straßennamens zu stellen. Am 6. Juni 1986 kam die Nachricht, dass dem Bürgerinnenantrag stattgegeben worden sei, und seitdem erinnert das neue Schild an die bis dahin vergessene qualifizierte Frauenarbeit. Es gibt wenig andere Möglichkeiten, auf den Beitrag dieser Frauen zum Reichtum der Stadt aufmerksam zu machen: Die Zunftmeisterinnen hinterließen keine autobiographischen Aufzeichnungen; die von ihnen produzierten (gesponnenen und gewebten) Textilien sind weitgehend zerfallen, und die Zunftbücher enthalten nur spärliche Eintragungen wie die Namen der aufgenommenen Lehrtöchter oder Satzungen. Durch die Umbenennung oder Neubenennung von Straßen lässt sich Frauenwirken in Erinnerung rufen oder zumindest auf Frauengeschichte neugierig machen.[247]

Der Alter Markt – einstmals ein prächtiger Platz mit aufwändig gestaltetem Rathaus (Foto Ende 19. Jahrhundert)

Nach links durch Unter Käster gelangen wir auf den Alter Markt, den wir vom Ratsturm aus schon einmal sehen konnten.

35 Alter Markt – bunte Hüüscher Alter Markt

Er ist eine der archäologischen Dauerbaustellen Kölns – und das seit Jahrhunderten. Interesse weckten die verborgenen römischen und mittelalterlichen Bodenfunde schon bei Kölns erster Archäologin: »*Frau Mertens machte uns darauf aufmerksam, daß dieser Marktplatz vollkommen die Form der Piazza Navona in Rom habe und sicher auch eine alte Rennbahn gewesen sei. Dies hat sie bewogen, vom Magistrat die Erlaubnis zu Nachgrabungen zu fordern, die ihr erteilt worden ist.*«[248] Der Alter Markt war früher einer der belebtesten Plätze Kölns: Auf ihm fanden in der Tat Turniere mit mutigen Kämpfern und eleganten Zuschauerinnen (15. Jahrhundert), bunte Märkte, deftige Volksbelustigungen, voyeuristisch inszenierte Bestrafungen, der »Ausbruch« des Karnevals sowie 1848 kleinere Revolten mit Barrikadenbau statt. Aufgrund städtebaulicher Eingriffe und dauernder Baustellen machen ihm Roncalliplatz, Neumarkt und Heumarkt immer wieder diesen Rang als zentraler Schauplatz streitig.

Der Alter Markt war der bedeutendste Kleinhandelsplatz Kölns (Ansicht des 17. Jahrhunderts)

Viele der umgebenden Häuser trugen bei ihrer Erbauung Prachtnamen wie »Zum Anker«, »Zum Falken«, »Zum Stern«, »Zum Leopard«, »Zum Einhorn«, »Zum Pfau«. Solche Hausnamen standen auf Schildern über oder neben dem Hauseingang und waren wesentlich mehr als nur Erkennungszeichen.[249]

Nun sind nur noch einzelne durch Maueranker und Kranbalken mittelalterlich anmutende Häuser vorhanden; und fast alle sind Produkt der NS-Zeit oder der anschließenden Wiederaufbauphase. Das Haus Nummer 20/22 (Ecke Lintgasse), ein Bau von 1955, hat das berühmte Doppel(-Giebel-)Haus »Zur Bretzel«/»Zum Dorn« von 1580 zum Vorbild. Laut dem Ratsherrn Weinsberg trug es einst die Inschrift: »*Dies haus steit in gottes handt, zo der brezell ben ich genandt*«. Das immerhin fünfgeschossige Gebäude und Bilder des früheren Rathauses vermitteln einen Eindruck davon, dass der Platz einst sehr repräsentativ war und sich hinter zentralen Anlagen flämischer Städte nicht verbergen musste.

Schauen Sie sich auf der Mitte des Platzes die steinernen Sockelskulpturen des zentralen Wasserbrunnens an – hier ist u.a. die erwähnte unbesiegbare ›Jungfrau Colonia‹ samt Mauerkrone dargestellt. Auf kleineren Reliefs sind volkstümliche Szenen zu sehen.

Suchen Sie sich zum Weiterlesen eine Bank oder ein Plätzchen auf der Brunnenumfassung. Der Rundgang geht weiter auf S. 150.

Apfelverkäuferin vor den Toren der Stadt – wie die Griet der Sage verkauften unzählige Frauen ihre Ware aus Säcken oder Körben, wie wir es heute aus Ländern der »Dritten Welt« kennen (Stich, Lange/Poppel um 1838)

Buhlerische Griet – Die Wahrheit über Jan und Griet

Der Jan-von-Werth-Brunnen (1883/4) kreist um Kölns kürzestes Theaterstück, eine schmale Story mit bis heute anhaltender Attraktivität: Da wagte es angeblich eine Magd Griet, die auf dem Kümpchenshof arbeitete, im 17. Jahrhundert, einen Freier abzulehnen: den Knecht Jan – erst kurz in der Stadt und vermutlich arg bäuerisch. Wer konnte auch ahnen, dass aus ihm ein erfolgreicher Reitergeneral würde? Jahre später. Ein gefürchteter Feldherr ritt zum Kölner Severinstor herein, in geputzter Rüstung und mit der Pose des Siegers. Dort saß auch die Marktfrau Griet und hielt Äpfel feil – aufgrund des Auflaufs eine Gelegenheit für ein gutes Geschäft. Bei seinem Ritt auf das Severinstor zu bemerkte der Haudegen in der älteren Frau seine frühere »Fründin«. Er hielt an und sagte zu der Händlerin: »*Griet, wer et hätt jedonn!*« (sinngemäß: »Hättest du es doch getan!«). Worauf sie auch in nur einem Satz antwortete: »*Jan, wer et hätt jewoß*« (»Konnte ich es ahnen?«). Jedes Jahr wird diese Geschichte an Weiberfastnacht vom Reiterkorps »Jan von Werth« am Severinstor erneut in Szene gesetzt. Ein blutdürstiges Vorbild haben die Karnevalisten sich gewählt: Im Dreißigjährigen Krieg (1618–48) haute der historisch verbürgte Jan von Werth als Anführer eines brutalen Söldnerheeres um sich, seine Männer plünderten, vergewaltigten, brandschatzten und mordeten, wenn es ihnen gefiel. Die Kölner Volksseele baute um den brutalen Reitergeneral eine rührselige Geschichte von einer allein durch den Standesdünkel der Frau nicht zustande gekommenen Hochzeit. Unzählige Lieder besingen die Dummheit der Frau, zuletzt strickte sogar die sonst so kritische Rockband Bap am Bild des ›armen‹ Jan mit. Auch ihr moralischer Appell an die Frauen ist recht parteilich formuliert – aus Männersicht: »*Hoff, dat ihr Fraulück he uss dämm Leed ir'ndjet geliehrt!!!*«[250] Aber wollte eine halbwegs klare Frau so einen haben?

Dass die Geschichte um das Dienstbotenpaar Griet und Jan vermutlich ganz anders verlief, belegt ein ca. 1600 (!) beim Johannisfest gesungenes Lied »Das Stelldichein«.[251] Darin ermutigt die freimütige Magd Griet immer wieder den zauderlichen Jan, sie in ihrem (geheimsten) Kämmerchen aufzusuchen (»*komm mi Leevche, komm*«). Er verschleppt das eindeutige, da sexuell betonte Angebot immer wieder durch seine Unentschlossenheit (»*We kommen ich dann zor Pooz erenn?*«) – bis sie ihn schließlich zurückweist: »*Gangk, do Lömmel, loß mich allein!, Gangk do Lömmel, gangk!*«[252] Der Knecht Jan war also der Bedenkenträger, nicht die dralle Griet! – Zeit, dass die Geschichte in diesem Sinne mal neu dramatisiert wird!

Schwadern und krome – das Marktfrauenregime

Der Weihnachtsmarkt auf dem Alter Markt mit seinen ›Hötten‹ und Gerüchen entspricht vielleicht noch am ursprünglichsten der Stimmung von vergangenen Marktzeiten. Für Handwerkerfrauen, Dienstmädchen, Hausherrinnen und Händlerinnen war der Marktplatz Arbeitsplatz – und ein Ort der Kommunikation. Zum Umherlaufen, »Klönen« oder »Schwade(r)n« wurde hier sogar eine besondere Gasse, die sogenannte Fladdergasse, freigehalten.[253] Kölns mittelalterlicher Markt wies verschiedene Bereiche auf wie die Brothalle, das Wachthaus, die Butterwaage am Martinspförtchen, die Fischwaage, das Lebensmittelgericht und ferner zwei gut nutzbare Wasserstellen. Dazwischen bauten die wohlhabenderen HändlerInnen ›Gaddemen‹ oder ›Jadem‹ auf, kleine Häuschen. Ärmere hatte immerhin noch feste Stände oder zerlegbare Bänke, für die sie Gebühren an die städtische Rentkammer entrichteten. Die mittellosesten HändlerInnen konnten sich aber selbst solche Stände nicht leisten, sie boten direkt aus dem Tragekorb oder Sack ihre Waren feil. Ehefrauen von Handwerkern verkauften auf dem Markt die Produkte aus deren Werkstätten. Aber nicht nur im Kleinhandel, auch im Zwischenhandel, der auf dem innerstädtischen Markt eine

Die sogenannte ›Fladdergasse‹ zum Schwätzen auf dem Alter Markt (Foto um 1890)

Frisch vom Land – adrette Bäuerinnen und Dienstmädchen mit Schürze

große Rolle spielte und strenger Reglementierung unterworfen war, finden wir im Spätmittelalter betriebsame Frauen.

Ein Marktstand war für viele Frauen ein sozialer Aufstieg und Marktfrauen waren ökonomisch etwas besser abgesichert als die Hökerinnen, wie sie auf einem Kölner Stich überliefert sind. Unterschichtenangehörige erwirtschafteten sich mit Bauchladenverkauf ein zusätzliches Einkommen. Der Verdienst dieser StraßenverkäuferInnen war so unsicher, dass die Anbieterinnen verderblicher Ware gerne ihre Fische oder Milchprodukte ›aufbesserten‹, um sie frischer erscheinen zu lassen. So standen sie nicht im besten Ruf. Dennoch hatte der ›ambulante‹ Handel Bestand, kam er doch den Bedürfnissen einer verarmten Klientel entgegen: HökerInnen garantierten den Zugang zu kleinen Mengen erschwinglicher Nahrungs-, Reinigungs- und Heizmittel.

Die ›Maatwiever‹ waren nach ihrem Handelsgut – und nach ihren Charaktereigenschaft benannt: Die ›Kappesboorin‹, die Kohlbäuerin, stammte entweder aus dem ländlichen Vorgebirge – oder sie war eine Kölnerin, die sich wie eine rückständige Frau verhielt. ›Appeltiffe‹ war eine abfällige Bezeichnung für eine betrügerische Frau, ›Maatkoloß‹ rekurrierte eher auf das gewaltige Äußerliche usf.

Auf dem Alter Markt gab es Marktmeister, denen gehorcht werden musste und die die aufkommenden Konflikte schlichteten. Mit Hilfe der Marktglocke wurde die Ordnung des Marktverkehrs aufrechterhalten.

Ein solch großer Markt wie der Rathausplatz war der Ort eines Sonderfriedens (Marktfriedens). Hier begangene Verbrechen, besonders Übertretungen des Handelsrechts, wurden hart bestraft. Übervorteilen beim Messen, Wiegen und Zählen durch die Händlerin wurde mit Berufsverbot geahndet. Unehrlichkeit war aber auch auf Seiten der Kundin ein Sakrileg: Stimmte das Maß des mitgebrachten Gefäßes nicht, hatte dies ein Festketten sowie die öffentliche Präsentation der Betrügerin im kaufhauseigenen Halseisen zur Folge.[254]

Und zwischendurch zum Pranger ...

Der Alter Markt war in Mittelalter und Früher Neuzeit nach dem Rabenstein (nahe Melaten) *der* gefragteste Schauplatz für die öffentliche Vollstreckung von Gerichtsstrafen. Auf Bildern vom Alter Markt finden wir zwischen den Ein- und VerkäuferInnen gleich mehrere ›Gerichtsdenkmäler‹.

Neben der Marktglocke stand der eigentliche Pranger (ein Holzpfahl mit geschweiftem Dach); sodann gab es den Käx oder Kax (eine Art Käfig mit vergitterten Öffnungen), der bis 1798 genutzt wurde; in der Mitte des Marktes stand das Drillhäuschen, das letztlich ein runder Käfig mit metallenen Gitterstäben war, der von den ZuschauerInnen gedreht werden konnte. Alle Strafgeräte waren für Ehrenstrafen gedacht. Die Zu-

Betrügerische oder zänkische Frauen wurden auf dem Altermarkt zur Sühne und Befriedung aneinandergebunden

schauerInnen fanden gemütliche Bänke vor, um ›interaktiv‹ mit Beschimpfen und Schmähen der Bestraften zur Entehrung beizutragen. Schließlich ging es bei dieser Art Strafvollzug auch ums Spektakel. Da Köln eine recht zurückhaltende Strafpraxis betrieb, kamen die GafferInnen in Köln jedoch nicht so häufig auf ihre Kosten wie etwa in Süddeutschland.

Frauen stell(t)en in Köln zu allen Zeiten etwa 15 bis 20 Prozent der Verhafteten. Frauenkörper wurden zwar häufiger als Männerkörper öffentlichen Schandstrafen unterzogen, allerdings wurde darauf geachtet, dass dies nicht obszön wirkte. Alle Körper-Verstümmelungen (›oyren affsnyden‹, ›ougen uysstechen‹, ›zo backen birnen‹ = Brandmarken, ›hende affhauwen‹), auch der Staupenschlag und das Auspeitschen, wurden außerhalb der Stadt oder im Gefängnisturm vollzogen. Nur der Henker des erzbischöflichen Gerichts oder seine Knechte durfte diese Strafen ausführen. Gegen Ende der Frühen Neuzeit verschwanden die Straftäterin und der Akt der Bestrafung hinter

Gerichtsdenkmäler auf dem Altermarkt zwischen den Marktständen (Toussyn/Aubry, 1655)

den gesicherten Türen eines Gefängnisses: Vom bloßen Aufbewahrungsort vor dem Urteil wurde das Gefängnis selbst zur Strafe.[255]

Von der Bürstenverkäuferin zur Millionärin

Laura Nickel war ein Kind vom Alter Markt. Sie besuchte brav das Lyzeum der evangelischen Gemeinde an der nahe gelegenen Antoniterkirche und ging zur Konfirmation – seitdem die Franzosen Religionsfreiheit verkündet hatten, konnten Protestanten gut in Köln leben. 1866 heiratete sie den Kaufmann Emil Oelbermann, Teilhaber einer Seidenwarenfirma in Köln-Mülheim, der seit Ende der 1850er Jahre als Kommissionär für Textilien in New York lebte. Hier hatte er eine deutsch-amerikanische Versicherungsgesellschaft mitgegründet. Selbstverständlich folgte Laura ihm dorthin. Nach mehr als zehn Jahren in der Ferne packte die mehrfache Mutter – inzwischen Amerikanerin – das Heimweh nach Kölle, und ihr Mann stimmte einer

Vom Bürstengeschäft zur Millionärsgattin: Die protestantische Stifterin Laura von Oelbermann (1846 – 1929) wurde zur

Rückkehr zu. 1878 zog die Familie erst einmal für zwei Jahre in ein Hotel und ließ sich einen Prachtbau im Stil der italienischen Renaissance errichten. Es wurde das großartigste Privathaus der Neustadt (Hohenstaufenring 57).[256] Schnell fanden die Millionäre Eingang in die Kölner Gesellschaft. Laura hielt ihren Reichtum nicht verborgen. Ihr Schmuck war weibliches Stadtgespräch, ihr Ausgang – vierspännig – ein gesellschaftliches Ereignis, das Massenaufläufe bewirken konnte: »*Lurens, de Frau Oelbermann jeht aus*«. Doch ihr Glück wendete sich: Innerhalb weniger Jahre verlor sie Mann und Söhne (eine Tochter verliert sich – vermutlich nach einer Liaison – im Nebel). Von nun an widmete sich die alleinstehende Millionärswitwe rastlos der Förderung von Kindern, besonders Mädchen. Sie begründete soziale Einrichtungen wie ein Säuglingsheim, ein Wöchnerinnenasyl, Kindergärten und Horte. Auch stiftete sie das komplette Evangelische Krankenhaus im Weyertal. Außergewöhnlich für eine Frau der Oberschicht: Sie ging selbst in die Behausungen der Schützlinge, suchte manchmal 15 bedürftige Familien am Tag auf und unterstützte sie mit Geld und Lebensmitteln. Da sie selbst einmal ein einfaches kölsches Mädchen gewesen war, hatte sie vermutlich keine so großen Berührungsängste wie viele andere wohltätige Damen. Besonders Kinder notleidender Eltern fanden die direkte Zuwendung der Oelbermann, weswegen in Köln angestrengte Mütter noch über Jahrzehnte sagten: »*Ich ben doch nit de Frau Oelbermann!*«, wenn die ›Pänz‹ wieder einmal unerfüllbare pekuniäre Forderungen stellten. Kurz vor ihrem Tod widmete Laura von Oelbermann, die als letzte deutsche Persönlichkeit überhaupt geadelt worden war, ihr riesiges Palais in ein Wohnheim für berufstätige Frauen um – inklusive Versammlungsraum für evangelische Jungfrauenvereine. 1931 zogen die ersten jungen Frauen in das Evangelische Mädchenheim ein, ca. 60 lebten dort noch in den 1960er Jahren. Dann wurden ihnen die sittenstrengen Hausregeln im Berufstätigenheim zu eng. In den 1980er Jahren wurde das Prachtgebäude bedauerlicherweise abgebrochen – der Denkmalschutz für

Förderin von Mädchen und Kranken (Ölgemälde von Emil W. Herz)

Oelbermannscher Palast am Ring Ende des 19. Jahrhunderts

Privathäuser steckte noch in den Kinderschuhen. Die »*Emil- und Laura-Oelbermann-Stiftung*« für bedürftige Jugendliche aber existiert bis heute und kommt der Jugendarbeit zugute – z.B. dem Mädchenhaus, und das ist ganz im Sinne Laura von Oelbermanns.

»Mannslück, kocht üch selver jet – Mir han Fastelovend!«
Der Alter Markt ist bis heute der Ort, an dem an Weiberfastnacht der Straßenkarneval beginnt.[257] An diesem Donnerstag begann traditionell das Wohlleben, der ›fette‹ Donnerstag mit in Schmalz erhitztem Fastnachtsgebäck – und der Weltenwechsel. Zum geisterhaften Lärmen und Tanzen gehörte die sichtbare Verwandlung, die Maskerade. 1812 hieß es: »Am

Straßenkarneval in Köln mit äußerst phantasievollen Kostümen (Lithographie von Francois de Villain, 19. Jahrhundert

145

Morgen des Donnerstags vor Fastnacht-Sonntag, der ›Weiberfastnacht‹, spukte toller Unfug in den Straßen. Mit dem Rufe: ›Mötzebestòt!‹ riß man sich unter einander Mützen und Hüte ab. Am tollsten war das Treiben auf dem Altenmarkte unter den Gemüseweibern, den Verkäuferinnen und den Bauern, oft ein wahrer Mänaden-Tanz.«[258] Ein Brauchtumsexperte schilderte, wie die beteiligten Frauen »*mit fliegenden Haaren einen ›Höllenlärm‹ verführten*«, und deutete die Haube »*wie die Binde des römischen Sklaven*« als ein »*Zeichen der Unterwürfigkeit*«.[259] Das Kopftuch hat einen mitteleuropäischen Vorläufer: die Haube! Bis in unsere Gegenwart hinein wurde einer jungen Ehefrau traditionell direkt nach der Hochzeit von den bereits verheirateten Frauen eine Kopfbedeckung aufgesetzt – und sie trug diese bis zu ihrem Tode.[260] Das fliegende Haar, Symbol der Freiheit, durfte ab dem Hochzeitstag nicht mehr in der Öffentlichkeit gezeigt werden.[261] Mit einer Ausnahme: dem Karneval!

Karneval bezog alle gesellschaftlichen Gruppen ein, die geistlichen Frauen scheinen besonders feierlustig gewesen zu sein.

Aus dem Benediktinerinnenkloster St. Mauritius ist bekannt, dass 1729 voller Lust die Fastnacht gefeiert wurde – alle Nonnen seien verkleidet gewesen, heißt es.[263] Am Tag wurde getanzt und gesprungen und des Nachts, wenn die Frau Äbtissin schlief, bei Kaffee und Tee Karten und ›Dame‹ gespielt. Noch 1844 bemängelten Visitatoren eines Kölner Cellitinnenklosters, die Schwestern würden sich häufig zu »*ausgedehnten Feiern*« die »*manchmal mit lärmenden Lustbarkeiten, mit Gesang, Tanz, Springen und Spektakeleien*« endeten, hinreißen lassen.[264] Besonders echauffiert waren die Herren Geistlichen darüber, dass sich einige Schwestern keck eine Karnevalsmütze über die geistliche Haube gestülpt hatten.[265]

In Köln wundert es niemand, dass das Deutsche Wörterbuch der Brüder Grimm den Eintrag ›Weiberdonnerstag‹ erläutert mit »*weil da weiberrecht herrscht*«.²⁶⁷ Als »Patronals-Tag der Weiber« hat Weiberfastnacht vermutlich als ein gesellschaftlich

Kölsche Wiever feiern Weiberfastnacht (1930er Jahre)

Ein Lied aus dem 19. Jahrhundert verdeutlicht, dass jedes Herrschaftsverhältnis eine Proteststimmung hervorrufen kann, denn auch schon vor der ersten und zweiten Frauenbewegung gab es emanzipatorisches Liedgut:
»*Hück es noch ens use Tag; Vivat fetten Donneschdag, Wieverfastelovend! / Keene Schlag wied hück gedon, Höchstens op de decke Tromm, Vivat Fastelovend! / Kasteroll und Koochepann, wenn se mo‹en [morgen]) och Blötsche han, Fiert [Feiert] dä Fastelovend; / Schrummlavumm! Kapott, en neu! Wer nit metdeht, kritt nen Däu [Schubs]! Hee es Fastelovend! / Mannslück, kocht üch selver jet; Nit gemuhz [gemotzt], un goht noh‹n Bett! Mir han Fastelovend! / Eemol schwenken mir de Täsch! Noh par Stond es alles Äsch: Freud un Fastelovend!*«²⁶⁶
Der Unterschied ist der, dass dieses Lied vermutlich von einem Mann gedichtet wurde.

wichtiges Ritual begonnen.²⁶⁸ Aus benachbarten ländlichen Regionen kennen wir Frauenfeste, auf denen die Hebamme für das kommende Jahr gewählt wurde.²⁶⁹ Die Dorfbewohnerinnen veranstalteten anschließend auf Kosten der Dorfkasse ein großes Gelage (die sog. ›Weiberzeche‹), der Bürgermeister durfte als einziger Mann anwesend sein. Die Bezeichnung ›Möhne‹ für eine weibliche Maske weist auf die ›Muhmen‹ vergangener Zeiten hin, was vertraute Tanten und alte Mütterchen, aber auch Hebammen sein konnten, die zur Verwandten oder zur Nachbarin gingen, um Beistand bei der Geburt zu leisten.[270] Die so wichtigen Möhnen mit ihrer großen Lebenserfahrung sind heute zu ›närrischen Weibern‹ verharmlost, was nicht zuletzt eine Abwertung älterer Frauen in der Neuesten Zeit spiegelt.

Kölner Frauen werfen Strüssjer – Biedermeierlicher Bilderbogen, ca. 1850

Noch um die Wende zum 20. Jahrhundert war die Weiberfastnacht eine Angelegenheit der Marktfrauen, wenn auch stark gebändigt im Vergleich zu antiken Fruchtbarkeitsfesten und auch zu den Feiern des 19. Jahrhunderts. Wenn heute am Weiberfastnacht der Platzjabbek (eine Art Breitmaul) am Ratsturm die ›11 Uhr‹ läutet und Tausende Kostümierte auf die Eröffnung des Straßenkarnevals warten, beginnt erst der »richtige« Karneval, eine Ausgelassenheit ohne die formale Etikette der Sitzungen. Elf Minuten später wird die Wiederkehr der jecken Tage mit ›Kölle alaaf‹-Rufen gefeiert. Anders als in Bonn oder Aachen erhalten in Köln dann aber nicht die ›Wiever‹ oder Möhnen den Stadtschlüssel, sondern ein im 19. Jahrhundert eingeführter Prinz Karneval übernimmt nebst Bauer und ›Jungfrau‹ die Herrschaft in der Stadt. Da sind die Kölnerinnen erstaunlich großzügig. Ab 12 Uhr dann begehen Kolleginnen- oder Freundinnentrupps den von den Grimms beschriebenen Tag des ›Weiberrechts‹ rund um den Alter Markt und in den umliegenden Stadtvierteln.

Befristeter Geschlechtsrollenwechsel

Karneval ist in Köln traditionell auch eine Zeit des Kleidertauschs.[271] Nur zu Karneval wagten es früher viele Männer, öffentlich in Frauenkleidern umherzulaufen. Das Tragen der Kleidung des anderen Geschlechts verstieß nach den Vorstellungen der Mehrheit gegen die von Gott vorgegebene Ordnung. Bis ins 18. Jahrhundert hinein konnte diese Übertretung mit dem Tod bestraft werden. Eine unter dem Tarnnamen Anastasius Rosenstengel lebende Herumtreiberin, die auch einmal in Köln weilte, wurde 1721 wegen dieser Gesetzesüberschreitung hingerichtet.

Auch in der vermeintlich regellosen Zeit des Karnevals wurde der Wunsch nach dem verbotenen Gewand durch Ratsedikte begrenzt. Strafe drohte z.B. 1647 allen Männern, die »*bey tag oder nacht masquirt, Vermomtt oder mit Weibs und anderer leichtfertiger Kleidungen, auff gaßen und Straßen bekleidet befunden*« wurden.[272]

Wer ist Frau – wer ist Mann? Egal, es ist Karneval und Geschlechterverwirrung erlaubt

Kein Verkleidungsspaß: Wer im frühen 18. Jahrhundert mal als Frau (Catharina Margharetha Linckin links) und mal als Mann (Anastasius Lagarantinus Rosenstengel rechts) leben wollte, musste dies mit dem Tod bezahlen (Frontispiz des Pamphlets »Umständliche und wahrhafte Beschreibung einer Land- und Leute-Betrügerin« – anonymer Druck ca. 1720)

Wir wissen heute, dass manche Menschen ›im falschen Geschlecht gefangen‹ sind und nichts scheuen, um ihren Alltag an dieses anzupassen. Auch in der Vergangenheit versuchten Frauen, unbemerkt in den Kleidern und damit der Identität von Männern zu leben. Die eine folgte einem inneren Drang, die andere hoffte auf eine besser bezahlte (Männer-)Arbeit – wieder eine andere wurde Soldat und erst auf dem Totenbett als Frau entlarvt. Reisende Frauen konnten in Männerkleidern leichter sexuellen Attacken ausweichen, und besonders raffinierte Frauen, die ihren Körper verkauften, gingen in Männerkleidern der Unzucht nach. Frauen der Unterschicht versuchten, als vermeintlicher Ehemann mit einer Frau in einem Haushalt unbehelligt zusammenzuleben. Die der Oberschicht zugehörige Kunstsammlerin Sibylle Mertens-Schaaffhausen, die auf manche Zeitgenossin »männlich« wirkte, überschritt die Geschlechtergrenzen, indem sie Männerkleider trug oder auf Ausgrabungen in Italien schuftete, und sich in den Salons der feinen Gesellschaft wieder zur Biedermeierdame in Rüschen verwandelte. Zwar nicht mehr wie Frau Linckin/Herr Rosenstengel von der Todesstrafe bedroht, fügte sie sich dennoch den gesellschaftlichen Konventionen, die Damenhaftigkeit verlangten.

36 Dicke Nase – wenig Gehirn Brigittengässchen

Gehen Sie bei Alter Markt 36 durch das Martinspförtchen zur Kirche Groß St. Martin. In der Fortsetzung des Brigittengässchens steht nach Süden (vor Nr. 24) die von Wolfgang Reuter geschaffene Bronzeskulptur Tünnes und Schäl (1974).

Angeblich steckt sogar in jedem Kölner »ein Stückchen Tünnes und ein Quäntchen Schäl – die zwei männlichen Kölner Originale gelten als typische Repräsentanten kölnischen Humors. Zahlreiche Witze über die beiden Kerlchen zeigen jedoch auch, wie in Köln die Geschlechter-Rollen ausgestaltet sind und wie es hinter den Mauern der pittoresken Altstadthäuser ausschaut.[273]

Die Kraat Schäl fragt den Tünnes: »*Wie es d'r denn die Sufferei jestern ovend bekumme?*« Tünnes: »*Mir janz jot, ävver minger Frau nit!*«
»*Dinger Frau?*«, fragt der Schäl erstaunt, »*die wor doch janit dobei!*« »*Nä, dat nit, ävver heiser is se*«, berichtet kleinlaut der Tünnes.

Der eher gutmütige, harmlose, knollennasige Tünnes und der bauernschlaue, spitzfindige bis verschlagene Schäl machen sich über die realen Machtverhältnisse im Haushalt immer mal wieder falsche Vorstellungen. Als typische Kölner Männer gehen sie der Arbeit gerne aus dem Weg, nicht aber dem Trunk und dem Abenteuer jenseits der ehelichen Pfade. Damit zwingen sie ›de Frau‹ fast dazu, die Knute zu schwingen, de Botz anzuhaben, damit der Alltag bewältigt werden kann. Bei Gefahr taucht der Kölner gerne am großen Busen der Gattin ab. Und beweint sich dabei als unter ihrem Pantoffel stehend. »*De Fraue sin an allem Älens schold, ävver et jrötste Üvvel es, dat mer se nüdich hät*«, lautet die passende kölnischmännliche Philosophie.²⁷⁴

Typische Szene aus der 5. Saison: der Ehemann kommt gut gelaunt nach Hause, aber dann ...

Erst die Ehefrau sorgt oft dafür, dass genug Geld für Miete und Kinder übrig bleibt. »*En sparsame Frau es wie en Heck öm et Hus*«, wird der Mann dann bestärkt.²⁷⁵ Im Gegensatz zu Klein-Erna aus Hamburg darf die Kölnerin deftig sein. Alle wirklich

Der liebste Platz des Kölners ist nicht an der Theke, sondern an der weichen Brust ...

beliebten Volksschauspielerinnen und Sängerinnen wie Emma Millowitsch, Grete Fluss oder Trude Herr hatten große »Schnauzen«. Die Feuilletonistin Vilma Sturm äußerte treffend über den 50er-Jahre-Star Grete Fluss: »*Keine Individualität, nein, vielmehr das vom Beifall ihrer Stadt hochgetragene Kölner Marktweib, rauhe Schale und darunter das kölsche Hätz, keifen und bützen mit einem Mund und von einem Augenblick zum andern.*«[276] Heute repräsentieren Samy Orfgen, Gigi Herr, Marion Radtke oder auch Hella von Sinnen diesen ›volksnahen‹ Typ.

Den Mann gut im Griff: Frau mit Kneifzange auf einem Karnevalswagen

Profitiert nun die Kölnerin von einem eher laschen Mannsbild? Gewinnt sie Macht oder Freiräume für eigene Abenteuer? Gewiss, immerhin wird ihr das Bützen zugestanden, sofern sie nur wieder zurückkommt – so verheißt der Ostermannbrunnen am benachbarten Ostermannplatz. Sie wählt selbst aus, wen sie will, und manch einem ›eß de Frau durchgebrannt‹ oder – wie die Tant – nachts auf Jück gewesen. Die feministische Doktrin »*Wenn eine Frau nein sagt, meint sie auch nein*« ist in Köln Allgemeingut, denn hier lässt sie sich »*nit am Spetzebötzjer fummeln*«, wenn sie dies nicht selbst will. Da können Tünnes und Schäl ruhig jammern.

Hier hinter St. Martin war einst ein geistliches Zentrum mit Stiftskirche, Pfarrkirche, Hospital und Beginenkonvent, ein willkommener Anlass, etwas mehr über eine Heilige und die Beginenbewegung zu erzählen. Mit dem Rundgang geht es auf Seite 161 weiter.

37 St. Martin & »Bishop Bridget«

Über zwei Jahrhunderte war Groß St. Martin das Glanzstück des Kölner Rheinpanoramas, gab es doch kein höheres und kein prächtigeres Bauwerk. Erzbischof Bruno I. ließ um 980 schottische und irische Mönche kommen, die in die Benediktinerabtei Groß St. Martin einzogen.[277] Da die Rheinvorstadt der Wohn- und Handelsplatz der mächtigen Kölner Kaufmänner und -frauen war, ließen sich diese leicht dazu bewegen, sich an den Kosten zu dem repräsentativen Bau zu beteiligen. Die aus dem 13. Jahrhundert stammende Stiftskirche (ein Vorläuferbau wurde 1150 durch Brand zerstört) ist eine staufische Basilika mit silhouetteprägendem normannischen Vierungsturm. Das Ori-

St. Brigiden links neben Groß St. Martin – die Pfarrkirche im Schatten des Stifts (Woensam, Stadtansicht von 1531)

ginalbauwerk wurde im Zweiten Weltkrieg zerstört und bis 1985 neu errichtet. Säulen und Flächen wurden dabei grau konturiert, die später zugefügten Wandbemalungen nicht wiederhergestellt, so dass ein Eindruck fast zisterziensischer Strenge entstand. Durch seine auffallende Helligkeit und eine zurückhaltende Möblierung vermittelt der Innenraum heute eine spirituelle Atmosphäre. Der Blick fällt um so deutlicher auf die vereinzelten Ausstattungsgegenstände wie eine Grablegung am Haupteingang, eine Hl. Brigida, Bodenmosaike oder ein romanisches Stufenportal an der Nordkonche, das einst den Zugang vom Kreuzgang zur Kirche bildete. Im Untergeschoss sind Ausgrabungen aus römischer Zeit zu besichtigen. Vor der Kirche erinnern durch Ketten verbundene Steine an die Ausmaße dieser einst stattlichen Klosteranlage samt Nebengebäuden. Im Pflaster ist der Kirchenumriss der zugehörigen Pfarrkirche zu erkennen. Diese am südlichen Seitenschiff angedockte Pfarrkirche war der Heiligen Brigida geweiht. Brigida von Kildare (453–525) war selbst eine Klostergründerin irisch-keltischen Ursprungs. Nach der Legende hatte sie die Geburt von Jesus »geschaut«, war also eine Visionärin. Sie soll als Äbtissin ein Doppelkloster für Nonnen und Mönche geleitet haben, das eines der berühmtesten Konvente in Irland war. Als im ländlichen Raum verehrte Heilige war und ist sie vor allem für Haus- und Ackertiere, Gastfreundschaft und Armenfürsorge zuständig; entsprechend wird sie bisweilen mit Kuhkopf abgebildet. Ihr zu Ehren wurde in Köln zunächst eine Kapelle, dann die Pfarrkirche für den nördlichen ›Marktsprengel‹ errichtet. Die Kirche zu Ehren der Viehheiligen wurde zu Beginn des 19. Jahrhunderts säkularisiert, das Gebäude nach einem letzten Gottesdienst im Juli 1803 für 5.075 Franken verkauft, teilweise abgerissen und zu einem anderen Teil als Mühle genutzt. Nach Abriss der Nebenkirche wurde Groß St. Martin zur Pfarrkirche bestimmt. Das Kreuz der Brigi-

Die verehrte Brigid, vermutlich eine ehemalige Keltengöttin, mit ihrem Ackertier (links unten)

denkirche blieb erhalten: Es dient seit der Gründung des Totenackers Melaten 1810 als Friedhofskreuz. 1984 erwarben die Gemeindemitglieder wieder eine barocke Holzfigur der irischen Äbtissin, um die alte Tradition fortzusetzen. Auch der Straßenname »Brigittengässchen« verweist noch auf diese bedeutende irische Kirchenmatrone, die stets große Verehrung erfuhr.

Heute ist das Areal um die Brigiden- und Martinskirche durch den Neubau »Wohnquartier St. Martin« des Architektenpaares Joachim und Margot Schürmann geprägt (erbaut zwischen 1970 und 1978).[278] Um 1140 stand hier ein Gebäude, das u.a. von BürgerInnen der Pfarrei bezahlt worden war und eine Doppelnutzung aufwies: Im Untergeschoss lag das Hospital »St. Brigiden«, auch »Zum Pörtzgen« genannt;[279] im Obergeschoss war ein Beginenkonvent untergebracht.[280]

Das Hospital »St. Brigiden«

Einkleidung einer Begine (spätmittelalterlicher Holzschnitt)

Spitäler waren im Mittelalter keine Krankenhäuser im heutigen Sinne. Im Brigidenhospital lebten sogenannte ›PfründnerInnen‹, alte Menschen der Pfarrei, die noch ein gewisses Einkommen hatten, aber Versorgung benötigten. Wie es dem Trend der Zeit entsprach, war das Spital zwar eine pfarreibezogene Anstalt, aber die Oberleitung lag bis ins 16. Jahrhundert hinein bei sogenannten Amtleuten und Kirchmeistern, nicht bei einem geistlichen Träger. Danach wurde es eine städtische Einrichtung und unterstand dem Rat. In das Hospital wurden meist alte, alleinstehende Menschen gegen ein ›Eintrittsentgelt‹ aufgenommen und dort bis an ihr Lebensende verpflegt.[281]

Im 12. Jahrhundert lebten nur Frauen im Brigiden-Hospital; später zogen dort auch Ehepaare und ledige Männer ein. Insgesamt war die Anstalt recht klein, sie konnte nur etwa 14 Personen aufnehmen (für 1567 sind acht weibliche und sechs männliche Bewohner bezeugt).[282] Da die meisten StadtbewohnerInnen in Familienverbänden wohnten und abgesichert waren, reichte diese geringe Kapazität für den Pfarrbezirk vermutlich aus. Die Hausverwaltung und interne Leitung des Hauses lag bei einem angestellten Hospitalmeister. Die Ehefrauen solcher halbstädtischer Beamter trugen – neben Mägden und Knechten – mit ihrer Hausarbeit zur Versorgung der BewohnerInnen bei. Eine Hausordnung aus dem 16. Jahrhundert für Spitäler gibt Hinweise auf die Organisation und die Normen des Zusammenlebens.[283] Eigenes Vermögen mußte beim Eintritt in die Institution eingebracht werden. Dafür erhielten die BewohnerInnen eine Versorgung bis an ihr Lebensende, inklusive Bestattung – eine Art Rentenversicherung. Vermutlich hing die Qualität der Versorgung von dem eingebrachten Eintrittsgeld ab, denn das Essen wurde, damit kein Neid entstand, im eigenen Zimmer ausgegeben. Bis ins 17. Jahrhundert wurden die PfründnerInnen vollständig verpflegt, danach konnten nur noch Essenszuschüsse und Heizmaterial ausgegeben werden. Bedingt durch strenge Sittlichkeitsnormen war das Verlassen des Spitals nur für den Kirchgang gestattet. Gäste durften erst nach Zustimmung des Hospitalsmeisters empfangen werden. Bei bestimmten Messen und Jahresgedenktagen gab es eine Anwesenheitspflicht.[284] Wie die meisten Klöster musste auch diese Einrichtung zur Franzosenzeit Ende des 18. Jahrhunderts ihren Betrieb einstellen. Mit der Pfarrkirche wurde um 1807 auch das Hospital veräußert; den Ertrag erhielt die neu organisierte städtische Armenverwaltung.

»Der stockahl Möhn en däm Kuvent› ner Juffer glich et Häzz noch brennt« – Die Beginen-Etage von St. Brigiden

Im oberen Stockwerk wohnten vom 13. bis 19. Jahrhundert sogenannte Beginen.[285] Diese Frauen waren Teil eines großen Aufbruchs armutswilliger und bußfertiger Menschen. In ihrer Entstehungsphase (12./13. Jahrhundert) hatte die Beginenbewegung eine geistliche Zielsetzung: Im Kontext der Armutsbewegung wollten sich die Frauen in die Nachfolge Jesu Christi stellen und ein spirituelles Leben führen. Frauen, die nicht bereit waren, eine Zwangsehe einzugehen, weihten sich als Einzelperson Gott und Maria, oder sie verbanden sich zu Kleingruppen und lebten in genossenschaftlichen Lebensgemeinschaften mit eigenen Regeln. Bereits 1223 sind die ersten Namen von Kölner Beginen überliefert, und auch Deutschlands erster Beginenkonvent überhaupt wurde 1230 von Sela Jude in Köln gegründet. Bis 1320 entstanden 98 weitere Hausgemeinschaften, 1350 lebten in Köln rund 1.170 Beginen in 100 Konventen.[286] Damit besaß Köln die größte Zahl an Beginenrichtungen und alleinlebenden Beginen in Deutschland.[287]

Um 1800 gab es noch 38 Konvente,[288] sechs Konvente existierten bis nach 1900, und mindestens eines der Häuser, der ehemalige Konvent Kreuz aus der Jakobstraße 37, wurde in den 1920er Jahren dem Stadtverband der Frauenvereine zur Einrichtung eines Kleinrentnerinnenheimes überlassen.

Waren nun Beginen frühe Krankenschwestern? Nein: Die hier lebenden Beginen waren nicht zur Krankenpflege im Hospital verpflichtet, und dass die beiden hier beheimateten Institutionen nicht als Einheit verstanden wurden, können wir daran ablesen, dass der Konvent Stiftungen unabhängig vom Hospital erhielt.

Sela Jude – Stifterin des ersten Beginenkonvents im deutschen Sprachraum

Was war das Lebensziel der Beginen?

Über kaum eine Bevölkerungsgruppe lassen sich so wenig verallgemeinernde Aussagen treffen wie über diese frommen Laiinnen. Wie wurde eine Frau Begine? Indem sie es selbst entschied und aussprach oder indem sie von ihren Eltern dazu bestimmt wurde. Eine Interessentin mußte sich nur den Beginenhabit, eine unauffällige graue oder beige Tracht, anziehen und sich ›Begine‹ (auf kölsch auch öfter ›bagyn‹ und ›bejingche‹) nennen – und sie war eine. Ein geistliches Ritual gab es nicht, die Begine gab ihren Entschluss kurz nach einer Messe bekannt. 1250 verkündete z.B. der Pfarrer von St. Laurenz, daß sich zwei Schwestern nach der Messe Gott und Maria anbieten wollten. In Klein St. Martin legte ein Vater 1268 den Kopf seiner Tochter auf den Altar und bekräftigte damit ihre vorab getroffene Entscheidung, Begine zu werden.[289]

Beginen mussten nicht das Gelübde der Armut ablegen und sich nicht der Klausur verschreiben. Darin unterscheiden sie sich von den Nonnen: Sie konnten jederzeit den Konvent wieder verlassen. Allerdings verpflichteten sich alle Beginen zur temporären Keuschheit – das war die einzige verbindliche Grundlage des Beginentums. Es gab keine langen Prüfphasen wie bei den Nonnen und keine elitären pekuniären Aufnahmehürden, jedoch war eigenes Vermögen eine Erleichterung zur Hebung des Lebensstandards. Nur wenige Beginenkonvente waren finanziell gut ausgestattet, da mit Stiftungen ausreichend abgesichert.

Manche Konvente konnten sich selbst die ›Mutter‹, ›Matersche‹ oder ›Meisterin‹ wählen und auch eigenständig über Neuaufnahmen entscheiden, in anderen Häusern wurde ihnen von den StifterInnen vorgegeben, wer aufgenommen werden sollte. In den Konventen galt Gehorsamspflicht gegenüber der Leiterin. Die Hausregeln wurden jeweils individuell formuliert, mal von den StifterInnen, mal von Geistlichen, dann wieder von den Beginen selbst, und enthielten Vereinbarungen zur Vermeidung von Zank, Diebstahl, gegen Schwatzhaftigkeit usw.[290] Ihre Kleidung sollte ›geistlich‹ und ›ziemlich‹ sein.[291]

Geistliche Frauen bei Textilarbeit

Eine Begine konnte sowohl allein als auch mit anderen Beginen zusammenleben. Im kleinsten Kölner Konvent wohnten zwei, in den seltenen Groß-Konventen bis zu 50 Frauen. Im 13. Jahrhundert waren die wenigsten Konventsbewohnerinnen adelig (zwei Prozent), aber zu 47 Prozent patrizischer Herkunft, zu 42 Prozent aus der Mittelschicht und nur zu 9 Prozent aus der Unterschicht.[292] Diese Herkunft verschob sich zur Frühen Neuzeit hin Richtung Mittelschicht. Die meisten Beginen Kölns waren ›Jungfrauen‹, was so auch dem Keuschheitsideal entsprach; einige wenige waren Witwen. Ehefrauen, die ihre Männer verließen, um ein spirituelles Leben zu führen, sind in der Frühzeit nicht zu finden.[293]

Die meisten Beginen waren volljährig, als sie sich zu dieser Lebensform entschieden. Das Mindestalter betrug in vielen Konventen 18 Jahre, in anderen aber auch 40 Jahre.[294] Regionale Unterschiede sind bei diesem Thema gravierend: So gab es in Rostock – anders als in Köln – Beginen, die mit ihren leiblichen Kindern zusammenlebten.

Wie alle geistlichen Frauen hatten Beginen stets einen männlichen Geistlichen als ›Hirten‹ und waren einer bisweilen strengen Hausordnung unterworfen. Trotzdem haben sie den Alltag sicher oft freier gestaltet als in den verschriftlichten Satzungen vorgesehen.[295] Die meisten Schwestern hielten sich strikt an die theologischen Vorgaben und erlaubten sich keine ketzerischen Abweichungen. Einige wenige in Köln lebende Beginen trugen mit schwärmerisch-leiblichen Ideen zur Mystik bei, so Christina von Stommeln und Maria van Oisterwijk. Beide betrieben eine Innenschau, hatten inbrünstige Visionen und machten spirituelle Vorschläge, die aber mit den Vorgaben der katholischen Kirche völlig konform gingen. Sie übertrafen die Männer noch an Gebetseifrigkeit.

Ganz selten formulierten ›radikale‹ Beginen eigenständige Vorstellungen über die Weiblichkeit Gottes, speziell des heiligen Geistes, und knüpften damit an vorchristliche weibliche Dreieinigkeitsvorstellungen an. Ob es solche Freigeister auch in Köln gab, ist bislang nicht bekannt.

Die meisten Konvente bekamen von ihren StifterInnen nur ein Haus gestellt, und das hatte zur Folge, daß die ärmeren Hausbewohnerinnen im Haus oder außer Haus arbeiten mussten – getreu dem Bibelwort: »*Wer nicht arbeitet, soll auch nicht essen.*«[296] Es gab zahlreiche zulässige Betätigungsmöglichkeiten: ambulante Krankenpflege, Hospizdienste (Betreuung von Sterbefällen in den Familien), Hostienbäckerei, vereinzelt und erst seit dem 17. Jahrhundert auch Unterricht für kleine Kinder.[297] So breit, wie früher gedacht, scheint ihre Außerhaustätigkeit aber nicht gewesen zu sein.

Bereitung eines Medikamentes im Haus eines Kranken

Die Bewertung der Beginen veränderte sich im Laufe der Jahrhunderte stark. Anfangs als fromme Frauen hochgeachtet, im 13. Jahrhundert sogar unter den besonderen Schutz der Erzbischöfe gestellt, bekam das Wort ›Begine‹ in manchen Gegenden im Zusammenhang mit der Ketzerbewegung des Spätmittelalters einen häretischen Beiklang. Im 14. Jahrhundert wurden alle, die sich als ›swesteren‹ bezeichneten, eine Untergruppe der Beginen, von Papst und Kölner Erzbischof als Häretikerinnen verdammt.[298] In Köln solidarisierten sich allerdings viele Pfarrer mit den Beginen und erklärten sie zu gewissenhaften Kirchgängerinnen und Rechtgläubigen.[299] – Eine andere Veränderung betraf die soziale Herkunft und die Verortung in der Armuts- und Bußbewegung.

Manch eine Anstalt ehemals christlich-spirituell motivierter Frauen wurde in eine durch monastische Regeln normierte Organisation umgewandelt. Manch ehemals stolzer Beginenkonvent entwickelte sich auch zu einer rein wirtschaftlichen Zweckgemeinschaft zur Unterbringung älterer Frauen. In Köln hielten sich einzelne Konvente erstaunlich lange. Am Anfang des 19. Jahrhunderts wusste jedoch kaum noch jemand etwas von den Ursprungsmotiven der ersten Konventualinnen. Im Köln der späten 1840er Jahre waren in den Armenlisten ca. 25.000 Bedürftige verzeichnet (knapp 30 Prozent der Stadtbevölkerung), da war ein warmes Plätzchen im Möhnekonvent ein Geschenk. Im Jahre 1869 – ca. 650 Jahre nach der ersten Erwähnung –

Demokratische Honoratioren als Kaffee- und Anisschnaps-süchtige »Bejinge« (Wagen des Rosenmontagszugs 1901, nach einer Zeichnung von F. Volckers)

wurde der letzte Kölner Frauen-Convent »*in strengem halbklösterlichen Stile ... für 12 Conventualinnen*« von einem dankbaren Sohn gestiftet und nach der Mutter benannt (Sophienkonvent). In den Notjahren nach dem Ersten Weltkrieg waren die alleinstehenden Damen der sechs ehemaligen Beginenkonvente froh, neben der Wohnung noch Brot, Licht, Brennmaterial und bisweilen Geld aus der Armenordnung zu erhalten, die festgelegt hatte, es sei möglichst im Sinne der alten Stiftungen von 1246 ff. zu verfahren.[300]

Die Beginen lebten in Karnevalsliedern und Redewendungen fort: Die ›Konventsmöhn‹ wurde zum Klischee einer alten alleinstehenden Frau,[301] ›ahl Bejing‹ zum Schimpfwort für eine nur äußerlich fromme Frau: »*Bejinge sin wie se schinge – Se ston hinger de Jadinge [Gardinen] und sage: Do hinge, do kütt de Minge.*«[302]

Wir gehen das Brigittengässchen Richtung Norden und stoßen auf die Mühlengasse.

38 Die rettenden Schwiegertöchter bei Brügelmanns Mühlengasse 1–15

Das letzte größere Fabrikgebäude innerhalb der Altstadt: Spinnerei Brügelmann, Mühlengasse

Die langgestreckte weiße Häuserfront fällt nicht direkt ins Auge, aber sie repräsentiert das letzte erhaltene Fabrikgebäude aus der Frühzeit der Industrialisierung im Innenstadtbereich.[303] Köln war wegen des Zunftzwangs erst spät in die industrielle Textilproduktion eingestiegen. Die durch die Zunftordnungen gesetzten Schranken entfielen in den 1790er Jahren nach dem Einmarsch der Franzosen. In der Folgezeit kam es zu einer Gründungswelle durch protestantische ›MigrantInnen‹, die erstmals unbehelligt in der Stadt wohnen durften.

An dieser Stelle richtete 1833 der Baumwollspinner und Garnhändler Friedrich Wilhelm Brügelmann (am geschmiedeten Gitter sind seine Initialen FWB noch gut erkennbar) eine Textilfabrik ein. Die Familientradition des Garnbleichens, Färbens und Spinnens können die Brügelmanns bis auf das Jahr 1466 zurückführen. Onkel Johann Gottfried Brügelmann hatte 1783/84 in Ratingen-Cromford die erste Baumwollspinnerei auf dem Kontinent errichtet. Friedrich Wilhelm Brügelmann kam 1820 42-jährig nach Köln. Nachdem er mit einer »Fabrike in lackierten und bronzierten Blechwaren« keinen Erfolg gehabt hatte, wandte er sich ebenfalls der Textilbranche zu und eröffnete seine »Woll- und Baumwoll-Spinnerei«. Gleichzeitig begann er auch den Textilhandel, was der Unternehmerfamilie aus mancher Krise half.[304]

Das ursprüngliche spätmittelalterliche Gebäude wurde bald zu klein. Daher ließ Brügelmann 1833 in der Mühlengasse 7 ein neues Gebäude für Spinn-Maschinen errichten. Nach und nach wurden auch die umliegenden Häuser angekauft.

Als erster Fabrikant in Köln setzte Brügelmann eine Dampfmaschine ein. Schon in den ersten Produktionsjahren verarbeiteten die 73 Firmenangehörigen 60.000 Pfund Wolle im Jahr. Brügelmann starb 1842, seine Frau, die fünffache Mutter Caroline Brügelmann, führte mit zwei Söhnen die Firma weiter. Ehefrauen der Unternehmer galten als Garantinnen für den nötigen Kapitalzufluss. Schwiegertöchter wurden zunächst danach ausgewählt, ob sie Kapital ›an de Föss‹ hatten, aber einige waren interimsmäßig auch als Unternehmerin tätig.[305]

Junge Arbeiterinnen unter der Aufsicht des Meisters

Das heutige Brügelmannhaus mit seiner neoklassizistischen Fassade stammt aus dem Jahr 1895. Im Zweiten Weltkrieg wurde es stark beschädigt und danach um ein Stockwerk reduziert wieder aufgebaut. Bis 1976 diente es als Firmensitz, dann zog das Familienunternehmen seinem neuen Produktionsstandort Deutz hinterher.

»Weißes Sklaventum«: Wirkschulen zur Ausbeutung von Kindern

Das Unternehmen beschäftigte viele Textilarbeiterinnen sowie einige Textilarbeiter und männliche Angestellte. Vorarbeiter waren grundsätzlich Männer.[306] 43 Kinder beiderlei Geschlechts, überwiegend Mädchen, gehörten zu den Werktätigen. Die Tatsache, dass auch alle Brügelmannschen Kinder in der elterlichen Spinnerei eingesetzt wurden, dokumentiert, dass sich niemand der Schädlichkeit der Kinderarbeit bewusst war. Kinder der Unterschicht hatten schon immer gearbeitet, aber auch ein Oberschichtkind der Frühen Neuzeit wie der Ratsherrensohn Hermann von Weinsberg wurde in die häusliche Textilproduktion mit einbezogen und hechelte fleißig Wolle. Im 17. Jahrhun-

»Kinderpresse« mit Lehrer

dert entstanden klösterliche Arbeits- und Erziehungsanstalten, sog. Wirkschulen, meist für Mädchen.[307] Ab dem Alter von drei Jahren wurden die Mädchen in das komplizierte Spitzenklöppeln eingeführt. 1799 waren angeblich in der Spitzenbranche 800 bis 1.000 Frauen und Mädchen beschäftigt, das wäre jedes 50. weibliche Wesen![308] Die 350 Kinder produzierten im Schnitt 83 Meter Spitze wöchentlich. Unter den 30 Spitzenfabrikanten von 1806 waren auch 24 weibliche ›Profitmacher‹. Diese hohe Zahl von Unternehmerinnen hatte ihren Grund darin, dass vielen Arbeitspressen ehemalige Nonnen vorstanden, die sich nach der Aufhebung der Klöster ihren Lebensunterhalt auf dem freien Markt verdienen mussten.[309] Da die Spitzen AbnehmerInnen bis nach Frankreich fanden, betrug der Wert der Kölner Spitzenproduktion 1811 die unvorstellbar hohe Summe von ca. 100.000 Franken. Dabei blieben die Klöpplerinnen selbst arm, erkrankten an der Lunge und den Augen. Aus Kostengründen waren die Arbeitsstätten in den dunkelsten und verrufensten Gassen angesiedelt, vornehmlich im Griechenmarktviertel.[310] Der Zeitgenosse Ernst Weyden, der die Produktionsbedingungen als Kind erlebte, nannte die Arbeitsverhältnisse »*Stätten weißen Sclaventhums*«[311]. Die Stadt Köln regelte 1812 in einem ›Wirkschulen-Reglement‹, dass Kinder im Sommer zwölf und im Winter elf Stunden arbeiten durften.[312] 1817 waren in Köln immer noch rund 1.500 Kinder – überwiegend Mädchen – in das Ausbeutungssystem eingespannt. Die Aufsicht über die arbeitenden Kinder und Mädchen lag nun bei der Armenverwaltung. Die Stadtväter glaubten selbst, die Jugend könne durch harte Arbeit vor »*Müßiggang und Bettel*« bewahrt werden.[313]

Zur Zeit der Brügelmanns war die Hochzeit der Kinderarbeit schon fast vorbei. Dennoch waren auch bei Brügelmanns unter den 73 Beschäftigten mehr als die Hälfte Kinder. Die Unternehmer hatten nur Summen im Blick: Kinder verdienten nur ein Achtel der Männerlöhne, Frauen ›immerhin‹ noch die Hälfte.

1823 wurde zwar die Schulpflicht eingeführt, aber ein Drittel bis die Hälfte der Kinder ging nicht hin, weil sie weiterhin für den Familienunterhalt tätig waren.[314] Erst als ab 1833 Debatten über die Gesundheitsschädigung der Kinderkörper zunahmen, als die Wehrkraft bedroht schien, wurden keine Konzessionen für Wirkschulen mehr erteilt. 1835 gab es noch 14 solcher Arbeitspressen, 1839 wurde die Fabrikarbeit für Kinder unter neun Jahren gesetzlich verboten.[315] Dieses Preußische Regulativ-Verbot war das erste sozialpolitische Gesetz in Deutschland.

Von der Mühlengasse biegen wir nach links in die Wehrgasse ein, die (nach Überquerung der Großen Neugasse) in Auf dem Brand übergeht.

39 Frankenturm – Hexenturm?

An dem rheinwärts und zur Philharmonie hin gelegenen Eckhaus hing noch vor wenigen Jahren das Straßenschild: »Am Frankenturm«. Der Name bezog sich auf den früheren städtischen Gefängnisturm, der sich bis 1888 hier drohend erhob.

Im Mittelalter hatte der Frankenturm eine Doppelfunktion als Stadttor und Gefängnis.[316] Hinter den dicken Mauern konnten DelinquentInnen sicher und geräuscharm untergebracht werden.[317] Vor der Einrichtung spezieller Gefängnisse im 17. Jahrhundert wurde in solchen Verliesen die Strafart ›Freiheitsentzug‹ abgebüßt, die allerdings eher selten verhängt wurde. Ordneten die Schöffen jedoch Gefängnisstrafe an, so stand die Haft

Im berüchtigten Frankenturm war auch die als Hexe verbrannte Katharina Henot inhaftiert

im Frankenturm an oberster Stelle – fast 70 Prozent der kölnischen Verhafteten saß die Untersuchungshaft oder eine Dauerstrafe hier ab.[318] Der Turm hatte sechs Gefängnisräume, in denen die DelinquentInnen bei Wasser und Brot, in Dunkelheit und peinvoller Enge, zwischen Ungeziefer, in rheinfeuchter fauliger Luft vegetieren mussten.[319] In diesem grässlichen Verlies saßen auch die als ›Hexe‹ verdächtigten Frauen ein, die auf ihre Befragung durch städtische Beamte warteten. So war die Postmeisterin Katharina Henot vor ihrer Hinrichtung u.a. im Frankenturm eingesperrt. Aus dem Verlies schrieb sie im Frühjahr 1627 in höchster Lebensangst einen anrührenden Appell an den Bruder, doch alle Anschuldigungen schnellstens überprüfen zu lassen und alle Rechtsmittel zu nutzen, um ihr Leben zu retten. Ohne Erfolg: Sie wurde im Mai 1627 verbrannt.[320]

Die Zustände in den Kerkern müssen schlimm gewesen sein, denn die an den Verhören beteiligten Aufsichtsbeamten forderten eine Leidenszulage! Ein Kerkermeister des Frankenturms übersandte 1630 einen Antrag auf Erhöhung der Spesensätze pro gefolterter ›Hexe‹ an den Magistrat von Köln. Dabei argu-

Die Skulptur der Postmeisterin wurde von einer Nachfahrin gehauen, Marianne Lüdicke

mentierte er, dass beim Verhör und der Peinigung der Gefangenen die Herren Schöffen, die »*wegen Gestanks und Unlust*« stets »*einen Trunk Weins*« erhielten, die ›Hexen‹ nach der Folter »*gelähmt liegen lassen*« und fortgehen, während »*ich alsdann darauf bedacht sein muß, daß die Hexen nicht allein mit geistlichem Trost, sondern auch mit zeitlicher Notdurft, Stroh, Betten, Decken, warmem Sand oder Wasser und dergleichen Sachen versorgt werden, und, weil die Hexen sich allemal durch Hunger töten wollen, daß denselben die Speise mit Gewalt eingepreßt werde*«.[321] Es gab also damals schon, wie später bei den britischen Suffragetten, Zwangsernährung für widerständige Frauen!

40 Am Rheinufer

Rosa und schwarz – Gedenkstein für verfolgte Schwule und Lesben in Köln

Kleinanzeigen waren schon in der Weimarer Republik ein wichtiges Kontaktmedium

Lag die Straße »Am Frankenturm« im Mittelalter außerhalb der Stadtmauer und war sie im 19. und 20. Jahrhundert eine stark befahrene Rheinuferstraße, so dient sie heute allein dem Vergnügen – den SpaziergängerInnen und RadlerInnen. Um so verblüffender ist angesichts der flanierenden Massen, wie wenig bekannt ein Gedenkstein ein paar Schritte nach Norden Richtung Hohenzollernbrücke ist. Er steht an einem früheren Treffpunkt homosexueller Männer und erinnert an die AnhängerInnen des gleichgeschlechtlichen Begehrens, die während der NS-Zeit verfolgt wurden.[322] Das männerbündische Terrorsystem hatte zur Abwehr gleichgeschlechtlicher Partnerschaften die einschlägigen Lokale schließen lassen, etwa das Kölner ›Dornröschen‹, in dem auch viele ›Lesbierinnen‹ verkehrten und wo sich eine Gruppe von frauenliebenden ›Damen‹ traf.

Die gesamte homosexuelle Subkultur wurde in den ersten Tagen der NS-Herrschaft zerschlagen: einschlägige Zeitschriften verboten, Treffpunkte und Lokale durch häufige Razzien kriminalisiert und dann geschlossen. Den homosexuellen Männern wurde mit KZ-Einweisung gedroht. Gleichgeschlechtlich liebende Frauen waren nicht durch den Paragraph 175 zu erfassen, da dieser weibliche Sexualität erst gar nicht erwähnte. Frauen, die sich nach der NS-Logik dem Gebot der Fortpflanzung entzogen, wurden

Unscheinbar: Gedenkstein zur Verfolgung von Homosexuellen, gestaltet aus den Symbolen der Vernichtung (rosa und schwarzer Winkel des KZs)

daher rhetorisch attackiert oder ggf. als ›Asoziale‹ inhaftiert. Geschlechtsverwischung oder -verwirrung wurde als ›fortpflanzungsfeindliche Entartung‹ gedeutet. Eine verführte Partnerin sollte »*bevölkerungspolitisch nach wie vor nutzbar bleiben*«, so Justizminister Thierack 1934. Die »*Verführerin*« konnte für Monate in ein Lager, ggf. sogar ein Lager-Bordell geschickt werden.[323]

Das Denkmal zeigt den rosa Winkel der männlichen Homosexuellen und den geteilten schwarzen Winkel der sogenannten ›Asozialen‹. Die Aufstellung des Gedenksteins erfolgte 1995 auf Initiative von »ÖTV« und »Centrum Schwule Geschichte«, wurde von den »Zauberflöten«, einem Schwulenchor, gesponsort.

> **Spaziergang am Rhein**
>
> Erst im 19. Jahrhundert wurde der Rhein vom Vater zum nationalstaatlichen Symbol ersten Ranges erhoben: »*Fest steht und treu die Wacht am Rhein, solang ein Tropfen Blut noch glüht, noch eine Faust den Degen zieht, und noch ein Arm die Büchse spannt, betritt kein Feind hier deinen Strand ...*«, dichtete der Patriot Max Schneckenburger.[324] Fortan war der Fluss ein Heros, ein verehrtes Verteidigungsobjekt und damit Männersache.

Ursula

Altstadtnah am Rhein soll laut den Bildern der Kölner Malerschule das legendäre Massaker an der Frauenschar um die heiligen Ursula stattgefunden haben. Auf dem Rückweg von ihrer Pilgerreise nach Rom ankerten angeblich die Anführerin Ursula, eine kluge und fromme Prinzessin, mitsamt ihren 10.999 Freundinnen bzw. Dienerinnen mit 11 Schiffen am Kölner Ufer. Die jungen Frauen befanden sich auf dem Heimweg nach Britannien. Schon auf dem Hinweg war Ursula in Köln im Traum geweissagt worden, sie werde auf dem Rückweg das Martyrium erleiden, und so kam es auch: Ein Hunnenheer belagerte laut Legende gerade Köln. Als die Segelschiffe in Köln anlegten, griff der raue Hunnenfürst nach der ›zarten‹ Ursula; sie sollte sich ihm hingeben und seine Frau werden. Da sie sich weigerte, gab er den Befehl, die Reisegruppe dahinzumetzeln, und zielte selbst mit seinem Pfeil auf die Königstochter, die als letzte überlebt hatte. Wie viele Legenden um Jungfrauen enthält auch diese Aspekte einer offen geäußerten sexuellen Gewaltdrohung. Die Botschaft, dass gute Christinnen eher ihr Leben als ihren jungfräulichen Körper hingeben, wird bis ins 20. Jahrhundert lebendig erhalten.

Die Legende ist wie viele Märtyrergeschichten auf die Spätantike datiert, wurde jedoch erst im 11. Jahrhundert aufgeschrieben. Sie verbreitete sich schnell, nachdem 1106 ein großes römisches Gräberfeld im Norden der Stadt entdeckt und mit den Jungfrauen in Verbindung gebracht wurde. Köln hatte nun mit den zahlreichen Reliquienknochen – lange vor Kölnisch Wasser – attraktive Souvenirs zu bieten.³²⁵ Ursula wurde aufgrund ihrer Popularität und wirtschaftlichen Bedeutung neben dem heiligen Gereon und den Heiligen Drei Königen ›Stadtpatron‹ Kölns. Elf weibliche Leidenstropfen kamen stellvertretend ins Kölner Wappen. Ihre häufige künstlerische Abbildung als Schutz-

mantelfigur, als Frau, die unter ihrem weiten Mantel weitere Frauengestalten birgt, symbolisiert, dass Ursula die offizielle ›Schutzmatrone‹ der Kölner Frauen ist.³²⁶ Der Ursulakult zog Jahrhunderte später eine heute traditionsreiche Bildungseinrichtung nach Köln: Die flämische Nonne Mater Augustina de Heers errichtete im 17. Jahrhundert die erste Ursulinenschule Deutschlands in der Stadt des Martyriums. Zum Leidwesen vieler KölnerInnen entbehrt Ursula jeglicher historischer Realität, und die pfeilbewehrte und daher amazonisch anmutende Heilige Ursula samt weiblicher Frauenschar wurde 1970 aus dem überregionalen Heiligenkalender entfernt. Doch tut dies ihrer Beliebtheit in Köln keinen Abbruch. Bis heute findet im Oktober ein sehenswerter kleiner Umzug mit goldenen Schiffen und eigenen Ursulagesängen um die goldbekrönte Ursula-Kirche statt.

Darstellung eines Massakers an Frauen, die lieber über sich selbst bestimmen, als sich unterwerfen lassen wollten

Rheinwasser als Reinigungsenergie

Im Mittelalter hatte der Rhein für viele Kölnerinnen eine große Bedeutung als Ort der Erneuerung und spirituellen Reinigung. Francesco Petrarca, einer der ersten Bildungsreisenden Europas, hat entsprechende Rituale der Kölner Frauen überliefert. 1333 beobachtete der italienische Frühhumanist: »*Nachdem ich Aachen verlassen hatte (...), nahm mich Agrippina Colonia auf, das am linken Rheinufer liegt. Dieser Ort ist durch seine Lage, seinen Strom und durch seine Bevölkerung berühmt. Man ist erstaunt, in diesem Barbarenland eine derartig feine städtische Bildung anzutreffen. Welch ein Stadtbild, welche Würde bei den Männern, welche Anmut bei den Frauen! Es war gerade Johannisabend, als ich dort ankam, und die Sonne ging soeben unter. Sogleich ließ ich mich (...) von meinem Gastgeber an den Fluß geleiten: Mir stünde ein herrliches Schauspiel bevor. Und ich sollte nicht enttäuscht werden! Das ganze Ufer war nämlich von einer wunderschönen riesigen Prozession von Frauen eingenommen. Wie war ich erstaunt! Gute Götter, welch eine Schönheit! Welch ein Anstand! Hier müßte sich jeder verlieben können, dessen Herz noch frei ist.*«[327]

Der berühmte Humanist Francesco Petrarca (1304–1374) begeisterte sich für ein altes Kölner Ritual (Kupferstich, Johann Friedrich Bolt nach einem Entwurf von Tieck)

Petrarca sah lebhafte Frauen in festlichen Gewändern, manche mit duftenden Kräuterkränzen geschmückt. Die Ärmel bis zu den Ellbogen hinaufgestreift, badeten sie ihre Hände und Arme im Fluss und murmelten dabei ihm unverständliche Worte. »*Verwundert und dieses Brauchtums unerfahren, redete ich einen aus meiner zahlreichen Umgebung mit dem bekannten Vers des Vergil an: Was soll dieses Menschengewimmel am Fluß, was haben sie im Sinn? Ich erhielt zur Antwort: Es sei ein uralter Volksglaube, an dem vor allem die Frauen hingen, daß alles Unheil des kommenden Jahres durch ein Bad im Fluß an diesem Tage weggespült werde; danach werde dann alles glücklicher vonstatten gehen. Deshalb werde dieser Reinigungsritus jedes Jahr wieder mit derselben Begeisterung vollzogen.*«[328]

Das von Petrarca beschriebene Ritual der Kölner Frauen diente dazu, stellvertretend die ganze Stadt zu entsühnen, ein Zauberritual. Neben der Frühlings-Tag- und Nachtgleiche, die ihren

Nachhall in Karnevalsbräuchen fand, läutete dieser Juniabend einen weiteren Wechsel ein: Es war der Tag vor der Sommersonnenwende, auf kölsch: de ›Sonnkipp‹. Nun begann wieder die Zeit der Dunkelheit, und damit die Zeit der Dämonen, die durch Wasser- oder Feuerrituale besänftigt werden sollten. Noch im 19. Jahrhundert wurden an diesem Abend Kräuterbüschel verbrannt (Johanniskraut, gut gegen winterliche Depressionen) und liebeweckender Johanniswein ausgeschenkt.

Reinigungsfest der Kölner Frauen zur Sommersonnenwende (Zeichnung auf Holz nach eigener Malerei im Gürzenich von Adolf Holz)

Baden im Rhein

Vor einem Rheinbad wird heute weniger wegen der Umweltbelastung denn wegen der starken Strömung gewarnt. Über Jahrhunderte war das Bad im geliebten Fluss üblich, und für Arme bot es die einzige Möglichkeit, sich zu erfrischen. Der Kölner Rat verbot in der Frühen Neuzeit das (nackte) Rheinschwimmen, weil es gegen Gottes Gebote und die Natur selbst (!) sei. Er stellte das Baden »*gänzlich und zumalen insgemein und durchaus*« unter Strafe.[329] Aber was war die Alternative? Badestuben konnten in der Antike und im Hochmittelalter nur Betuchtere aufsuchen. Diese gerieten auch immer wieder in einen zwielichtigen Ruf, auch wenn darauf geachtet werden sollte, dass sich die Frauen »*zur Vermeidung von Ärgernis und Ungebühr*« mit einem Leinenkleid den Unterleib bedeckten und dass beide Geschlechter die »*Separation der Männer und Frauen fleißig in acht*« nähmen.[330] Viele Badestuben waren einfach derbe Bordelle. 1666 wurden sämtliche Kölner Badestuben geschlossen – angeblich aus hygienischen Gründen. Ein Grund

Köln a. Rh.

Wieder im Kommen: Badeschiffe für gefahrlose Rheinbäder. Unten: Kölner Badeszene aus den 1920er Jahren (Zeichnung von Heinz Kroh)

mehr, im Rhein zu schwimmen, was bis ins 19. Jahrhundert hinein meist hüllenlos erfolgte. Aber die neue preußische Polizeiverordnung war restriktiv: Am Ufer durfte frau und man nicht einmal in »*gehöriger Badekleidung*« herumlaufen.[331]

So mussten neue Einrichtungen her. Seit 1815 konnte frau und man sich in Rheinbadeanstalten säubern. 1817 gab es sogar eine erste Schwimmanstalt die »*Schwimm-Übungen*« anbot, allerdings in Deutz, das nicht so leicht zu erreichen war wie heute; aber dort lagen Kasernen. Manche eine Schwimmanstalt diente ausschließlich der Soldatenertüchtigung, und die primäre Zielgruppe der neuen »*Schwimmkunst*« waren Männer. Die ersten Badehosen und -hemden wurden daher für Männer entworfen. 1820 bis 1823 betrieb die »*Wittib* [Witwe] *Klug*« ein sogenanntes Badeschiff, auf dem Einzelbäder genommen werden konnten. Ein Konkurrent bot »*vierzehn geschmackvoll eingerichtete, bequeme Badezimmer, die allen Bedürfnissen des Badenden freundlich entsprechen*«. Er warb mit dem Argument der Respektabilität für sein Etablissement: »*Die eine Seite ist den Damen gewidmet, so wie die andere dem männlichen Geschlechte.*«[332] 1847 ließ die

Stadt zur Ertüchtigung größere Badeanstalten für beide Geschlechter errichten – dazu wurden viereckige Drahtkästen von 28 mal 8 Metern im Rhein versenkt – sicher meist ein kühles Vergnügen! In die Volksschulen zogen um die Wende zum 20. Jahrhundert langsam erste Volksbäder ein, meist Brausemöglichkeiten für Kinder aus heruntergekommenen Häusern.

Hochwasserschutz der anderen Art: die Gottestracht

Ein ungetrübtes Rheinerlebnis ist für viele KölnerInnen die traditionelle Schiffsprozession zu Fronleichnam, die sogenannte ›Gottestracht‹. Die Fronleichnamsprozession war die ›Erfindung‹ einer Begine und erinnert an die Einsetzung des Altarsakraments. Die Mystikerin Juliana von Lüttich (13. Jahrhundert) sah in einer Vision die Kirche in Gestalt einer weißen Mondscheibe, der ein kleines rundes Stück fehlte. Christus selbst erklärte ihr, der dunkle Fleck verweise auf den Mangel eines Festes zum Eucharistie-Sakrament. Fronleichnam ist eines der wenigen ChristInnenfeste, das keine astronomischen, ›heidnischen‹ oder jüdischen Wurzeln hat. Nach altem Kölner Brauch wird seit ca. 1370 der »*fromme Umgang*« als »*procession myt dem heiligen Sacrament omb die Stadt zo dragen*« begangen. Früher diente das Umhertragen des Gottes als spiritueller Hochwasserschutz und man umrundete dabei die gewaltige Stadtmauer. Inzwischen geht eine Prozession in den bunten Kostümen vieler auswärtiger Gläubiger durch die Altstadt und eine weitere findet auf dem Rhein bei Mülheim statt.

Mit Herz und Geldverstand dabei: Die Kölner Wirtin

Wirtinnen

Am Rheinufer liegen viele kleine, zum Teil sehr alte Hotels. Aufgrund der Nähe zu den Warenumschlagplätzen (Stapelhaus) und der berühmten Domruine kehrten über Jahrhunderte gut situierte Gäste hier ein.[333] Als Herbergsmutter und Gastwirtin finden sich, wie schon aus spätmittelalterlichen Urkunden und anhand von Fremdenverzeichnissen ersichtlich ist, überproportional viele Frauen, was daraus resultiert, dass diese sich oft auf zunftfreie Gewerbe verlegten.[334] Die BetreiberInnen der Kaufmannsherbergen rings um den Fischmarkt tätigten im Auftrag ihrer gewerbetreibenden KostgängerInnen Kommissionsgeschäfte und profitierten von dem durch das Stapelrecht forcierten dreitägigen Zwangsaufenthalt aller Handeltreibenden. Aufgrund ihrer Verantwortung für fremde Gelder und der Nähe zu möglichen Straftätern wurden die HerbergswirtInnen von der Stadt vereidigt.[335] Mindestens seit 1437 sollten sie melden, wenn Gäste nur nachts ausgingen. Im Laufe der Frühen Neuzeit nahm die Haftung für oder besser die Kontrolle über die ›Fremden‹ und deren Vergehen noch zu.[336] Zweimal jährlich schworen WirtInnen nun der Kölner Fremdenpolizei, ihre Anzeigepflicht ordentlich wahrzunehmen; diese Eidesleistung rückte sie rechtlich in die Nähe städtischer Bediensteter.[337] Fühlte sich die Stadt wieder einmal

1828 vermeldete ein täglicher Anzeiger die Gäste der Stadt – »yellow press« und polizeiliches Meldewesen zugleich

bedroht, mussten die GastwirtInnen ihre ›Fremdenlisten‹ allabendlich beim Burggreven unter dem Rathaus abliefern – genau eine Stunde nach Schließung der Stadttore![338] Um die Anonymität ihrer Gäste zu schützen, umgingen viele WirtInnen diese Anordnung jedoch. Die Obrigkeit dachte gar über eine vorherige Anmeldepflicht von Reisenden nach.[339] Im frühen 19. Jahrhundert nahmen die offiziellen Gästeverzeichnisse einen neuen Charakter an: Gedruckt und verkauft waren sie die ersten Boulevardblätter, kolportierten Adels- und Skandalgeschichten.[340] Angesichts der Rheinromantik brach ein regelrechter Reiseboom aus, und aufgrund neuer technischer Entwicklungen wurde 1827 eine große Schiffsanlegestelle eröffnet. In vorher nicht gekanntem Ausmaß entstanden weitere Hotels für wohlhabende ›Fremde‹. Anscheinend besonders beliebt war das Rhein-Hotel der Witwe Sülzer, denn sie beherbergte wiederholt Berühmtheiten wie die gebildete und künstlerische Begabte Charlotte Schiller (Witwe Friedrich Schillers), die

1821 und 1825 ihren Sohn Ernst in Köln bzw. Bonn besuchte. Früher wies sogar eine Gedenktafel auf diesen ›VIP‹ hin. Nicht wenige Witwen nahmen Dauergäste wie Studenten[341] oder – im späteren 19. Jahrhundert – Arbeitsmigrantinnen vom Land auf, junge Frauen, die sich in Haushalten verdingten, aber lieber extern in einer Pension leben wollten. Für sie wurden bald reine Frauenherbergen gegründet. Da ›durchreisende Damen‹, die etwas auf sich hielten, nicht in öffentliche Pensionen zogen, eröffneten konfessionelle Träger Einrichtungen, in denen sie behütet wohnen konnten. Rege Nachfrage war auf diesem Feld gegeben, 1905 stiegen allein im protestantischen Marthastift 294 Frauen ab. Auf katholischer Seite existierte z.B. das Damenheim am nahe gelegenen Georgsplatz. Im Zuge der Neuen Frauenbewegung wurden aus dem gleichen Wunsch nach unbelästigtem Nächtigen in mehreren Städten Frauenhotels gegründet, allerdings hat Köln – anders als Berlin oder Hamburg – kein Frauenhotel mehr zustande gebracht.

Wir folgen der Verlängerung von Am Frankenturm nach Süden und laufen Richtung Am Bollwerk über die frühere Fluchtlinie der Stadtmauer. Im Rheinparkgelände ist der Verlauf der gewaltigen Stadtmauer durch ein flaches Mäuerchen aus Basaltsteinen markiert, zum Teil doppelt geführt.

Frauen auf der Mauer?

Um zu erspüren, wie abgeschnürt die Stadt vom 13. Jahrhundert bis in die 1880er Jahre war, müssen wir uns eine Mauer von 7,5 Meter Höhe und mehreren Meter Breite vorstellen. Unterbrochen wurde das sieben Kilometer lange Festungswerk landseitig durch zwölf große Torburgen und 52 kleinere Wehrtürme, rheinseitig durch zwanzig Tore bzw. kleine Pforten. Die Kölner Stadtmauer war die umfangreichste und stärkste Verteidigungsanlage nördlich der Alpen. Sie bot Schutz vor Angriffen und diente als Zoll- und Einreisebarriere. Sie bedeutete aber auch viele Kilometer Wachtdienst auf der Stadtmauer, die aus Treuepflicht gegenüber der Stadt zu leisten war. Die Nichtberücksichtigung von Frauen bei politischen Ämtern wird bisweilen darauf zurückgeführt, dass diese nicht am Wachdienst teilhatten und dass die Gaffeln sich *auch* als Waffenbruderschaft verstanden. Mit dem Verbundbrief, der städtischen Verfassung von 1396, ging eine Veränderung in der (Wehr-)Verfassung einher, die die Waffenhaltung und den Wachtdienst auf der Stadtmauer neu regelte.[342] So hatten etwa die Zunftmitglieder der

Brauer, unter denen es durchaus auch Frauen gab, im Kriegsfall 605 Mann zu stellen.[343] Im Friedensfall mussten 16 Mann mit eigenem Harnisch und Waffen regelmäßig den Mauerabschnitt am Kartäuserwall bis zu einem Turm westlich der Ulrepforte bewachen.[344] Diese Verknüpfung von Politik und Militär *kann* den Ausschluss der Frauen verstärkt haben, *muss* es aber nicht zwangsläufig. Persönlich haben Kölner Frauen zwar sicher keine Wehrpflichten übernommen, aber aus anderen Städten und späteren Zeiten ist bekannt, dass Frauen – wie manche Männer auch – den Wachdienst durch eine finanzielle oder personelle Ersatzleistung abgelten konnten.[345] Als Kölner Bürger 1580 zur »*polizeilichen Kettenwacht*« verpflichtet wurden, mussten – und konnten – Frauen einen Vertreter bezahlen, um nicht selbst erscheinen zu müssen.[346] Mauerdienst war demnach kein wirklicher Grund für einen Ausschluss von politischen Ämtern.

Die parallel geführte Gasse geht in die Mauthgasse über (hier lag zur Franzosenzeit das Zollamt), die uns ans Stapelhaus bringt. Ein Panorama-Holzschnitt von Anton Woensam aus dem 16. Jahrhundert zeigt, dass das Stapelhaus früher in die Mauerbewehrung einbezogen war. Setzen Sie sich – wenn das Wetter es erlaubt – doch für eine Weile ans Rheinufer.

41 Stapeln macht reich – Wo bitte geht's zum Hafen? Stapelhaus

Köln ist mit 10,4 Millionen Tonnen Umschlag (2005) nach Duisburg der zweitgrößte Binnenhafenstandort in Deutschland. Das Warenaufkommen wäre hier am Altstadtufer nicht mehr zu bewältigen, und so liegen die Industriehäfen inzwischen an der Peripherie der Stadt. Nachdem der natürliche Rheinarm versandet und zugeschüttet war, nutzte Köln das gesamte Ufer als Anlegestelle. Es war stark frequentiert: »*Die ganze Reede an der Stadt, die beinahe eine Stunde lang ist, ist fast immer dicht mit Schiffen bedeckt*«, dokumentierte Zeitzeuge Riesbeck (1783).[347] Mehrmastige Segelschiffe lagen neben Ruderbooten, die schlankeren ›Oberländer‹ sortierten sich südlich des Salzgassen-Tores, die bauchigeren ›Niederländer‹ nördlich Richtung Dom.[348] Permanent wurden Waren abgeladen, neben Fischen, Wein und weiteren Nahrungsmitteln auch

Eine Stunde Fußweg entlang der Mauer nur **Schiffsanlegeplätze** (Woensam, Stadtansicht von 1531)

Stoffe, Metalle, Gewürze sowie Baumaterialien. Köln konnte sich nicht aus eigener Kraft ernähren, dazu lebten zu viele Menschen in der Stadt (ca. 35.000 bis 40.000 vom Spätmittelalter bis Mitte des 18. Jahrhunderts). Noch im 19. Jahrhundert brummte das Gelände: »*Längs dieser ungeheuren Stadt liegt Schiff an Schiff, es ist ein reges äußerst geräuschvolles Leben. Ein ewiges Fahren von Kaufmannsgütern, ewiges Rollen und Rumpeln von Fässern und Kisten, bei starkem Geruch nach Pech, Thee und Braunkohlen. Der ganze Himmel voll Maste und Taue, ein fortwährendes Läuten und Schreien.*«[349]

Im Hintergrund befindet sich das sogenannte Stapelhaus, ein ungewöhnlich langgestrecktes Gebäude. Der Name aus dem 19. Jahrhundert bezieht sich historisierend auf das damals gerade abgeschaffte Stapelrecht, das der Stadt ab 1259 zu ihrem Reichtum verholfen hatte.

An diesem ›Schauplatz der Macht‹ wurde mit Hilfe einer die Konkurrenz ausschaltenden Marktrechtsbestimmung Reichtum gescheffelt, der wiederum in politische Macht münden

HändlerIn kommt mit einem Schiff voller Ware angefahren (Holzschnitt)

konnte. Alle auf Schiffen vorbeifahrenden Kaufleute mussten in Köln für drei Tage ihre Waren auslegen und den KölnerInnen exklusiv zum Erstkauf anbieten. Verkauf in kleinen Mengen war ebenso verboten wie ein Verkauf am Stapel vorbei. Möglich war dieses ›legalisierte Wegelagerertum‹, wie Stadthistoriker Martin Stankowski diese Praxis nennt, aufgrund des natürlichen Stromverlaufs: Rheinaufwärts und rheinabwärts konnten nicht die gleichen Schiffe benutzt werden, in Köln

Das bedeutende Kölner Fischkaufhaus im Mittelalter, bekannter als Stapelhaus (Finkenbaum Skizzenbuch, ca. 1670)

musste umgepackt werden. Nur flache Schiffe konnten gen Rheintal und Schweiz gelangen, ohne aufzusetzen. Die einheimischen (wie auch zahlende auswärtige) HändlerInnen konnten sich in diesen drei Stapeltagen die frischesten, qualitätvollsten und preisgünstigsten Waren sichern – und damit ein Qualitätsmonopol begründen. Die streng geprüften, gemessenen, gewogenen, geteilten und neu verpackten Waren wurden mit einem Stempel versehen, der eine Herkunft aus Köln suggerierte (Dreikronen-Symbol).[350] Um »*Handel, Prüfung und Kennzeichnung der Waren*« kümmerten sich zahlreiche Berufe.[351] Selbstverständlich waren dabei auch viele Frauen beteiligt, wie immer, wenn »*Waren- und Materialkenntnis von besonderer Bedeutung*« waren.[352] 1558 bis 1561 entstand das spätgotische, wehrhaft-zinnengeschmückte Gebäude, das wir von den Rheinpanoramen her kennen. Zwar gilt das Stapelhaus heute als Symbol der Handelsmetropole Köln insgesamt; tatsächlich war es über Jahrhunderte ein Fischhandelshaus. Den heute mit dem Gebäude verbundenen Treppenturm bekam es erst im 19. Jahrhundert. – Das Stapelrecht wurde 1815 vom Wiener Kongress abgeschafft, in milderer Form bis 1831 dennoch praktiziert; aufgrund neuer Schiffsformen war das Umpacken zu dieser Zeit nicht mehr erforderlich.[353] Kommissionshandel und ein dazu gehöriges Speditionswesen stellten bis ins späte 19. Jahrhundert hinein das wichtigste Standbein für Kölns Blüte und Reichtum dar. Heute ist der »*Bundesverband Bildender Künstlerinnen und Künstler NRW (Bezirksverband Köln e.V.)*« im Stapelhaus beheimatet und öffnet ab und zu die Tore für eine spannende Ausstellung.[354]

Es geht weiter die Mauthgasse entlang bis zum Fischmarkt. Die ersten Wohnhäuser am Fischmarkt standen noch auf dem Klostergelände der Benediktinerabtei Groß St. Martin, denn der Rechtsbezirk der Abtei, die sog. Immunität, reichte ehedem bis zum Fischmarkt. Werfen Sie einen Blick zurück auf den beeindruckenden Vierungsturm der Kirche.

42 Fischmarkt

Der Fischmarkt (kölnisch ›Feschmaat‹) wurde erstmals im 12. Jahrhundert erwähnt, er bot vielen StadtbürgerInnen Brot und Arbeit. Das zugehörige städtische ›Vischkouffhuis‹ (ursprünglicher Name des Stapelhauses) mit Fischwaage diente vor allem dem Handel mit Seefischen: Hering, Stockfischen, Bücklingen oder Schollen. Verderbliche Waren mussten aufgrund des Stapelrechts konserviert werden. Im Gebäude gab es daher Arbeitsplätze zum Waschen, Zerteilen, Pökeln, Lagern und Umpacken. Ankommende Kisten wurden mit dem ehrenvollen städtischen Brandzeichen (Drei Kronen) versehen und weiterverkauft. In Köln wurde Fisch nicht nur für den eigenen Bedarf zubereitet und verkauft, sondern auch Fischgroßhandel und Versand im großen Stil betrieben. Um ihren Fisch zu verkaufen, kamen FischgroßhändlerInnen von weit her nach Köln, sogar aus den Niederlanden, und die Kölner FischhändlerInnen hatten ihrerseits KundInnen bis ins Maingebiet.

Die HändlerInnen wurden Fischmenger und Fischmengerssen genannt und waren seit dem 16. Jahrhundert in einer Zunft zusammengeschlossen. Viele entstammten vornehmen Familien. Fisch war in Köln ein ›erlaubtes‹ Handelsgut für Frauen, Frauen waren selbstverständliche Mitglieder der Zunft. Es gab

In Köln durften Frauen Fische verkaufen, aber die Zunftherren führten geschlechtsspezifische Tabus ein (Stich zu Jan van Beverwijk, Wercken der Genees-Konste 1663/64)

jedoch Arbeitsbeschränkungen: So wurden die Fischmengerssen vom Verkauf größerer Fische, die gewogen werden mussten, ausgeschlossen. Bei Zuwiderhandlung drohte sogar Haft! 1482 wurde ihnen der Handel mit gesalzener Ware untersagt. Es blieben ihnen nur die kleinen frischen ›grünen‹ Fische. Und noch eine Ausnahme wurde festgehalten: Wollten ›Fischmengerssen‹ als Witwen das in Köln übliche zünftige Hinterbliebenenrecht wahrnehmen und nach dem Tod ihres Mannes für eine bestimmte Zeit in dem ehelichen Gewerbe tätig sein, bedurfte ihre alleinverantwortliche Handelstätigkeit der Zustimmung der Bürgermeister.

Der Fischbrunnen mitten auf dem Platz, entworfen von Rainer Walk zum 100-jährigen Bestehens der Kreishandwerkerschaft (1986), hat zwei Ebenen: Aus dem unteren, kleeblattförmigen Becken steigt eine Säule auf, die auf Wasserhöhe mit schnappenden Fischen dekoriert ist. Auf der Höhe des oberen Beckens aus Basaltlava sitzen vier »Maatwiever« (Marktfrauen), die das zupackende Wesen eines ›Fischweibes‹ wiedergeben, aber nicht die Vornehmheit früherer Zunftfrauen spiegeln.

43 Dauerperformance und Matratzenlager – Avantgarde bei Mary Bauermeister
Lintgasse 28 Ecke Fischmarkt

Ihre Atelierfeste müssen überwältigend gewesen sein. Für einige Monate (Anfang 1960 bis Oktober 1961) unterhielt Mary Bauermeister in der Kölner Altstadt ihr Atelier. Keine andere Künstlerin trug zu der Zeit so stark zum »*Aufbruch in neue künstlerische Dimensionen*« bei wie Mary Bauermeister (geb. 1934).[355] Den Muff der 1950er Jahre hinter sich lassend, entzündete die junge Frau eine künstlerische Aufbruchstimmung mit und bereitete mit Gleichgesinnten eine Kunstbewegung vor, die später als *fluxus* bekannt wurde.

Das Atelier der Künstlerin Mary Bauermeister in der Lintgasse (Foto: Peter Fürst, ca. 1960)

Mary Bauermeister hatte in Ulm bei Max Bill und in Saarbrücken studiert und kam 1960 nach Köln. Mit einer avantgardistischen Kunst-Clique wandte sie sich u.a. der ›Neuen Musik‹ zu, die durch den WDR niveauvoll präsent war wie sonst nirgendwo in Deutschland. In Mary Bauermeisters Atelier fanden MusikerInnen dieser Richtung mit bildenden KünstlerInnen und LiteratInnen zusammen. »*Ich mietete ein großes Atelier. Dieses Atelier wurde automatisch auch der Wohnraum von allen, alles lag voller Matratzen*«.[356] Sie organisierte legendäre experimentelle Ausstellungen, Konzerte mit ›neuester Musik‹ und Lesungen (wir würden heute sagen: Performances). Selten war in Köln ein solches Aufgebot an internationalen Künstlern zu finden wie auf den »Kontra-Festen« in der Lintgasse. Vorlesungen von Karlheinz Stockhausen über Komposition folgten einer aufregenden Aufführung des frühen Video-Enthusiasten

Nam June Paik, danach gab es ein Konzert von John Cage. Avantgardistische Multimedia-Künstler wie Wolf Vostell oder George Brecht diskutierten mit dem noch unbekannten Paar Christo und Jeanne-Claude, diese schauten Tänzer Merce Cunningham zu usw. Die Künstlerin selbst schuf mit ›Sozialen Skulpturen‹ körperhafte Installationsräume und vorher nie gesehene Lichtobjekte mit so kreativen Titeln wie »Großes Lichttuch« (1962) oder »Flickenkleider« (1963). Sie fertigte Prismenskulpturen und wagte sich an ›freie‹ Textilarbeiten,

Mary Bauermeister mit Glasobjekt

womit sie Spartengrenzen überschritt. 1961 nahm Mary Bauermeister bei den *Internationalen Ferienkursen für Neue Musik* am Kompositionskurs ihres späteren Mannes Karlheinz Stockhausen teil. Bisher getrennte Kunstformen wie Bildende Kunst, Film, Video, Theater und Photographie verschmolzen in der Lintgasse. »*Wir wollten keine Kunst machen, wir wollten Bewusstsein verändern*«,[357] berichtete Mary Bauermeister später. Alles hatte für die lockere Gruppe einen gemeinsamen Zeitgeist, »*und den suchten wir*«[358]. In der Rückschau raisonniert sie: »*... was war da alles noch an geistigen Kräften, die daran glaubten, unsere Gesellschaft verändern zu können*«.[359]

Wenige Menschen haben in diesen Tagen so stark zum Ruf von Köln als avantgardistischer, multimedialer Kunststadt beigetragen wie Mary Bauermeister. Die Bildhauerin kehrte – nach einigen Jahren künstlerischen Wirkens in New York – an die Peripherie von Köln zurück. Hier begab sie sich auf die Suche nach den energetischen Strukturen der Erde, die sie nun in ihre Kunst einbezieht. Seit den 1970er Jahren kreiert sie erfolgreich Gärten als Kunstprodukte und in der von ihr entwickelten Kunstrichtung geht es jetzt um Heilung statt um Provokation. Zum 70. Geburtstag wurde sie in der Galerie Schüppenhauer durch die Hommage »all things involved in other things« mit Arbeiten der Weggefährten Christo, John Cage, Nam June Paik, Takako Saito oder Karlheinz Stockhausen geehrt.[360] In einem Gespräch mit Inge Broska, Künstlerin und Ausstellungsmacherin beim Bonner Frauenmuseum, bemerkte Mary Bauermeister 1996, »*daß sie zwar in Amerika in jedem wichtigen Museum vertreten sei, jedoch in keinem einzigen deutschen*«[361]. Dabei ist der Weg von der Lintgasse zum Museum Ludwig so kurz.

Vom Fischmarkt aus gehen wir in südlicher Richtung weiter und biegen in den Buttermarkt ein, den Arbeitsort der Fetthändler.

44 Bürgerliche Idylle und Armenmief   Buttermarkt

Johanna Schopenhauer erlebte im frühen 19. Jahrhundert die ersten Minuten ihrer Ankunft drastisch: »*In steter Furcht, überfahren zu werden, betäubt vom Lärmen der Lastträger, der Karrenschieber und aller Unrast eines in sehr beschränktem Raum allerlei Gewerbe treibenden Volkes, windet man sich auf schlechtem, schlüpfrigem Steinpflaster durch düstre enge Straßen, von hohen, die Luft beengenden Giebelhäusern umgeben.*«[365]
Dieser Straßenzug war früher berühmt, bot er doch ein selten einheitliches Straßenbild.[362] Köln war im Spätmittelalter für die Menge seiner Steinhäuser berühmt, die ein Zeichen von Wohlstand waren.[363] Diese mächtigen Gebäude lagen mehrheitlich zwischen Markmannsgasse und Dom. Im Buttermarkt fügte sich in Spätmittelalter und Früher Neuzeit ein Altkölner Wohnhaus an das nächste, »Zur Krone«, »Zum Engel«, »Zur Nachtigal«, »Hanengrevenhaus«, »Im Krebs« – allesamt ansehnliche

Johanna Schopenhauer (1766–1838) – eine begnadete Reiseschriftstellerin

Lichtlos und eng: Kinderleben in der Martinsgasse (ca. 1910)

Fachwerkhäuser mit Blumenschmuck an den Fenstern. Hier wohnten reich gewordene Handwerker- und Händlerfamilien. Um Raum zu gewinnen, ragten die Obergeschosse über die Straße, von Säulen getragen.[364] Runde Speicherfenster dienten dem Handel, Aufzugsbalken für die Wareneinlagerung waren liebevoll mit Figuren verziert.

Wohnten die Armen des Mittelalters eher am Rande der Stadt, in der Nähe der landseitigen Stadtmauer, so entwickelte sich im 19. Jahrhundert die Altstadt mit ihrer Enge und Dunkelheit zum Wohn- und Arbeitsort der proletarischen Schicht. Die Kölner Frauen-Zeitung gab 1910 die Perspektive auf das Alltagsleben im Hausinneren: »*Es ist in der Altstadt noch ein gutes Teil von der ›Straßen quetschender Enge und der Häuser dumpfer Nacht‹ geblieben, die das charakteristische Merkmal alter Festungsstädte ist. Es gibt noch bei uns zahlreiche Gassen und Gäßchen mit zusammengepferchten Häusern und einer erschreckenden Menge von Kleinwohnungen, die auch den bescheidensten Ansprüchen an Luft und Licht nicht genügen. Man muss sie nur einmal sehen, diese alten Häuser mit ihren engen, düsteren Treppen, den niedrigen Stuben und kleinen Fenstern, wo nicht nur die Dürftigkeit und die Not, sondern auch der kleine Arbeiter- und Handwerkerstand und die um das tägliche Brot ringende Heimarbeit ihr Heim aufgeschlagen hat. Das typische Bild des Wohnungselends ist hier nur zu oft zu finden: vielköpfige Familien, die in zwei, oft auch nur in einer Kammer hausen, deren dumpfe Luft mit der Ausdünstung aller Hantierung, die das Familienleben nötig macht, wie kochen, waschen usw. erfüllt ist. Dazu kommt, daß bei uns auch fast durchweg die größeren Höfe fehlen, die in anderen Großstädten die Vorder- und Hinterhäuser trennen.*«[366] Zu Beginn des 20. Jahrhunderts wohnten hier 45 Prozent aller KölnerInnen, u.a. ArbeiterInnen der Brügelmannfabrik, Heimarbeiterinnen, Dienstmägde und Huren. Die GroßbürgerInnen hatten sich Stadtvillen mit Gärten in guter Luft errichten lassen, weitab vom Getümmel der aus allen Nähten platzenden Altstadt. Der Buttermarkt und die Seitenstraßen Lintgasse, Salzgasse und Auf dem Rothenberg verloren ihren ehemals guten Ruf, Altwarenhändler dominierten, und die Gässchen galten als für Soldaten ›verbotene Straßen‹, denn sie waren Anmach-Areal der Prostituierten.

Dichte Bebauung und Verfall der Bausubstanz bei konstanter Zunahme der Bevölkerung durch Zuwanderung – das waren die Themen, die schon in den 1920er Jahren unter den Nägeln brannten.[367] Ab 1935 fand hier das Projekt ›Altstadtgesundung‹ nach bevölkerungspolitischen Kategorien statt.[368] Die Nationalsozialisten verwirklichten Sanierungspläne, die bereits in der Weimarer Republik von Oberbürgermeister Adenauer und seiner Sozialamtsleiterin Hertha Kraus entwickelt worden waren, nun jedoch mit ausgrenzender statt wie geplant fürsorgender Ausrichtung.

Über Kölner Armut und Verwahrlosung wurde sogar im Ausland berichtet (Belgische Zeitung, 1930er Jahre)

In den 1930er Jahren wurde hier ein radikaler Kahlschlag mit der Abrissbirne veranstaltet. Ein Beteiligter rechtfertigte die Maßnahmen mit dem kriminellen Potential: »*Bis zur Machtübernahme war es so, daß bei den in bestimmten Zeitabständen durchgeführten Razzien die Polizei als reiche Beute immer eine Anzahl Schwerverbrecher faßte. Die täglichen zahlreichen kriminellen Vergehen, die hier geschahen, waren die Nachteile der Altstadt. In diesen Bettlerpennen, Bordellen, zweifelhaften Amüsierkneipen und Diebeshöfen zeigte die Großstadt ihr abschreckendes Lastergesicht. Daher stammte auch der besondere internationale Ruf, den das Rheinviertel um St. Martin bei dem lichtscheuen Gesindel aller Länder genoß und der unserer Stadt zu trauriger Berühmtheit verhalf.*«[369]

Mit der Sanierung wollten die Kölner NationalsozialistInnen an die Hansezeit anknüpfen. Egal ob Salzgasse, Lintgasse oder Buttermarkt – Neubauten nach historischen Vorbildern und Reste originaler Häuser wurden unbeschwert nebeneinandergesetzt. Politisch unliebsame BewohnerInnen, Unterprivilegierte, renitente ›Staatsfeinde‹ oder Angehörige ethnischer Minderheiten (jüdische ZuwanderInnen aus Osteuropa oder

Sinti) wurden zugunsten von ›VolksgenossInnen‹ und kleinbürgerlichen Handwerksbetrieben verjagt. Trotz der massiven Entkernungen und Entvölkerung wurden gerade die materiellen Probleme des Viertels (schlechte Bausubstanz, schadstoffbelastete Luft) nicht gelöst.

Die Nachkriegs-Stadtkonservatorin Dr. Hanna Adenauer nahm sich die schwierige Aufgabe vor, die schlimmsten Spuren der NS-Sanierungen zu beseitigen, verfolgte aber weiterhin die Linie der ›Konservierung‹ des alten Stadtbildes.[370] Heute ist die Altstadt rings um St. Martin ein Trendviertel geworden. Junge zahlungskräftige Bevölkerungsgruppen zogen in die Stadt zurück, die Mieten stiegen, eine soziale Umstrukturierung fand statt. Heute weist die Straße Buttermarkt noch einige wenige kleine Fachgeschäfte und ›Altraäuscher‹ auf. Von Mittelalter-Romantik mit Geranien aber keine Spur mehr.

Im Folgenden wird einiges über die Geschichte der in den 1920er Jahren entstandenen Organisation Gedok berichtet, die zugunsten von Künstlerinnen wirkte. Der Rundgang wird auf der Seite 191 fortgeführt. Vielleicht ist derweil ein Sitzplatz in »Das Kleine Stapelhäuschen«, einer tradionellen kölschen Gastwirtschaft, frei.

45 Gedok Buttermarkt 39

In einem der nur noch auf Fotos erkennbaren Fachwerkhäuser hatte gegen Ende der Weimarer Republik und in der NS-Zeit die »Gemeinschaft deutscher und österreichischer Künstlerinnenvereine aller Kunstgattungen« ihren Sitz. Der Verband zur Förderung von Künstlerinnen stellte im Erdgeschoss einen großen Ausstellungsraum zur Verfügung, ein Vortragsraum im ersten Stock konnte für Lesungen genutzt werden und im Dachgeschoss wurden Galerieräume an Künstlerinnen vermietet.[371] Die Künstlerinnen-Organisation Gedok war 1926 auf Reichsebene von der Hamburger Schriftstellerin Ida Dehmel und kunstbegeisterten Mitstreiterinnen gegründet worden. Mit ihrem Verein reagierten die Gründerinnen darauf, dass Künstlerinnen kaum Ausstellungs-, Auftritts- und Verkaufsmöglichkeiten erhielten. Die Inflation hatte die Lage noch verschärft: *»Niemand hat ja unter der Not dieser Zeit mehr gelitten als die freien Berufe; wer sollte noch Kunstwerke kaufen, wenn es am*

Das Haus der GEDOK am Buttermarkt

Notwendigsten fast überall fehlte?«[372] Bereits 1927 entstand der Kölner Ortsverein. Initiatorin und erste Vorsitzende war Alice Neven DuMont, die schon beim Nationalen Frauendienst aktiv gewesen und seit Jahren zweite Vorsitzende des Stadtverbandes Kölner Frauenvereine war. In der Gedok leitete sie die literarische Gruppe. 1929, unter ihrer Nachfolgerin Nina Andreae, Spross einer Mülheimer Industriellenfamilie, trat die Gedok dem Stadtverband der Frauenvereine bei.[373] Zu der Zeit hatte der Kölner Zweigverein 250 Mitfrauen, 1932 schon mehr als 350. Zu den Kölner Aktiven gehörten: Else Lang, die Betreiberin einer Wigman-Schule, Alexe Altenkirch, Frauen-Klub-Gründerin, Grafikerin und Professorin an der Werkkunstschule, Elsbeth

Martha Hegemann (1894–1970) – Gedok-Mitfrau (Filzstiftzeichnung, 1957). Unten: Logo der GEDOK

Gropp, Kölns Porträtfotografin, Dr. Luise Straus-Ernst, Kunsthistorikerin (und Ex-Frau von Max Ernst), Gerda von Essen, Musikerin, Martha Hegemann(-Räderscheidt) und Käthe Schmitz-Imhoff als Malerinnen.[374] Die Künstlerinnen wurden von sogenannten ›Kunstfreundinnen‹ unterstützt: Mäzeninnen aus dem Kölner Großbürgertum, die den meist an der Einkommensgrenze lebenden Künstlerinnen durch Ausstellungen, Lesungen, Ankäufe oder Konzerte im eigenen Salon unter die Arme griffen. Ida Dehmel hatte dieses persönliche Förderungsverhältnis konzipiert:

»*Kunst bedarf ja nicht nur der Verbindung zu ihresgleichen, sondern immer wieder, vielleicht sogar noch mehr, bedarf sie der dauernden Beziehung zu den Beschenkten, den Kunst-Empfangenden, den Kunst-Genießenden, Sammelnden, und nicht zuletzt bedarf sie auch der Fördernden, der Mäzene!*«[375]

1927 gab es bereits 50 Kölner Kunstfreundinnen, darunter Dora Pferdmenges aus der Bankiersfamilie, Gussie Adenauer, die zweite Ehefrau des Kölner Oberbürgermeisters, Margarete Zanders, Erbin einer Papierfabrik, Maja Aschaffenburg vom »*Verein gegen den Mißbrauch geistiger Getränke*«, Lene und Aenne Brügelmann aus der Textildynastie, Grete Oevel und Hertha Kraus als Vertreterinnen des Stadtverbandes der Kölner Frauenvereine – aber auch eine Baronin von Schröder, vermutlich die Ehefrau des Bankdirektors, der Hitler finanziell unterstützte.[376] Ida Dehmel hoffte, dass die Klassenschranken im Kontakt Künstlerin und Kunstfreundin aufgehoben würden: »*Niemand darf denken, Frau X ist aus jener Kaste, Frau Y nur aus jener. Die Frauenbewegung hat die erste Bresche in dieses veraltete System geschlagen; sie darf stolz darauf sein.*«[377] Um den Ver-

einszweck zu verwirklichen, veranstalteten die Kölner Damen Teenachmittage mit Vorführungen und Ausstellungen. Bei ›Werbeveranstaltungen‹ in den Häusern der Kunstfreundinnen probten junge Künstlerinnen im engeren Kreis das öffentliche Auftreten. Sie organisierten Ausstellungen im Opernhaus, in der Messe, im Kunstverein oder im Frauen-Klub, sorgten für Aufführungen der Tanzkünstlerinnen, Bühnenkünstlerinnen, Musikerinnen und Rezitatorinnen. Um die Kölner Künstlerinnen zu erfassen, wurde eine ›Kartothek‹ mit Namen und Angaben zu Künstlerinnen angelegt – leider ist sie nicht erhalten.

Prof. Alexe Altenkirch (1871–1943) – Grafikerin, Dozentin, Gedok-Mitfrau

Die Gedok wuchs zum europaweit größten Netzwerk für Künstlerinnen aller Sparten heran. Dann erlebte sie in der NS-Zeit eine Zerreißprobe, deren Einzelheiten wir nur ahnen können. Bereits im April 1933 – kurz nach der Machtübergabe an die Nazis – wurde in Hamburg die Gedok-Gründerin, die Jüdin Ida Dehmel, von uniformierter SA zur Niederlegung ihres Vorstandsamts gezwungen. Sie tötete sich 1942. Einige lokale Gedok-Gruppen lösten sich auf, um ihre jüdischen Mitfrauen nicht hinauswerfen zu müssen. Die Kölner Gedok entschied anders. Auch sie zählte sehr viele jüdische Künstlerinnen und vor allem auch jüdische Mäzeninnen zu ihren Mitfrauen: Frau Tietz, Frau Falk, Frau Dr. Straus-Ernst, Frau Dr. Kraus sind nur einige von ihnen. Die lokale Ortsgruppe unter Nina Andreae (die auch im Reichsvorstand war) und Alexe Altenkirch schloss wohl alle jüdischen Mitfrauen aus – das belegt ihr Weiterbestehen. Sie ließ sich ins Deutsche Frauenwerk eingliedern, einem neu geschaffenen Dachverband für die gleichgeschalteten bürgerlichen Frauenvereine, und ließ eine ›Persönlichkeit‹ der NS-Organisation »*Deutsches Frauenwerk*« im Vorstand zu. Ab September 1935 mussten Gedok-Mitfrauen der Reichskunstkammer beitreten, wenn sie weiter ausstellen wollten.[378] Nina Andreae trat vermutlich aus familiären Gründen 1937 zurück. Ab 1938 stellten Margrit Freifrau von Rechenberg und Alice Pastor den

Vereinsvorstand. An der Ausstellung »*Kölner Künstler im Kunstverein*« während des Krieges 1941 waren u.a. die Künstlerinnen Carola Andries, Marianne Richter und Käthe Schmitz-Imhoff beteiligt.[379]

Für durchfahrende Schiffe geöffnet - die Schiffsbrücke diente als Schmuggelweg

Nach dem Krieg wurde die Gedok früh wieder aktiv (1947/48), unter anderem durch Unterstützung der alten Vorsitzenden Nina Andreae. Die bekannte Fotografin Elsbeth Gropp, Marie-Rose Fuchs und Marianne Dickel waren nun aktive Gedokfrauen. Als Künstlerinnen traten u.a. die Goldschmiedin Elisabeth Treskow, die Bildhauerin Hildegard Domizlaff und die Harfenistin Dora Wagner hervor, Kunsthändlerin war Edith Mendelssohn-Bartholdy. 1948 wurden die ›Kunstfreundinnen‹ in ›Kunstfreunde‹ umbenannt – der derzeitige Begriff lautet ›Kunstförderer‹.[380] Die Gedok hat derzeit über 20 regionale Gruppen und unterhält auf Bundesebene noch immer das von Ida Dehmel eingeführte System von FachbeirätInnen, die die Künstlerinnen aus den verschiedenen Sparten betreuen. Die Gedok setzt sich heute offensiv für die geschlechtergerechte Gestaltung aller Bereiche künstlerischen Schaffens ein. Ebenfalls auf die ersten Jahre der Kölner Vereinsarbeit geht eine Tradition zurück, die noch heute gepflegt wird: Kurz vor Weihnachten wird eine Verkaufsausstellung in der Handwerkskammer am Malzbüchel organisiert.

46 Zöllnerinnen und Schmugglerinnen

»So schauerlich düster ist diese Straße, daß im Winter in den meisten Häusern die Lampe nie ausgeht«, berichtete ein Kölner um 1810 über die Markmannsgasse.[381] Sie war nur etwa zehn Fuß breit, rußige Hausgiebel an den vier- bis fünfstöckigen Häusern schluckten alles Licht und die hier ansässigen Gerbereibetriebe verbreiteten unendlichen Gestank. Ab 1822 wurde die Gasse vom Heumarkt zum Rhein durch den Bau der Schiffsbrücke zur wichtigen Durchgangsstraße. Die Brücke war zwischen Koblenz und Düsseldorf die einzige Verbindung ins Rechtsrheinische. Rund 40 mit Holzbohlen bedeckte und durch Ketten verbundene Flachschiffe (Nachen) wurden dreimal täglich für die Schiffsdurchfahrt eine Stunde lang auseinander gefahren, die restliche Zeit stand die Brücke für Fußgänger und leichte Fuhrwerke bereit.[382]

Erst nach einer Leibesvisitation durch ZöllnerInnen konnten FußgängerInnen aus Deutz an der Markmannsgasse an Land

Die Markmannsgasse führte rheinwärts zum engen Markmannsgassen-Tor, einer mächtigen Feste. Das Tor wurde schon im Mittelalter als Zollamt genutzt. Hier boten sich Frauen Arbeitsmöglichkeiten in städtischen Diensten: Im Spätmittelalter nahmen hier die »tolnersen vur den porzen« städtische Gelder ein.[383] Die ZöllnerInnen erhoben Abgaben und Wegegelder und verwalteten die eingenommenen Zölle, aus denen zugleich ihr Lohn floss, selbst. Sie mussten beeiden, ihren Dienst nach bestem Wissen und Gewissen auszuüben. Nach einer frauenlosen Zeit in der Frühen Neuzeit stellte die Stadt im 19. Jahrhundert wiederum Frauen beim Zoll ein. Inzwischen hatte das Tor eine erhebliche Bedeutung bekommen, da es als eines der wenigen die Rheingrenze durchlässig machte.

Schmugglerinnen [384]

»Mit Argus-Augen harren die Zoll-Aufseher an der Landbrücke, und, ihrer Argus-Augen zum Trotz, werden doch der verbotenen Früchte viele, besonders Kaffee und Zucker, für den Hausbedarf eingeschmuggelt, denn auch dem frömmsten, dem gewissenhaftesten Kölner ist Schmuggeln keine Sünde.

Überredungsversuch? Frau verhandelt mit preußischem Polizisten am Flussufer

Fast bei jeder Fahrt, deren die Brücke täglich fünfzehn bis achtzehn von einem Ufer zum anderen schleicht, bietet sich den Lungern und Gaffern, den Brücken-Passagieren das Schauspiel, die Zollbeamten einen Schmuggler aufgabeln zu sehen«, so erlebte ein Kölner Junge zu Beginn des 19. Jahrhunderts das Treiben an der Markmannsgasse.[385]

Köln war 1798 durch die französische Besatzung von seinen Handelswegen abgeschnitten worden. Seit der verschärften Kontinentalsperre gegen England (1806 bis 1814) bildete der Rhein eine undurchdringliche Zollgrenze zum Bergischen Land. Fast undurchdringlich: Die ›fliegende‹ Brücke und die Zollstelle in der Markmannsgasse wurden zum Nadelöhr für Schmuggelware.

Auch unter den Preußen blieb aufgrund neuer Zollgesetze das Schmuggeln ein bedeutender Wirtschaftsfaktor: der Ankauf von Pfälzer Tabak war zu teuer, also wurde der Schleichhandel mit gebündelten niederländischen Tabakblättern ein lukratives Geschäft.

Frauen wurden aufgrund der Kleidermode besonders gern zum Transport der begehrten Waren eingesetzt; sie übten sowohl Gelegenheitsschmuggel für den Hausgebrauch als auch Zollbetrug in großem Stil aus. Die Dämchen trugen das Schmuggelgut direkt am Körper – die ZöllnerInnen fahndeten daher besonders intensiv nach ›Frauenzimmern‹. Alle Fährenbenutzerinnen, die aus Deutz herüber kamen, mussten sich in das Zollhäuschen neben dem Tor begeben. Verdächtige mussten eine strenge Leibes-›Visitation‹ über sich ergehen lassen.[386] Diese körpernahe Untersuchung konnte nach damaligen wie heutigen Moralvorstellungen nur eine Person des gleichen Geschlechts ausüben – eine Chance für arbeitssuchende Frauen.

Den erfolgreichen Schmugglerinnen winkte der direkte Verkauf der begehrten Waren Kaffee, Salz, Käse und gar Viehfutter auf dem Heumarkt. Aber romantisch war das Schmuggeln durchaus nicht: Das Verhaftungs-Risiko war hoch und auf Zollvergehen im großen Stil waren hohe Strafen ausgesetzt. Bei der Einfuhr drohten neben der Beschlagnahme von Pferd, Wagen und Ladung Geldstrafen, monatelanges Gefängnis und nach Ende der Haftstrafe Polizeiaufsicht. Zwischen 1803 und 1811 wurden in Köln 330 Schmuggelprozesse geführt, davon fast 10 Prozent gegen Frauen – eine ungewöhnlich hohe Zahl von ›weiblichen‹ Rechtsbrüchen. Das Schmuggeln der Frauen war nicht zuletzt eine Reaktion auf die massive Beschränkung ihrer Arbeitsmöglichkeiten. Für viele war Schmuggeln kein krimi-

Ein schwankendes Schiff war für viele Händlerinnen tägliches Transportmittel über den Rhein

nelles Delikt, sondern pure Selbsthilfe. Daher standen die Überführten auch nicht außerhalb der Gesellschaft, sondern wurden innerhalb der Unterschicht wegen ihres Mutes gewürdigt.[387]

Berühmteste Kölner Schmugglerin: Et Bolze-Lott (1825–1902)

Scholastika Bolz

Eine besonders erfolgreich schmuggelnde Kölnerin gehört heute zu den unvergessenen Originalen: et Bolze-Lott (1825–1902).[388] Geboren in einem der ärmeren Stadtteile, wurde sie dennoch auf den vielversprechenden Namen Scholastika Bolz getauft. Der Vater war gelegentlicher Rheinarbeiter, von der Mutter ist kein Gewerbe bekannt. Frau Bolzens Ehe, die sie mit 21 Jahren schloss, währte nur kurz: Der Ehemann, ein berüchtigter Schläger, wanderte bald ins Gefängnis bzw. Arbeitshaus und starb dort jung. Witwe Scholastika war nun darauf angewiesen, ihren Lebensunterhalt selbst zu verdienen. Dabei erwies sie sich als äußerst kreativ: Zuerst arbeitete sie als sogenannte ›Kääzemöhn‹ (Kerzenmuhme): Diese »*meist ältere oder alte Frau*« verkaufte am Eingang einer Kirche Kerzen und bot dienstfertig an, sie an einer festgelegten Stelle in der Kirche anzuzünden – sie vergaß Letzteres aber auch gerne einmal.[389] Das war auch bei Bolze-Lott der Fall, und da ihre unfeine Erwerbsmethode bald allzu bekannt war, wandte sie sich einem neuen Gewerbezweig zu, dem Schmuggeln. Sie nutzte die damalige Mode, den Reifrock, um darunter einen Sack Mehl oder ein paar Kilo Fleisch zu transportieren. Unter der Last watschelnd lief sie über die Schiffsbrücke und haute bei Versuchen der Zollbeamten, den Rockinhalt zu überprüfen, mit kräftigem Schlag zu. Auch mit dem Mundwerk war sie flink dabei und stellte sich gerne als unschuldiges Opfer männlicher Behördenwillkür dar. Diese forsche Frau ist in Kölner Liedern und auf Bierdeckeln verewigt. In Zeiten der Hexenverfolgung hätte ihr ›unflätiges Sprechen‹ tödliche Folgen haben können. Viele Originale sind bei näherer Betrachtung Menschen, deren krankheits- oder sozialisationsbedingte Eigenheiten (›Verwachsene‹, AlkoholikerInnen, Eigenbrödler) oder (hinter)listige Einnahmequellen verulkt werden. Diese Straßenfiguren übertraten bürgerliche Tabus. Auch heute noch sehen wir die schreiende Alte im U-Bahnhof, den herunter gekommenen Akademiker-Penner, der sich die offenen Hose zuhält, weil der Gürtel verloren ging, die seit Jahren aggressiv schimpfende Bettlerin, aber niemand schreibt mehr ihre Biographien oder Spitznamen in die Stadtgeschichte ein.

47 Die kleinen Revolten der Lie Selter – Institutionelle Frauenförderung fördert Köln
Markmannsgasse 7

Auch wenn die eine Straßenseite der Markmannsgasse der Brückenauffahrt weichen musste, wirkt die Gasse immer noch düster. ›Verdunkeln‹ wollte schon manch ein Stadtoberhaupt die Eingreifmöglichkeiten des Frauenamtes (heute Gleichstellungsamtes), da die bisherigen Leiterinnen Lie Selter (lange zusammen mit Barbara Leutner) und Christine Kronenberg sich mit ihren Teams engagiert um die Gleichstellung von Frauen mit Männern bemühen. 1982 sorgten weibliche SPD-Stadtverordnete dafür, dass in Köln durch Ratsbeschluss die erste kommunale Frauengleichstellungsstelle der Bundesrepublik eingerichtet wurde, und am 16. August 1982 trat Lie Selter als erste kommunale Frauenbeauftragte ihren Dienst an. Einige Herren der Verwaltung fürchteten diesen »*ersten Schritt ins Matriarchat*«. Zu Beginn war die Stelle unmittelbar dem Oberstadtdirektor, dem obersten Kölner Verwaltungschef, zugeordnet, seit der Abschaffung dieses Amtes ist sie direkt dem Oberbürgermeister untergeordnet. Wurde auch 1989 die Stelle zum bundesweit ersten Frauenamt aufgewertet, blieb sie doch zugleich personell, finanziell und in ihren Aktionsmöglichkeiten zunehmend beschnitten. Rein rechtlich waren die Arbeitsmöglichkeiten des SPD-Prestige-Objektes durch den Ratsbeschluss von Beginn an auf innerstädtische Ungerechtigkeiten der Stadtverwaltung begrenzt. Ein Frauenförder-

Lie Selter (*1951) war 1981 Deutschlands erste städtische Frauenbeauftragte

In Frauenfragen Frauen fragen! Das Werbeplakat des Frauen-Amtes zum 8. März 1990 greift einen Slogan der Neuen Frauenbewegung auf

plan schuf verbindliche Regeln zur beruflichen Förderung von Frauen innerhalb der Stadtverwaltung. Doch durch ihr Engagement schaffte es Lie Selter, die Kölner Frauenbewegung zu unterstützen, feministische Frauenförderung zu betreiben und sich an Netzwerken der Frauenbewegung zu beteiligen. Gemeinsame Wochen zu Themen wie Hexenverfolgung, Gewalt gegen Frauen oder Kindesmissbrauch, Ausstellungen und Broschüren über Rollenbilder in Mädchenbüchern oder Schwangersein in Köln waren erfolgreich. Aufgrund kontinuierlicher Nadelstiche wie der Forderung, in der Dienstsprache Frauen nicht mehr hinter der männlichen Sprachform zu verstecken, war Lie Selter für die Männer an der Stadtspitze unbequem. Oberbürgermeister Schramma ›lobte‹ Lie Selter als eine seiner ersten Amtshandlungen weg. 2001 nahm Christine Kronenberg aus dem Personalamt ihre Stelle ein. Sie setzte mit dem seit den 1990er Jahren aufgekommenen Gender-Ansatz Akzente. Eine aktuelle, auf der Arbeit des Kölner Frauengeschichtsvereins aufbauende Forderung der amtierenden Frauenamtsleiterin ist die der »*Anerkennung der gesellschaftlichen Leistungen von Frauen durch Benennung von Straßen, Schulen und Institutionen*«. In den letzten Jahren beteiligte sich das Frauenamt u.a. an der »*Kölner Initiative gegen sexistische und menschenverachtende Werbung im öffentlichen Raum*«. Ein Schwachpunkt der Stelle ist die starke bürokratische Einbindung der Anti-Diskriminierungsarbeit: Wenn die Ideen nicht von ›oben‹ mitgetragen werden, können die gewünschten Veränderungen nicht in die Praxis einfließen. Und wenn das Landesgleichstellungsgesetz nicht vorschriebe, dass Stadtverwaltungen ab 500 Beschäftigten eine Gleichstellungsstelle errichten müssen, wäre das Amt vermutlich längst schon wieder abgeschafft.[390]

Christine Kronenberg (* 1960, rechts) mit der langjährigen grünen Bürgermeisterin Angela Spizig

Ein paar Schritte durch das pittoreske Gässchen liegt rechts ab die heutige Spielstätte Eisenmarkt 2–4 [391] – der kurze Weg lohnt sich, denn dort liegt ein lauschiger Platz mit Sitzbank, bei der man und frau immer Gesellschaft hat.

48 Das Hänneschen in Frauenhand – Prinzipalinnen in der Kleinkunst ganz groß

Markmannsgasse Nr. 3–5
bzw. Eisenmarkt

Schöne Kindheitserinnerungen hängen für viele Kölsche an den Hänneschen-Puppen

Die Verwaltung des Kölner Hänneschen ist heute in der Straße beheimatet, in der das beliebte Kölner Puppentheater um 1938 residierte (damals Ecke »Auf dem Rothenberg«).

Die namensgebende Figur des Hänneschen[392] ist eine Art kölscher Harlekin, kein Herr, sondern vom Typ Diener oder Kasper, der aus seiner Position heraus die Obrigkeit gut kennt und kritisieren kann – aber bitte nicht zu stark. Der ewige Junggeselle lebt bei seinen Großeltern Mariezebell und Nikel Knoll, denn der Kölner Mann hat in der Humorwelt schnell Bindungsangst). Seine Dauerfreundin Bärbelchen entspricht in einigen Zügen der Columbine, sie nimmt aber in der Familienhierarchie einen geringeren Rang ein als dieses italienische Vorbild. Mit ihren langen blonden Zöpfen, roten Bäckchen und der Schürze, mal gut gelaunt, mal patzig, repräsentiert sie das ländliche Umland – sozusagen die Bergheimerin von früher. Die Stückeschreiber zeigen sie mal als ängstliches Mädel, mal als geziertes Dämchen. Laut den ›Biographinnen‹ der Knollendorfer Familie, Frauke Kemmerling und Monika Salchert, hat »*das Bärbelchen der Gegenwart immer mehr an weiblichem Selbstbewusstsein gewonnen, ohne ›emanzenhaft‹ zu wirken. Und Hänneschen gefällt's.*«[393] So haben eben die Kölner Männer ihre Fründin am liebsten.

Das Hänneschentheater würde nicht mehr bestehen ohne einige Prinzipalinnen (Leiterinnen), die jedoch schon lange in

Vergessenheit geraten oder verdrängt sind.³⁹⁴ Bereits an der Wiege stand letztlich ein Paar: der Bonner Tagelöhner und Schneidergeselle Johann Christoph Winters und die wesentlich besser situierte Flämin Elisabeth (Lisette) Thierry. Er führte 1802 die Besteva-Puppe, sie die Bestemo – zwei bis heute existierende Figuren. Die Ehefrau trug auch als Kassiererin, Verfasserin von Bittgesuchen und Pausenverkäuferin zum Erfolgsunternehmen bei. Nebenbei gebar sie sechs Kinder und damit potentielle Mitwirkende. Auf einigen Theaterzetteln firmierte sie sogar als »*Directorin des National Puppentheaters in Köln*«. Eine leider sehr hoch angebrachte Tafel am Eisenmarkt erinnert daran, dass die beiden, ach nein, nur Christoph Winters, Gründer der ersten ortsfesten Puppenbühne im deutschsprachigen Raum war(en).

Nach dem Tod der Theatergründer leitete die Enkelin Maria Klotz, selbst bereits Witwe, das Unternehmen erfolgreich bis 1893. – Eine weitere ›Wwe Klotz‹, »*Inhaberin des ältesten Kölner Hänneschen-Theaters*«, führte ab 1911 die Geschicke des Hauses. In dieser Zeit logierte das Hänneschen im »Rubenshaus« in der Sternengasse 10 und verfügte zudem über eine attraktive Außenstelle: eine Freilichtbühne im Stadtwald. 1919 starb mit ihr die letzte direkte Nachfahrin der Familie. 1926 wurde das Hänneschen städtisches Eigentum, und es brach eine bis heute ununterbrochene Linie männlicher Spielleiter an. Erst in den 1980er Jahren gelang es einer Frau, Iris Schlüter, eigene Stücke zu inszenieren.³⁹⁵

Frauen und ihre Eigenheiten waren häufig Thema: »*Die Kunst, alte Weiber jung zu machen*«, war z.B. eines der drängenden Themen. Die typisch kölschen grantelnden Frauen wie Bestemo (Mariezebell) oder Zänkmanns Kätt (dauerhaft in den Wechseljahren?) brachten ihre frechen

Herrin der Fäden – Frau Winters leitete 1802 bis 1834 das National-Puppentheater mit. Unten: **Witwe Klotz** – Unternehmerin in Sachen Hänneschen (Theaterwiss. Sammlung)

Sentenzen unters kleine und große Volk, oft am Rand fragwürdiger Moral.³⁹⁶ Waren in den 1980er Jahren die Texte für genderbewusste Menschen bisweilen etwas langweilig, weil immer nur das Paarverhalten des 19. Jahrhunderts variiert wurde, so gab es seitdem wagemutigere Inszenierungen, die z.b. den Schäl in Strapsen zeigten.

Ebenso misstönend wie die ›Weiblichkeit‹ wurden auch Jüdinnen und Juden diffamiert (»Der Jud im Weinfass«).³⁹⁷ Militarismus wie Antisemitismus fanden bereits in der Kaiserzeit ihre vergnügten ZuhörerInnen. Diese Haltung hatte schnelle Auswirkungen in der NS-Zeit: Die begeisterte Puppenspielerin Fanny Meyer soll nur bis Sommer 1935 im Ensemble mitgespielt haben dürfen, dann musste sie als Jüdin aus dem städtischen Betrieb ausscheiden. In der Nachkriegszeit – das Hänneschen war provisorisch in der Universität untergebracht – wurde das Kapitel verschwiegen und wird auch bis heute gerne ausgeblendet. Es heißt heute anerkennend, das Hänneschen oszilliere »*zwischen Brauchtum und Subkultur*«³⁹⁸ – die unangenehmen Aspekte Kölner Brauchtums harren jedoch noch der Aufarbeitung.

Witwe P. Klotz empfiehlt sich als Enkelin des Gründers

Die Markmannsgasse führt auf den Heumarkt, den zweiten großen Platz des Kölner Mittelalters.

49 Brauerinnen, Trinkerinnen, Kellnerinnen – Kölnische Brauhaus-»Kultur« Heumarkt, Ecke Salzgasse

Bei ›Köln‹ denken fast alle Menschen alsbald auch an Bierkonsum. Dabei wurde in der Stadt bis zum 15. Jahrhundert vor allem Wein getrunken, erst in der Frühen Neuzeit lief das Gerstengetränk dem Rebensaft den Rang ab.³⁹⁹ Nun entstanden vermehrt Brauhäuser, zum Beispiel das legendäre »Brauhaus zur Täsch« (Salzgasse 7), das um 1500 als Marktschänke für die MarktbeschickerInnen begann und lange ein recht unscheinbares Leben führte, um dann unter der Witwe Schallenberg im frühen 20. Jahrhundert zum Schauplatz vieler Kölscher Krätzchen zu werden. Als Stammlokal von Kölner Jazzern und LiteratInnen endete es jäh nach dem Zweiten Weltkrieg – höchste Zeit, de ›Täsch‹ wieder auferstehen zu lassen!⁴⁰⁰

In de »Täsch« mischten sich MarktbeschickerInnen mit JazzmusikerInnen (heute Bierhaus En D'r Salzgass)

Das Brauereiwesen ist eines der Gewerbe, in dem Frauen seit der Frühen Neuzeit ihren Einfluss fast gänzlich verloren. Dabei war die Verarbeitung von Agrarprodukten zu Lebensmitteln lange ein typischer Frauenarbeitsbereich. Im Mittelalter gehörte dazu auch die Herstellung von Bier. Bei den GermanInnen zählte der Braukessel zur Aussteuer; die Göttin Frigga wurde im Götterhimmel als oberste Braumeisterin verehrt. Aus privatem Bierbrauen entwickelte sich langsam ein Hausgewerbe, in dem Frauen wie Männer tätig waren. Bekanntermaßen waren einige Klöster und Beginenhäuser beliebte Brau- und Zapfstellen. Erste Hinweise auf professionelle Kölner Brauerinnen stammen aus dem Hochmittelalter, so auf die Brauerin Sapientia aus dem Quartier Niederich in der Nordstadt (13. Jahrhundert). Als sich 1396 die gewerblichen Brauer und Brauerinnen zu einer zünftischen Kooperation zusammenschlossen, waren Frauen durchaus einbezogen. Auf einer Namensliste finden sich neben 18 Männern immerhin vier Frauen.[401]

Sophia von Broickhusen – Meisterin am Braukessel

1420 verpflichtete sich sogar eine auswärtige Brauerin gegenüber der Stadt Köln, zwei Männer acht Jahre lang in der Kunst des Bierbrauens zu unterrichten.[402] Zwischen der Stadt und Sophia von Broickhusen wurde vereinbart, »*daß ich zwei Männern treu und fleißig nach meinem besten Vermögen lehren soll, gute Grut zu machen*«. Sie verpflichtete sich, »*so oft sie es mich wissen lassen, daß sie wegen ihrer Grutmacher meiner bedürfen, (...) in ihre Stadt Köln [zu] kommen, um sie zu unterweisen und zu lehren, es sei denn, daß ich krank bin*«. Dafür erhielt sie ein Tagegeld zusätzlich zum Lohn. Der Vertragstext belegt, dass damalige Kölner Brauer sich nicht scheuten, von einer Frau – noch dazu von einer Auswärtigen – zu lernen.

Mit der Annahme der Zunftverfassung gab sich das Braugewerbe ein Regelwerk, das der Gewerbeausübung in Absprache mit der Stadt enge Grenzen setzen konnte. Und gegen Ende des 15. Jahrhunderts richtete sich ein Amtsbrief der Brauerzunft plötzlich nur noch an ›Brüder‹. Im selben Zeitraum verboten auch andere Zünfte bereits die Anstellung von Frauen. Die zunehmende Orientierung auf die männliche Mitgliedschaft entsprach dem Zeitgeist. Der Zugang zur Zunft wurde restriktiver gestaltet, indem für Frauen schwer erfüllbare Anforderungen definiert wurden, wie etwa das Wanderjahr. Die Zahl der selbständigen Brauerinnen nahm ab, ohne dass Frauen explizit von der Zunftmitgliedschaft ausgeschlossen worden wären. Die Regularien des städtischen Wirtschaftslebens wurden nicht zufällig in einer Zeit des ökonomischen Niedergangs verschärft. Frauen als ›Reservearmee‹ des Arbeitsmarktes zu behandeln, ist eben keine Erfindung des 20. Jahrhunderts.

Die ledige Bierbrauerin wird auf die »Lust« des Brauerhandwerks eingeschworen (Stich, 17. Jahrhundert)

Auch die nichtzünftigen BrauerInnen, die sog. HockenbrauerInnen, die ohne Lehre und meist nebenberuflich billigeres »Hökerbier« brauten und ausschenkten, bekamen Einschränkungen zu spüren.[403] Durch städtische Vorschriften wurde auch der offene Ausschank eingeschränkt, sofern die Anbieterinnen ledig oder »übel beleumundet« waren.

Mitte des 19. Jahrhunderts gab die Bildung von Aktiengesellschaften den verbliebenen Brauerinnen den Rest. Mit der Entstehung der Großbrauereien in den 1870er Jahren konnten Frauen die geforderten beruflichen Qualifikationen im Bereich des Managements nicht erbringen, da sie im Bildungswesen massiv benachteiligt waren.

Die berühmte Anna Päffgen – Brauerin und Kunstförderin (1911–1992)

Nur kleine Familienbrauereien ließen noch kreative Leiterinnen zu, so an der Wende zum 20. Jahrhundert ein noch junges Unternehmen: Die Witwe Gertrud Reissdorf führte zwischen 1901 und 1908 das Unternehmen als Alleininhaberin. Auch das Brauhaus Päffgen, das 1883 in der nahe gelegenen Sternengasse gegründet wurde, hatte mehrfach Leiterinnen. Anna Päffgen hatte sogar das Gymnasium absolviert und gerade ein Philologiestudium beendet, als sie 1934 durch die Heirat mit Hermann Päffgen zum Brauen kam. Die mehrfache Mutter leitete nach dem Tod ihres Mannes einige Jahre die Brauzentrale in der Friesenstraße und belieferte die drei hauseigenen Gastwirtschaften. Eine davon befand sich hier am Heumarkt 62, Ecke Salzgasse. Als gebildete Frau war Anna Päffgen kulturell engagiert und knüpfte zahlreiche Kontakte zu KünstlerInnen.[404] Aufgrund ihrer Lebenserfahrung, ihrer harten Verhandlungstaktik und ihrer Entscheidungsfreudigkeit wurde sie zur ›Mutter Courage der Kölner Brauer‹. Die kleinen Hausbrauereien hatten langfristig gegenüber Unternehmen, die mit Dampfmaschinen und neuen Kühlungsmöglichkeiten arbeiteten, kaum noch eine Chance, und so gibt es in der Altstadt heute außer der Malzmühle keine Brauerei mehr.

Im Spätmittelalter durfte nur im öffentlichen Brauhaus Bier ausgeschenkt werden.[405] Abholen aber konnte man und frau es auch an anderen Orten, z.B. an einer Klosterpforte. Zahlreiche Abbildungen zeigen den typischen Vorflur einer Wirtschaft: Gast oder Gästin (über Jahrhunderte ein durchaus gebräuchlicher Ausdruck) traten von der Straße in den Vorraum, in dem das Bier für die Wirtschaft und die Laufkundschaft frisch vom Fass ›verzapft‹ wurde.[406] Mägde kamen direkt vor der Mittag- oder Abendmahlzeit mit einem Deckel-Krug, um die passende Menge für die Herrschaft zu holen. Manch Trinklustige/r gönnte sich schnell einen ›Stehschoppen‹. Die Hausbrauerei lag im Hinterhaus. Eine Theke, die heute als so typisch für eine Veedelskneipe gilt, existierte lange nicht. Wirtin oder Wirt saßen zentral im ›Kontörchen‹ oder ›Beichtstuhl‹, einer Art gläsernem Erker an zentraler Stelle.[407] Von einem erhöhten Sitz aus kontrollierten sie die Gaststube und das Geschehen im Hausflur – und vor allem die Zahl der herausgehenden Fässer.

Flur einer typisch Kölnischen Wirtschaft (Zum Grin, Aquarell von Josef Passavanti, 1905)

Die Wirtin war im Brauhaus keine Ausnahmefigur, sondern für manchen Mann Ersatzmutter und Beichtinstanz in einem. *»Als freundlicher Mittelpunkt des einfach-gediegenen Gastraumes sitzt sie da, gleich einer Erzeugerin und Hüterin des häuslichen Behagens, das die bescheidene Schenke birgt, das uns anlacht von sandbestreuter Diele, weißgescheuerten Tischplatten und von dem strahlend schwarzen Säulenofen in der Mitte«*,[408] schwärmte ein Gast über seine zweite Heimat.

Weibliche Weinschläuche

Die ›Weetschaff‹ begann vermutlich ihre Karriere als Zunftstube, in der Geschäftsabschlüsse begossen wurden. Wer Zeit hatte, ging zum gemütlichen Sitzen in die Gaststube. Im 19. Jahrhundert war meist eine ›Häresstuff‹ (Herrenstube) abgeteilt, in der *»ein ungewisses Helldunkel«* herrschte, denn Tabakswolken verbreiteten hier undurchdringlichen Qualm.[409] Beim Bierkonsum verwischten sich angeblich leichter die Klassengrenzen: *»Der behäbige Börsianer, der Mann mit Titel und Würden schätzt das frisch schmeckende, bittere Gebräu ebenso wie der schlichte Arbeiter, der für ein ‹Glas Kölsch› immer noch irgend-*

Frauen können das Gläslein auch leeren, stellte Ratsherr von Weinsberg fest. Gerade auf Tauffesten becherten sie kräftig (Frühe Neuzeit)

*wo einen Nickel findet.«*⁴¹⁰ Auch die Geschlechtergrenzen? Ja, denn Frauen blicken auf eine lange Geschichte der Brauhaus-Kultur zurück – die Kölnerin hat beim Trinken immer kräftig mitgehalten und hatte im Umland den Ruf, recht trinkfest zu sein.⁴¹¹ Frauen und Kinder suchten dazu die Gaststube auf. Wir erfahren von wallfahrenden Frauen, die ihren Schmuck in der nächsten Kneipe versetzten, um ihre Zeche zu bezahlen. In einer Morgensprache verkündeten 1456 die Bürgermeister öffentlich, es sei wegen vieler schandbarer Vorkommnisse, die sich Tag und Nacht in den Tavernen und Schankstuben besonders auch unter Männern und Frauen ereignet hätten, zukünftig verboten, dort Bier auszuschenken.⁴¹² Zechereien von Frauen konnten so aber nicht abgeschafft werden. Ratsherr Hermann von Weinsberg beschäftigte sich 1585 in einem langen Gedicht mit der Frage, wie man sich vor »*drunckenschaft hutten*« solle und monierte: »*Die weiber saufen sich auch voll. vom man ist es nit wol getain. dem weib steht es schentlicher an*«, und unterließ es auch nicht zu erwähnen: »*Nonnen, beginen, jonferen kunnen das gleslin auch leren.*«⁴¹³ Wie seit Jahrhunderten wurde das Trinken der Frauen stärker kritisiert als das der Männer. Ein übelmeinender Reisender verglich die Kölner Frauen gar mit Weinschläuchen! Im 19. Jahrhundert versuchten die Ehemänner, ihre Frauen zu Hause zu halten. Sie stellten die Kneipen als Gefahr für Ehefrauen und Töchter dar und wollten doch letztlich nur gemütlich unter sich sein. So räsonierte ein fürsorglich-patriarchaler Architekt: »*Der Grund für den Ausschluss des Weiblichen mochte wohl zum Theil in der Beschaffenheit der* *betreffenden Locale zu suchen sein, welche sich nicht zum Besuche von Damen eigneten. Die niederen Stuben, die tabakqualmige Atmosphäre, die allgemeine lebhafte Unterhaltung, insbesondere die burschikosen Witze der Stammgäste machten den Aufenthalt in den Wirthsstuben für das zartere Geschlecht zur Unmöglichkeit.*«[414] Auf gut Männer-Kölsch hieß das auch: »*Wer*

Im Trinken ›Meister über die Männer‹: Der Alkoholkonsum der Kölnerin war sprichwörtlich (Kupferstich, Mitte 16. Jahrhundert)

sing Frau leev hät, lief se zo Hus und brängk se nit en et Gedräng.« Auch der Schaden für das Portemonnaie wurde berechnet: »*Wat der Mann verdeent, versüfft et Wiev*«, klagte mann untereinander. Ein Jahrhundert später machen Frauen rund 40 Prozent der Zielgruppe ›Fassbier-Konsumenten‹ aus. Zwar geben einige Köbesse den Frauen noch immer gerne das Gefühl, Wirtschaften seien Männern vorbehalten und ihr Eindringen in diese männliche Domäne könne nur temporär sein. Aber aufgepasst: die ersten ›Köbinen‹ sind im Anmarsch, angeführt von der Sängerin Marie Luise Nikuta.[415] Hoffnung für die Gästin.

50 Platzwandel – Platzverlust Heumarkt

Auch wenn wir heute topographisch auf den Dom geeicht sind, der von überall gut zu sehen ist, so galt der Blick der KölnerInnen früher vor allem der Martinskirche und den Toren zum Rhein, z.B. der Volmerspforte (Zollhaus – wo heute das Maritim-Hotel steht) oder dem Markmannsgassentor. Der Zugang

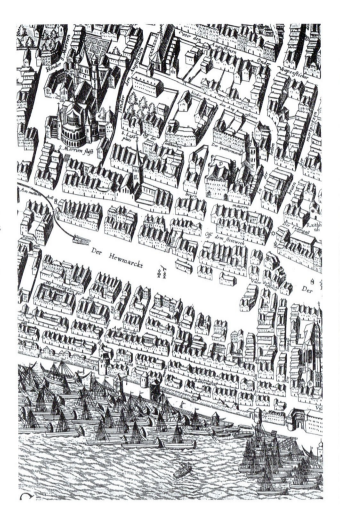

Der Heumarkt aus der Vogelschau des Arnold Mercator (1570/71) zeigt u.a. die Strafgeräte an zentraler Stelle

zum Hafen prägte den Heumarkt stärker als jede Kirche, jedes Denkmal.[416] Der Platz wurde multifunktional genutzt, denn hier standen das halböffentliche Bruderschaftshaus der Buntwörter (KürschnerInnen), das Haus der Münzgenossenschaft, das Gaffelhaus der FleischmengerInnen und später eine Post. Hier fand Lebensmittelkontrolle und -verkauf statt (Fleischhalle, Brothalle, Kornwaage, Viehtränke) und Geldhandel (Wechselbänke, Börse) hatte seinen Platz. Schließlich war auch der Heumarkt Gerichtsstätte: Hier stand der Schupstuhl (zur Ausführung der Ehrenstrafe ›Schubsen‹, Stoßen), die an betrügerischen Kaufleuten ausgeübt wurde.

Heute wird der Platz kaum noch als Versammlungsort genutzt. Er ist durch die Brückenauffahrt zerschnitten, durch Parkhauszugänge verhunzt und in kleinste verkehrsumtoste Fußgängerinseln mit Bonsai-Grünflächen zerstückelt, auf denen wegen fußgängerunfreundlicher Ampelschaltungen viel Zeit zugebracht wird. Kann sich noch irgend jemand vorstellen, dass ein englischer Reisender des 17. Jahrhunderts den Heumarkt als den »*schönsten Platz, den ich auf meiner Reise gesehen habe, außer dem Markusplatz in Venedig*« beschrieben hat?[417]

Auf dem Heumarkt wurde wirklich Heu verkauft, daneben aber auch Kohle, Futtermittel, Salz und Tuche. Anders als der Alter Markt war der Heumarkt ein Arbeitsplatz der reichen Kaufleute, denn hier war der Markt für die Fernhandelsware, die überregionalen Produkte, die durch das Stapelrecht privilegiert waren. Hier wurden die Ladungen der Schiffe ausgebreitet, ebenso wie die Waren, die die Kölner Fernhandelskaufleute von ihren eigenen Reisen mitbrachten und nicht gleich zur Verarbeitung weitergaben: Textilien, Eisen oder teure Lebensmittel.

Fernhändlerinnen – Cathringin Broelmann unterwegs

Auf dem Heumarkt profitierten einige Kauffrauen genauso vom Stapelrecht wie die Männer, wie Margret Wensky erforscht hat.[418] Sie verkauften vor allem Trockenwaren (im Gegensatz zu leicht verderblichen, feuchten und fettigen Waren) wie

Händlerinnen beherrschten den Umgang mit Waren, Währungen und Gewichten (Holzschnitt, Lyon 16. Jahrhundert)

Gewürze, Textilien, ›Chemikalien‹, aber auch Rosenkränze, Bücher, Seife, Holz, Leder und Wachs. Besonders im Gewürz-, Lorbeer- und Weihrauchhandel dominierten Frauen.[419] Im spätmittelalterlichen Pfefferhandel hielten sie 13,3 Prozent. Besonders sympathisch für Leckermäuler erscheint eine *Durgin van Zutphen:* Sie importierte Lakritz und stellte 88,9 Prozent des Kölner Umsatzes. Händlerinnen kauften und verkauften aber auch Materialien, die heute als ›männlich‹ gelten würden: Metalle. Im späten 14. bis frühen 16. Jahrhundert gab es Bleiwarenhändlerinnen, Kupferimporteurinnen oder auch Messingkauffrauen. Cathringin Broelmann beispielsweise stand dem größten Stahlimporteur Kölns nur wenig nach. Sie hielt um 1497 einen Marktanteil von 25 Prozent. Vier weitere Händlerinnen importierten in den 1450er Jahren rund 30 Prozent des Messings nach Köln. Meist waren die Rohmetallkauffrauen

Schätzerin – ein Posten mit Betrugspotential

Handwerkersgattinnen, die für ihre Ehemänner Rohstoffe bewerteten, einkauften bzw. importierten.[420] Die geschlechtsspezifische Arbeitsteilung dieser Paare verlief also umgekehrt zu denen im Textilgewerbe, wo Ehemänner die Rohstoffe beschafften und den Verkauf regelten, Ehefrauen aber die handwerkliche Produktion übernahmen.

Schätzerinnen, Geldwechslerinnen und Bankerinnen

Nahe an der erzbischöflichen Münzstätte bei »Unter Käster« war Ende des 15. Jahrhunderts der Stand der 18 zugelassenen ›keuffer‹ und ›keufferssen‹, der PfandleiherInnen.[421] Sie sollten Güter aus gerichtlich angeordneten Pfändungen verkaufen und die Erlöse abliefern. PfandleiherInnen standen im Dienste der Stadt und übernahmen ihr Amt für eine Zeit von ein oder zwei Jahren. Namentlich bekannt ist z. B. Beelgin Guster, die zusammen mit ihrer Schwester, ebenfalls städtische Pfandhändlerin, eine Bank auf dem Heumarkt hielt. Es gab auch unehrenhafte Pfandleiherinnen: Immer wieder wurden einige der Unterschlagung bezichtigt, und der Rat ließ wiederholt in den Häusern der ›keufferssen‹ nach gestohlenen Waren suchen. 1482 ordnete der Rat eine männliche Oberaufsicht über die beamteten Frauen an.[422] Dennoch überrascht es, wie selbstverständlich Stadt und erzbischöflicher Greve vereidigte Frauen als Sachverständige einstellten – ein Verhalten, das der damaligen politischen und juristischen

Rechtlosigkeit von Frauen diametral entgegensteht. – Für eine reibungslose Abwicklung des Marktgeschehens waren des Weiteren die GeldwechslerInnen wichtig. Es gehörte viel Fachwissen dazu, den Wert verschiedenster Geldstücke aufgrund des jeweiligen Metallgehaltes und Gewichtes zu erkennen und diese dann in eine andere Währung umzurechnen, was die Kenntnis der Bruchrechnung erforderte.

Die halbamtliche Dienstleistung des Pfandleihens wurde im Mittelalter auch **Frauen zugestanden**

51 Erinnerungsplatte an die Börse
nahe Zugang Börsengässchen am Boden

Als sich im 16. Jahrhundert Geschäftsmänner zur Börse zusammenfanden, entwickelte sich, wie so oft in der Geschichte der Institutionen, ein fest geschlossener Männerbund. Die Kölner Händler trafen sich hier auf dem Platz und verabredeten Warengeschäfte. Frauen waren lange nicht darunter. Erst im 20. Jahrhundert konnten Frauenrechtlerinnen den Zutritt zu dieser Institution erstreiten. Das 1730/31 errichtete Börsengebäude wurde überflüssig, nachdem die Waren- und Produktionsbörse in die Rheingasse verzogen war. Nun wurde der Platz mit Bäumen bepflanzt und als Spielstätte für ein Theater freigegeben. In diesem Etablissement kam es zu einer von Kölns brisantesten Liebesgeschichten.

**»Hatte ich so was in Köln erwarten können?« –
Casanovas Lektion im Fremdgehen**[423]

Köln schlief im späten 18. Jahrhundert etwas träge vor sich hin – wie muss da der flotte Abenteurer Giacomo Casanova, der bekannteste Verführer der Welt, bei seinem Besuch der Stadt auf die Kölnerin gewirkt haben? Der studierte Theologe und Jurist reiste durch Europa, meist im Auftrag fremder Geldgeber, in politischer Mission oder als Schriftsteller. Mal brach er freiwillig zum nächsten Ort auf, mal floh er vor Verfolgern. Sein Nomadenleben würzte er durch flatterhafte erotische Abenteuer. 1760 weilte der 45-jährige Lebemann in Köln – zufällig zur Karnevalssaison. Eine prickelnde Affäre hielt ihn angeblich für mehrere Monate in der Stadt.

Der galante Liebhaber wird erwartet – ebenso wie Casanova 1760 von der Kölner Bürgermeistergattin

In Köln besuchte Signore Casanova zunächst eine Komödie. »*Hierfür musste ich mich umziehen, denn es war zu erwarten, daß man mich Damen vorstellen würde, und ich wollte glänzen*«, schrieb der eitle Rokokomann. Eine Kulturfreundin nahm ihn dort sehr deutlich in Augenschein. Sie fragte, »*ob ich einige Tage in Köln bleiben werde, und spielte die Gekränkte, als ich antwortete, ich beabsichtigte, schon am nächsten Tag in Bonn zu Mittag zu essen.*« Die »*interessante Schönheit*« erwies sich als Meisterin erotischer und deutlicher Konversation, was selbst einen Casanova verstummen ließ: »*Bei dieser ungewohnten Redeweise machte ich ein verdutztes Gesicht. Ich musste mich erst sammeln. Konnte ich in Köln auf eine derartig unverblümte Sprache gefasst sein? Der Gedanke, dass ich als Falle dienen sollte, [schien mir] einfach gottvoll. Es wäre eine Dummheit gewesen, noch lange zu überlegen.*« Mit reichlich Theatralik berichtete er vom Fortgang der Kölner Liebschaft. »*Madame X*« entpuppte sich als Frau des Bürgermeisters! Maria Ursula Columba zum Putz war Mutter von sechs Kindern und liebevolle Ehefrau eines wesentlich älteren Mannes namens Franz Jacob de Groote. Dieser Sachverhalt beinträchtigte Casanovas Leidenschaft nicht: »*Mein verliebtes Herz schwamm in Glückseligkeit beim Anblick dieser reizenden Frau, die mit ihren 25 Jahren von der ganzen Familie verehrt wurde...*«. Beim Besuch in ihrem Haus zeigte sie ihm gleich das eheliche Schlafzimmer – und einen zweiten Zugang durch die Privatkapelle zu diesem Gemach. Sie versprach ihm: »*Die Liebende wird den Liebhaber zuverlässig verständigen.*« Über das Stelldichein selbst, erst durch lange Wartestunden im engen Beichtstuhl errungen, schwieg der Genießer – nicht aber über seine Leistung: »*Als ich sie erschöpft, aber nicht übersättigt, verließ, schloss ich sie fest in meine Arme und versicherte ihr, dass sie mich beim nächsten Wiedersehen gleich leidenschaftlich finden würde; dann kroch ich wieder in den Beichtstuhl.*« Casanova blieb drei Monate in Köln und Bonn, dann fand er die Dame – wie stets – fade. Wenn wir auch romanhafte Übertreibungen und Selbstheroisierungen des Dauerverführers abziehen müssen, so verblüfft doch die Darstellung einer Kölner Honoratiorengattin als aktiver Part beim Einfädeln des Tête-à-Tête. Maria Ursula Columba zum Putz starb bereits mit 33 Jahren an ›Auszehrung‹ (vermutlich Tuberkulose).

Geschäftiges Treiben in der Kölner Markthalle auf dem Heumarkt (Fotographie Anfang 20. Jahrhundert)

Im 20. Jahrhundert entwickelte sich der Heumarkt zum klassischen Marktplatz, beflügelt von der Großmarkthalle, die zwischen 1904 und dem Zweiten Weltkrieg auf dem Gelände des heutigen Maritim-Hotels stand. Diese städtische Hauptmarkthalle war eine wuselnde Einkaufszone, wie wir sie heute gerne in Mittelmeerländern aufsuchen, ein moderner Bau mit freier Eisenkonstruktion, in dessen Erdgeschoss kleine Händler verkauften und dessen Galerien im Obergeschoss Platz für die Versteigerungen der Großhändler bot. Die Halle war sehr modern: Sie bot erstmals Gefrierabteilungen zur Aufbewahrung der Lebensmittel.

Wir gehen weiter geradeaus zum Festhaus Gürzenich, etwa durch die Bolzengasse und die Martinstraße.

52 Der Gürzenich

Die Verbindung von Kaufhaus und Tanzhaus war im Mittelalter nicht selten – der Kaufmann, der seine Waren feilbietet, wird von Paaren umtanzt

Das imposante spätgotische Gebäude, das in jedem Stadtführer steht, gilt als bedeutendster Kölner Profanbau des Spätmittelalters. Es hat eine lange Geschichte als Kaufhaus, Tanzhaus, Empfangspalast, städtisches Konzert- und Gesellschaftshaus, Versammlungsort des Kölner Arbeiter(innen)- und Soldatenrates 1918, und als Treffpunkt für Großveranstaltungen vieler Gruppierungen von der katholischen Frauenbewegung über die KPD der Weimarer Republik bis hin zu den Nazis. Noch heute finden hier mal rauschende Karnevalsbälle und mal die jährliche Aids-Gedenkfeier statt. Im bürgerschaftlichen Fest- und Handelshaus wurden und werden auch Kölns höchste Gäste empfangen, sei es Kaiser Maximilian 1474 oder die Politiker des umstrittenen G8-Gipfels im Juni 1999. ›Die von Gürzenich‹ besaßen im 13. Jahrhundert einen Rittersitz bei Düren und hier in Köln ihr Stadtpalais. Um 1440 kam die Idee auf, auf diesem zentralen Grundstück ein zweigeschossiges multifunktionales Gebäude zu errichten. Für den Bau wurden nicht nur die Gürzenichs abgefunden, es mussten aufgrund der Grundstücksgröße auch die Bewohnerinnen eines der vielen Beginenkonvente ›umgesetzt‹ werden, der seit Mitte des 14. Jahrhunderts hier stand.

Das Erdgeschoss des Gürzenichs wurde bis weit ins 19. Jahrhundert als Kaufhaus und Handelsfläche genutzt. In den 1870er Jahren wurde es vorübergehend als Börsenhalle genutzt; Frauen hatten damals – wie erwähnt – noch keinen Zutritt.

Das Obergeschoss diente von Beginn an dazu, die adeligen, gar kaiserlichen oder hohen geistlichen Gäste standesgemäß zu empfangen und zu bewirten. Dazu wurde die holde Weiblichkeit gerne geladen, 1474 sogar auf Bitten des Kaisers selbst:

»*Des Sonntags vor dem Dreizehnten-Tag ließ der Rat von Köln dem Kaiser und seinem Sohn zu Ehren einen Tanz machen auf dem Gürzenich, wie es auch der Kaiser begehrt hatte, um die schönen Frauen von Köln zu besehen. Und des Kaisers Sohn, Herzog Maximilian, hatte den ersten Tanz mit einer Jungfrau von Sankt Tervilhilligen.*«[424] Der Chronist Koelhoff berichtet weiter, dass die adeligen Jungfrauen aus dem Stift St. Ursula in Paaren vor dem Kaiser Reigen tanzten. Die Brautschau führte nicht zum Erfolg, 1477 wurde im Gürzenich die Vermählung Maximilians mit Maria von Burgund gefeiert, die er letztlich zur Ehefrau erwählt hatte.

Maskenball im Gürzenich in Zeiten der Romantik

Zu Beginn des 19. Jahrhunderts erlebte der Festsaal eine Renaissance im Kontext des ›romantischen‹ Karnevals. Riesige Maskenbälle beeindruckten auch auswärtige Gäste, etwa 1826 Annette von Droste-Hülshoff, die in dem geschmackvoll dekorierten Raum eines der ersten organisierten Karnevalsfeste erlebte.[425] Johanna Schopenhauer notierte 1828 über einen Karnevalsball, dieser habe ihr einen Augenblick beschert, »*dem wol wenige an Heiterkeit sich vergleichen lassen mögen*«.[426] Kein Wunder: Mehrere Tausend ›Masken‹ hatten mitgefeiert. Nachdem die örtliche ›Concertgesellschaft‹ dafür gekämpft hatte, hier einen erstklassigen Musiksaal und Versammlungsmöglichkeiten zu schaffen (1855), wurde das Haus vermehrt von Kölner Vereinen genutzt. Der ›Jürzenich‹ wurde ein Bürgerhaus im wahrsten Sinne des Wortes. Vielen Vereinen, auch Frauengruppen, diente das Festhaus häufig als Versammlungsort; sie hielten hier ihre Gründungsversammlungen oder große Veranstaltungen ab.

1870 organisierte z. B. der »*Vaterländische Frauenverein*« einen Galaball mit Spendensammlung. Das Geld kam ihrer kriegsbegleitenden Arbeit zugute. Von diesem Abend ist überliefert, dass es am Eingang heftige Auseinandersetzungen gab, nachdem die konservativen Damen nicht vorschriftsmäßig gekleidete Herren abgewiesen hatten. – 1896 fand hier eine Generalversammlung des »*Frauen-Fortbildungs-Vereins*« statt, u.a. mit einem Vortrag von Käthe Schirrmacher: »Die Bedeutung der Frauenfrage für das Familienleben«. – 1903 hielt der »*Allgemeine Deutsche Frauenverein*« im Gürzenich seine 22. reichsweite Generalversammlung ab. – 1905 wurde im Isabellensaal der »*Kölner Frauen-Klub*« gegründet. – Im November 1918 gab es hier eine Revolutionsfeier. Frauen hatten noch kein Wahlrecht, und der Kölner Arbeiter- und Soldatenrat erhob nur sehr gemäßigte Forderungen, – von einem demokratischem Wahlrecht war keine Rede. – 1926 wurde im Gürzenich die 41. Hauptversammlung des »*Vereins Katholischer Deutscher Lehrerinnen*« abgehalten. 1927 lehnte jedoch die Verwaltungskonferenz des

Der Vaterländische Frauenverein wirbt für nationale Vorträge für Mädchen im Gürzenich (ca. 1880)

›Ausschusses für städtische Säle und Wirtschaften‹ es ab, den illustren Saal für einen Vortrag »Das Recht auf Liebe. Die sexuelle Krise« von Dr. Magnus Hirschfeld zur Verfügung zu stellen. Die »Rheinische Zeitung« kommentierte zutreffend am 7. Mai 1930: »*Das muß grundsätzlich umso eigenartiger erscheinen, als derselbe Saal wüsten Schwadroneuren vom Schlage des Nationalsozialisten Ley jederzeit zur Verfügung zu stehen scheint.*«[427]

1929 organisierte ein Frauenfriedensverein eine Großkundgebung gegen den Gaskrieg mit Prof. Gertrud Woker, der bekannten Autorin des Buches »Der kommende Giftgaskrieg«. Die berühmte Berner Chemikerin appellierte an das Publikum, entsprechende Forschungen zu verweigern, und versprach, eigene Forschungsergebnisse nicht für militärische Zwecke zur Verfügung zu stellen. – 1932 hielt der »*Rheinisch-Westfälische Frauenverein*« eine Kundgebung ab, bei der Frauen vor den NationalsozialistInnen warnten und für die Gleichberechtigung der Frau plädierten.

Aber auch die NationalsozialistInnen nutzen den Gürzenich als Veranstaltungsort. Hitler sprach z.B. 1936 hier, nachdem Truppen auf seinen Befehl hin in das bis dahin entmilitarisierte Rheinland einmarschiert waren. Alle jubelten ihm zu.

Im Zweiten Weltkrieg wurde der Gürzenich weitgehend zerstört, am 23. Juni 1943 brannte er bis auf die Außenmauern aus. So musste er nach dem Krieg restauriert werden. Angesichts der anhaltenden Wohnungsnot und des Mangels an Schul- und anderen öffentlichen Räumen erschien es in der Nachkriegszeit als ein gewisser Luxus, sich um ein Fest- und Versammlungshaus zu bemühen. Aber die KölnerInnen engagierten sich mit einer Gürzenich-Lotterie und Kinoabgaben für den Bau. So konnte das Festhaus schon in den frühen 1950er Jahren wieder benutzt werden. Die Innenausstattung des Gebäudes ist noch heute – trotz mehrfacher Umbauten – stark durch den Geschmack dieser Jahre geprägt.

Eine § 218-Veranstaltung im Gürzenich bewirkte 1972 heftige Debatten

1972 entdeckte eine Aktive den Ort für die Neue Kölner Frauenbewegung: Das bedeutende bundesweite »Tribunal gegen den Paragraph 218« mit Auftritten der noch unbekannten Ina Deter, den »Machtwächtern« und Fasia Jansen fand ausgerechnet in der guten Stube Kölns statt. Nicht alle der ca. 1.200 TeilnehmerInnen von »Frauen klagen an – Aktion 218« begrüßten die Entscheidung, in der Lokalität Gürzenich zu tagen, den meisten war das Ambiente zu ›spießbürgerlich‹.

53 Bruloffshaus – Hochzeiten in Köln

Quatermarkt, ehemals In der Höhle 8–14

Der Straßenname leitet sich vom »Haus Quatermarkt« ab, und dieses wiederum verweist auf eine Ehefrau. Männer nahmen in Mittelalter und Früher Neuzeit bisweilen den Namen ihrer Frau an, so auch Gottfried Birkelin, der um 1250

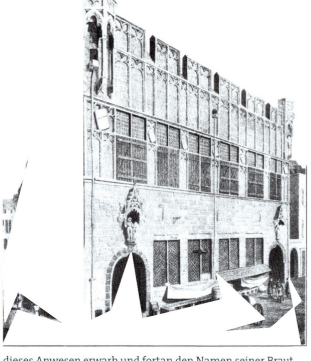

Das einzige bildliche Dokument des spätgotischen Hochzeitshauses (Brulofshaus hinten links) vor dem Abriss (1827, Weyer/Wünsch)

dieses Anwesen erwarb und fortan den Namen seiner Braut, der Jungfrau Quatermarkt, führte. Frauen behielten in Köln in der Regel ihren Familiennamen. Erst adelige Frauen machte es im späten 17. Jahrhundert modern, den Namen des Mannes zu benutzen. Die Vorgabe, zwangsweise den Namen des Gatten als Ehenamen zu führen, brachten schließlich die Preußen im 19. Jahrhundert mit. So ist das heutige standesamtliche Angebot, den Namen beider Partner zu belassen, gar nicht wirklich modern, sondern ganz ›tradionell‹.

Ab 1400 wurden im Palast derer von Quatermarkt viele Hochzeiten gefeiert, auf Kölsch ›Bruloff‹ oder auch ›Brulofft‹ genannt. Der Begriff bezeichnete ursprünglich einen Brautlauf und geht auf das bei ärmeren Leuten übliche ›Brautrennen‹ zurück, bei dem ausgemacht wurde, wer die Hochzeit zu zahlen hatte. Er veränderte sich zur Benennung für die Phase zwischen Verlobung und Hochzeit. Aufgrund der hohen Akzeptanz der Räumlichkeiten bei der Bevölkerung kaufte der Rat 1561 das Haus Quatermarkt, um es der (katholischen) Bevölkerung zum Feiern vermieten zu können. Am Bruloffshaus wurde fortan mit Wappen und Inschrift bekannt gegeben, dass das Haus für Hochzeiten – und Doktorfeiern – gedacht sei. Ein Neubau wies wie das Nachbarhaus Gürzenich einen Zinnenkranz und große

Kreuzfenster auf. Mit Hilfe einer luftigen Brücke konnte sogar direkt zum Bankettsaal des Gürzenichs gelaufen werden, das über keine eigene Küche verfügte. Anfang des 19. Jahrhunderts hatten sich die Feiertraditionen verändert und das Haus wurde abgerissen.

Wir gehen einige Schritte zwischen dem Gürzenich und dem früheren Hochzeitshaus (heute Parkplatz) entlang Richtung Rathaus.

54 Trauernde Eltern – Gedenken in der Ruine Alt St. Alban Quatermarkt

St. Alban war eine der drei ältesten Pfarrkirchen Kölns, wie die vorkarolingische Gründung belegt – selbst die Ruine weist noch letzte Reste eines staufischen Baus auf. Lage und Grundriss des Kirchenraumes aus dem 17. Jahrhundert sind ungewöhnlich, denn die Pfarrkirche musste sich einem Fleckchen zwischen Bürgerhäusern anpassen. Nebenan wohnte z.B. das Ehepaar Lochner. Die Kirche St. Alban wurde im Zweiten Weltkrieg zerstört und als mahnende Ruine stehen gelassen. Den besten Einblick in das Innere gewähren Foyer und Treppenhaus des Gürzenich sowie der Stiftersaal des Wallraf-Richartz-Museums.

Auch von der Straße aus sind – sofern die Bauarbeiten endlich beendet sein werden – die »Trauernden Eltern« zu erkennen, eine von Käthe Kollwitz konzipierte Skulptur, die sie aus eigener Betroffenheit anfertigte. Die sozial und politisch engagierte Bildhauerin und Malerin Käthe Kollwitz hatte zunächst wie viele andere ZeitgenossInnen den Ersten Weltkrieg bejaht. Nachdem aber ihr junger Sohn, ein Freiwilliger, wie unzählige andere Männer auf dem Schlachtfeld gestorben war, veränderte sie

»Es ist genug gestorben! Keiner darf mehr fallen!« – Das trauernde Elternpaar von Käthe Kollwitz (verkl. Nachbildung von Ewald Mataré) Käthe Kollwitz (1867–1945), Graphikerin und Bildhauerin (unten)

ihre Haltung. Kollwitz wurde in der Weimarer Republik zu einer Ikone der Anti-Kriegsbewegung. Die Künstlerin fasste bereits 1914 den Plan, ein Denkmal für den gefallenen Sohn zu erstellen, aber erst 1932 beendete sie es. Das Original der »Trauernden Eltern« ließ sie auf dem flandrischen Soldatenfriedhof Vladslo bei Dixmuiden als Mahnmal für 25.638 tote deutsche Männer aufstellen. In der Kriegsruine von St. Alban wurde 1959 eine leicht verkleinerte Nachbildung von Ewald Mataré platziert, um an die Opfer beider Weltkriege zu erinnern – eine stille Ächtung von Kriegen inmitten der lebendigen Stadt. Typischerweise ist die Trauer geschlechterspezifisch unterschiedlich dargestellt: Während die Mutter im Gebet noch Kommunikationsbereitschaft signalisiert, scheint der Vater sich in der Trauer zu verschließen.

55 Stadthaus – Wohlfahrt

Gehen Sie ein paar Schritte zurück Richtung Süden – der Neubau des Hotels »Stadthaus«(Interconti) und des Hardrock Cafés Ecke Gürzenichstraße und Kleine Sandkaul zieht alle Aufmerksamkeit auf sich. Entgegen der Bauordnung und Vorgaben des Denkmalschutzes wurde das Gebäude höher gebaut als vorgesehen – das Preiskomitee Saure Zitrone monierte zu Recht, es überrage »irregulär« die ausdrucksvolle Häuserreihe am Heumarkt und verändere »damit erheblich die Altstadtsilhouette«.[428] In einem Vorgängerbau des Stadthauses waren zu Beginn des 20. Jahrhunderts wichtige Kölner Behörden untergebracht: Hier residierten u.a. das Wohlfahrtsamt, die Sparkasse, das erste Kölner Arbeitsamt und die Wohlfahrtsschule. Der Ort spiegelt so auch ein ›starkes Stück‹ Professionalisierung der Frauen in der Sozialarbeit.
Nach den folgenden Informationen über die Arbeitsnachweisanstalt, die erste Kölner Wohlfahrtsschule und die Leiterin des Wohlfahrtsamtes geht der Rundgang auf Seite 224 weiter.

Arbeitsnachweisanstalt[429]

»Der weibliche Dienstbotenstand ist von der größten Bedeutung für das Glück und den Wohlstand der Familien, für die Erziehung der seiner Wartung anvertrauten Kinder«, formulierten bereits 1863 die Gründerinnen des Kölner Marthastiftes.[430] Dienstmädchen waren Ende des 19. Jahrhunderts begehrt – alle bürgerliche Familien wollten eins haben. Die Industrialisierung

Das alte Stadthaus – Standort vieler frauenpolitischer Initiativen

führte allerdings zu einem Arbeitskräftemangel: In der Industrie waren die Löhne höher, die Arbeitszeiten kürzer, die Geselligkeit und Ungebundenheit größer. Viele Frauen gingen lieber in die Fabrik als in einen Haushalt.

In der »Arbeitsnachweisanstalt« wurden ab 1894 erstmals Arbeitskräfte in Fabriken oder Haushalte vermittelt. Bis dahin war die Arbeitskräftevermittlung ein zünftiges und karitatives Privileg gewesen, bei DienstbotInnen wiederum fand sie durch direkten Augenschein an feststehenden Tagen statt. Im 19. Jahrhundert kam Bewegung in den Markt, DienstbotInnen wechselten häufiger die Stelle. Aus Sicht der Arbeitgeber ließen auch die Leistungen mancher ›Mädchens‹ zu wünschen übrig – ein kölsches Lied ironisierte die Arbeitsauffassung einer solchen Hausgehilfin:

Dienstmädchen, die schwere Arbeit tun, sind begehrt, und es gibt mehr offene Stellen als Kandidatinnen

»*Schnüssen Tring dunn ich mich schrieve, / Ben von Ohßendörp zo Huss, / Weil ming Möhn su vil dät kieve, / Leef ich an dem Dörp eruss, / Drei Johr deenten ich zo Kölle, / Hatt derwiel no drückzehn Stelle, / Seht wie ich mich do bedrog, / ›Treu und fließig‹ steiht im Boch.*«

Die weiteren Strophen zeigen dann, dass dieses Selbstlob extrem geschmeichelt war.[431] Die ›Herrschaften‹ beklagten während des Kaiserreichs zudem, dass das ehemals »*herzliche theilnehmende Verhältniß zwischen Herrschaften und Dienstboten*« dahin sei. In großbürgerlicher Selbsthilfe wurde zunächst versucht, die zukünftigen ›Perlen‹ durch eine Einrichtung zu formen und auszubilden.[432] Als kaum noch Kölner Mädchen den Beruf erlernen wollten, wurden Arbeitsmigrantinnen aus der Eifel oder dem Bergischen Land beschafft.

Eine funktionierende Vermittlungsagentur musste her, und dieser Vorläufer des Arbeitsamtes fand hier im Stadthaus seine Heimat. Unerwartet schnell saßen hier die jüngst noch verbotenen Gewerkschaften mit den Unternehmern und Vertretern der Stadt an einem Tisch und konnten sich für ihre Klientel einsetzen.

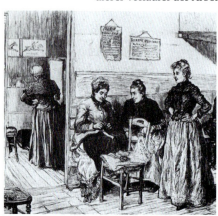

Stellenvermittlungsbüro: Warten auf eine neue Herrschaft (französische Zeitungs-Illustration von 1891)

Fabrikarbeiterinnen gelangten selten über die Arbeitsnachweisanstalt an ihre Stelle (nur 5 bis 10 Prozent wurden an Fabriken vermittelt). Sie fanden ihre Arbeitsorte meist selbst. Auch qualifizierte Beschäftigte wurden hier nicht angefragt. Nur die Fachabteilung für Hausangestellte boomte, sie konnte gar nicht so viele Dienstbotinnen, Köchinnen, Putzfrauen, Stundenpersonal oder einfach ›Mädche‹ beschaffen, wie benötigt wurden. 1899 gab es auf dem Sektor in Köln 5.000 Nachfragen bei nur 2.200 Arbeitsuchenden.

Um die Wende zum 20. Jahrhundert machten Dienstmädchen noch ein Drittel aller berufstätigen Frauen aus, unter den 20- bis 30-Jährigen sogar die Hälfte. Ab 1910 sank die Zahl langsam zugunsten von Angestellten und Arbeiterinnen.

Stadthaus – Wohlfahrtsschule

Das Stadthaus öffnete in Kaiserreich und Weimarer Republik die Tore für viele Frauenvereine, die halböffentliche Aufgaben übernahmen, vom Hauspflegeverein bis zur Nationalen Frauengemeinschaft. Gerade während des Ersten Weltkrieges konnten Frauen sich immer mehr Arbeitsbereiche auf dem Feld der Wohlfahrt erschließen. Zwei Frauen gelang im Schatten dieses Wohlfahrtsgebäudes eine ungewöhnliche Karriere.

Im repräsentativen Gebäude des Stadthauses erlernten die ersten Kölner Sozialarbeiterinnen ihr ›Handwerk‹. Wegen des

Mangels an Kräften in der Armen- und Gesundheitspflege richteten im April 1914 die (noch rein männlichen) Stadtverordneten auf Initiative des ärztlichen Beigeordneten Dr. Peter Krautwig und des Beigeordneten und Dezernenten für das städtische Armenwesen, Wilhelm Greven, eine »Schule für Kommunale Wohlfahrtspflegerinnen« ein. Die städtische Notlage fiel mit der Berufsbewegung bürgerlicher Frauen zusammen, die sich dringend neue Arbeitsfelder erschließen wollten. Bisher gab es in Köln zwar schon einige Frauen in der Armen-, Waisen- und Säuglingspflege, doch waren diese nur selten ausgebildet und bezahlt. Um 1912/13 waren auf dem Gebiet der kommunalen Wohlfahrtspflege in Deutschland 18.000 Frauen tätig, davon 17.000 ›ehrenamtlich‹, d.h. gratis.[433] Von den 1.000 besoldeten Fürsorgerinnen arbeiteten 860 in der Säuglings- und Kinderfürsorge, weil die Überwachung von kranken Säuglingen nur gut ausgebildeten und kontinuierlich arbeitenden Frauen in die Hand gegeben werden sollte.

Prächtiges Eingangsportal – das Stadthaus beherbergte u.a. die Cölner Wohlfahrtsschule (heute Fachhochschule für Sozialwesen) und nationale Frauenvereine

Auch wenn Vertreter der Stadt Köln die Wohlfahrtsschule gründeten, so hatten doch reichsweit Frauen den Anstoß gegeben, den bisherigen Dilettantismus in den Wohltätigkeitsvereinen zu überwinden und die soziale Arbeit zu professionalisieren. Aus dem Zusammenwirken dieser aktiven Vorkämpferinnen mit bestehenden Institutionen entstand der ›soziale Frauenberuf‹. Die Ausübenden wurden zunächst ›Wohlfahrtspflegerin‹, dann ›Fürsorgerin‹ und schließlich ›Sozialarbeiterin‹ genannt.

Die Kölner Ausbildungsstätte wurde unter ihrem im Februar 1915 angenommenen Namen »Wohlfahrtsschule der Stadt Köln – Ausbildung für soziale Frauenberufe« bekannt. Nach einer kurzen Phase als Anhängsel der Krankenpflegeschule wurde sie selbständig. Die Schülerinnen erhielten eine Ausbildung in den Bereichen ›Sozialhygiene‹ und ›Behördliche Wohlfahrtsfürsorge‹. Die Voraussetzungen für die Zulassung der Absolventinnen waren ein Abgangszeugnis des Lyzeums (einer Art Realschule für Mädchen), Vollendung des 21. Lebensjahrs und möglichst eine abgeschlossene Vorbildung auf pädagogischem bzw.

pflegerischem Gebiet – hier manifestierte sich der starke Einfluss des Gesundheitsdezernenten auf die Ausbildungsinhalte.[434]

Besonderen Wert wurde auf die praktische Ausbildung gelegt, die entweder in der ›geschlossenen‹ Fürsorge durchgeführt wurde (Krankenanstalten, Heime, Krippen, Hebammenlehranstalt, Säuglingsmilchanstalt usw.), oder in der ›offenen‹ Fürsorge in Wohnungen, Volksküchen, Säuglingsfürsorgestellen, Versicherungsämtern, Haushaltspflegevereinen oder auch beim Schularzt. Die Ausbildung kostete in Köln 200 Mark, was bezahlbar war, aber sie dauerte nur anderthalb Jahre, was im Vergleich zu anderen Schulen extrem kurz war. Eine der Förderinnen der Wohlfahrtsschulen in Deutschland, Dr. Marie Baum, kritisierte daher das Kölner Konzept: »*Wir sind der Meinung, daß gar nicht genügend vor einer Ausbildungsstelle gewarnt werden kann, die bei so niedrigen Anforderungen an das Material der Schülerinnen und bei einer so kurzen Lehrzeit so außerordentlich große Versprechungen für soziale Ausbildung in allen möglichen Gebieten macht.*«[435] Die Düsseldorferin warf den Kölnern einen schlechten Einfluss auf den noch jungen Beruf vor: »*Es muß aufs entschiedenste Verwahrung dagegen eingelegt werden, daß dieser neu geschaffene und mit Mühe hochgehaltene Beruf jetzt von Köln aus herabgeschraubt und damit das so überaus wichtige Gebiet ländlicher Wohlfahrtspflege in falsche Bahnen gelenkt wird.*«[436] Die Ausbildungsvoraussetzungen wurden dennoch bis 1920 nicht wesentlich verändert. Die Stadt eröffnete nur eine weitere Qualifizierungsmöglichkeit: Ab 1916 konnten »*befähigte, höherstrebende Schülerinnen*« im Anschluss an die Wohlfahrtsschule die ›Cölner Hochschule für Kommunale und Soziale Verwaltung‹ besuchen, die ein ›Frauen-Hochschulstudium für soziale Berufe‹ ermöglichte. Dessen Absolventinnen erhielten später Stellen als gut bezahlte Sozialbeamtinnen in Krankenkassen, Rechtsschutzstellen oder in der Verwaltung.[437]

Erst 1920 wurde die Ausbildungszeit auf zwei Jahre erhöht. Nun gab es drei Spezialisierungen: Gesundheitsfürsorgerin, Jugendwohlfahrtspflegerin oder Berufs- und Wirtschaftsfürsorgerin. Die medizinische Theorie lehrten Professoren und Doktoren, Dozentinnen waren bei den gesellschaftlich-prakti-

---

Wohlfahrtsschule der Stadt Cöln.
Ausbildung für soziale Frauenberufe.

Aufnahmebedingungen:	Abgangszeugnis des Lyzeums. 21. Lebensjahr. Abgeschl. pflegerische resp. pädagogische Vorbildung, die auch durch die Schule vermittelt werden kann.
Ausbildungsdauer:	1½ Jahr.
Aufnahmetermine:	15. April und 15. Oktober.
Abschlußprüfung:	Unter Vorsitz eines Regierungsvertreters.
Auskünfte, Prospekt und Lehrplan	durch die Leitung der Wohlfahrtsschule, Cöln, Stadthaus.

Werbeblatt für den Ausbildungsgang der Wohlfahrtspflegerin – ein bedeutendes Berufsfeld wird für Frauen eröffnet

schen Themen zugelassen. Hier lehrten z.B. Frau Rektor Hennes von der Hauswirtschaftsschule, Hedwig Dransfeld (seit 1912 Vorsitzende des Katholischen Frauenbundes Deutschland), Dr. Hertha Kraus als Leiterin des Wohlfahrtsamtes, ›Frl.‹ Lenné als Bezirksfürsorgerin oder auch Elisabeth Gnauck-Kühne, eine zu ihrer Zeit berühmte christliche Sozialforscherin. Auch die Chronistin des Stadtverbandes und Leiterin der Frauenabteilung des Arbeitsamtes, Dr. Rosemarie Ellscheid, war bis 1933 als Dozentin beteiligt, ihr Spezialgebiet war die Arbeitslosenfürsorge.[438] Weitere Fächer der Fürsorgerinnen reichten von der Hauswirtschaftslehre über die Staatsbürgerkunde zum Sozialrecht. Die städtische Wohlfahrtsschule wechselte häufig ihren Standort, bis sie als Fachhochschule für Sozialarbeit am Ubierring heimisch wurde. Die Wohlfahrtsschule bot qualifizierten Frauen erstmals Lehr- und Aufstiegsmöglichkeiten. Eine soll hier vorgestellt werden.

Prof. Amalie Lauer (1882–1950), erste Leiterin der Wohlfahrtsschule und katholische Landtagsabgeordnete

Dr. Amalie Lauer – *se hett et jewuss!*

Am 1. April 1917 übernahm eine außergewöhnliche Frau die Leitung der Wohlfahrtsschule, die in Köln einigen Einfluss gewann: die Hessin Amalie Lauer (1882–1950). Sie war 1913 eine der ersten promovierten Nationalökonominnen des Deutschen Reiches. Von 1908 bis 1932 publizierte sie in zahlreichen Zeitschriften zu den Themen Heimarbeit und Frauenarbeitsschutz.[439] Nach ihrer Tätigkeit an der Wohlfahrtsschule lehrte sie 1930/31 als Professorin am Berufspädagogischen Institut in Köln.

Die Kritikerin des Nationalsozialismus fand einen Platz am Rathaus (Skulptur mit Modell der Wohlfahrtsschule)

Lauer galt als eine der vielversprechendsten Führerinnen der katholischen Frauenbewegung und prägte die Politik vieler überregionaler Vereine mit (z.B. Verein für Studentinnenheime, Verein für Soziales Recht). Sie vertrat zweimal zwischen 1919 und 1933 im preußischen Landtag als Abgeordnete die katholische Zentrumspartei. In die Geschichte aber schrieb die Pädagogin und Politikerin sich ein, weil sie 1932 in einer Schrift »*Die Frau in der Auffassung des Nationalsozialismus*« vor den Gefahren der nationalsozialistischen Ideologie für Frauen warnte. Lauer hatte als eine der wenigen die

Lauer las als eine der wenigen die Texte der Nazis – und warnte vor ihnen

Nazi-Schriften wirklich gelesen. Sie hielt zu dieser Frage viele Vorträge, und noch am 25. Februar 1933 gab sie anlässlich der bevorstehenden Reichstagswahl zusammen mit anderen Kölner Zentrumsfrauen einen Aufruf heraus, der vor einer weiteren Radikalisierung Deutschlands warnte. Vergeblich. Nach dem Attentat vom 20. Juli 1944 entging Lauer, die in der NS-Zeit bereits im Ruhestand war, nur knapp einer Verhaftung. Sie hatte sich nach Bensberg in eine Gartenidylle zurückgezogen, gemeinsam mit ihrer Lebensgefährtin, der Rechtsanwältin Dr. Grete Esch, einer der ersten Juristinnen, die in Köln promoviert worden waren. Prof. Dr. Amalie Lauer starb 1950. Auf Vorschlag des Kölner Frauengeschichtsvereins wurde sie in die Liste der Ratsturmfiguren aufgenommen.

Heute entschlief im Alter von 68 Jahren, nach kurzer, schwerer Krankheit, gestärkt durch die Tröstungen unserer hl. Religion und wohlvorbereitet durch ein Leben hingebungsvoller Liebe, unsere unvergeßliche Schwester, Schwägerin und Tante

Frau Prof. Dr. phil.
AMALIE LAUER

ehem. Direktorin der Sozialen Frauenschule in Köln, Abgeordnete des Preuß. Landtages.

In tiefem Schmerz
Dr. med. Anna Hübschmann geb. Lauer
Therese Lauer
Karl Hübschmann, Senatspräsident i. R.
cand. med. Rosemarie Hübschmann
stud. ing. Wolfgang Hübschmann
Dr. jur. Grete Esch als Freundin.

Köln-Nippes (Gust.-Nachtigal-Straße 17), Berlin-Zehlendorf, Wittges/Fulda, den 15. Oktober 1950

Die Beerdigung findet statt: Samstag, den 21. Oktober 1950, um 9 Uhr im Familiengrab auf dem Bornheimer Friedhof zu Frankfurt a. M.

Ungewöhnlich:
Die Lebensgefährtin Dr. Grete Esch ist in der Todesanzeige erwähnt

Wir laufen am Stadthaus entlang Richtung Pippinstraße. Rechts ist eine alte Eingangs-Fassade des Hauses Maulbeer in den Neubau eingelassen. Im hinteren Teil des Gebäudes, am früheren Elogiusplatz, war der Eingang zum Wohlfahrtsamt. Hier wirkte eine politisch bewußte Verwaltungsbeamtin.

Dr. Hertha Kraus – Durchbeißen in der Kölner Verwaltung

Diese frühe Verwaltungsleiterin schaffte den Aufstieg ebenfalls über das Thema Soziales: Dr. rer. pol. Hertha Kraus (1897– 1968) gehörte wie Amalie Lauer zur ersten Generation studierender Frauen, die mit Promotion abschlossen.[440] In Berlin war sie führend an einer groß dimensionierten Kinderspeisung beteiligt und Bezirksleiterin eines Quäker-Komitees, bevor Adenauer die 25-Jährige als Leiterin der Abteilung Sozialwesen bzw. des Wohlfahrtsamtes nach Köln berief.[441] Als sog. ›Stadtdirektorin‹ war sie dem Dezernenten Ernst Schwering direkt nachgeordnet und hatte damit die höchste Stellung inne, die eine Frau bis weit in die Nachkriegszeit hinein in der Verwaltung erreichte. Kraus war »*die erste Frau, die wenigstens zur Verwaltungs- oder damals hieß es Beigeordnetenkonferenz zugezogen wurde«*.⁴⁴² Die neue Kollegin war jedoch Sozialdemokratin, Mitglied der Quäker, Jüdin, recht jung und hatte sehr konkrete Vorstellungen über die Stärke des Kollektivs – für viele männliche Untergebene eine Zumutung. Es gab Proteste einer kölnischen Zeitung, die die Berufung einer 25-Jährigen ausländischen (sie war Böhmin) und nicht katholischen Person auf einen so hohen Posten für ganz unangebracht hielt.⁴⁴³

Dass sie zudem Frauenrechtlerin war und – ebenso wie Lauer – eine Lebensgemeinschaft mit einer Frau führte, machte die Sache nicht besser. Obwohl die Soziologin 1923 in die Arbeiterwohlfahrt und in die SPD eingetreten war, engagierte sie sich auch sehr aktiv im *»Stadtverband der Kölner Frauenvereine«*. Friedenspolitik war – selbstverständlich für eine Quäkerin – ein weiteres Arbeitsfeld: Sie setzte sich in den späten 1920er Jahren gegen Aufrüstung und Gaskrieg ein.⁴⁴⁴ Als Amtsleiterin legte sie in den zehn Jahre ihres Wirkens in Köln ihren Arbeitsschwerpunkt – was damals innovativ war – eher auf die Prävention als auf die Nachsorge und damit ›Reparatur‹. Bei den KölnerInnen blieb die Sozialpolitikerin vor allem aufgrund ihrer erfolgreichen Kampagne, die ehemalige Kaserne in Riehl (Boltensternstraße) und andere Gebäude nach amerikanischem Vorbild zu Familienwohnungen und Wohnkomplexen mit Betreuung umzufunktionieren, im Gedächtnis.⁴⁴⁵ Sibille Hartmann erinnerte 1949 an die Verdienste ihrer früheren Kollegin: »*Ich brauche nur zu erinnern an die Riehler Heimstätten, an die Wohnstifte, an die Arbeitsfürsorge, an die Organisation des Kreiswohlfahrtsstellenwesens, an die Künstlerhilfe, an das Atelierhaus, an das männliche Ledigenhaus*«, und umriss damit ein breites Tätigkeitsspektrum. Hertha Kraus unterrichtete ebenfalls an der Kölner Wohlfahrtsschule und trug mit Vorträgen zur Professionalisierung von Frauen bei.⁴⁴⁶ Im »*Verein der Sozialbeamtinnen*«, der zum Umfeld der Berufsfrauenbewegung zählte, förderte sie zukünftige leitende Sozialarbeiterinnen. Scharf wandte sie sich gegen Tendenzen der ersten Notverordnungen (1932), die Wohlfahrtsleistungen zu kürzen.

Dr. Hertha Kraus (1897–1968) – sozialdemokratische Amtsleiterin, jüdische Quäkerin, frauenliebende Unterstützerin der Frauenbewegung. Erstaunlich, dass Adenauer sie nach Köln holte!

Ihre Entlassung aufgrund ihres sozialdemokratischen Engagements (»politisch unzuverlässig«) und ihrer nicht ›reinrassigen‹ Abstammung erfolgte bereits am 1. April 1933.⁴⁴⁷ Sie hatte die Gefährlichkeit der nationalsozialistischen Ideologie frühzeitig erkannt, die für sie aufgrund ihrer ›Abstammung‹ noch wesentlich bedrohlicher war als für Amalie Lauer. Kraus wanderte noch im Sommer 1933 mit der fast zwanzig Jahre älteren Freundin (Gertrud Schulz, genannt ›Peter‹) und ihren Eltern nach Nordamerika aus. Hier gelang ihr durch das Quäkernetzwerk ein Erfolg, den sie im konservativen deutschen Akademikermilieu nicht hätte erzielen können: 1936 wurde sie Professorin für Sozialökonomie am berühmten Quäker-Frauencollege »Bryn Mawr« (Pennsylvania), später Lehrbeauftragte an der New Yorker »Columbia University« und am »Swarthmore College«. Sie verfasste eine heute wieder aktuell klingende Abhandlung zur Arbeitslosenhilfe und ein Standardwerk über Einzelfallhilfe in der Sozialarbeit. In ungewöhnlichem Ausmaß unterstützte sie von ihrer privilegierten Position aus Verfolgte, die nach Amerika migrierten, u.a. Marie Juchacz oder den späteren Kölner Oberbürgermeister Sollmann. Kraus ließ Köln auch nach 1945 nicht im Stich. Als ›Special Representative‹ der Quäkerorganisation »*American Friends Service Committee*« kehrte die inzwischen US-Bürgerin gewordene Wissenschaftlerin auf Bitten Adenauers zeitweilig nach Deutschland zurück und beriet den Hohen Kommissar der amerikanische Militärregierung sowie General Clay. 1963 führte sie eine Friedensmission mit dem damaligen Staatsratsvorsitzenden der DDR, Walter Ulbricht, sowie mit dem Regierenden Bürgermeister von Westberlin, Willy Brandt, an und trug dazu bei, dass die DDR ein Kontaktbüro im Westen eröffnete. Seit 1990 trägt eine Straße in Riehl ihren Namen.[448]

Die jüdische Professorin ging früh ins Exil, an sie erinnert(e) eine Skulptur am Kölner Ratsturm

Dass es mit Amalie Lauer und Herta Kraus gerade zwei unverheiratete Frauen waren, die es auf der Leiter der Kölner Verwaltung nach oben schafften, ist sicher kein Zufall. Zum einen gab es das gesetzliche Beamtinnenzölibat, nach dem Frauen im öffentlichen Dienst nicht verheiratet sein durften.[449] Zum anderen waren ›freie‹ Frauen auch unabhängiger, kein Ehemann fühlte sich überflügelt und bremste sie, keine Familie verlangte nachmittägliche Anwesenheit. Der Sexualwissenschaftler Magnus Hirschfeld stellte nach einschlägigen Unter-

Die Zeitschrift »Ledige Frauen« spiegelt das neue Selbstbewusstsein von »Fräuleins«, die sich nicht länger als »sitzen gelassen« wahrnehmen

suchungen sogar die These auf, dass frauenliebende Frauen prädestiniert seien, Karriere zu machen: »*Durch ihre virilen Eigenschaften, ihre Selbständigkeit, ihr Interesse für öffentliche Fragen, ihr ausgeprägtes Verstandesleben einerseits, ihre familiäre Unabhängigkeit andererseits erscheinen sie hier von vorne herein zu führenden Stellungen berufen.*«[450]

In Köln waren gesellschaftlich aktive Frauen, die in einem von Frauen geprägten Umfeld lebten, ein häufiges Phänomen: Auch Sibille Hartmann, Dr. Antonie Hopmann, Dr. Helene Weber und Alexe Altenkirch lebten wie Lauer und Kraus mit Bekann-

Hertha Kraus mit Lebensgefährtin Gertrud Schulz (›Peter‹) im amerikanischen Exil

ten, Cousinen oder Freundinnen zusammen. Dr. Rosemarie und Dr. Claire Ellscheid, Marie Juchacz und Elisabeth Kirschmann-Roehl, Christine und Käthe Teusch teilten sich als Schwestern einen Hausstand. Daneben gab es alleinlebende oder im Elternhaus verbliebene berufstätige Frauen wie Dr. Hanna Meuter (Sozialwissenschaftlerin und Bibliotheksdirektorin), Ina Gschlössl (Vikarin), Dr. Julia Dünner (Regierungsbeamtin), Dr. Josefine Erkens (Leiterin der Frauen-Wohlfahrtspolizei und Polizeibeamtin) u.a.m. Sie alle haben – auch – für und über Frauen gearbeitet, geforscht, gekämpft. Leider sind viele von ihnen heute vergessen.

56 **Kapitolstempel** [452] St. Maria im Kapitol

Prozessionen nahmen früher den Weg um die bedeutende Marienkirche **St. Maria im Kapitol** (Zeichnung, 17. Jahrhundert)

Auf einer kleinen Anhöhe, von grünen Bäumen umgeben, steht die schöne, im edelsten Styl erbaute Kirche, auf dem nämlichen Platz, wo zu Zeiten der Römer das Kapitol über dem ihnen unterworfenen Rheinstrom thronte, dessen Anblick aber einige neuere große Wohngebäude jetzt dem Auge entziehen«, beschrieb Johanna Schopenhauer den ersten Anblick des großartigen Monuments, dem wir uns nun nähern.[451] Nur von Weitem ist noch das Konzept erkennbar: die romanische Kirche als Himmelsburg. Dicke Mauern und ein gewaltiges Kirchenschiff vermittelten den Gläubigen Schutz. Cäcilienstraße, Augustinerstraße bzw. Pippinstraße schneiden heute die Altstadtzone von der einstmals wichtigsten Kirche Kölns ab. Wir müssen durch Baustellen, Lärm und Abgase auf die Anhöhe zu der großartigen Damenstiftskirche St. Maria im Kapitol ›pilgern«. Überqueren Sie links den sicheren Überweg über die Schienen und begeben sich zum rechts in der Kasinostraße gelegenen Eingang. St. Maria im Kapitol ist mit ihrem kleeblattförmigen Chor und dem glücklicherweise (in der Neugestaltung des 19. Jahrhunderts) erhaltenen Kreuzgang eine der schönsten romanischen Kirchen Kölns. Treten Sie also durch das schmiedeeiserne Tor in den Kirchenbereich und gehen Sie am besten zunächst ein wenig im Kreuzgang umher, genießen die Stille und nehmen die Atmosphäre in sich auf.

Nach einem kurzen Abriss zur Geschichte dieser Kirche beginnen wir die Innenbesichtigung auf Seite 235

Bis ins 19. Jahrhundert hieß die Straße mit dem Zugang zu Kirche und Stift »Zum alten Capitol«. Wir befinden uns hier im süd(öst)lichen Grenzbezirk des ehemaligen römischen Stadtkerns – etwa einen Kilometer vom Nordtor entfernt. Direkt hinter Kirche, Lichhof und Marienplatz verlief die römische Stadtmauer. Nur Friedhöfe, umweltverschmutzende Werkstätten und einzelne Villen waren noch außerhalb der Mauer angesiedelt. Seit dem Ende des 12. Jahrhunderts heißt das Areal »St. Maria in capitolio«. Im 20. Jahrhundert wurden unter dem Langhaus Fundamente ausgegraben, die bezeugen, dass die Kirche auf dem Platz des namengebenden Kapitoltempels steht. Eine repräsentative Freitreppe führte vom Rhein aus herauf zum Staatstempel zu Ehren der Kapitolinischen Trias, der antiken göttlichen Dreiheit.[453] An den Seiten standen zahlreiche Säulen und teilten wie in der späteren Kirche drei Räume ab. Im mittleren Bereich stand vermutlich eine hohe Jupiterstatue, ähnlich denen, die im Römisch-Germanischen-Museum zu sehen sind. In den beiden parallelen Außenräumen wurden Statuen der zwei weiblichen Gottheiten verehrt. Die genaue Besetzung der Dreiheit wechselte im Laufe der Zeit; die späte klassische Trias bestand aus Jupiter, Juno und Minerva, oft als Vater, Mutter und Tochter gestaltet. Ursprünglich ging diese römische »Dreifaltigkeit« auf eine Göttinnendreiheit aus Juventus (jugendliche Frau, Jägerin), Juno (reife Frau und Mutter) und Minerva (weise Alte und Todesgöttin) zurück.[454] Dass dieser bedeutsame Kultplatz von den

Das römische »Dreigestirn« Jupiter, Juno und Minerva (Vater, Mutter, Tochter!) wurde hier vor dem Christentum verehrt

Ur-Rhythmus Wiegen – zu Weihnachten wurde gemeinsam das Jesuskind geschaukelt

ChristInnen zu einem Pilgerort zu Ehren der höchsten Frau ihrer Religion gewählt wurde, der Mutter Gottes, ist verständlich. Nicht zufällig wurde hier die Mutterschaft besonders gefeiert. Im Weihnachtsgottesdienst war bis in die neueste Zeit das Krüpp-Wiegen üblich, das Krippen-Schaukeln, das sich vermutlich aus älteren Mysterienspielen entwickelte und letztlich eine Form der Meditation war. Die Krippe wurde zunächst in einer Prozession zur Krypta gebracht, und dann schaukelten die Stiftsdamen abwechselnd das Kind. St. Maria im Kapitol unterstützte auch direkt werdende Mütter, in dem diese hier eine kostbare Reliquie ausleihen konnten, den sog Elisabethgürtel – eine »zauberische« Umschlingung zugunsten einer leichten Geburt.[455]

Benediktinerinnenkloster oder Stift?

Köln hatte im Mittelalter mit St. Maria im Kapitol, St. Cäcilien und St. Ursula drei Kanonissenstifte. Das Stift St. Maria im Kapitol wurde in der zweiten Hälfte des 10. Jahrhunderts durch Erzbischof Bruno gegründet. Als ›Erstbesetzung‹ hatte er geistliche Frauen aus Lothringen nach Köln geholt. Vermutlich startete der Konvent nicht, wie bisher angenommen, als BenedikterInnenkloster und wurde dann zum Stift verändert, sondern die vornehmen Damen von St. Maria im Kapitol akzeptierten die Benediktregel unter den Aspekten des Gehorsams, des Schweigens, der Demut, des stündlichen Gebets und Singens von Psalmen, ohne jedoch die Gelübde der Armut abzuleisten.[456] Was aber sind Kanonissen genau?

Frühneuzeitliche Darstellung einer Stiftsfrau (Jost Ammann, 16. Jahrhundert)

Exklusiver geht es nicht: Kanonissen

Kanonissen waren adelige Jungfrauen von landsässigem Adel, die in einem Stift nach bestimmten ›Canones‹, nach kirchlichen Vorschriften, lebten.[457] Vermutlich bereits in der Mitte des 8. Jahrhunderts verließen Mädchen mit sechs Jahren ihre Familie, um von älteren Frauen im Stift erzogen zu werden, auch wenn sie später noch verheiratet wurden. Im späten 18. Jahrhundert definierte der Erzbischof von Köln Maximilian Franz von Österreich treffend: »*Damenstifter sind zufluchtsorter, wo sich fräuleins von adel schicklich aufhalten können.*«[458]

Eintritt ins Kloster – ein Mädchen wird an der Pforte übergeben

Anders als eine Nonne legte ein Stiftsfräulein kein lebenslanges Gelübde ab, sondern verweilte, »*solange es Gott, ihren Eltern und ihr selbst*« gefiel.[459] Blieb sie im Stift, lebte sie immerhin mit gleichrangigen adeligen Mädchen und Frauen zusammen. Die Zugangsvoraussetzung wurde im Laufe der Zeit auf 16 (hoch)adelige VorfahrInnen erhöht. Töchter von PatrizierInnen konnten zwar in ein Nonnenkloster eintreten oder auch Begine werden, Zutritt zu einem der drei Kölner Damenstifte aber erlangten sie schwerlich.[460] Auch eine Hildegard von Bingen bestand übrigens auf dieser Trennung mit dem Argument, »*dass ja auch niemand Ochsen, Esel, Schafe und Böcke zusammen in einen Stall sperren würde*«.[461]

Bis zur Äbtissin Elisabeth von Katzenelnbogen (gest. 1367) standen dem Stift überwiegend hochadelige Äbtissinnen vor. Danach wurde es weniger exklusiv, es zogen nun auch Edelfreie aus dem niederen Landadel, Gräfinnen, Baronessen oder Freifrauen ein.[462]

Gerade älteren alleinstehenden adeligen Frauen, die über keinen anderweitigen Familienanschluss verfügten, bot das Stift eine akzeptable, durch Religion und im besten Fall durch Freundschaften geprägte Lebensweise. Die ›Chorfrauen‹ von St. Marien lebten vermutlich in kleinen auf dem Stiftsgelände gelegenen Häusern und führten dort einen standesgemäßen Haushalt mit Dienerin, Gesellschafterin und ggf. Pflegerin. Sie mussten beim Eintritt ihr Hab und Gut nicht abgeben und kein Armutsgelübde ablegen. Insgesamt waren im exklusiven Marienstift 34 Pfründe (Plätze) für Kanonissen vorgesehen, die aber aufgrund der engen Aufnahmekriterien nicht immer alle besetzt werden konnten.

Da Köln seit Beginn seiner autonomen Zeit als Freie Reichsstadt innerhalb der Stadtmauern keinen (Land-)Adel anerkannte, gehörten den Kölner Damenstiften üblicherweise nur auswärtige Kanonissen an. Regeln und Alltag der Kanonissen wichen von denen der Nonnen ab, da Kanonissen in die ›Welt‹ zurückkehren durften. Manch eine wurde verheiratet, wenn sich ein standesgemäßer Kandidat bewarb und ihre Familie die Verbindung wünschte. Auch unterlagen Stiftsfräulein keiner strengen Klausur, sondern durften das Stift in Familienangelegenheiten verlassen.[463] Wenn die Kanonissen an hohen Feiertagen anwesend waren, erhielten die Damen sogar Präsenzgelder!

Die geistlichen Frauen verließen ihren Konvent nur selten – nicht einmal auf Bildern der bedeutendsten lokalen Prozessionen sind sie zu sehen! Nur selten fand sich ein Anlass, auszugehen; im 15. oder 16. Jahrhundert durften Stiftsfräulein an kleineren Festen des Stadtadels teilnehmen und wurden aufgrund ihrer familiären Herkunft zum Tanz mit dem Kaisersohn im Gürzenich gebeten. Ihren Tagesablauf konnten die Stiftsdamen relativ frei gestalten, waren lediglich zur »*rechten Feier des Gottesdienstes*« verpflichtet. Bestimmte Gebetsstunden waren einzuhalten und regelmäßiger ›Chordienst‹ eine Pflicht.

Über Jahrhunderte war Maria im Kapitol ein Zentrum weiblicher Macht

Die Eingliederung der einzelnen Kanonissen in die Gemeinschaft entsprach dem Modell einer hierarchischen Familie. Gab es im Stift, wie in jeder Gemeinschaft, Gehorsamsprobleme und Streitigkeiten, standen der Äbtissin gegenüber den einfachen Stiftsfrauen acht verschiedene Bestrafungsmöglichkeiten von der Ermahnung bis zur Prügelstrafe zur Verfügung.[464] Zu Beginn des 19. Jahrhunderts war es mit dem Adelsasyl vorbei: Das Kanonissendasein endete 1802 durch die Säkularisierung. Nach der Schließung des Stifts wurde die ehemalige Stiftskirche zur Pfarrkirche umdefiniert, der kostbare Kirchenschatz mußte eingeschmolzen und den Franzosen ausgehändigt werden.[465]

Karrierefrauen des Hochmittelalters

Das Äbtissinnenamt war das einzige, das ledigen karriereorientierten Frauen aus dem Hochadel offenstand – alle anderen Leitungspositionen waren allein Männern oder verwitweten Frauen vorbehalten.[466] Die Äbtissin war durch ein aufwändigeres Haus, eine Privatkapelle, mehr DienstbotInnen und vor allem durch ihre Stellung als Lehnsherrin und Richterin aus der Schar der übrigen Stiftsdamen herausgehoben. In der Stiftshierarchie folgten ihr die Stiftsdechantin (Seniorin), die Unterpröpstin und die Schatzmeisterin. Weitere Funktionen waren die der Lehrerin (magistra), der Küchenmeisterin (celleraria), der Kustodin (verantwortlich für das Glockenläuten, den Kirchenschatz und die Beleuchtung) und der Pförtnerin. Diese acht gehörten zum Vorstand. Alle weiteren Bewohnerinnen waren einfache Stiftsfräulein, auch Subditae (Untergebene) oder Präbenden (Pfründnerinnen) genannt.

Radegundis (ca. 518 – 587) widersetze sich in ihrer Zwangsehe dem Gemahl König Chlothar und wurde zum Vorbild vieler späterer Klostergründerinnen (Bibliothèque municipale, Poitiers)

Sancta Maria in Capitolio

Aus vielen schriftlichen Zeugnissen ist bekannt, dass die Kirche in der Bevölkerung und bei den Amtspersonen sehr beliebt war. Diese Hochschätzung drückte sich beispielsweise durch kostbare Ausstattungsgegenstände, Totengedenkstiftungen und die Exklusivität der an der Kirche angesiedelten spätmittelalterlichen Marienbruderschaft aus.[467] St. Maria im Kapitol

Kreuzgang und Spielplatz für den Mädchenhort
(Lithographie von A. Borum nach einer Zeichnung von A. Wegelin)

galt für die bürgerliche Oberschicht als wichtigste Kirche, aber sie nahm auch in liturgischer Hinsicht eine Sonderstellung ein. Der Kölner Erzbischof feierte »*von alters her*« zu Ehren der gebärenden Mutter die erste Weihnachtsmesse hier und nicht im Dom. Er folgte damit dem Beispiel des Patriarchen von Jerusalem, der für den Weihnachtsgottesdienst die Geburtskirche von Bethlehem bevorzugte.[468] Die Damen ›bezahlten‹ für dieses Vorrecht mit reichen Gaben. – In der Nacht auf Ostersonntag wiederum spielte der Greve, der der Vorsitzende des erzbischöflichen Hochgerichts und Bindeglied zwischen Rat und geistlichem Stadtherrn war, mit einigen Stiftsdamen die biblische Szene vom »Besuch der Frauen am Grab« nach. Er geleitete die Äbtissin durch den Kreuzgang zum Kirchenportal und führte sie anschließend zu ihrem Haus, um mit ihr das traditionelle Osterlamm zu verspeisen. Wenn Katastrophen wie Pest oder Kriege drohten, zogen Klerus und Rat in feierlicher Prozession vom Dom nach St. Marien, um bei der Gottesmutter Rettung zu erflehen. Beim Tod eines Bürgermeisters gab es in der Marienkirche eine feierliche Begräbnismesse, und die neuen Bürgermeister kamen nach ihrer Wahl zu einem ersten Gottesdienst hierher.

Betreten Sie nun den Kirchenbau.

Herrscherin und Heilige – Plektrudis

Vor und hinter dem Innengitter sind im Eingangsbereich des Mittelschiffes links und rechts mehrere Grabplatten zu sehen, Erinnerungen an Äbtissinnen des Stifts. Kurz bevor sich der Kirchenraum zu den Seitenschiffen öffnet, lehnt rechts ein farbiges Relief zu Ehren der Gründerin Plektrudis, die im 8. Jahrhundert lebte, an der Wand. Es diente vermutlich für eine freistehende Tumba. Das Kirchenmodell, das sie auf der Grabplatte trägt, weist auf die ihr zugeschriebene Kirchengründung hin und belegt eine lebendige Verehrung der Plektrudis im Stift.[469]

Variation 1: Eine anmutige Grabplatte der Kirchenförderin Plektrudis (* unbekannt, gest. nach 717) begrüßt die Gläubigen (Epitaph von ca. 1250)

Plektrudis war mit Pippin dem Mittleren verheiratet, einem als recht gewalttätig bekannten Hausmeier und obersten Beamten der spätfränkischen Staatsverwaltung. Die aus einem vornehmen Geschlecht stammende, als fromm überlieferte Plektrudis (ein Pflicht-Topos in mittelalterlichen Frauenbiographien) hat – wie viele Frauen der frühmittelalterlichen Herrscherschicht – als Landerbin erheblich zum Aufstieg ihres Mannes und der ihm nachfolgenden Dynastie der Karolinger beigetragen. Die Pippiniden erkoren Köln zu ihrer Residenzstadt und ließen sich, wie heute angenommen wird, auf den Ruinen des Kapitolstempels nieder.[470] Da Pippin seine Nebenfrau Alpheid bevorzugte, führte Plektrudis ein abgeschiedenes Leben und zog sich vermutlich auf eigene Initiative auf Grundbesitz in Köln zurück.

Leichter wurde ihre Situation auch nicht, als sie ab 714 als offizielle Witwe in Vertretung ihres Enkels Interimsherrscherin über das Merowinger- bzw. Frankenreich wurde. Karl, Sohn ihres Ehemannes mit Nebenfrau Alpheid, den sie zur Sicherung der Herrschaft ihrer eignen Nachkommen hatte einsperren lassen, konnte sich 717 befreien, und entmachtete sie. Dieser ›Rambo‹ des Frühmittelalters ging als *Karl der Hammer* (Martell) in die Geschichte ein und gründete das Geschlecht der ›Kerle‹ (Karolinger).

Die Kapitolskirche wurde in ihrer ursprünglichen, wesentlich kleineren Form, als Hauskirche vermutlich von der Herrscherin in Auftrag gegeben. Dass Plektrudis an dieser Stelle aber schon im 8. Jahrhundert ein Nonnenkloster begründet habe, wird inzwischen bezweifelt.[471]

235

Variation 2:
Ratsturmfigur der Plektrudis aus dem 20. Jahrhundert

Die Plektrudisplatte, fünf Jahrhunderte nach ihrem Ableben gestaltet, zeigt die Herrscherin irdisch und höfisch. Sie trägt eine ihr nicht zustehende Königinnenkrone; auch in Gebärde und Eleganz der Kleidung entspricht Plektrudis eher einer Herrscherin des 13. als des 8. Jahrhunderts. Der Bildhauer (oder die Bildhauerin?) hatte keinerlei Bildvorlage für seine Arbeit – im Frühmittelalter gab es noch keine Individualporträts. Am Fuß dieser Grabplatte erkennen wir die Wappen der Stifterfamilie Lyskirchen.

Plektrudis ist eine der 18 Frauenpersönlichkeiten, die – vorübergehend – als Steinfigur den Ratsturm krön(t)en [*siehe Kapitel Ratsturm, S 103 ff.*]. Gestiftet wurde die Skulptur – ohne thematischen Bezug – vom Kölner Brauerei-Verband.

Wenden Sie sich nun nach links ins Seitenschiff.

Glasaugenmadonna – Herrin der Tiere

An der westlichen Stirnwand des nördlichen Seitenschiffes schaut eine beeindruckende Marienfigur von ihrem Pfostenthron in die Ferne – sie ist als thronende Muttergottes mit Jesuskind gestaltet und wirkt urtümlich, fast heidnisch. Sie ist um 1150 bis 1200 entstanden, zu Beginn der starken mittelalterlichen Marienverehrung. Diese romanische ›Glasaugenmadonna‹,

Die sogenannte Glasaugenmadonna – eine Schweigen gebietende Marienskulptur – erinnert an eine antike Göttin (ca. 1150)

die früher außen in einer Giebelnische angebracht war und auf Fernsicht angelegt ist, erinnert an kleinasiatische Muttergottheiten vom Typ ›Herrin der Tiere‹. Dieser Typ Marienskulptur stellt ihre Füße auf Drachentiere oder Schlangen und demonstriert damit die zivilisierende ›weibliche‹ Macht über die Tierwelt, womit auch alles ›Sündige‹, ›Triebhafte‹ gemeint ist. Sofern diese Madonnen einen Löwen zähmen, wird in der Kunstgeschichte Jesus als ›Löwe von Juda‹ assoziiert. Diese Darstellung ist anderswo erst ab dem 14. Jahrhundert üblich – Köln nimmt hier eine ikonographische Vorreiterfunktion ein.[472]

Noch sind wir im nördlichen Seitenschiff. Ein spätgotisches Glasfenster zeigt zwischen Jakob und Gereon eine Schutzmantel-Ursula (1514) mit Pfeil. Zu Ursulas Füßen sind die Gefährtinnen abgebildet, nochmals darunter Mitglieder der Familie, die das Fenster stiftete. Auf der linken Seite betet der Stifter, der anscheinend keine Söhne hatte, die rechte Seite zeigt die (letzte) Ehefrau, hinter der die Töchter knieen.

links: **Gotisches Maßwerkfenster mit St. Ursula (um 1500)**

Eine weitere Bildplatte darunter zeigt abermals Plektrudis, nun stärker als Heilige gestaltet. Die rechte Hand liegt grüßend erhoben vor der Brust, die linke hält ein Spruchband mit einem Psalmauszug. Die Regentin ist ungefähr in Lebensgröße abgebildet, äußerst schlank, ihre Züge sind streng und obwohl die Augen geschlossen sind, wirkt sie doch lebendig im Ausdruck.[473] Innerhalb des Damenstifts wurde die Ahnfrau wie eine Heilige verehrt, und obwohl die Heiligsprechung der Plektrudis nicht gelang und sie auch keine Königin war, suggerieren der Heiligenschein und die Bezeichnung »Regina« eine solche Erhebung. Die Gewandfigur ist 100 Jahre älter als die bereits beschriebene (Ende des 12. Jahrhunderts) und entspricht im Stil gotischen Portalskulpturen. Sie ist eigentlich zur Aufstellung konzipiert und kommt in der derzeitigen Platzierung nicht zu ihrer vollen Entfaltung. Eine Tafel weist darauf hin, dass hier Plektrudis Gebeine liegen.

rechts: **Variation 3 – die berühmteste – eher strenge – Grabplatte der Plektrudis (12. Jahrhundert)**

Ida aus kaiserlicher Familie (rechts) war die bedeutendste mittelalterliche Äbtissin des Stiftes, konzipierte sie doch den Kirchenbau mit

Besonders berühmt ist der kleeblattförmige Dreikonchenchor, den wir nun betreten. Er gewährt durch seinen Umgang die Möglichkeit, den ganzen Chorbereich vom Beginn der Seitenschiffe an zu umschreiten und eröffnet damit einen meditativen Prozessionsweg in Geborgenheit und Weite zugleich. Als Bauherrin dieser monumentalen Anlage nennt die Überlieferung die Äbtissin Ida van der Pfalz (ca. 1010–1060). Sie war eine der sieben Enkelinnen des Kaisers Otto II. und seiner Gemahlin Theophanu (die sich in St. Pantaleon begraben ließ) und eine Nichte Kaiser Ottos III.[474] Ida war Äbtissin des hiesigen Benediktinerinnenklosters oder des Stifts. In der Zeit der Ottonen konnten Frauen zur Herrschaftssicherung des ›Clans‹ politisch und kulturell einflussreiche Aufgaben und Ämter einnehmen. Bevor Ida als vierte Äbtissin des Benediktinerinnenklosters eingesetzt wurde, hatte sie schon ein konflikthaftes Leben hinter sich. Kurz nach ihrer Geburt war Ida zusammen mit ihrer Schwester Sophia in dem Kanonissenstift Gandersheim untergebracht worden, das von ihrer Tante geleitet wurde. Anscheinend gefiel es den Schwestern bei dieser Verwandten gar nicht: Beide flohen um 1026 gemeinsam in ein Benediktinerinnenkloster und unterwarfen sich dort den weit strengeren Ordensregeln. Die Mädchen wurden jedoch zur Rückkehr gezwungen. Um 1028 kam Ida nach Köln und wurde Äbtissin in einer Klostergründung ihres Großonkels Bruno. Da die alte Marienkirche zerfallen oder nicht repräsentativ genug war, veranlasste Ida den heute noch bestehenden romanischen Kirchen-Neubau samt Kleeblattchor.[475]

An der Weihe des Hauptaltars am 2. Juli 1049 nahmen der amtierende Kaiser Heinrich III., Papst Leo IX. und 72 Bischöfe teil. An jedem Jahrestag dieser Feier wurde den Gläubigen später ein spezieller Ablass gewährt. Ida allerdings erlebte die Vollendung ›ihrer‹ Kirche nicht mehr: Der Bau wurde erst 1065, also fünf Jahre nach ihrem Tod fertiggestellt. Ihr Grab befindet sich derzeit im südlichen Seitenschiff.

Wir betreten – nach einem Blick auf das anrührende mittelalterliche Gabelkreuz – die Ostkonche, das mittlere der drei »Kleeblätter«.

Die gesamte Raumlänge von der hinter dem Altar gelegenen Ostkonche bis zum Eingangsbereich beträgt stolze 73 Meter, die Länge in den abgerundeten ›Kreuzarmen‹ 49 Meter. Der Blick zurück durch das Langhaus ist durch den spätmittelalterlichen Lettner zwischen Chor und Mittelschiff versperrt. Ohne ihn könnten Sie bis zu der Nonnenempore über der Eingangshalle blicken, auf der – wenn überhaupt – während der

Betende Nonnen
(Psalter, 15 Jahrhundert)

Messe die Stiftsdamen saßen. Auch der heutige Haupteingang gehörte früher zum Klausurbereich.

Das Chorgestühl in der Ostkonche bietet Platz für 19 Personen. Es war für die Kanoniker gedacht, die über das Seelenheil der Kanonissen wachten. Aber in St. Maria im Kapitol saßen einige Jahrhunderte lang die Kanonissen selbst, die auch ›Chorfräulein‹ genannt werden, im Bereich der Vierung hinter dem Altar.[476] Die Konstruktion des Kirchenraums ist daher auf diese Perspektive hin fokussiert. Den Altarbereich selbst sollten Frauen möglichst wenig (d.h. nur zum Putzen) betreten, wohl da ihre ›magischen‹ Kräfte als zu stark empfunden wurden. Das theologische Argument hieß, sie besäßen keine Weihefähigkeit. Im Langhaus waren die Plätze der LaiInnen, die rechts und links durch Eingänge in den Konchen hereinkamen, jedoch nur zu besonderen Festgottesdiensten zugelassen wurden.

Im Innenbereich der Ostkonche thront eine beliebte »Apfelmadonna«, die auf die im Stadtviertel beheimatete Legende des Hermann-Josef († 1226) verweist. Der Knabe brachte Madonna und Kind einst einen frischen Apfel, nachdem ein inbrünstiges Gebet erhört worden war. Maria höchstselbst beugte sich herab und nahm ihn lächelnd entgegen. Stets liegen seitdem frische Äpfel vor der Marienstatue.[477]

Auf Konsolen an den steinernen Chorschranken der Ostkonche standen von 1464 bis 1939 zwei Stifterfiguren zu Füßen einer Mutter Gottes und eines Christophorus. Sie zeigten Sibilla Schlösgen und ihren Mann Johann Hardenrath, der einer Hanse-Kaufmannsfamilie entstammte und wichtige Ämter in der Stadtregierung ausübte.[478] Das Ehepaar Hardenrath/Schlösgen gehörte im ausgehenden 15. Jahrhundert zu den wichtigsten SponsorInnen dieser Kirche und errichtete sich selbst viele Denkmäler durch Finanzierung der Sängerempore, der wir uns nun nähern, Teilen des kostbaren Lettners, des Taufkessels, der steinernen Chorschranken und sogar einer eigenen Privatkapelle, der Salvator- oder auch Hardenrathkapelle. Sibilla Schlösgen war keineswegs die einzige patrizische Stifterin der Spätgotik in Köln. Vielen Geschäftsfrauen, geistlichen Frauen und Witwen verdanken sich Prunkstücke der Kölner Kunstgeschichte. Verfügungsgewalt über eigenes Geld war eine Voraussetzung für ein solches heilspolitisches Engagement, und dieses setzte wiederum das ungeschriebene Sonderrecht voraus, bei dem besitzende Kölnerinnen eine recht autonome Stellung in Handel und Handwerk einnahmen. Die vielen Kunststiftungen von Kölnerinnen korrespondieren so mit ihrem gesellschaftlichen Selbstbewusstsein und wirtschaftlichen Erfolg.

Sibilla Schlösgin – Bedeutende Stifterin der Frühen Neuzeit

Ida ist als Bauherrin der Kirche in einem der neueren Fenster in der Südkonche verewigt, allerdings zu Unrecht als St. Ida betitelt.

Am Ende dieser Konche liegt auch der Eingang zur Krypta, die den Geländeabfall zum Rhein hin ausnutzt und von einem außergewöhnlichen, indirekt einfallenden Licht erhellt ist: Moderne Fenster von Wilhelm Buschulte schaffen ein geometrisches Hell-Dunkel. Das nach Speyer zweitgrößte romanische Gewölbe verfügt über Kapellen in den Querschiffen. Leider ist die Krypta nicht mehr jederzeit zugänglich. Dies war in der NS-Zeit anders: Die unterirdische Kirche war ein bedeutender Treffpunkt für die katholische Jugend, die sich hier ungestört treffen konnte, ohne dass es zu Konfrontationen mit der HJ kam.[479]

Blick aus der Südkonche auf die ungewöhnlichen Türflügel

Auf dem Weg Richtung Eingangsportal passieren wir im nördlichen Querarm das Grabmal der kaiserlichen Äbtissin und Bauherrin Ida in einer Gestaltung des 18. Jahrhunderts.[480] Der germanische Name ›Ida‹ bedeuet ›weise Frau‹, und um das Grab, das sich früher in der Krypta befand, rankt sich eine entsprechende Legende. Unter der Grabstelle der fürstlichen Frau soll direkt im Anschluss an ihre Bestattung eine Quelle entsprungen sein, das sogenannte Idabrünnlein.[481]

An die Stirnwand des südlichen Seitenschiffs, auf die wir nun zulaufen, lehnt eine hohe romanische Holztür, die früher das Portal der Nordkonche auf- und zuschloss und so auf das einfache Kirchenvolk zielte.[482] Die zwei geschnitzten Türflügel sind eine nähere Betrachtung wert, denn sie gehören zu den szenenreichsten und ausdrucksstärksten erhaltenen Holzschnitzereien aus dieser Zeit. Auf zwei hohen Eichenholzplatten wird die Lebensgeschichte Christi erzählt. Solche Darstellungen dienten im Mittelalter dazu, dem nicht lesekundigen ›Volk‹

Die berühmte Holztür gewährte einstmals Einlass an hohen Feiertagen – heute steht sie im Kircheninneren

biblische Geschichte(n) zu vermitteln. Der linke Türflügel beschreibt in 13 Kleinmotiven die Abfolge von der Verkündigung bis zur Jugend Christi und bezieht sich in mehreren Bildern auf das ›Matrozinium‹ (Schutzherrschaft über die Kirche) der Maria. Der rechte Türflügel stellt Wunder, Passion und Auferstehung Christi dar. Die einzelnen Szenen waren ursprünglich farbig gestaltet – eine mittelalterliche Form der Bildstreifen-Erzählung.

Ebenfalls in diesem südlichen Seitenschiff erblicken wir vier Riesenknochen, im Volksmund ›Zint Märjens Repp‹ (Mariens Rippe) genannt. Vielleicht hat sich vor langer Zeit (um das 10. Jahrtausend v. Chr.) ein Grönlandwal in die Gegend verirrt – oder gab es in Köln gar Dinosaurier?

Nach einem Blick auf die schöne Grablegungsgruppe (16. Jahrhundert) in der Vorhalle verlassen wir nun die Kirche und den Klausurbereich. Zurück in der Kasinostraße sehen wir vor uns schon das Äbtissinnenhaus.

57 Machtraum der Frauen – das Äbtissinnenhaus
Kasinostraße 3

Nur eines der vielen Wohn- und Wirtschaftshäuser des Konvents steht heute noch, das Äbtissinnenhaus aus dem 18. Jahrhundert. Das Gebäude gehörte zum stiftseigenen Immunitätsbezirk. Die Bauherrin dieses Gebäudes, Anna Theresia Ludovica von Ingelheim, war eine der letzten Äbtissinnen vor der Säkularisierung. Sie ließ Mitte des 18. Jahrhunderts zur Hebung ihres Wohnkomforts ein mittelalterliches Wohnhaus durch ein ›modernes‹ spätbarockes Haus ersetzen.

Äbtissinnen verfügten im ausgehenden Frühmittelalter über große rechtliche, gesetzgeberische und teilweise auch seelsorgerische Macht. Die meisten Rechte wurden ihnen nach und nach genommen: Nur bis zum Spätmittelalter ›regierte‹ die Äbtissin von St. Marien allein über abhängige Bauern und Bäuerinnen, als Lehnsherrin ließ sie ausgedehnte stiftseigene Ländereien im heutigen Erftkreis bewirtschaften. Zudem saß sie als Lehnsgeberin einer sogenannten ›Mannkammer der Frau Äbtissin‹ vor, dem Lehensgericht.[483] Ein Lehensbuch, das bis aufs 13. Jahrhundert zurückgeht, verzeichnet noch ein altes Münzrecht als stiftseigenes Privileg – eine fast königliche und

Eine Äbtissin spricht Recht – gleichberechtigt neben Bischof und Abt

bei Frauenstiften seltene Einkommensquelle.⁴⁸⁴ Die jeweilige Leiterin des Damenstifts übte ferner die selbständige Gerichtsbarkeit über die auf dem Stiftsgelände lebenden Kleriker aus. Städtische Beamte konnten nur mit ihrer Erlaubnis hoheitliche Eingriffe wie z.B. Verhaftungen vornehmen lassen. Auch herrschte hier Steuerfreiheit gegenüber der Stadt.

Übertritt im Dom – das Schriftsteller-Ehepaar Schlegel

Über der Eingangstür hängt eine Gedenktafel. Vier Jahre lang (1804–1808) logierte hier das Romantiker-Ehepaar Dorothea und Friedrich Schlegel. Obwohl Dorothea Schlegel sich wesentlich häufiger als ihr Mann in dieser Wohnung aufhielt und als Autorin und Übersetzerin wie Friedrich eine Persönlichkeit des kulturellen Lebens war, erinnert die Tafel nur an ihn.⁴⁸⁵

Henriette Herz schilderte die Herzensnöte der jungen Dorothea Mendelssohn durch eine vom Vater arrangierte Ehe mit dem Bankier Veit (Verlobung im Alter von 14 Jahren): »*Sie war,*

Das Romantikerpaar Dorothea und Friedrich Schlegel **fasste in diesem domnahen Viertel den Entschluss, zum Katholizismus zu konvertieren**

Das Romanfragment ›Florentin‹ war keineswegs von Friedrich, sondern von Dorothea Schlegel verfasst

ebenso wie ich, in jugendlichem Alter verheiratet worden. Mendelssohns Scharfblick sah in dem Manne, welchen er ihr bestimmt hatte, dem Bankier Veit, schon alle die trefflichen Eigenschaften im Keime, welche sich später in ihm entwickelten, aber der Tochter genügte eine Anweisung auf die Zukunft nicht, und der Vater irrte, wenn er meinte, daß sie den Mann so erkennen würde, wie er es vermochte. Wie sollte aber auch das etwa neunzehnjährige, lebendige, mit glühender Einbildungskraft begabte Mädchen, gebildet von einem solchen Vater, erzogen in einem Hause, das von den vornehmsten wie von den geistig hervorragendsten Personen besucht wurde, einen Mann lieben, der, damals noch von sehr beschränkter Bildung, ihr nur als ein philiströser Kaufmann erschien und nicht einmal durch äußere Vorzüge ihr irgendeinen Ersatz bot, denn er war unschön von Gesicht und unansehnlich von Gestalt? Auch die Geburt zweier Söhne, der späteren Maler Johann und Philipp Veit, vermochte nicht, dem Verhältnisse eine höhere Weihe zu verleihen.« Der Ehemann hatte »*kaum eine Ahnung von der inneren Unbefriedigung seiner Frau*«. Bei der Freundin Herz verkehrte auch Friedrich Schlegel, ein intellektuelles Multitalent, »*und bei mir sah er seine nachherige Frau zum ersten Male*«. Dorothea ließ sich scheiden, im Berlin des frühen 19. Jahrhunderts ein Skandal, und lebte in ›Tischgemeinschaft‹ mit dem geliebten und anregenden Wissenschaftler. Das Gerede nahm zu, als Schlegels Roman »Lucinde« erschien – eine Hochschätzung der sinnlichen Liebe in der Ehe. Die beiden waren noch nicht verheiratet, aber alle wollten in der Beschreibung der Lucinde Dorothea und damit unsittliche Verhältnisse erkennen. Dorothea Veit heiratete Friedrich Schlegel nach einer gewissen Frist. Das Ehepaar zog danach häufig um, wohnte in Jena, Dresden, Paris, Wien, Frankfurt – und auch in Köln. Dorothea Schlegel verkehrte hier im katholischen Milieu um Wallraf, von Groote und die Brüder Boisserée. Im Gefolge der Begeisterung für eine katholisch geprägte Romantik und speziell die Gotik trat die weltlich aufgewachsene Jüdin, die 1804 erst zum Protestantismus konvertiert war, im Jahr 1808 mit ihrem Ehemann zum Katholizismus über. Die Feier fand exklusiv in einer Seitenkirche des Doms statt. Dieser Schritt befremdete ihre jüdische Freundin zunächst: »*Es wendete sich damals bei den deutschen*

Katholiken und namentlich bei den neu bekehrten fast alles um den Katholizismus, und in allem freundlichen, ja vertraulichen Umgange hatte man mitunter wahrzunehmen, das (sic.) man als ein Heide, ja als eine Art Halbmensch angesehen wurde. Aber ich musste doch bald durch alle Äußerlichkeiten den tiefreligiösen Kern in ihr entdecken.«[486] – Durch ihre Übersetzungen u.a. von Madame de Staëls »Corinne« und literaturwissenschaftliche Texte ist Dorothea Schlegel bekannter geblieben als durch ihr eigenes Romanfragment »Florentin«. Dieses wurde erst im Rahmen der Neuen Frauenbewegung mit ihrem Interesse für Frauenliteratur wieder entdeckt und erschien jetzt erstmals unter ihrem und nicht mehr unter Friedrich Schlegels Namen.

Heute ist in der Kasinostraße 3 ein Jugendheim beheimatet.

58 Vinzentinerinnen – karitativ und umstritten
ehemals Kasinostraße 6

Kindergarten
von Kölner Vinzentinerinnen

An die Stelle der Stiftshäuser und der zugehörigen Versorgungseinrichtungen rückten im späten 19. und frühen 20. Jahrhundert ein Nonnenkloster, das Kinderhorte, Nähschulen und ein Altersheim für Frauen unterhielt. Dem Äbtissinnenhaus gegenüber richtete der Orden der Vinzentinerinnen eine Betreuungsstelle für Mädchen ein. Die Kongregation war 1634 in Frankreich zunächst als karitative Vereinigung gegründet worden, mit dem Ziel, kranken Familien zu Hause beizustehen. Dafür erhielten die bürgerlichen Frauen Unterricht in Krankenpflege, Stoff- und Arzneimittelkunde. Ein weiterer Schwerpunkt war die Betreuung von Findelkindern. 1654 wurde die Schwesternschaft von Papst Innozenz X. genehmigt und erhielt eine Regel. Die Nonnen wurden nun auch »Barmherzige Schwestern vom hl. Vinzenz von Paul« genannt. In Deutschland etablierte sich der Orden nur langsam: Erst um 1830, fast 200 Jahre nach der Entstehung, konnte das erste Kloster der Vinzentinerinnen gegründet werden. 1857 kamen auswärtige Schwestern in die Erzdiözese Köln. In dem Örtchen Nippes, das erst 1888 nach Köln eingemeindet wurde, waren sie seit 1869 präsent. 1871 errichteten die Nonnen ein zentrales Haus für die deutsche Ordensprovinz (Provinzialmutterhaus), das bald 67 Niederlassungen in verschiedenen Bistümern mit insgesamt 849 Schwestern verwaltete. Um 1900 managten 35 Schwestern verschiedene Kölner Einrichtungen im Gesundheits-, Jugend- und Kinderbereich: in der Eintrachtstraße ein Krankenhaus, am Gereonswall das Arbeiterinnen-Hospiz »Marienheim«, in der Elsaßstraße das »Maria-Hilf-Asyl« und in der Pfarre St. Maria im Kapitol eine Art ›Mädchenzentrum‹.[487]

Das Arbeitsleben begann im Mädchenhort ...

Mädchenhorte

In der Kasinostraße hielten die Vinzentinerinnen mehrere Angebote bereit. Da war zunächst eine »Pension für Seminaristinnen und Ladengehilfinnen«, eine Nähschule, eine »Speiseanstalt für arme Schulkinder«, ein Kindergarten und eine »Aufenthaltsstelle für arme Schülerinnen« (eine Art Mädchenhort). »*Es ist dort ein Aufenthalt geschaffen für arme Schülerinnen von 4–7 Uhr nachmittags*«,[488] lautete eine Selbstdarstellung des Hortes, der zu Beginn des Jahrhunderts »Bewahrschule« genannt wurde. Bewahrschulen bezweckten, die Kölner Arbeiterinnen und andere erwerbstätige Mütter zu entlasten, die zwischen neun und zwölf Stunden täglich arbeiteten. Im Deutschen Reich hatte sich die Zahl der ›gewerbetätigen‹ Frauen zwischen 1882 und 1907 von 1,5 Millionen auf 3,5 Millionen erhöht, allein in Preußen von 790.000 auf 1,8 Millionen.[489] Das brachte große Veränderungen innerhalb der Familie mit sich. Den Nonnen ging es nicht primär darum, proletarischen Frauen einen Gefallen zu tun oder gar zur Außerhausarbeit zu ermutigen, sondern um das ›Seelenheil‹ der unbetreuten Mädchen. Die Ordensfrauen wollten sie vor dem

---

Näh- und Bewahrschule.
Casinostraße 6. Maria im Capitol.
Leitung: Vincentinerinnen.
Bewahrschule von 8–6 Uhr mit Mittagessen.
Kosten: 30, 40 und 50 Pfg., für arme Kinder aus der Pfarre St. Maria im Capitol auch unentgeltlich.

»*verderblichen Herumstreifen auf der Straße*« bewahren, und damit letztlich davor, der Prostitution in die Arme getrieben zu werden.⁴⁹⁰ Zugleich sollten die Mädchen emotional an die katholische Organisation gebunden werden. Die reichen Pfarrmitglieder als Sponsoren dieser Einrichtung fürchteten die aufkommende Sozialdemokratie fast noch mehr als die Unsittlichkeit und griffen daher gern in ihre wohlgefüllten Beutel: Die Kirchengemeinde hatte Anfang des 20. Jahrhundert den sprechenden Beinamen ›St. Maria im Kapital‹.⁴⁹¹ Den Mädchen war es vermutlich egal, welche Motive der Einrichtung zugrunde lagen. Sie entkamen der häuslichen Enge, erhielten Milch und Essen, arbeiteten unter Aufsicht an ihren Schulaufgaben und konnten für kurze Zeit auch einmal innerhalb des Klosters spielen. Die älteren Mädchen besuchten nach dem Hort die Nähschule. Betreut von insgesamt vier Schwestern, hielten sich die Mädchen von morgens acht bis um halb zwölf und von zwei bis sechs Uhr in dieser Textilwerkstatt auf. Wenn sie ›fürs Kloster‹ nähten, betrugen die Aufenthaltskosten 1,50 Mark monatlich, wenn sie für sich selbst, ihre Aussteuer arbeiteten, 5 Mark monatlich.

Das klingt wie eine Vorstufe zur Fabrikarbeit, und in der Tat waren manche Horte »*Ausgangspunkte gewerblicher Kinderarbeit*«, wie eine Zeitgenossin bemerkte.⁴⁹² Die Heimerziehung war für die Schwestern lukrativ. Inzwischen ist durch Recherchen des Autors Peter Wensierski (»Schläge im Namen des Herrn«) ans Tageslicht gekommen, dass bis in die 1970er Jahre auch in Heimen des Vinzentinerinnenordens Jugendliche zur Arbeit gezwungen wurden. Bis zu zehn Stunden schufteten 15-jährige Mädchen unbezahlt, isoliert und ohne Rentenversicherung. »*Wer unerlaubt sprach, riskierte Schläge. Gesungen werden durfte – aber nur Marienlieder.*«⁴⁹³ Dass in Köln, wo das Mutterhaus steht, Ähnliches geschah, ist nur zu wahrscheinlich. – In den 1930er Jahren wurden Teile des ehemaligen Klostergebäudes in ein »Damen- und Altersheim« umgewandelt. Heute wird der Neubau entlang der Kasinostraße u.a. als Jugendheim genutzt.

... und wurde im Heim nochmals ausgeweitet. **Die Vinzentinerinnen sind heute der Ausbeutung von jugendlichen Heimkindern beschuldigt.**

Gehen Sie die Kasinostraße weiter Richtung Marienplatz direkt auf das orangerote Haus zu.

Am Marienplatz brachte vermutlich 1420 die Brauerin Fyegin von Broickhusen Kölner Brauern das Grutbrauen bei, denn hier stand zwischen 1425 und 1535 das sogenannte Gruthaus.

59 Kölner Frauengeschichtsverein Marienplatz 4

Ein spannender Bildungsauftrag: Frauengeschichte an die KölnerIn bringen (KStA 3.7.1991) – Referentin Katharina Regenbrecht spricht zur Mädchenbildung

Für Männer die Bildung und für Frauen der Herd
Geschichtsverein berichtete über frühere „Mädchenerziehung"

Von Petra Recktenwald

Ob Theo-Burauen- oder Celestin-Freinet-Schule: Die meisten Kölner Bildungsstätten tragen Namen von Männern. Dabei hätten die Stadtväter allen Grund, sie auch nach bedeutenden Frauen zu benennen. „Zum Beispiel nach Mathilde von Mevissen, die anregte, daß 1903 das erste Kölner Mädchengymnasium zugelassen wurde", erzählte Katharina Regenbrecht. Im Rahmen der 4. „Michaelshovener Woche" des Diakoniewerks Coenaculum Köln sprach die Mitarbeiterin des Frauengeschichtsvereins über „Mädchenerziehung".

ÜBER MÄDCHENERZIEHUNG sprach Katharina Regenbrecht bei der 4. „Michaelshovener Woche". Bild: Rakoczy

Auch heute wird hier Geistliches gebraut, jedoch nicht in flüssiger Form. Seit 20 Jahren verfolgt fast an gleicher Stelle der »*Kölner Frauengeschichtsverein*« das Ziel, die Geschichte der Stadtbürgerinnen aus 2.000 Jahren Geschichte zu erforschen und bekannt zu machen. 1985 begannen Gwen Edith Kiesewalter und die Verfasserin mit ganztägigen historischen Stadtrundfahrten zur Kölner Frauengeschichte. Eingeschlossen war ein Besuch im Stadtarchiv, um – ganz im Sinne der Bewegung »Grabe wo du stehst« – die Quellen des Vermittelten demokratisch offenzulegen.

Inzwischen haben Tausende Kölnerinnen und Köln-Besucherinnen und einige wenige Kölner an den Stadtrundfahrten, Schiffstouren, Kirchen-, Museums- und Melatenführungen teilgenommen. Auf Initiative des bundesweit anerkannten Frauengeschichtsprojektes wurden Straßen um- und neu benannt, um auf Frauenarbeit oder weibliche Einzelpersönlichkeiten hinzuweisen. Die Vereinsfrauen organisierten Ausstellungen und veröffentlichten Bücher. Bei der Ratsturmdebatte trugen sie dazu bei, dass von den 124 Steinfiguren, die den Turm schmück(t)en, statt der geplanten fünf immerhin 18 Skulpturen ›weiblich‹ waren (und hoffentlich wieder sein werden). Für den Deutschen Städtetag verfassten sie ein Grundsatzpapier zur Verankerung von Frauengeschichte in den Kommunen. Städtische Ausstellungen, die das Wirken von Frauen nicht berücksichtigen, wurden und werden kritisch kommentiert und ggf. mit Ersatzinformationen begleitet. Der Kölner Frauengeschichtsverein bewahrt zudem in seinen Vereinsräumen die Geschichte der lokalen Neuen Frauenbewegung durch Übernahme von Vor- und Nachlässen, Vereinshinterlassenschaften oder Buchbeständen. Bei Verbands- und Vereinsjubiläen inszenierten Mitarbeiterinnen Szenecollagen oder steuerten passende Dokumente zu Jubelfeiern bei. 2006 wurde das zwanzigjährige Bestehen des Frauengeschichtsvereins selbst groß gefeiert. Für ihre Arbeit benötigen die Vereinsmitarbeiterinnen (seit langem aktiv: Marlene Tyrakowski, Katharina Regenbrecht, Bettina Bab, Nina Matuszewski, Muriel Athenas González, Carolina Brauckmann, Mary Devery und viele andere) Fotobestände, Tagebücher und Zeitungsartikel von und über Kölnerinnen (ggf. auch zum Digitalisieren) und nehmen entsprechende Hinweise gerne entgegen.

Ein früheres Gebäude am Marienplatz an der Ecke zum Lichhof barg nacheinander zwei Mädchenschulen. Der Unterricht hatte dabei recht unterschiedliches Niveau: Von 1867 bis 1888 war hier eine private Töchterschule untergebracht, ab 1909 logierte im gleichen Gebäude das erste preußische Mädchengymnasium. Nehmen Sie ggf. auf dem Lichhof Platz, um die folgenden Ausführungen über höhere Mädchenbildung in Köln zu lesen. Mit dem Rundgang geht es auf Seite 255 weiter.

60 Eigenwillige Lehrerinnen – berühmte Schülerinnen Französische Anstalt für Töchter der höheren Stände Le Haaß und Damen-Institut Brors, 1867–1888, früher Marienplatz 28

Nicht nur, weil die handwerkliche Betätigung von Frauen eingedämmt wurde, sank die Mädchenbildung ab. Viele Klöster oder Beginen durften keine Mädchen mehr unterrichten. Einzelne Lehrerinnen eröffneten noch im 17. oder 18. Jahr-

Unterweisung an der Tafel – von 1867 bis 1888 residierte hier eine private Mädchenschule (Bild frühes 19. Jahrhundert)

hundert Privatschulen, doch wurden diese von der Stadt oft wieder geschlossen wegen (angeblicher) Unfähigkeit der Lehrerin. Die einzige kontinuierliche Ausnahme war die Ursulinenschule, deren Ausbildungsniveau ebenfalls niedrig war. Die meisten Mädchen arbeiteten ungelernt, im besten Fall erlernten sie das Nähen. Töchter aus der Oberschicht wurden statt wie früher zur Mitarbeit im Betrieb nur noch für das Haus und die Gesellschaft erzogen. Erst Mitte des 19. Jahrhunderts wuchs das Bedürfnis nach Bildung und entsprechenden Ausbildungsstätten wieder an. Bis 1870 existierte keine städtische höhere Mädchenschule in Köln. Privatinitiativen schlossen die schmerzliche Lücke, so seit 1855 eine Schule, die nacheinander von fünf verschiedenen Direktorinnen geleitet wurde. Da die Lehrerinnen von den Universitäten ausgeschlossen waren, sofern sie nicht in die Schweiz studieren gingen, war kaum eine von ihnen gut ausgebildet.

Liste von höheren Mädchenschulen in Köln nach Grevens's Adressbuch von 1861

Die Geschichte der Schule begann mit einem Antrag von Clementine Le Duc auf Genehmigung einer »Französischen Anstalt für Töchter der höheren Stände«.[494] Dem Antrag wurde 1855 stattgegeben, und Clementine Le Duc eröffnete ihre Schule am Kunibertskloster als »Deutsch-französisch-englisches Institut für ex- und interne Töchter höherer Stände aller Konfessionen«.[495] 1863 übernahm Louise Haaß die Leitung. Ihre zwei Schwestern halfen dabei, die 40 Schülerinnen zu unterrichten. 1867 zogen sie mit schon 90 Schülerinnen an den Marienplatz um. Louise Haaß hatte zwar eine Vorsteherinnenprüfung absolviert, doch rügte eine Aufsichtskommission 1874 das schlechte Unterrichtsniveau.

Die Schule von Louise Haaß wurde daraufhin in eine »allgemeine Töchterschule« herabgestuft. 1879 hatte sie nur noch 40 Schülerinnen, Leiterin war nun Marianne Christine Brors. Sie benannte ihre Schule in »Damen-Institut« um und verbesserte das Niveau erheblich. Der Revisor des Jahres 1880 beschrieb sie als *»gebildete, mit sehr gutem Lehrgeschick und großer Begeisterung für ihren Beruf ausgestattete Dame«*[496].

1888 zog die Privatschule an den Neumarkt um. Nach einem Erlass von 1894 mußte sie ihre Kapazität auf zehn Klassen ausbauen, hinzu kam eine ›Selekta‹, in der nur Ausländerinnen unterrichtet wurden. Unter Elisabeth Surmann erfolgte 1900 ein weiterer Umzug in die Beethovenstraße/Ecke Engelbertstraße und 1912 die Fusion mit der Kuttenkeuler-Schule in der Gereonstraße. Damit war der letzte Umzug fällig – fortan nannte sich die Schule *»Privates Lyzeum an St. Gereon«*. Das neue Gebäude entsprach mit Physiksaal, Turnhalle, Zeichensaal, Hauswirtschaftsküche und Kindergarten modernsten Anforderungen. Die Zahl der Schülerinnen stieg in den 1920er Jahren auf etwa 500.

Bildnis der Leiterinnen des u.a. hier residierenden Damen-Instituts

Helma Cardauns schildert in ihren amüsanten Erinnerungen die herausragende Stellung dieser Mädchenschule für alle weiblichen Mitglieder ihrer Familie. Großmutter, Mutter und Tochter besuchten als Mädchen eines dieser aufeinander folgenden Institute: »*... es war immer dasselbe und doch neue Gesicht der einen Privatschule, zu meiner Mutter Zeit Kuttenkeuler genannt und weiter zurück Haass und Le Duc. Wenn meine Mutter und Großmutter von ihrer Schule sprachen, reckten sich alle Rückenwirbel. Sie nahmen Haltung an, und ich begriff, daß ich auch bald Haltung annehmen mußte (...), damit auch meine Winzigkeit als letztes Förmchen in die vorgeprägte Form paßte.*« Helma Cardauns hat sich in dieser Anstalt nicht immer wohl gefühlt: »*Es war ein drückender Anfang, keine Zeiten für Arabesken wie Schultüten und Photos, obergewaltig das nachsichtige*

Brave Kölner »höhere Töchter« (ca. 1910)

Lächeln der Direktorin, irritierend für mich das Auftauchen einer aus allen Lachfältchen strahlenden uralten Lehrerin, langer Rock, hochgeknöpfte vorgewölbte Bluse, Lorgnon an goldener Kette, so bückte sich die Gute zu meiner Wenigkeit und erklärte mir, was für eine musterhafte, kluge, fleißige Schülerin meine Mutter gewesen sei.«[497]

1933 sperrten die Nazis die öffentlichen Zuschüsse, mit dem Argument, dass kein Bedarf an höherer Mädchenbildung bestehe. Die Partei, die die rasche Senkung der Studentinnenquote auf zehn Prozent beabsichtigte (Dezember 1933), wollte höhere Frauenbildung keinesfalls fördern. 1939/40 musste die zwischenzeitlich von einem katholischen Förderverein getragene Schule ganz aufgegeben werden; nach 85 Jahren fand eine private Fraueninitiative zugunsten von Mädchenbildung ihr Ende. Angesichts der schlechten Startbedingungen erhielten die Schülerinnen doch einen erfreulich qualifizierten Einstieg in einen außerhäuslichen Wirkungskreis. Einige später berühmte Kölnerinnen wie z.B. Minna Bachem-Sieger, Mitgründerin und Leiterin des Katholischen Deutschen Frauenbundes, oder Adele Gerhard, Tochter eines Kölner Zuckerfabrikanten, Verfasserin zahlreicher Romane sowie soziologischer Texte, machten hier ihre ersten Schreibversuche. Dr. Emilie Düntzer ging hier ihre ersten Schritte auf dem Bildungsweg, der sie in die begehrte Position einer Ärztin im Gesundheitsamt katapultierte. Schließ-

Bekannte Schülerinnen der höheren Töchterschule: Minna (Bachem-)Sieger (1870–1939), Aktivistin vieler konservativer Frauenvereine und Adele Gerhardt, jüdische sozialdemokratische Schriftstellerin (1868–1956) (rechts)

lich sei noch Helma Cardauns erwähnt, Journalistin und Schriftstellerin, die in der Privatschule die Grundlagen zu ihrem späteren Studium der Kunstgeschichte legte.

Im 19. Jahrhundert eröffnete der Besuch einer (Höheren) Töchterschule keine weitergehenden Perspektiven für bildungshungrige Mädchen, denn sie befähigte nicht zum Besuch einer deutschen Universität, es mussten weitere Fortbildungen angeschlossen werden.[498] 1908 öffnete sich endlich auch in Preussen die Pforten der ›Alma mater‹ (›nährende Mutter‹, wie die Universität früher genannt wurde) für ihre Töchter.

Mit zäher Energie erkämpft – Das erste Mädchengymnasium Preußens 1909–1922

Einige Zeit, nachdem das Damen-Institut den Marienplatz verlassen hatte, zog die »Gymnasiale Studienanstalt für Mädchen« in das Gebäude ein, das erste humanistische Mädchengymnasium Preußens, das ebenfalls auf Bestrebungen ›aus der Frauenwelt‹ zurückzuführen ist. Die Tatsache, dass heute mehr als 50 Prozent der AbiturientInnen Mädchen sind, verdanken wir auch dieser Kölner Initiative.[499] 1893 war das erste Mädchengymnasium in Karlsruhe gegründet worden. Seit 1897 machte Mathilde von Mevissen den Mangel an qualifizierter Mädchenbildung in Köln zum Thema. Ab 1899 schließlich richteten zahlreiche Kölner Persönlichkeiten mehrfach Petitionen an den zuständigen Minister mit der Bitte um Genehmigung einer Einrichtung, die eine vollwertige Gymnasialbildung und somit das Studium ermöglichen würde. Die beharrliche Industriellentochter Mathilde von Mevissen verhandelte mit Kultusminister Studt und den verantwortlichen Dezernenten, doch die Bescheide waren immer ablehnend. Erst am 5. Juli 1902 wurde ›versuchsweise‹ ein sechsjähriger gymnasialer Lehrgang für Mädchen erlaubt, allerdings mit drei Klassen weniger als beantragt. Die Direktorenposition musste einem Mann überlassen werden, eine Konzession für die staatliche Anerkennung. Die Hauptinitiatorin von Mevissen ging darauf nur schweren Herzens ein. Ein Kuratorium unter Vorsitz der selbst ohne Bildung gebliebenen Initiatorin von Mevissen beriet die Lehrkräfte der Schule, bestimmte die Gehälter und setzte das Schulgeld fest.[500]

Gründerin des ersten preußischen Mädchengymnasiums: Mathilde von Mevissen (1848–1924)

Die Schule wurde Ostern 1903 im Apostelnkloster 5 in Betrieb genommen (heute Amerikahaus[501]). 1905 machten Sophie Herzberg und Helene Spitz, Marie Hoymann und Aline Ibach sowie Toni von Langsdorff dort Abitur – zwei Jüdinnen, zwei Protestantinnen und nur eine Katholikin, was das Bildungsstreben der unterschiedlichen Konfessionen gut spiegelt.[502] 1909 zog die Schule an den Marienplatz um. Nach der Erprobungsphase – alle Mädchen bestanden das Abitur – wurde festgestellt, daß »*die seitherigen Ergebnisse des Unterrichts zeigen, daß fleißige Schülerinnen von Durchschnittsbegabung imstande sind, ohne Schädigung ihrer Gesundheit und ihrer jugendlichen Frische den an sie gestellten Anforderungen in vollem Umfange zu genügen*«.[503]

Da die Schule so gute Ergebnisse vorweisen konnte und nach der Mädchenschulreform zu erwarten war, dass bald auch eine städtische Schule gegründet würde, bot der Trägerverein um 1908 der Stadt an, die Institution zu übernehmen, was sie auch tat. Allerdings mit Vorbehalten: Man befürchtete sittliche und krankmachende Gefahren für die Mädchen durch zuviel Denkarbeit, hatte wohl auch Furcht vor geistiger und ökonomischer Konkurrenz. Besonders aber dass das Gymnasium überproportional viele JüdInnen als UnterstützerInnen wie Schülerinnen aufwies, war ein Schreckensszenario, das in der Presse wie auch in den eigenen bürgerlichen Reihen mehrfach thematisiert wurde.[504] In der Ratsrede eines liberalen Stadtverordneten kommt jedoch auch Stolz zum Ausdruck: »*Nicht nur Pflicht der Dankbarkeit gegenüber den Personen, die der Mädchenbildung auch in unserer Stadt eine Gasse gebrochen haben, führt zu der Annahme des Angebots, sondern sie liegt im ureigensten Interesse der Stadt. Sie bekommt eine anerkannte, vorzügliche, bestehende Anstalt, ist in der Lage, sich einen eingeschulten und erprobten Lehrkörper zu eigen zu machen, ein Personenmaterial, das von großer Bedeutung für die Erziehung und das Bildungswesen der Stadt ist. Köln wird auch die erste Stadt sein, die ein vollständig ausge-*

Schulgebäude des Mädchengymnasiums am Marienplatz

bautes Gymnasium besitzt. In ganz Preußen gibt es sonst kein Mädchengymnasium, überall sind nur Ansätze vorhanden. (...) Es wird stets ein stolzes Moment in der Geschichte unserer Stadt sein, daß das Mädchengymnasium aus freiem Bürgersinn geschaffen ist zu einer Zeit, wo den Bestrebungen der Frauenbildung noch unzeitgemäße Hindernisse entgegengestellt wurden.«[505]
1922 wurde die Schule mit dem Lyzeum Merlo zusammengelegt und hieß ab 1924 Merlo-Mevissen-Schule. Diese besuchte u.a. die sich später Hilde Domin nennende Lyrikerin. Im März 1934 wurde die Schule aufgelöst, die letzte Direktorin Dr. Carola Barth wurde in den vorzeitigen Ruhestand geschickt. Der Fächerkanon an den verbliebenen weiterführenden Mädchenschulen wurde ausgedünnt, und der Weg zum reproduktionsorientierten »Puddingabitur« war geebnet. Die Töchterschulen des 19. Jahrhunderts waren da schon weiter gewesen.

Berühmteste Schülerin des Mädchengymnasiums (an anderem Ort): Die Lyrikerin Hilde Domin, geb. Löwenstein (1909–2006)

Wir treten durch das gotische Dreikönigenpförtchen auf den Lichhof. Direkt links befindet sich eine 1994 errichtete Stele zum Gedenken an die an den Folgen von Aids verstorbenen Kölner Frauen und Männer. Hier finden am Weltaidstag (1. Dezember) und zum CSD Kranzniederlegungen und Gedenkfeiern statt.

61 Flucht-, Prozessions-, Gedenkort – der frühere Immunitätsbezirk Lichhof

Früher führte eine einzige hohe Treppe von der Königstraße zum stiftseigenen Immunitätsbezirk. Das Immunitätstor war eine wichtige Grenze für alle, die sich auf geistliches Gebiet flüchten wollten, um etwa einer Stadtverweisung zu entgehen. Wenn der Rat mal wieder beschlossen hatte, sich des BettlerInnenproblems zu entledigen oder durch kurzfristige Ausweisung von Frauen die Prostitution einzudämmen (die ›Freier‹ blieben meist unbehelligt), flüchteten sich die Verfolgten oft auf geistliches Territorium, wo der Rat keinen Zugriff hatte.

Durch das Dreikönigenpförtchen, das einzige erhaltene Kölner Immunitätstor, sollen 1164 die Knochen der Heiligen Drei Könige nach Köln gebracht worden sein – tatsächlich ist das

Prozession durch das Dreikönigenpförtchen – Magier und Gottesmutter blicken nach außen

Tor wohl erst später entstanden.[506] Kirchenseitig sind darauf die Figuren der drei Magier und die Gottesmutter mit Kind zu erkennen. Der Lichhof, auf dem wir uns nun befinden, war u.a. der Friedhof (Leichenhof) der Stiftsdamen, ihrer Geistlichen (Kanoniker) und einiger reicher BürgerInnen. Über Jahrhunderte gehörte der Platz zu den beliebtesten Motiven für Maler und Fotografen. Er könnte mit dem (rekonstruierten) Sangesmeisterhäuschen (links auf dem Lichhof, 15. Jahrhundert, eine weitere Hardenrath-Schlösgen-Stiftung), den spitzen Häusern (Nr. 14–18) und dem bunten Eckhaus zur Plektrudengasse heute noch einer der schöneren Plätze in Köln sein, doch strahlt er kaum noch Atmosphäre aus. Seit den Kriegszerstörungen fehlt die Patina des alltäglichen Lebens im Freien, spielende Kinder, schwätzende Nonnen und geschäftige Geistliche, wie wir sie auf alten Abbildungen sehen.

Ein probates Mittel gegen Zwangsverheiratung
Noitburgiskapelle

Im katholischen Legendenhimmel finden sich viele Frauen, die sich gegen eine bevorstehende Zwangsverheiratung zur Wehr setzten, sei es indem sie unansehnlich wurden, dass sie eingesperrt wurden, ins Kloster gingen, flohen – oder grausam ums Leben kamen. Auch die hier einstmal in einer eigenen Kapelle verehrte Kölner Heilige Noitburgis gehört zu dieser Schar. Sie hatte sich eigenmächtig Gott geweiht und war Nonne geworden, sollte aber aus dynastischen Gründen heiraten. Über sie berichtet die Legende, sie habe so lange gebetet, bis sie – einer eher zynischen Logik entsprechend – schließlich erhört und durch einen frühen und sanften Tod vor der drohenden Ehe bewahrt wurde. Laut der »vita noitburgis« aus dem 13. Jahrhundert wurde ihr Leichnam in einer Kapelle auf dem Gelände des Marienklosters beigesetzt. Nach der Legende erstrahlte das am Kopfende angezündete Kerzenlicht so hell, dass ein neben ihr Aufgebahrter bei ihrer Trauerfeier zu neuem Leben erwachte.[507] Das Opfer der Jungfrau belebte also einen Mann, keine seltene erzählerische Konstellation. In Köln wurde Noitburgis lange Zeit sehr verehrt (Gedenktag: 31.10.).

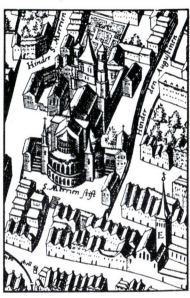

Der Komplex um St. Maria im Kapitol mit den Kapellen St. Noitburgis und St. Nikolaus auf Mercators Stadtansicht von 1570/71

Wein für die Damen – Hospital St. Maria im Kapitol
Hospitäler wurden im Mittelalter oft direkt an Kirchen gebaut, um den InsassInnen einen direkten Zugang zu den Altären zu bieten. Auch hinter der Apsis der Kirche lag im Mittelalter ein solches Haus der Armenpflege. Das Hospital diente gegen unsere Erwartung der Alterssicherung wohlhabender BürgerInnen.[508] In ihm lebten ›Pfründnerinnen‹, deren alltägliche Bedürfnisse durch Beginen eines nahe gelegenen Konventes gestillt wurden. Diese Stiftung der ›Wartebeginen‹ dürfte übrigens eine der frühen Kölner Schöpfungen eines Beginenkonventes gewesen sein.[509]

Mittelalterliche Hospitäler nahmen neben den Alten nur einige wenige ›liegende Kranke‹ der Pfarrei auf. Finanziell trugen Bruderschaften zusammen mit reichen Einzelpersonen diesen Bereich der Einrichtung; hier war es die Marienbruderschaft. Ihre Motive waren durchaus die soziale Fürsorge für die Schwächsten der Schwachen, nicht weniger wichtig war aber auch die Selbstvergewisserung als exklusive Gruppe. Bei der gemeinsamen Erinnerung an die Toten, beim Feiern und Organisieren wurden wichtige Netzwerke geknüpft, so dass sich die zunächst rein religiösen Gesellschaften in der Frühen Neuzeit zu wichtigen politischen Vereinigungen wandelten.[510] In den meisten Bruderschaften waren wirklich nur ›Brüder‹ assoziiert. Frauen waren höchstens Mitglied ›zweiter Klasse‹, das Networking lief einmal mehr an den Frauen vorbei.[511]

Alte Kölner Frauen lebten über Jahrhunderte beengt in Konventen und Hospitälern (Gemälde von ca. 1910)

Auch viele individuelle Testamente von KölnerInnen berücksichtigten die lokalen Hospitäler mit Schenkungen. Dabei waren auch kleinere Beträge willkommen: Eine Urkunde aus dem Jahre 1330 belegt, dass Agnes de Cervo eine Gedenkmesse mit Feier spendete, übrigbleibende Semmeln sollten an die Kranken fallen. In einer weiteren Stiftung heißt es: »*1350 bestimmte Kunegundis Overstolz, daß an die Hospitäler Wein zu verteilen sei*«, was auch diesem Haus zugute kam.[512] Ärmere KölnerInnen gaben immerhin ein paar Mark zum Erwerb von Getreide.[513] – In der Frühen Neuzeit verfielen die meisten Hospitalgebäude, und ab dem 19. Jahrhundert fächerten sich in Köln Krankenhaus, Altenheim, Herberge, Obdachlosen- und Pflegeheim als getrennte Einrichtungen auf.[514]

Trauernde Lichhof

Heute steht auf dem Lichhof eine mit fast 3 Metern recht hohe Plastik, das Kölner Totenmal »Trauernde«. 1946 wurde sie in der Werkstatt des Bildhauers Gerhard Marcks gehauen und 1949 zum Gedenken an die Toten des Zweiten Weltkrieges noch vor

Der historische Lichhof (bzw. Leichenhof) der Stiftsfräulein

der Kulisse einer Kirchenruine enthüllt. Die Skulptur spiegelt die Gefühlslage dieser Zeit: Existentialistisch-distanziert mit gesenktem Kopf, das Tuch halb über die Schulter gezogen, zeigt der Bildhauer eine antike Trauergeste. Wie fast durchgängig in der Ikonographie ist die Trauer als Frau dargestellt. Der Ausdruck von Gefühlen wurde in der bürgerlichen Gesellschaft seit der Mitte des 19. Jahrhunderts zunehmend mit Schwäche assoziiert und dem Bereich des ›Weiblichen‹ zugeordnet. »*Schritt für Schritt erhielten die Frau das Monopol auf Tränen, Leidensschreie, Wallungen.*«[515] An diesem Mahnmal haben Kölner Frauenorganisationen, darunter viele Witwen, in Nachkriegszeit und 1950er Jahren ihre Trauer als verlassene Überlebende artikuliert. Am Volkstrauertag finden heute noch Gedenkveranstaltungen für

Die Trauernde (1949) – ein Ort des Gedenkens, leider nur an deutsche Opfer (nicht an deutsche Täterschaft)

die Toten der Weltkriege statt.[516] 2006 beteten hier VertreterInnen von vier Religionen zum Gedenken an die Opfer des Anschlags vom 11. September 2001. Die Figur, die im Volksmund auch »Todesengel« genannt wird, strahlt, wie die meisten Gedenksskulpturen, passiven Opfergeist aus, und fordert so nicht zur Reflexion über das von den Deutschen verursachte Leid heraus. Ein solcher Appell an die eigene Verantwortung fand bisher auch an keinem anderen zentralen Ort in Köln eine angemessene Darstellung, einzig die Stolpersteine mit ihrer erheblichen Präsenz machen auf die ermordeten NachbarInnen und die Täterschaft der Deutschen aufmerksam und lassen diesen Verlust täglich spüren.

Wir umrunden die Kapitolskirche und gehen auf der Pippinstraße nach links bis zur Ecke Hohe Pforte und biegen ein paar Schritte wiederum links in die Fußgängerzone Richtung Südstadt ein.

62 Castans Panoptikum – Monstrositäten und rassistische Inszenierungen
heute Hohe Pforte in der Nähe der Post

Wachsfiguren von MörderInnen mit Gruselqualität – Castans Panoptikum

Ende des 19. Jahrhundert entstanden hier – benachbart zu den Arbeitervierteln Südstadt und Griechenmarkt – Vergnügungsetablissements für ein eher proletarisches Publikum. Dazu gehört das Kölner Panoptikum. Zunächst ab 1879 in der Komödienstraße beheimatet, zog es 1897 in die Hohe Straße um. In ihrer ersten Filiale außerhalb von Berlin zeigten die berühmten Brüder Castan mehr als 300 Exponate aus Wachs – illustre Persönlichkeiten der Zeit vom Dichterkopf über den preußischen Prinzen bis hin zu Gruselplastiken von MörderInnen. Es folgten ›Freakshows‹ mit besonders dicken Menschen, ›Missgebildeten‹, z.B. durch Syphilis deformierten Kleinwüchsigen oder auch Menschen mit nicht eindeutiger Geschlechtszugehörigkeit, »*die als halb Frau und halb Mann angepriesen wurden*«[517], bärtige Frauen wie auch siamesische Zwillinge. Der Jahrmarkt, der zuvor periodisch wiederkehrend für das Zeigen von Menschen mit scheinbaren ›Abnormitäten‹ verantwortlich gewesen war, schuf sich einen Dauerort. 1902 zeigte Castan's

»Völkerschau« im Kölner Zoo: Beduinenkarawane, 1910

Panoptikum einen Film über die Beerdigung des eleganten Homosexuellen Friedrich Alfred Krupp, der am 22. November 1902 unter ungeklärten Umständen ums Leben gekommen war. Selbst er ließ sich gut als Anomalie vermarkten.[518] *Castan's Panoptikum* erweiterte ganz zeitgemäß kolonialistisch das Spektrum durch eine Specialitätenbühne, auf der ›Fremde‹ zur Schau gestellt wurden. In Zeiten der imperialistischen Großmachtwünsche waren das beispielsweise Menschen aus Afrika oder Amerika, die meist gegen ihren Willen nach Europa transportiert worden waren. Diese ›Völkerschauen‹, zwischen 1878 und 1932 große Mode, waren auch in Köln beliebt; mal vermittelten sie Kralsfeeling, mal den Kopfjägerkick, mal Amazonengroove. Parallel zu den zeitgenössischen kolonialen Kriegen, die in dem Völkermord an den Hereros gipfelten, sollten die ›schwarzen‹ Fremden ein pittoreskes Alltagsleben in ›lebenden Bildern‹ suggerieren. Die Werbung mit ›ursprünglich‹ gewandeten Frauen lief beim männlichen Publikum von selbst. Erstmals wurden gezielt Frauen angeworben – mit Presseberichten über die erotische Schaulust bisheriger Zuschauerinnen angesichts muskulöser nackter ›Negermänner‹.[519] Nackt und wild mussten sie sein, die VertreterInnen ›fremder‹ Stämme, die wie Tiere ausgestellt wurden. Castan's Panoptikum zog folgerichtig im frühen 20. Jahrhundert neben den Zoo.[520] Manch eine/r der zwangsweise Ausgestellten starb elend in der ›Fremde‹, wie die Kriegerin Yambga, Mitglied eines angeblichen ›Amazonenkorps‹ aus Dahomey.[521] Sie wurde auf dem Melatenfriedhof begraben.

Die Cäcilienstraße bzw. Pippinstraße ist ein Produkt der NS-Städteplanung. Ab 1936 wurde hier eine Aufmarschstrecke zwischen dem sogenannten Maifeld in der Nähe des heutigen Aachener Weihers über den Neumarkt, vorbei am Heumarkt und herüber über die Rheinbrücke bis nach Deutz geplant. Dort sollte ein gigantisches Gauforum den Dom als Wahrzeichen Kölns ablösen! Niemand ist traurig, dass die Planungen nicht weiter gediehen sind als die Straßenverbreiterung von der Hahnenstraße bis zum Rhein herunter. Die kleinen krummen Gässchen sind für immer dahin.

63 Adele Rautenstrauch, geb. Joest – Stifterin
Hohe Straße

Adele Rautenstrauchs Wohnort lag da, wo heute die breite Spur der Straßenbahnschienen verläuft. Zu Beginn des 20. Jahrhunderts ging die Großbürgerin als ›Schwester von‹ in die Geschichte ein. Die protestantische Familie Joest, ursprünglich aus Trier, war in Köln gut heimisch geworden. Durch die Einfuhr von Wildhäuten und ab 1831 mit erfolgreicher Zuckerraffinerie wurde Vater Carl Joest 1848 zum einträglichsten Steuerzahler der Stadt. Der Sohn des reichsten Kölners, Bruder Wilhelm Joest, konnte nach seinem Studium der Ethnologie und Naturwissenschaften stets auf Reisen sein. Aus Objekten, die er auf Forschungsfahrten in vielen Länder erworben hatte, baute er eine große ethnologische Sammlung auf. Adele dagegen blieb für immer in Köln und als braves Mädchen im Innern des Hauses. Sie heiratete 1872 den Kölner Kommerzienrat Eugen Rautenstrauch, der in der Weberstraße eine Firma unterhielt, Stadtverordneter und Belgischer Konsul war. Adele wechselte von der Rolle der Tochter und Schwester in die der Gattin und Mutter. Geschichte schreiben kann eine Frau so nicht. Das gelang erst nach Wilhelms Tod. Adele erbte 1897 seine private

Sammlung von 3.400 Objekten. Aufgrund der im Bürgerlichen Gesetzbuch festgelegten Geschlechtervormundschaft hatte zwar der Ehemann die Verfügungsgewalt über ihr Vermögen,

Adele Joest (1850–1903), verheiratete Rautenstrauch, legte 1899 den Grundstock zum Kölner ethnographischen Museum

und so wird meist das Ehepaar als Stifter der Sammlung genannt, tatsächlich war aber Adele die Hauptperson der um 1899 erfolgten Übergabe an die Stadt. Nach Eugen Rautenstrauchs Tod 1900 legte Adele Rautenstrauch noch eine erhebliche Summe für den Neubau eines ›Museums für Völkerkunde‹ nach. Es sollte den Namen beider Familien tragen. 1906 wurde das Rautenstrauch-Joest-Museum am Ubierring eröffnet. Adele Rautenstrauch ist ein Beispiel für viele Stifterinnen, die zum Wohle und zur Kultur von Köln beigetragen haben. Sie stifteten ganze Krankenhäuser und eben Museumsbauten. – In den kommenden Monaten wird das Museum aus dem bisherigen repräsentativen Gebäude in der Südstadt in einen Neubau in Laufweite von Adeles ehemaligem Wohnsitz ziehen, in die Cäcilienstraße.

Wir überqueren die Pippin- bzw. Cäcilienstraße. Hinter dem jüngst ›aufgehübschten‹ Parkhaus am Augustinerplatz geht es durch die Hohe Straße bis zum Ausgangspunkt unseres Rundgangs, dem Bahnhof, zurück. Da alle im Folgenden erwähnten Bauwerke nach dem Krieg durch Neubauten ersetzt wurden, kann der folgende Text auch an einem ruhigeren Ort gelesen werden, zum Beispiel in einem der Cafés an der Gürzenichstraße, in der Großen Sandkaul oder im Sommer auf dem Kaufhofparkhaus in Strandambiente.

64 Eingemauert und mitten drin – Klausnerinnen
Ecke Cäcilienstraße/Hohe Straße

Auf dem Eckgrundstück, auf dem heute Parkhaus und Hotel stehen, befand sich im Spätmittelalter das Männerkloster der Augustiner-Eremiten. Angeschlossen war die 1250 geweihte Augustinerinnenklause St. Nikolaus. Diese Minizelle war der Wohnort eingeschlossen, ja eingemauert lebender Frauen.[522] Gingen asketisch gesinnte Männer bevorzugt in die Wüste, um eremitisch zu leben, so war die Existenzweise der Frauen ambivalenter: Sie siedelten zwar zurückgezogen in innerstädtischen Klausen, entsagten freiwillig den weltlichen Verlockungen und gelobten, allein Gott zu dienen; aber zugleich waren die ›Inklusen‹ extrem öffentlich. Sie kommunizierten durch eine Durchreiche in ihrer Sperrmauer mit der Außenwelt und konnten zu spirituellen Ratgeberinnen der Bevölkerung aufsteigen. Jede Jungfrau oder Witwe, die diese herausfordernde Daseinsweise wählte, konnte auf Verehrung und Unterstützung (durch Donationen zur Ernährung) zählen, damit sie stellvertretend das Ziel einer vollkommenen Lebensführung realisieren konnte. Inkluse durfte ursprünglich nur werden, wer sich zuvor durch ein besonders tugendhaftes Leben hervorgetan hatte. Viele Klausnerinnen waren adelige Nonnen, aber es finden sich auch einfachere Witwen und Jungfrauen aus dem Umland unter ihnen. Bisweilen wurden sogar zwei Frauen gemeinsam eingeschlossen (Mitte des 12. Jahrhunderts in Köln z.B. die Schwestern Bertha und Geizmut).[523] Die Nähe des Männerklosters ist kein Zufall, sondern Konzept: Die Mönche stellten die geistliche Betreuung sicher. Bereits im Frühmittelalter galt eigentlich, eine Frauen-Klause solle innerhalb von Klostermauern liegen, damit sie Bestandteil der

Die Wohnform einer städtischen Klause barg Versuchungen – auf dem unten stehenden Bild versucht z.B. ein vermeintlicher Mönch, die geistliche Frau vom Weg der Tugend abzubringen.

Klausur wäre. Das war in der Stadt nicht immer zu gewährleisten. Die Kölner Klausnerinnen gehörten bis 1336 dem Zisterzienserorden an. Ab 1446 befolgten sie auf Befehl des Erzbischofs Dietrich II. die Regel der Augustiner, womit sie auch den Geistlichen dieses Ordens unterstanden. Die Augustinerinnenklause bestand bis zur Säkularisierung, erst 1807 wurde das Gebäude abgebrochen.[524] Damit wies der Ort eine Kontinuität von fast 560 Jahren weiblicher Spiritualität auf.

65 Else Falk – ein Quell der Frauenenergien
Hohe Straße 38, im gleichen Gebäudeblock

An der Stelle der früheren Klause und in einem neueren Gebäude wirkten im 20. Jahrhundert mehrere Frauenorganisationen zum Wohle der Stadt. Ab dem 1. April 1931 residierte hier die Geschäftsstelle des »*Stadtverbandes Kölner Frauenvereine*«, dem zu diesem Zeitpunkt Else Falk und Alice Neven DuMont vorstanden. Else Falk wurde zur bedeutendsten Aktivistin der Kölner Frauenbewegung in der Generation nach Mathilde von Mevissen und Elisabeth von Mumm und soll hier besonders gewürdigt werden.

Else Wahl, Tochter eines Barmer Bankiers mit dem Ehrentitel Kommerzienrat, heiratete mit 22 Jahren den am Landgericht in Elberfeld tätigen Rechtsanwalt Bernhard Selmar Falk aus Bergheim. Das Paar bekam vier Söhne, von denen zwei recht jung starben. Wie viele andere Frauen kam Else Falk ehebedingt nach Köln. Ihr Mann hatte 1898 eine Zulassung zum Oberlandesgericht erhalten. Er integrierte sich sofort, nahm bereits 1908 einen Sitz im Stadtrat ein und wurde später Mitglied der Nationalversammlung und Preußischer Landtagsabgeordneter. Aber auch Else Falk war politisch ungewöhnlich aktiv: Sie gehörte der liberalen Partei an, war Schriftführerin im »Propaganda-Ausschuss der Frauen der Nationalliberalen Partei« und ab 1932 Hauptvertrauensfrau der Deutschen Staatspartei. Die Jüdin war, anders als etwa

Else Falk (1872–1956) – Mentorin der Frauenbewegung in der Weimarer Republik

Rosa Bodenheimer und Clara Caro, nicht zionistisch orientiert, sie verfolgte also nicht die Perspektive, nach Palästina auszuwandern, sondern stand dem »*Central-Verein deutscher Staatsbürger jüdischen Glaubens*« nahe, der sich für die Gleichberechtigung der Juden/Jüdinnen in Deutschland einsetzte. Sie verband diesen Kampf um Akzeptanz jüdischer BürgerInnen mit dem Kampf um Frauenrechte.

Zunächst musste das Frauenwahlrecht erkämpft werden. Bereits als vielbeschäftigte Mutter sympathisierte Else Falk mit dem Kampf der älteren Frauen um Mathilde von Mevissen für das Frauenstimmrecht. Sie wurde daher Förderin der Kölner Ortsgruppe für Frauenstimmrecht.[525] Auf sich aufmerksam machte Else Falk erstmals als Schatzmeisterin in der »*Nationalen Frauengemeinschaft*«; dabei zeichnete sich die Mutter eines im Ersten Weltkrieg gefallenen Sohnes durch besondere Tatkraft aus. Von 1919 bis 1933 führte sie resolut den »*Stadtverband der Kölner Frauenvereine*« an – eine außerordentliche Wertschätzung durch die 20.000 Mitfrauen! Als Vorstandsmitglied des Rheinisch-Westfälischen Frauenverbandes 1919 und als Vorsitzende der Arbeitsgemeinschaft der Stadtverbände von Rheinland und Westfalen (1930) arbeitete sie überregional für die Interessen von einigen Hunderttausend Frauenbewegten.

Else Falk wirkte ebenso souverän in kleinste Frauenvereine hinein wie in städtische und überregionale Gremien. Sie war – wie sehr viele bürgerliche Kölnerinnen – an der Gründung des Kölner Vorläufers des Deutschen Paritätischen Wohlfahrtsverbandes (DPWV) beteiligt, dem »*Verein Fünfter Wohlfahrtsverband*«, der um 1925/6 entstand und in den gleichen Räumen hier in der Hohe Straße logierte. Dieser Zusammenschluss nichtkonfessioneller und nicht-sozialistischer Wohlfahrtsvereine wie den Hauspflegevereinen, Kindererholungsvereinen, den Trägerinitiativen von Säuglings-, Mütter- und Wöchnerinnenheimen, Volksküchen, Mädchenheimen usw. bot eine professionelle Außenvertretung, die Forderungen gegenüber den Kommunen leichter durchsetzen konnte als der »*Stadtverband Kölner Frauenvereine*«.[526] Else Falk leitete ab 1930 auch diesen Zusammenschluss von 21 parteipolitisch und konfessionell unabhängigen Organisationen der freien Wohlfahrtspflege, die sich nach 1945 zum DPWV zusammenschlossen.[527] Außerdem gründete und leitete Else Falk 1926 den »*Verein Müttererholung und Mütterschulung*«[528], der lange vor dem Müttergenesungswerk dafür sorgte, dass Mütter auch mal ausspannen konnten, er war ihr ›Lieblingskind‹. Ferner initiierte sie vier

In diesem Gebäude tagten Frauenvereine und Fünfter Wohlfahrtsverband. In oberen Stockwerken logierte die GOA, ein gastronomisches Frauenprojekt

Rentnerinnenheime für durch Krieg und Inflation verarmte alte Frauen (eines davon auf dem Gelände eines ehemaligen Beginenhauses).

Else Falk war so anerkannt, dass schon zu ihren Lebzeiten das 1930 vom Stadtverband gemeinsam mit dem Architekten Riphahn und der GAG in Zollstock erbaute »Haus für Berufstätige Frauen« nach ihr benannt wurde.[529] Es war für Mitfrauen des Vereins der Post- und Telegraphenbeamtinnen gedacht. Else Falk legte den Grundstein für die heute noch existierende Blindenbibliothek der Stadt und war an der neu gegründeten Universität im Verwaltungsrat der Kölner Studentenburse engagiert. Sie unterstützte die von ihrer Vorstandskollegin im Stadtverband, Hertha Kraus, initiierten Riehler Heimstätten und Gemeinschaftshäuser für Heimatlose, Jugendliche und Erwerbslose. Daneben wirkte Else Falk auch im Vorstand der Gedok mit. Noch 1932 erhielt sie anlässlich ihres 60. Geburtstags als Mitstreiterin, Freundin und Vorbild große Ehrungen. Und ein Jahr später war die Jüdin gezwungen, alle Ämter aufzugeben.[530] Wie bitter muss sie die Feigheit und Unsolidarität ihrer ehemaligen Mitstreiterinnen empfunden haben. Wenig später wurde der Stadtverband ganz aufgelöst. Einige der von ihr gegründeten Vereinigungen wurden unter Naziflagge weitergeführt. So stellte ihre langjährige Mitvorsitzende Alice Neven DuMont am 18. Juli 1933 den Antrag auf Eingliederung des Müttererholungsvereins in die NS-Frauenschaft. Else Falks Lebenswerk aber war dahin. Die Wohnung der Falks wurde in der Reichspogromnacht 1938 völlig zerstört, die Familie musste nach Brüssel emigrieren. Nach dem Tod ihres Mannes 1944 ging Else Falk nach São Paulo, wo einer ihrer Söhne lebte – gerade noch rechtzeitig vor der drohenden Deportation. 1952 besuchte sie Köln noch einmal, sie hatte zu einzelnen Frauen, deren politische Haltung nicht zu Zweifeln Anlass gab, den Kontakt gehalten.

66 Goa – das erste erfolgreiche Kölner Frauenunternehmen der Neuzeit Hohe Straße 38

Wer weiß schon, dass sich der Erfrischungsraum im Hauptgebäude der Kölner Universität, wie auch Kantinenräume in Gerichten oder Polizeigebäuden einer Foreninitiative der 1920er Jahre verdanken? Bei der Weltmesse »Pressa 1928« wurde in einem Fesselballon ein Lokal mit 200 Plätzen alkoholfrei bewirtschaftet. Das war – basierend auf den Erkenntnissen der Abstinenzbewegung, aber weniger dogmatisch – der Anfang einer neuerlichen Popularisierung alkoholfreier Geselligkeit. Die neuen Alkoholgegnerinnen hatten mit ihrem Treffpunkt einen solchen Erfolg, dass sie bald die erste Dauergaststätte eröffneten – hier im ersten Stock. Die ›GOA I‹ (erste Gaststätte ohne Alhohol)

Die GOA war ein Kernstück der engagierten Sozialarbeit des Stadtverbandes, zudem ein professioneller Frauenbetrieb mit ca. 60 Angestellten

war ein geselliger Versammlungsort für verschiedenste Anlässe und Veranstaltungen. Träger war der »*Kölner Frauenverein für alkoholfreie Gast- und Erholungsstätten*« mit Else Falk im Vorstand. Der Verein dehnte sich bis 1931 über drei Etagen aus, er stellte Klubzimmer für Vereine bereit und bot Berufstätigen, die ihre Mittagspause in der Innenstadt verbringen mußten, Ruheräume an: »*Hier kann sich der Gast ein Harmonikabett mieten, bei einer Tasse Mocca lesend eine Ruhepause einschieben, ehe er wieder zur Arbeit eilt. Wir hoffen damit besonders berufstätigen Frauen die so nötige Entspannung in der Hetze des Großstadttempos zu bieten.*«[531] ›Saaltöchter‹ brachten vegetarische und gemischte Kost sowie Säfte, Milch oder Kaffee an den Platz.[532] Das Projekt wurde beständig ausgebaut und »*... am zweiten Geburtstag konnte die verdienstvolle Leiterin bereits von sieben Betrieben berichten*«.[533] So unterhielt der mobile Frauenbetrieb vier »gut besuchte Speiseräume«, einen Catering-Service mit gesundem Essen für Fabriken, Baustellen oder Gerichtsmensen. Er belieferte Sport- und Jugendfeste ebenso wie die Volksgaststätte im Obdachlosenasyl Silvanstraße. 1930 wurden 400.000 Mittagessen ausgegeben.[534] Die GOA eröffnete Zweigbetriebe im Arbeitslosenhaus Buschgasse, im Polizeipräsidium und schuf Erfrischungsräume in der Rheinischen Musikschule. In der alten Universität in der Südstadt eröffneten die Frauen eine Mensa (mit Selbstbedienung!), und sogar

an einen Extra-Ruheraum für
Studentinnen dachten sie. Der
Clou aber war das GOA-Auto: »*In
Thermosgefäßen trägt es um die
Mittagszeit rund um Köln zu
Fabriken, Werkstätten, Baustellen, Wegebauten, zum Flughafen
die bestellten Mahlzeiten in großen und kleinen Portionen*«,535 die
von einer »weißbeschürzten
Helferin« ausgegeben wurden.

Die fahrbare Goa-Küche

Am Sonntag ging es mit dem Auto zu Sporthallen und Ausflugsorten. Dieses Wirtschaftsunternehmen war das einzige
seiner Art in Westdeutschland. Es beschäftigte 68 Angestellte.
Alle Unterbetriebe wurden von Vereinsfrauen geleitet. »*Der
Kölner Frauenverein für alkoholfreie Gast- und Erholungsstätten sieht eine wichtige Aufgabe darin, seine Gasthäuser kaufmännisch einwandfrei zu führen und damit den Beweis zu
erbringen, daß auch ohne die hohen Gewinne an alkoholischen
Getränken die Rentabilität eines solchen Unternehmens keine
Utopie ist.*«536

Die fahrbare GOA-Küche bot auf Sportplätzen wie in Kantinen gesunde alkoholfreie Nahrung an

67 Einbruch der Frauenvereinskultur Hohe Straße 38

Nicht nur die aktive Zeit der Else Falk und der Goa, auch die
Geschichte des Stadtverbandes Kölner Frauenvereine endet
kurz nach der Machtübergabe an die Nationalsozialisten. Im
März 1933 wollte der Stadtverband den 24. Jahrestag seiner
Gründung feiern, aber dazu kam es nicht mehr: »*Zwei Tage nach
der Kommunalwahl in Köln [also am 14. März 1933, d. Verf.] erschien in der Geschäftsstelle des Stadtverbandes, Hohe Straße 38,
die Frauenschaftsführerin Breuer aus der Christophstraße mit
einem SA-Mann. Sie erklärte den Vorstand des Stadtverbandes
für abgesetzt und das Büro für beschlagnahmt. Dann meldete
sie per Telefon mit ›Heil Hitler‹ dem Oberbürgermeister Dr. Riesen,
daß das Büro besetzt worden sei.*«537 Innerhalb der nächsten 24
Stunden wurden die Räume durchsucht und verwüstet.

Obwohl einzelne Mitglieder vor der ›braunen Gefahr‹ und
ihrem Frauenbild gewarnt hatten, gelang es den Verbandsfrauen nicht, die Ergebnisse fast 30-jähriger Frauenarbeit und
ein wichtiges Stück Kölner Frauengeschichte zu bewahren,

Auch die Frauenprojekte wurden von den Nazis bedroht, die Zentrale des Stadtverbandes zerstört (Zeichnung von Heinz Kroh zu frühem Naziterror in Köln)

alles wurde vernichtet. Die einen Frauen standen dem Geschehen hilflos gegenüber, so schnell hatten sie keine Aggression erwartet, sonst hätten sie zumindest die Unterlagen in Sicherheit gebracht. Andere begrüßten das NS-System und arbeiteten an der antisemitischen Ausgrenzung der Vorstandsfrauen mit. Sie kooperierten, um die noch existierenden dem Stadtverband angeschlossenen Berufsverbände in die neuen berufsständischen Organisationen, meist die Deutsche Arbeitsfront, zu integrieren und ließen sie gleichschalten.[538] Wieder andere waren hin- und hergerissen zwischen der Aufwertung der Mütterlichkeit und den aggressiven Methoden der neuen Partei. Else Wirminghaus hielt im Frühjahr 1933 einen ihrer letzten Vorträge vor den Verbandsfrauen. Im Kölner Frauen-Klub reflektierte sie über die »Aufgaben der Frauengemeinschaft« bzw. »Richtung und Wege heutiger Frauenbewegung«. Sie bedauerte, dass es nicht gelungen sei, der männlichen Geistesrichtung eine weibliche Auffassung entgegenzusetzen. Die völkisch gesinnte Frauenrechtlerin vertrat bereits in den 1920er Jahren einen mythischen Mutterkult, doch sprach sie sich nun eindeutig gegen den Hass und die politische Überspannung der frühen nationalsozialistischen Tage aus.

Nachdem die Jüdin Else Falk am 22. März 1933 vom Posten der ersten Vorsitzenden des Stadtverbandes zurücktreten musste,[539] übernahm Alice Neven DuMont die Führung, die sozialdemokratische Professorengattin Anna Lindemann ihre Stellvertretung.[540]

Bald kam eine Aufforderung der Gaufrauenschaftsleiterin Martha von Gelinck: »*Hierdurch werden Sie aufgefordert zu einer Versammlung am Samstag, den 8. Juli, im Lokal ›Café Westminster‹, Hohenzollernring, eine Vertreterin aller Ihnen angeschlossenen Vereine mit Vollmacht zu entsenden. Thema: Gleichschaltung und Neuwahlen der Vorstände.*«[541]

Einige Frauen reagierten auf diese Zumutung sofort mit einer Absage – dass überhaupt Vertreterinnen des Stadtverbandes zu dem Termin erschienen sind, ist unwahrscheinlich. Im letzten Nachrichtenblatt des Stadtverbandes vom 28. Mai 1933 wurde abschließend mitgeteilt, dass sich nach einstimmigem Beschluss am 22. Mai der reichsweite Dachverband mit seinen 47 angeschlossenen Vereinen aufgelöst habe. Der Stadtverband und der reichsweite BDF hätten erkannt, »*daß ihre Zielsetzung und Arbeitsmethoden mit denen der Frauenfront sich*

> Stadtverband Kölner Frauenvereine
>
> Vorsitzende: Frau Else Falk, Sedanstrasse 39
> Geschäftsstelle: Hohestrasse 38^{III}
>
> Köln, 22. März 1933
> Fernsprecher: 228359
>
> An den Vorstand !
>
> Frau Else Falk hat heute ihr Amt als I. Vorsitzende des Stadtverbandes Kölner Frauenvereine niedergelegt. Ich lade Sie zu einer Besprechung für <u>Donnerstag, den 23.ds.Mts. 17 Uhr</u> in unser Büro, Hohestr. 38 III. ein. Da ausser der Neuorganisation des Stadtverbandes wichtige persönliche Fragen besprochen werden müssen, bitte ich dringend um Ihr Erscheinen.
>
> Mit freundlichen Grüssen
> Stadtverband Kölner Frauenvereine
> I.A. Alice Neven DuMont .

Mitteilung über den erzwungenen Wechsel im Vereinsvorstand (22.3.33)

nicht in einem gemeinsamen Rahmen vereinigen lassen«.[542] Defensiv gegenüber den neuen MachthaberInnen heißt es, der Auflösungsbeschluss sei keine Kampfansage, sondern die Schlussfolgerung aus einer klaren Erkenntnis der Lage. Die letzte Kölner Sprecherin Hedwig Pohlschröder-Hahn, seit Jahrzehnten aktiv im Kampf um Frauenrechte, hoffte politisch naiv auf die Anknüpfung der neuen zentralen Frauenorganisation an den Errungenschaften der Frauenbewegung: »*Keine neue Richtung kann sich entwickeln ohne die Erfahrungen der vorhergehenden Generation. So wird auch die große Idee der neuen Frauenfront die nötige Lebenskraft gewinnen, wenn sie sich das organisch gewachsene Bisherige nutzbar macht. Gemeinsam werden alte und neue Kräfte Gutes leisten können zum Wohl des Vaterlandes.*«[543] Sie forderte kooperationswillig die verbliebenen (d.h. die ›arischen‹) Frauen der Berufsverbände auf, in der NS-Frauenfront das geistige Erbe des Bundes Deutscher Frauenvereine weiter zu verfolgen, auch wenn der

»äußere Rahmen« (!) nicht mehr gegeben sei. Zu diesem Zeitpunkt waren das eigene Verbandsbüro und das Gewerkschaftshaus bereits verwüstet, die Jüdinnen Falk und Kraus und andere aus dem Vorstand entfernt, alle Frauen egal welcher politischen Ausrichtung aus dem Kölner Stadtrat herausgedrängt, SPD- und KPD-Abgeordnete in Haft!

Die ehemalige Schöpfung von Else Falk und Hertha Kraus zur Müttererholung stellte am 18. Juli 1933 den Antrag auf Anschluss an die NS-Frauenschaft und ließ sich auf diese Weise vereinnahmen. 1934 wurde der Verein dann doch aufgelöst.

Der Stadtverband formierte sich in der Nachkriegszeit neu als »*Arbeitskreis Kölner Frauenvereinigungen*«. Derzeit wird diskutiert, den alten Namen wieder anzunehmen. In diesem Arbeitskreis findet eine schillernde Mischung aus konservativen Verbandsfrauen, Gewerkschafterinnen und Parteifrauen zusammen. Auch das Künstlerinnennetzwerk Gedok ist wieder engagiert dabei. In den letzten Jahren sind zunehmend auch autonome Frauenprojekte unter das historische Dach getreten. Zu Themen wie Abtreibung, Ehe, Migration oder Homosexualität dürften die Positionen dennoch weit auseinander liegen.

Die Hohe Straße – noch wenig genutzt ...

68 Magnet Warenhaus: Leonhard Tietz in Köln

Die Hohe Straße ist eine der von den Römern angelegten Hauptstraßen und führte im Süden weiter Richtung Bonn durch das vermutlich dem Nordtor entsprechend gestaltete Südtor. Im Mittelalter lebten hier lange Zeit sehr wohlhabende Menschen aus reichen Zünften (GoldschmiedInnen, WappenstickerInnen), und hier stand das repräsentative Haus der Harnischmacherzunft (Nr. 125), die auch Frauen beschäftigte. Lange gab es ein Nebeneinander von Hauptgeschäften, verfallenen Prachtbauten aus dem 13. Jahrhundert neben solchen aus dem 16. Jahrhundert, von Apotheken neben Höfen auswärtiger Adeliger. Dann machten Spekulantentum und der Zweite Weltkrieg der Vielfalt ein Ende. Die beliebteste Flaniermeile Kölns ist die Hohe Straße zwischen Gürzenichstraße und Dom/Wallrafplatz

zwar geblieben, aber sie hat schwer geblutet. Tagsüber vermitteln die billigen Angebote Markt-Charakter, Spezialgeschäfte konnten sich neben den Ketten kaum noch behaupten.

An der Grenze zwischen den Reichen (um das Rathaus) und den Armen (in Altstadt und Griechenmarktviertel) entstand im 19. Jahrhundert eines der ersten modernen Kaufhäuser Deutschlands. Im Umfeld boten bereits seit den 1840er Jahren einige große ›Kleidermagazine‹ Waren von der Stange an, z.B. Schneiderkleidung für Herren.[544] Erstmals in der Geschichte konnte man und frau textile Massenware kaufen. Die lokalen Schneider, vom Ruin bedroht, machten lautstark auf ihre Not aufmerksam.[545] Zu Beginn des 20. Jahrhunderts mussten die

... im frühen 20. Jahrhundert endgültig Anziehungspunkt für Einheimische und Auswärtige

Eröffnung des Kaufhauses Tietz 1891 – zunächst nur mit Textilien und Kurzwaren

Handwerker und Kleinhändler mit noch größerer Konkurrenz fertig werden: mit reichsweit einkaufenden Unternehmen, die ihre Preise ganz anders kalkulieren konnten. So auch die Kaufhäuser Tietz oder Palladium. Die einheimischen Händler waren geschockt, die Kölner Bevölkerung von den neuen Einkaufsmöglichkeiten begeistert.

Die Firmengründer Flora und Leonhard Tietz waren in vielen Kölner Vereinen aktiv

Leonhard Tietz eröffnete im April 1891 in Köln zunächst ein relativ kleines Kurz-, Weiß- und Wollwarengeschäft. Das Ehepaar Leonhard und Flora Tietz hatte in Stralsund sein erstes Kaufhaus gegründet, Handelshäuser in Elberfeld und in vielen anderen Städten folgten. In den 1890er Jahren zogen Flora und Leonhard Tietz mit ihren Kindern nach Köln, um sich zukünftig ganz auf den Westen des Deutschen Reiches zu konzentrieren und den Neubau zu betreuen, der 1895 an derselben Stelle erbaut wurde. Frauen bekamen in jüdischen Warenhäusern durchaus die Ko-Leitung übertragen, so in Koblenz die Ehefrau von Leonhards Vetter Louis Schloss. Auch Flora Tietz war in der Anfangsphase intensiv an der Leitung beteiligt. Erst nach der zunehmenden Expansion und Umstrukturierung zog sie sich nach und nach zurück; Floras Bruder Sally Baumann wurde Geschäftsführer. Der Hauptsitz wanderte ebenfalls nach Köln. Die Leonhard Tietz AG (seit 1905) wurde zum Großunternehmen des Einzelhandels, veränderte stetig Verkaufsstrategien, Angebotsstruktur und Warenpräsentation. Bisher hatte es überwiegend kleine Spezialgeschäfte gegeben, etwa reine Kolonialwaren-, Kurzwaren-, Weißwaren- oder Wollwarenlädchen, während Frisches in Markthallen oder an Ständen verkauft wurde. Tietz bot nun alles unter einem Dach, wobei das vertraute Prinzip der Spezial-Läden in dem Kaufhaus durch die Strukturierung in Abteilungen aufrechterhalten wurde. Das vollständige Warenhaussortiment war geboren.[546] Mit seiner neuartigen Preisgestaltung – es gab Ware zu festen Preisen und nur noch gegen Bargeld – und Hunderten Angestellten war das neue Kölner ›Waarenhaus‹ das erste Kaufhaus modernen Stils in Deutschland.[547] Das Kaufhaus verlegte als eines der ersten den Ladenschluss von 21 auf 20 Uhr und verwahrte sich gegen die Sonntagsöffnung. Der Konzern florierte, allein in Köln gab es bald sieben Filialen. Mit ausgeweitetem Sortiment und zunehmendem Service wurde auch das zweite Bauwerk, ein sog. Passagebau, zu klein.

1914 wurde das Gebäude bezogen, das wir heute noch kennen, Architekt war Wilhelm Kreis. Modische Jugendstilmotive zierten die Außenfassade und auch die Präsentation im Inneren war innovativ: Gläserne Auslagen rückten die Waren ins rechte Licht. Bilder von der Inneneinrichtung vermitteln ein Gefühl des neuartigen Raumerlebnisses.

Fassade des Kaufhof-Neubaus von 1902

Um diese Zeit herum entstand ein neuer Frauenberuf: Die fachlich qualifizierte Verkäuferin, von der neben der Sachkompetenz auch ›Charme‹ erwartet wurde. Die Verkäuferinnen trugen einen schwarzseidenen Kittel, wie ein Lied von 1886 verrät: »*Confectioneuse weed genannt, / Wat durch der Lade rennt, / Un beim Cousinche, bei der Tant, / De schwaache Sick glich kennt. / Schwatz eß se michtstens kostümeet, / Besonders huh Salär se hät / Bei elegantem Schnett.*«[548]

Eine Verkäuferin im schwarzseidenen Kittel konnte zur Filmheldin aufsteigen

Für die Tietz AG arbeiteten 1929 in ihren Häusern in West- und Süddeutschland über 15.000 Menschen, allein in Köln waren es 700 Angestellte. Etwa 10 Prozent der Verkäuferinnen waren – wie die Besitzer – jüdisch.

Der Betrieb sorgte – ganz nach amerikanischem Vorbild – durch Zahlenvergleiche der Filialen untereinander und durch Prämienvergaben für einen harten Wettbewerb unter seinen Angestellten.

Trotz Inflationsverlusten war der Konzern 1924 2,1 Milliarden Mark wert, 1933 waren es bereits rund 41 Milliarden. Die liberale Familie Tietz war gut ins Kölner Großbürgertum integriert. Der Sohn Alfred Tietz erhielt die Ehrendoktorwürde der Kölner Universität. Die Damen (Flora und ihre Schwiegertochter Margarete) waren Mitglied des elitären »*Kölner Frauen-*

Besprechung der Verkäuferinnen einer Abteilung im Kölner Warenhaus Tietz

Klubs« und des nationalistischen »*Vaterländischen Frauenvereins*«. Die jüngeren Tietz unterstützten viele soziale Einrichtungen in Köln, so speisten sie in der Not der frühen 1930er Jahre in ihren Kantinen täglich 800 Hungrige.[549]

Die NationalsozialistInnen, allen voran Hitler selbst, hetzten schon früh gegen die Warenhäuser und Einheitspreisgeschäfte, angeblich im Namen der mittelständischen Ladenbesitzer, die durch die Existenz von Kaufhäusern Absatzrückgänge zu verzeichnen hatten. Besonders der »Westdeutsche Beobachter« nahm seit 1930 Tietz ins journalistische Visier.

Ende März 1933 gehörte der Boykott von Warenhäusern zu den ersten ›Mitmach-Aktionen‹ für neue Nazis: »*Ab Samstag in ganz Deutschland Generalboykott gegen das jüdische Schachertum!*«[550] Dem Wirtschaftsdezernenten Kölns wurde es verboten, städtische Aufträge an jüdische Geschäfte zu vergeben,

Beamte, SA-Mitglieder, SS-Mitglieder und andere Parteiangehörige durften und wollten nicht mehr im Kaufhaus Tietz einkaufen.[551]

Die vermeintliche Solidarität mit den Einzelhändlern konnte die rassistische Aggression nicht verschleiern: Nach der Machtübergabe wurde das Kaufhaus keineswegs geschlossen, sondern ›arisiert‹.[552] Die ›arischen‹ Geschäftsleute wurden mit markigen Sprüchen wie »*Denk Deutsch. Kauf Deutsch. Nie beim Juden – Die Christlichen Geschäfte.*« die unliebsame Konkurrenz los, und die KundInnen konnten sich national und damit zugehörig fühlen, wenn sie Waren mit dem Zeichen »*Adefa – garantiert arische Produkte*« kauften.

Schon vor Beginn der Diktatur war die Familie Tietz massiven antisemitischen Bedrohungen ausgesetzt gewesen.[553] Juniorchefin Margarete Tietz berichtete über die ersten Tage der Machtergreifung bis zum Tag des Boykotts jüdischer Geschäfte (1. April 1933): »*Wie ich das vom 1. April hörte, habe ich gesagt: Mir ist alles ganz gleichgültig. Die Kinder und meine Schwiegermutter will ich nicht im Hause haben. Denn wir haben schon vor dieser Zeit, eigentlich ab Januar, sehr viele Anrufe bekommen; ›Wartet nur! Wir kommen schon! Nehmt Euch in acht!‹ und alles derartige Dinge. Das ging schon die ganze Zeit.*«[554] Bereits im Frühsommer 1933 teilte die IHK mit, der Boykott sei aufgehoben.[555] Der Kaufhof war damit eines der ersten arisierten Großunternehmen.[556] Im Juli 1933 begann die sukzessive Verdrängung jüdischer MitinhaberInnen an der Konzernspitze. Aufsichtsratsmitglieder und höhere Angestellte wurden durch ›ArierInnen‹ ersetzt. Im Sommer 1933 war aus der »Leonhard Tietz AG« die »Westdeutsche Kaufhof AG« geworden.[557]

Im Herbst 1934 war die ›Arisierung‹ beendet, das letzte jüdische Aufsichtsratsmitglied ausgeschieden. Der Anteil des jüdischen Personals wurde erheblich reduziert.

Juniorchefin Margarete Tietz brachte die Familie in Sicherheit. Zuerst lebten sie in Holland, zogen dann nach Palästina,

Einführung der neuen Lehrlinge im Hauptgeschäft

Nach der »Arisierung«: Die Hauszeitung wurde zum Instrument für NS-Propaganda

wo ihr Mann Alfred 1941 mit nur 58 Jahren starb. Nach dem Tod auch der Schwiegermutter Flora (1943) zog es Margarete 1948 weiter nach Nordamerika, wo sie wieder mit der ihr aus Köln bekannten Hertha Kraus zusammen traf, die ebenfalls das Land aus Furcht vor Verfolgung verlassen hatte. Auf Anregung der früheren Stadtdirektorin leitete Margarete Tietz über lange Jahre ein Altersheim in New York.

In den frühen 1960er Jahren wurde der Teil der Sternengasse, an dem die Hauptverwaltung der Kaufhof AG liegt, nach Leonhard Tietz benannt.[558] Laut Firmenfestschrift[559] wurden die überlebenden Angehörigen der Familie Tietz entschädigt und es herrscht »*ein freundschaftliches Verhältnis zwischen diesen und dem Kaufhof*«.[560] Wer die Geschichte des Kaufhofs nicht näher kennt, erfährt auf der Homepage allerdings nichts über die Arisierung und Enteignung: Leonhard Tietz wird zum »Kaufhof-Gründer« gemacht, um dann eine ungebrochene 125-jährige Kaufhof-Geschichte feiern zu können.[561]

69 Fast food aus der Klappe – frühe Automaten-Restaurants Hohe Straße 53

Das Automaten-Restaurant – eine touristische Attraktion

Um die Wende zum 20. Jahrhundert entstanden die ersten Automatischen Selbstbedienungsrestaurants in Köln. Den Anfang machte eine süße Verführung: Die »Deutsche Automaten-Gesellschaft Stollwerck« stellte hier 1896 achtzig verschiedene Schokoladen- und Musikautomaten auf. Einer der Firmenleiter hatte die Idee der mechanisierten Essen- und Warenausgabe aus Amerika mitgebracht.[562] Bei Stollwerck entwickelte er die Anregungen weiter und erfand Wand- und Standautomaten für den Verkauf von Schokolade, Parfüm, Büchern (!), Zigaretten, Streichhölzern und vielen anderen Artikeln. In Automaten-Restaurants wurden bald automatische Büffets mit Getränken und Speisen angeboten. 1908 ging der Boom schon wieder zurück: Der Reiz des Neuen war verflogen und staatliche Auflagen verteuerten die Waren immens. »*Er [der Automat, d. Verf.] wurde auch politisch angegriffen. Man bezeichnete den Automaten als unlauteren Wettbewerb während der Sonntagsruhe und als Werkzeug zur Stö-*

Automat – die aufwändige Jugendstilfassade kontrastierte mit der nüchternen Einrichtung

rung gottesdienstlicher Andacht.«[563] Immer neue Argumente kamen gegen die Automaten auf: Der Automat hatte »*stürmische Angriffe der Geistlichkeit und der Pädagogen als ein ›Jugendverderber‹ auszuhalten. Es hieß, er verleite die Kinder zur Naschsucht und reize sie zur Unmoral, da sie verführt würden, Falsifikate statt echter Münzen einzuwerfen*«, dokumentiert eine Firmenfestschrift die Attacken.[564] In Deutschland haben sich – anders als etwa in den Niederlanden – Automatenrestaurants nicht halten können. Vielleicht hat manches Mädchen, das in der Hausnummer 55 zur Schule ging, sehnsüchtig nach nebenan zum Automaten-Restaurant geschielt.

70 »Die fleißigen Hände« – Koch- und Haushaltungsschule Hohe Straße 55 Ecke Schildergasse

Von 1907 bis 1912 betrieb das Kuratorium des »*Kölner Frauen-Fortbildungs-Vereins*« hier im ersten Stock in städtischen Räumen eine Hauswirtschaftliche Fortbildungsschule. Hauptziel des Vereins war die Ausbildung von schulentlassenen Mädchen für das praktische Leben und für die den Frauen offenstehenden Berufszweige.[565] Er unterhielt zu diesem Zweck eine kaufmännische Fortbildungsschule und bot Weiterqualifizierungskurse an. Allerdings plädierten die Vereinsfrauen nicht generell für eine außerhäusliche Berufstätigkeit, sondern vertraten neben ihrem Engagement für die Professionalisierung in der Berufswelt auch die Qualifizierung zur Hausfrau.

Sie meinten, dass die Mädchen in den Volksschulen viel zu wenig auf den ›Beruf‹ der Hausfrau vorbereitet würden. Die jungen Frauen, nach der Hochzeit für die Hausökonomie zuständig, hatten oft keinerlei Warenkenntnis. Deshalb richtete der Verein 1896 in der Südstadt eine erste Haushaltungsschule »für

Haushaltungsunterricht war ein Muss für jedes »richtige« Mädchen

den kleineren Bürgerstand« ein, in der sonntags auch Kurse für Arbeiterinnen stattfanden.[566] 1907 wurde die zweite Haushaltungsschule hier in der Hohe Straße gegründet.[567] 1915 kam durch den »*Frauen-Fortbildungs-Verein*« langsam eine geregelte Schulpflicht für gewerbstätige Mädchen und weibliche Lehrlinge in Gang. Anders als in der Ausbildung der Jungen spielte dabei hauswirtschaftlicher Unterricht stets eine große Rolle.[568] Arbeitende junge Frauen wurden zunehmend an ihren haushalterischen Fähigkeiten gemessen. 1920 gingen die beiden privat finanzierten hauswirtschaftlichen Schulen an die Stadt Köln über; im September 2007 feierte das »Berufskolleg Ehrenfeld« von der Weinsbergstraße sein 100-jähriges Bestehen. Frl. von Mumm hätte sich gefreut, aber dass heute wieder so viele junge Frauen nicht kochen können, hätte sie vermutlich schockiert.

71 Verdächtige Flaneurinnen – Passagebau
Hohe Straße Ecke Brückenstraße

Das Grundstück war lange im Besitz bedeutender Patrizierfamilien, bis um die Mitte des 19. Jahrhunderts hier eine überdachte Einkaufszone entstand, die Königin-Augusta-Halle, deren Dach das Karree von der Brückenstraße bis zur Ludwigstraße überspannte. In der 1863 eröffneten Passage gab es 56 Geschäfte, darunter Kunsthandlungen, einen Buchhandel für Reiseliteratur, eine Reihe von Cafés sowie »Bayerische Bierdörfer«. Im geschützten Einkaufszentrum mit den luxuriösen Waren flanierten abends gerne die SpaziergängerInnen. Hier traf sich aber auch die ›Halb- und Viertelswelt‹: Die Passage entwickelte sich zur Anwerbemeile der Prostituierten und gehörte 1890 zu den städtischen Zonen, die die »*wegen gewerbsmäßiger Unzucht der sanitätspolizeilichen Aufsicht unterstellten Weibspersonen*« zu festgelegten Zeiten nicht betreten durften. Ebenso war es den Prostituierten verboten, »*in öffentlichen Lokalen oder auf der Straße durch ihr Aeußeres, Kleidung und Putz, oder ihr Benehmen sich auffällig zu machen, Mannspersonen anzusprechen oder anzulocken und Aergerniß zu erregen*«[569]. Diese obrigkeitliche Haltung war nicht neu. Immer wieder gab der Rat Erlasse bezüglich der gewerbsmäßigen Unzucht heraus.

Die klassizistische Königin-Augusta-Halle – abends **Wandelort für Flaneure und Freier** ... tagsüber Paradies **für Kauflustige**

Er regelte im Mittelalter das gemeinsame Benutzen der Badestuben und in der Frühen Neuzeit die Öffnung oder Schließung des Frauenhauses, im 19. Jahrhundert die Zahl der Bordelle und im 20. die Häufigkeit der Kontrolluntersuchungen.[570] Prostitution wurde bereits im Mittelalter »*umb vermeydung willen merers übels*« geduldet, gesetzlich geregelt wurde nur die Hand-

Zeichner Heinz Kroh dokumentierte das Kölner Nachtleben – links: Aufforderung der Polizei zum Weitergehen (1933), rechts »Nachtschwärmerinnen« (1928)

habung des Geschäfts.[571] Auch in der Neuzeit behielt man diese Linie bei. Prostitution war Ende des 19. Jahrhunderts bei polizeilicher (und medizinischer) Aufsicht über die Frauen erlaubt. Durch die Regulierung der gewerbsmäßigen Unzucht sollte vor allem die Ansteckung der Soldaten und bürgerlichen Freier mit Geschlechtskrankheiten verhindert werden. Polizisten konnten zu Beginn des 20. Jahrhunderts jede Frau, die ihnen verdächtig erschien – also jede langsam gehende Flaneurin! – einer zwangsweisen medizinischen Untersuchung zuführen.[572] Als emanzipierte Frauen immer mehr öffentliche Bereiche für sich eroberten, musste die Trennlinie zwischen den ›guten‹ und ›schlechten‹ Frauen verstärkt werden, was zu einer stärkeren Ausgrenzung der Prostituierten führte. Vor dem Ersten Weltkrieg gab es in Köln 1.350 registrierte Dirnen, daneben waren noch mindestens 1.626 ›heimliche‹ bekannt.[573] Während der Inflation stieg ihre Zahl nochmals rapide an, rund 6.000 Frauen wurden wegen gewerblicher Unzucht festgenommen. Zugleich waren beim Arbeitsamt 18.000 Frauen als arbeitsuchend gemeldet. Selbst Kölnerinnen, die eine Stellung hatten, mussten oft durch Gelegenheitsprostitution dazu verdienen. Diese ›Normalität‹ von sich verkaufenden Frauen machte die Schriftstellerin Irmgard Keun in ihrem

Roman »Gilgi« zum Thema: »*Sie streicht sich den Trenchcoat glatt und die Haare, gibt der kleinen Baskenmütze wieder den richtigen Sitz. Biegt in die Hohe Straße ein – Menschen, Menschen – das schiebt sich die schmalen Bürgersteige entlang, man kommt nur langsam vorwärts. Verkehrsordnung einhalten! Rechts gehen! Man wird ganz kribbelig, wenn man gewohnt ist, lange flotte Schritte zu machen. An der Passage stehen ein paar trübselige Nutten, sie sehen brav, bieder und schlecht gelaunt aus, ohne Schminke und Atropin könnte man sie für entlassene Telefonbeamtinnen halten.*«[574] Das waren sie vielleicht ja auch. – Passagebauten sind heute wieder ›in‹, aber wirklich belebt sind sie abends nicht. Die Prostituierten sind weiterhin erfolgreich an den Rand der Stadt und der Gesellschaft gedrängt.

Hier an der Passage etablierte sich das gepflegte sündige und kokette Leben Kölns. In der Brückenstraße 15 (geht nach links ab) lockten die »Bar Charlott« mit 5-Uhr-Tanztee sowie die »Bar Chérie« mit riesiger Tanzfläche. Mit dem »Weinhaus Langen« oder dem »Simpl-Palast« (Hohe Straße 152) konzentrierte sich hier das Kölner Nachtleben. In der nahegelegenen Salomonsgasse 11 (geht nach rechts ab) befand sich ab 1889 das »Hotel Kaiserhof« und darin wiederum ein Varieté – etwas ganz Neues und bald eine der bekanntesten Bühnen Deutschlands. »*Schon architektonisch vermittelten sie [die großen Köl-*

Die Bar Charlott Chérie – mondäne Sündigkeit im Art-Déco Stil – beliebt als Anlaufstelle in durchfeierten Morgenstunden

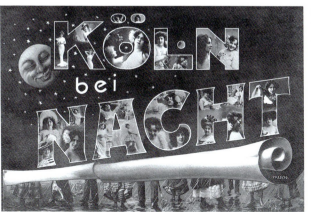

Sich öffnende Mieder und Fesseln unter Unterröcken – mehr brauchte es im Kaiserreich nicht für verruchte Stimmung

ner Säle, die Verf.] ihren Nutzern das Gefühl, auf der Sonnenseite des Lebens zu stehen. Sie waren riesige Prunkbauten mit vergoldetem Stuck, Marmorsäulen, Ebenholztäfelungen, Plüschbezügen und Draperien, bemalten, allegorischen Vorhängen und ausladenden Kandelabern ...«[575] Die Namen der Säle »Kaiserhof« oder »Reichshallen« weckten dabei ganz andere Assoziationen als das flirrende Innenleben: Sie symbolisierten das enge Verhältnis des Kölner Bürgertums zum preußischen Staat.[576]

Noch in den 1930er Jahren galt der »Kaiserhof« als der schönste Tanzpalast Europas.[577] Das Ambiente mit Palmen, Stuck, kostbaren Kassettendecken und Balkons für galante Voyeure zeigen heute nur noch alte Postkarten. In der Nachkriegszeit wurde unter gleichem Namen ein Varieté am Ring eröffnet, das jedoch nie den Rang des Originals erreichte. Ein 1994 erfolgreich gestarteter Reanimationsversuch von Wally Bockmaier musste 2002 aufgegeben werden.

Fotografin
Elsbeth Gropp
(1885–1974)

72 Grande Dame der Bildkunst – das Atelier für künstlerische Photographie
Ecke Hohe Straße 121/ Ecke Minoritenstraße

In der Hohe Straße 121 hatte in den 1910er und 1920er Jahren eine berühmte Portrait- und Landschaftsfotografin ihr »Atelier für künstlerische Photographie«: Elsbeth Gropp, die in der Gedok, der »*Vereinigung Kölner Fotografen*« sowie der »*Gesellschaft der Lichtbildner*« organisiert war. Die Generalstochter war ursprünglich Malerin und begann dann Mode zu fotografieren. Sie verbrachte in den 1920er Jahren viel Zeit an den Städtischen Bühnen und porträtierte bekannte Persönlichkeiten aus Köln sowie aus dem In- und Ausland, darunter auch viele ›Damen‹ der Kölner Frauenbewegung.

Bei dieser bisweilen recht strengen Meisterin gingen viele junge Frauen in die Lehre, so ab 1930 die später berühmteste Schülerin, Ruth Hallensleben, Industriefotografin. Gropps Stil war eher konventionell, aber er gefiel. Sie nahm an Sammelausstellungen wie »Gezeichnet oder geknipst« (Kunstgewerbe-Museum Köln 1930) teil. 1944 wurde ihr Archiv bei einem Bombenangriff zerstört; damit war auch eine Quelle für die Dokumentation von Frauen-Biographien vernichtet.[578] Nach dem Zweiten Weltkrieg konnte sie an ihre Erfolge anknüpfen, wie die ehrende Beteiligung bei der großen Ausstellung der »*Gesellschaft der Lichtbildner*« 1949 zeigt. 1952 vertrat Elsbeth Gropp die Bundesrepublik Deutschland bei der »Weltausstellung der Fotografie« in Luzern in der Sektion ›Menschliche Arbeit‹. Ihr verdanken wir einige Portraits von Kölner Frauen aus der Nachkriegszeit, z.B. Edith Mendelssohn-Bartholdy oder Prof. Edeltrud Meistermann-Seeger. 1953 erhielt Elsbeth Gropp die Auszeichnung der Kölner Photographen-Innung.

Markgräfin Camarasa, Madrid

Aufnahme Elsbeth Gropp, Köln, Dielhaus

Noble Kundschaft im Studio: spanische Markgräfin (1924)

Wenn Sie jetzt Hohe Straße 160 – 168 vor dem Wallrafplatz nach rechts in die Passage abbiegen, gelangen Sie zurück zu Am Hof. Ein letztes Geheimnis sei abschließend enthüllt:

73 Die wahre Geschichte der Heinzelmännchen
Am Hof, Heinzelmännchenbrunnen

Der Brunnen ist eine plastische Illustration zu Kopischs bekanntem Gedicht »*Wie war es doch vordem mit Heinzelmännchen so bequem …*«. Oben steht das neugierige »*Schneiders Weib*« mit einer Laterne und schaut, wie die übertölpelten Heinzelmännchen die Doppeltreppe herabpurzeln. Auf der für Köln ungewöhnlich großzügigen Anlage erstreckt sich ab Frühjahr ein bunter Blütenteppich, sodass dieser (ehemalige) Brunnen ein sehr beliebtes Fotomotiv ist. Er löst bei manchen TouristInnen zunächst die Frage aus, welche Szene aus dem Märchen Schneewittchen denn hier dargestellt sei. Oder warum denn dem Gartenzwerg gerade in Köln ein Denkmal gesetzt würde. Hintergrund aber ist ein bekanntes Versepos, in dem mit einer für Köln nicht untypischen Sentimentalität an eine vergangene, scheinbar paradiesische Zeit vor der Industrialisierung erinnert wird. Kleine Zwergenmänner erledigten damals über Nacht für die Stadtbürger alle schweren Arbeiten. Nach

der berühmtesten Version des Schlesiers August Kopisch von 1836 waren die Heinzelmännchen – wie ihr Autor – nur ihrem eigenen Geschlecht zugetan und unterstützten keine arbeitenden Frauen.[579] Weswegen vermutlich die erboste Frau sie aus der Stadt verscheuchte: Eines frühen Abends verstreute »*des Schneiders Weib*« Erbsen auf den Boden, worauf die Heinzelmännchen die Treppe herabfielen. Sie kamen verständlicherweise nie mehr nach Köln zurück. »*Ach, daß es noch wie damals wär! Doch kommt die schöne Zeit nicht wieder her!*«, lautet das seufzende Ende.

Die der Schneidersfrau zugeschriebene Neugier könnte als eine Art Rache für die gender-fokussierte Zuwendung verstanden werden. Aber falsch: In der ältesten überlieferten Fassung des Kölners Ernst Weyden von 1826 hilft die Nano-Einsatztruppe auch den Frauen: »*In manchen Häusern wuschen sie und thaten den Mägden alle ihre Arbeiten vor.*«[580] Des Schneiders Frau »*thaten die Kleinen (...) merklichen Vorschub in ihren häuslichen Geschäften, wuschen ihr, und scheuerten ihr bei festlichen Gelegenheiten ihren Kupfer und Zinn, und das Haus vom Söller bis in den Keller.*«[581] Auch in einer späteren Fassung, beim Dichter Johannes Matthias Firmenich halfen die fleißigen Männchen den Kölner Frauen (1843) – diesmal gereimt:

»*Se fleckten en Ühm‹s Botz et Loch, / Un bröötschte för de Möhn. / Och! Heizemänncher, wöhrt eer noch! / Wat wör dat nit ’n schön! // Se hollte sälvß för Mähd un Koch / Et Wasser Naachs vum Pötz. / Och! Heizemänncher, wört eer noch! / Dat wör uns no der Mötz!*«[582]

War es wirklich Neugier? Oder hatte »des Schneiders Weib« ganz andere Motive für ihr Erbsenattentat?

Leider hat die hochdeutsche Kopisch-Version die größte Verbreitung gefunden. Dort bleibt die seit Jahrhunderten durchgeführte qualifizierte Frauenarbeit rund um Handwerk, Handel Dienstleistung und Haushaltsleitung unerwähnt. 1899 wurde ausgerechnet dem Breslauer Dichter Kopisch in Köln ein Brunnen zum 100. Geburtstag gesetzt, und nicht einem der edlen Kölner ›Frauenfreunde‹ Weyden oder Firmenich.[583] Es zeigt sich an der Brunnenstiftung, dass es falsch war und ist, wenn Frauen nicht in den Netzwerken (hier: dem »*Kölner Verschöne-*

rungsverein«) mitmischen, die über solche symbolisch wichtigen Dinge wie Denkmalsetzungen entscheiden.[584]

Männer des 19. Jahrhunderts brachten auch auf anderen Feldern die Leistungen der Kölner Stadtbürgerinnen zum Verschwinden. Das Bild von Frauen, das Historiker wie Heinrich von Treitschke, Urheber des Spruches »*Männer machen Geschichte*«, im vergangenen Jahrhundert verbreiteten, prägte unser Bild von den Lebensumständen der Frauen und von Weiblichkeit oder Männlichkeit auch für weit zurückliegende Zeiten. Das 19. Jahrhundert wurde auf diese Weise zum Filter, durch den – dem bürgerlichen Frauenbild entsprechend – Frauen so dargestellt und wahrgenommen wurden, als ob sie ›immer‹ nur im Hause gewirkt hätten.

Nostalgische Blicke – wer hätte es nicht gerne wieder so »bequem« wie vordem

Diese kleine ›*Tour de Femme*‹ machte u.a. deutlich, dass es keine gemeinsame Lebenssituation aller Kölnerinnen gab, sondern höchst unterschiedliche und dass es immer am Einsatz aktiver Vorkämpferinnen lag, wenn sich für Frauen etwas zum Guten veränderte.

Wenzel Hollar – Kölner Frau in Regentracht, der Stirnteller trägt den typischen »Puschel« zum Abnehmen des Tuches

Literaturangaben

sind im Internet unter www.ifranken.de/literatur.htm einsehbar und als Liste herunterzuladen.

Anmerkungen

1 Bab, Regenbrecht 1999 – Rheintöchter, S. 31; das erwähnte Klein'sche Buch wurde kurze Zeit später von Baedecker überarbeitet herausgegeben – sein erster Reiseführer, vgl. ebenda.
2 Ichenhaeuser 1897 – Erwerbsmöglichkeiten für Frauen, S. 44/45.
3 vgl. Meyer-Renschhausen 1989 – Weibliche Kultur und soziale Arbeit, S. 274.
4 vgl. die Karte in Krings 1977 – Der Kölner Hauptbahnhof, S. 93.
5 zit. nach Becker-Jákli 1988 – Fürchtet Gott, S. 390 mit Verweis auf das Archiv des Diakonischen Werks.
6 Die 5. Nationalkonferenz zur Bekämpfung des Mädchenhandels 1905 in Düsseldorf, zit. nach Bender 1988 – Zierlich & zerbrechlich, S. 146.
7 Gräfin Christiane von Preysing, S. 38, zit. nach Biographisch-Bibliographisches Kirchenlexikon, http://www.bautz.de/bbkl/p/preysing_c_m.shtml.
8 Gräfin Christiane von Preysing S. 34, zit. nach http://www.bautz.de/bbkl/p/preysing_c_m.shtml.
9 vgl. Küsters 1996 – Zwischen Tradition und Emanzipation, S. 106 ff., S. 195 ff.
10 Becker-Jákli 1988 – Fürchtet Gott, S. 481.
11 zit. nach http://www.payer.de/religionskritik/ schmitz01.htm. Die gesamte amüsante Glosse ist im Internet zu lesen!
12 vgl. Historisches Archiv der Stadt Köln 1991 – Freier Eintritt.
13 zit. Nach Weyden 1960 – Köln am Rhein vor fünfzig, S. 33
14 zit. nach (mh) http://pastperfect.univie.ac.at/text/ frame.php?sid=11098&cid=1&lid=1
15 Hufschmidt 1992 – ...das liederliche und müßige Leben.
16 Fanny Lewald, Erinnerungen aus dem Jahre 1848, Braunschweig 1850, zit. nach Hässlin 1957 – Kunstliebendes Köln, S. 71.
17 Förster 1931 – Kölnische Kunstsammler vom Mittelalter, S. 129.
18 zit. nach Houben 1935 – Die Rheingräfin, S. 40 f.
19 zit. nach Arbeitsgemeinschaft Frauengeschichte der Universität Bonn (Hg.) 1988 – Bonner Frauengeschichte, S. 25.
20 zit. nach Houben 1935 – Die Rheingräfin, S. 233.
21 zit. nach Förster 1931 – Kölnische Kunstsammler vom Mittelalter, S. 129.
22 Zit nach Houben 1935 – Die Rheingräfin, S. 462.
23 Die »Tedesca« machte zwei herausragende archäologische Funde, identifizierte 1835 ein Bruchstück eines der sieben Weltwunder – sicher nicht ganz zufällig Teile eines Amazonenkampfes –, und sie entdeckte eine epigraphische Kostbarkeit, die zur Kenntnis der Namen aller römischen Konsuln zwischen 9 und 19 n C. führte. Sie war eine geschätzte Gutachterin, schürfte selbst und hielt sogar Vorträge am Deutschen Archäologischen Institut in Rom.
24 http://www.benecke.com/domgrabung_frauengrab_knabengrab_2005.html, TV-Sendung ZDF vom 27.7.05.
25 Der schmale Nachlass des Verbandes befindet sich im Historischen Archiv, Bestand 1138, so unter Nr. 1 das betreffende Protokollbuch; Ellscheid 1983 – Der Stadtverband Kölner Frauenvereine; Roecken 1995 – Der Stadtverband Kölner Frauenvereine.
26 Obwohl sie seit 1866 auf Initiative der preußischen Königin Augusta freiwillige Hilfsarbeiten in Kriegs- und Friedenszeiten leisteten, empfanden sie sich als »unpolitisch«. Einzelne Aktive des »Vaterländischen Frauenvereins« gehörten jedoch durch gleichzeitige Mitgliedschaft in einem bürgerlichen Frauenbewegungsverein dem Stadtverband an.
27 Ellscheid 1983 – Der Stadtverband Kölner Frauenvereine, S. 9.
28 Roehl, Wachenheim 1961 – Marie Juchacz und die Arbeiterwohlfahrt, S. 57.
29 Duncker 1986 – Unsere Frauen und der nationale, S. 75–77.
30 Roehl, Wachenheim 1961 – Marie Juchacz und die Arbeiterwohlfahrt, S. 57.
31 Das Nachrichtenblatt des Stadtverbandes Kölner Frauenvereine erschien zwischen 12.11.1925 und 28.5.1933, vgl. Ellscheid 1983 – Der Stadtverband Kölner Frauenvereine, S. 23 und Roecken 1995 – Der Stadtverband Kölner Frauenvereine, S. 191; Kopien sind im Kölner Frauengeschichtsverein einsehbar.
32 vgl. Kier 2001 – Kleine Kunstgeschichte Kölns, S. 16.
33 Schopenhauer 1994-2006 – Ausflug an den Niederrhein.
34 Florian 1955 – Köln am Rhein, S. 12.
35 sic! Der CVJM ist eine evangelische Vereinsgründung.
36 Martha Angela F. Räderscheidt, in: Rosenbach (Hg.) 1980 – Schule für kreativen Feminismus, S. 134.
37 vgl. Kier 2001 – Kleine Kunstgeschichte Kölns, S. 36

38 Das Petruspatrozinium wurde lange durch die legendäre Vorstellung gestützt, der Kölner Bischof Maternus sei ein Schüler des Hl. Petrus gewesen – eine historische Unmöglichkeit. Die Absicht dahinter war, das Bistum Köln auf das 1. Jahrhundert zu datieren. Auch die angeblich seit dem Frühmittelalter im Dom befindlichen Petrus-Reliquien (Bischofsstab und Glieder der Kette, mit der Petrus gefesselt gewesen sein soll) kamen erst im 10. Jahrhundert nach Köln. Sie befinden sich heute in der Domschatzkammer. vgl. zum Vorstehenden Kier 2001 – Kleine Kunstgeschichte Kölns, S. 35.
39 zit. nach: Ulrike Rosenbach, Requiem für Mütter/Teil 2 in: Rosenbach (Hg.) 1980 – Schule für kreativen Feminismus, S. 140.
40 vgl. Clemen (Hg.) 1938 – Der Dom zu Köln, S. 269.
41 Zur Biographie kürzlich Muhlstein 2005 – Königinnen auf Zeit.
42 vgl. Volland 1997 – Zwischen Weiblichkeit und Männlichkeit.
43 Die ehemals matriarchalen Farben rot weiß schwarz entsprachen den Mondphasen. vgl. Göttner-Abendroth 1983 – Die Göttin und ihr Heros.
44 vgl. Gössmann 1992 – Hildegard von Bingen in Köln, S. 25 f.
45 ebenda, S. 28 bzw. 29.
46 [Erzbistum Köln] 1998 – Frauen-Wort im Kölner Dom.
47 Florian 1955 – Köln am Rhein, S. 31.
48 vgl. Witting 1988 – Die Klosterfrau Maria Clementine Martin; Homepage http://www.klosterfrau.de/ Garlet 1989 – Die Kosterfrau und ihre Zeit.
49 Schreiben an den preußischen König vom 21. Februar 1835, zit. nach Witting 1988 – Die Klosterfrau Maria Clementine Martin, S. 108.
50 Witting 1988 – Die Klosterfrau Maria Clementine Martin, S. 108.
51 Florian 1955 – Köln am Rhein, S. 31/32.
52 Florian 1955 – Köln am Rhein, S. 31.
53 Weyden 1960 – Köln am Rhein vor fünfzig, S. 35.
54 Weyden 1960 – Köln am Rhein vor fünfzig, S. 35/36
55 Bauer 1995 – Die Cölner Frauen-Wohlfahrtspolizei; Niehaus 1999 – Nicht für eine Führungsposition geeignet.
56 Bei vertieftem Interesse empfiehlt sich der Führer zum römisch-germanischen Köln von Gerta Wolff, er liegt in der 6. völlig neu überarbeiteten Auflage vor.
57 Auch zu den beiden«Kölner« Agrippinen interessant die Veröffentlichung von Späth 1994 – Männlichkeit und Weiblichkeit bei Tacitus.
58 vgl. zum Folgenden Lange 1995 – Wo Göttinnen das Land beschützten und die Homepage Lange – Matronenkult und Kultplätze; die aktuelle lebendige Auseinandersetzumg belegt das Kunstprojekt Erlenbruch 2001 – Matronis.
59 vgl. http://www.sophie-lange.de/matronenkult/ 6koeln.htm
60 http://www.sophie-lange.de/matronenkult/ 14.htm.
61 Gerhard 1963 – Das Bild meines Lebens, S. 243. vgl. zum Folgenden auch Amling 1995 – Die Begeisterung in heller Flamme.
62 zit. nach Faust 1986 – Krieg, Revolution, S. 84.
63 Faust 1986 – Krieg, Revolution, S. 84.
64 Gerhard 1963 – Das Bild meines Lebens, S. 243.
65 Beilage zu der Zeitschrift »Frauenfrage«, Leipzig, 11. Jg., Nr. 1, November 1914, S. 2.
66 vgl. dazu den Artikel von Gallwitz Juli 1914 – Das Haus der Frau.
67 zit. nach Amling 1995 – Die Begeisterung in heller Flamme, S. 117.
68 Zum Antisemitismus vgl. Wawrzyn 1999 – Vaterland statt Menschenrecht.
69 BDF-Archiv, Landesarchiv Berlin, Bestand 43-189-6.
70 Arbeiterwohlfahrt (Hg.) 1979 – Marie Juchacz, S. 74 f.
71 Roehl, Wachenheim 1961 – Marie Juchacz und die Arbeiterwohlfahrt, S. 58.
72 vgl. Miller 1986 – Marie Juchacz, S. 209.
73 Roehl, Wachenheim 1961 – Marie Juchacz und die Arbeiterwohlfahrt (Hg.), S. 74 f.
74 Vermutlich an Gertrud Baumer; Dokument im BDF-Archiv, Stadtarchiv Berlin, Landesarchiv, Nr. 43-189-6.
75 Roehl, Wachenheim 1961 – Marie Juchacz und die Arbeiterwohlfahrt, S. 74 f.
76 vgl. Riemann 1984 – Die Rolle der Frauenvereine, S. 217.
77 vgl. Riemann 1984 – Die Rolle der Frauenvereine, S. 218.
78 vgl. Riemann 1984 – Die Rolle der Frauenvereine, S. 218.
79 Roehl, Wachenheim 1961 – Marie Juchacz und die Arbeiterwohlfahrt, S. 77.
80 zit. nach Hoeber 1940 – Minna Bachem-Sieger und die deutsche, S. 71.
81 vgl. die Einladung im Historischen Archiv, Bestand ZS III 51, 18 (Frauengemeinschaft, Bunter Abend 28.2.1916).
82 Roehl, Wachenheim 1961 – Marie Juchacz und die Arbeiterwohlfahrt, S. 68.
83 zit. nach Amling 1995 – Die Begeisterung in heller Flamme, S. 121.
84 zit. nach Ellscheid 1983 – Der Stadtverband Kölner Frauenvereine, S. 13.
85 vgl. Faust 1986 – Krieg, Revolution, S. 86.
86 vgl. Faust 1986 – Krieg, Revolution, S. 83.
87 vgl. Janssen 1980 – Frauen ans Gewehr, S. 13.
88 Roehl, Wachenheim 1961 – Marie Juchacz und die Arbeiterwohlfahrt, S. 77.
89 Bender, Hohmuth Marion et al. (Hg.) 1988 – Zierlich & zerbrechlich, S. 197.
90 Roehl, Wachenheim 1961 – Marie Juchacz und die Arbeiterwohlfahrt, S. 78.
91 zit. nach Janssen 1980 – Frauen ans Gewehr, S. 14.
92 vgl. Meyer, Wiessing (Hg.) 1978 – Gertrud Meyer.
93 Wenzel 1.10.1914 – Von der Arbeit im Nationalen, S. 99 f
94 vgl. zu diesem Themenkomplex Mamozai 1989 – Schwarze Frau, S. 199; Walgenbach 2005 – Die weiße Frau als Trägerin; zur Person A. Esser Steimel 1958 – Kölner Köpfe, S. 118. Ihr Grab befindet sich auf dem Melatenfriedhof.
95 Bei der Gründung 1907 hieß die Vereinigung noch Deutsch-Kolonialer Frauenbund, ein Jahr später schloss er sich offiziell der Deutschen Kolonial-Gesellschaft an und benannte sich um. 1914 hatte er fast 18.000 Mitglieder. Im Kölner Ortsverein des »Frauenbundes der Deutschen Kolonialgesellschaft« waren laut Jahrbuch der Frauenbewegung 1913 132 Frauen organisiert, 1916, d.h. unmittelbar während des Krieges um die Kolonien, 188. Altmann-Gottheiner 1914 – Jahrbuch der Frauenbewegung, vgl. Soénius 1992 – Koloniale Begeisterung im Rheinland, vgl. Walgenbach 2005 – Die weiße Frau als Trägerin.
96 Selbstdarstellung von 1914 vgl. Jahrbuch der Deutschen Frauenbewegung 1914, S. 72.
97 Deutsches Kolonial-Lexikon (1920), Band I, S. 311.
98 Nachricht über den Kongress zum Thema »Die Frau in den Kolonien« gibt: Schütz (Hg.) 1909 – Praktischer Sozialpolitiker aus allen Ständen, Bd. 2, S. 479.
99 vgl. Fuchs November 2006 – Weibliche Kulturmission und deutscher Imperialismus.
100 vgl. Schnee (Hg.) 1920 – Deutsches Kolonial-Lexikon, Eintrag *Frauenbund der Deutschen Kolonialgesellschaft*
101 vgl. Schütz (Hg.) 1909 – Praktischer Sozialpolitiker aus allen Ständen, Bd. 2, S. 479 f.

102 vgl. Schütz (Hg.) 1909 – Praktischer Sozialpolitiker aus allen Ständen, Bd. 2, S. 479.
103 HAStK, Nachlass 1175 (Wilhelm Anton Hospelt), 33, Einladung Mai 1930.
104 vgl. Mamozai 1989 – Schwarze Frau, S. 100.
105 vgl. Fuchs November 2006 – Weibliche Kulturmission und deutscher Imperialismus.
106 vgl. Nachrichtenblatt des Stadtverbandes Kölner Frauenvereine vom 22.12.1932.
107 Es ist umstritten, ob sie einen Faktor der auch in Köln stattfindenden Judenpogrome bildeten.
108 S. Kölnische Zeitung vom 9. Mai 1931.
109 Leyden 1931 – Klub und Klubhäuser, S. 505.
110 Es ging um die Einrichtung und Ausgestaltung der ersten Räume am Neumarkt 18; zum Milieu vgl. die Erinnerungen Guilleaume 1968 – Rheinische Geschichte.
111 Jahrbuch für sexuelle Zwischenstufen 7 (1905) S. 131–151, zit. nach Kokula 1981 – Weibliche Homosexualität um 1900, S. 191-211 und S. 23. (Theo) Anna Sprüngli war später national-patriotischisch ausgerichtet.
112 vgl. Slomka 1985, 1984 – Die Kölner Altstadt, S. 20.
113 So der Titel eines Buches von Rudolf Pörtner, Düsseldorf 1959
114 vgl. Franken 1992 – Sie besaß größere Macht; Eck 1993 – Agrippina, die Stadtgründerin Kölns.
115 Schier [1823] – Der kölnische Carneval vom Jahre, S. 11.
116 Auch die Kerzenmuhmen hatten allerdings keinen untadeligen Ruf, vergaßen sie doch gerne mal das Aufstecken der ihnen bezahlten Kerzen, vgl. Wrede (1965) – Neuer kölnischer Sprachschatz, Bd 2, S. 27.
117 zit. nach http://www.koelschelieder.de/files%20music%20htm/Agrippinaagrippinensis_karlberbuer.htm.
118 Werner Eck datiert die Gründung zwischen 12 v. Chr. bis 14 n. Chr., vgl. Dietmar 27/28. April 2002 – Enthüllt und den ersten Band der neuen Kölner Stadtgeschichte, den Eck verfasste: Köln in römischer Zeit, Köln 2004.
119 vgl. Militzer 1986 – Collen eyn kroyn boven allen.
120 Zum Thema Frauen auf Denkmälern in Köln vgl. Franken 1992 – Sappho, Schnüsse Tring.

121 Der Humanist Johannes Bucius Aenicola (Johannes Putsch) stellte als erster Europa als gekrönte Jungfrau dar. 1587 kam beim Kölner Drucker Jan Bußemaker ein ähnlicher Kupferstich von Matthias Quad unter dem Titel »Europae Descriptio« heraus, vgl. http://www.geographie.uni-marburg.de/deuframat/francais/1/schmale/gekroente_dame.htm.
122 Wirklich unüberwindbar waren die Mauern nicht, es gelang armen Frauen immer wieder, illegal durch die Stadttore nach Köln hineinzugelangen.
123 Schier [1823] – Der kölnische Carneval vom Jahre, S. 9.
124 Die kölsche Geliebte soll auch heute vollschlank sein, wie das Lied »Gudrun« der Kölner Musikgruppe LSE belegt.
125 Vgl. Homepage des Unternehmens und van Eyll 1988 – Unternehmerinnen des 19.
126 Jellinek 1909 – Petition des Bundes deutscher Frauenvereine, S. 10 – 11.
127 Zehnter Jahresbericht der Vereinigung Rechtsschutzstelle 1910, S. 45 f.
128 vgl. Amling 1995 – Rechtsunkundigen Frauen die Wege.
129 vgl. Franken 1995 – Lieb Vaterland kannst ruhig sein, S. 55 f.
130 Reichstagsdebatte vom 14.10.1902.
131 vgl. Online-Dokument Schmitz 1999 – 500 Jahre Buchtradition in Köln.
132 Mdl. Informationen von Carl Dietmar; vgl. Dietmar 6. Juni 2002 – Grundstein für den Familienbetrieb; Weinhold 1969 – Verlag M. DuMont Schauberg, S. 61; Reuss 1954 – Der Kölner Medizinprofessor Johann Georg Menn; Kölnische Zeitung: 1802–1902 / M. DuMont Schauberg, Köln 1902; Ennen 1857 – Zeitbilder aus der neueren Geschichte.
133 Nach dem Einmarsch der Franzosen war durch Köntgen zunächst das Wort »kaiserlich« aus dem Titel gestrichen worden, diese dann in »Kölner Zeitung«, im September 1801 in »Kölnische Zeitung« umbenannt worden. In der Nachkriegszeit wurde sie nicht reaktiviert, seitdem führt der Kölner Stadtanzeiger die Untertitel »Kölnische Zeitung – seit 1802«, nicht ganz korrekt, denn die Zeitungen hatte einen ganz anderen Charakter.
134 vgl. Köner Stadtanzeiger (Hg.) 2002 – 200 Jahre Verlag M, S. 16.
135 vgl. Reuss 1954 – Der Kölner Medizinprofessor Johann Georg Menn, S. 230.
136 Riesbeck 1783 – Briefe eines reisenden Franzosen.

137 Sie waren Töchter eines in Düsseldorf amtierenden Notars Joseph Nikolaus Schauberg. Weitere MitbesitzerInnen waren vermutlich der Sohn bzw. Bruder Laurenz Schauberg sowie Albert Ludwig Köster (Gertruds Ehemann und vor 1802 Besitzer der Kölnischen Zeitung).
138 vgl. Lange, Bäumer (Hg.) 1901 – Frauenbewegung und soziale Frauentätigkeit, S. 29–32; Reder 1992 – Im Felde Soldat mit Soldat.
139 vgl. dazu: Krautwig 1915 – Die Gesundheitsverhältnisse der Stadt Köln, S. 211.
140 Ende des 20. Jahrhunderts liegt sie in Nordrhein-Westfalen etwa 8 von 1.000 Säuglingen, 2006 bei 5 von 1.000 aber damit immer noch über dem Bundesdurchschnitt, vgl. Kölner Stadtanzeiger vom 14./15.6.1990 und Landesinstitut für den Öffentlichen Gesundheitsdienst NRW 2006 – Säuglingssterblichkeit in NRW, S. 1.
141 vgl. Lange, Bäumer (Hg.) 1901 – Frauenbewegung und soziale Frauentätigkeit, S. 31.
142 vgl. Janssen-Jurreit 1982 – Sexualreform und Geburtenrückgang, S. 67.
143 In Köln agierten ab 1904 die Akademie für praktische Medizin und die Provinzial-Hebammenlehranstalt bei der Ausbildung der Frauenärzte und Hebammen zusammen. Medizinstudentinnen gab es damals wegen verschlossenen Universitäten noch nicht. vgl. Schäfer 2006 – Von »Wunschkindern und Weiberkrankheiten«, S. 471.
144 Hoeltzsch 1931 – Frauenarbeit unter dem Roten Kreuz, S. 323.
145 vgl. Altmann-Gottheiner 1912 – Jahrbuch der Frauenbewegung, S. 145.
146 vgl. Altmann-Gottheiner 1912 – Jahrbuch der Frauenbewegung, S. 145.
147 vgl. Ellscheid 1983 – Der Stadtverband Kölner Frauenvereine, S. 20.
148 vgl. Glasner 2002 – Die Lesbarkeit der Stadt, S. 311.
149 vgl. Clemen 1930 – Die profanen Denkmäler, S. 255, Bezug: Ratsprotokoll von 1611; Die Portale entsprachen stilistisch dem Stil des Spanischen Baues, vgl. Schmidt 1996 – Alt-Cöln, S. 26.
150 vgl. Korsch 1958 – Das materielle Strafrecht der Stadt, S. 19.
151 Originalurkunde im DHM Berlin GOS-Nr. HA940530.
152 Ein Beispiel mit Erläuterungen in: Deeters, Helmrath 1996 – Quellen zur Geschichte der Stadt, S. 129 f.
153 vgl. Kurnitzky, Hölderlin 1978 – Ödipus, S. 13 f., und Dieckhoff 1988 – Grins Kampf mit dem Löwen, S. 416–421.

154 Frei nach dem Motto: »Der Sieg eines Mädchens spricht um so deutlicher für die Gerechtigkeit einer Sache, weil sie schwach ist.« Warner 1989 – In weiblicher Gestalt, S. 214.
155 vgl. Weidemüller 2004 – Die Bananenrepublik am Rhein.
156 vgl. Johag 1977 – Die Beziehungen, S. 241; zuletzt Böhringer 2005 – Siechenmägde.
157 vgl. Korsch 1958 – Das materielle Strafrecht der Stadt, Kemp 1904 – Die Wohlfahrtspflege des Kölner Rates; Irsigler, Lassotta 1984 – Bettler und Gaukler; Huiskes, Groten 1989-1990 – Beschlüsse des Rates der Stadt.
158 vgl. Deeters 1987 – Das Bürgerrecht der Reichsstadt Köln, S. 4.
159 vgl. Korsch 1958 – Das materielle Strafrecht der Stadt, S. 80, Bezug: Morgensprache von 1588.
160 Sie führten eine Gabel als Symbol, daher der Name »Gaffeln«.
161 Die Hierarchie unter den Gaffeln und Ämtern spiegelte z. B. die Aufstellung der Kerzenträger für die Gottestracht, vgl. Kemmerling, Salchert 2002 – Mieh Hätz wie Holz, S. 94.
162 Anders als bei anderen Einungen wurde dezentral und nicht unter freiem Himmel, sondern im Gaffelhaus gelobt; vgl. Deeters 1996 – Wie wird man Kölner Bürger.
163 Freundliche Information von Rita Wagner, Kölnisches Stadtmuseum.
164 Wensky 1980 – Die Stellung der Frau
165 vgl. Wensky 1980 – Die Stellung der Frau, S. 14 f.
166 vgl. Kammeier-Nebel 1992 – Sophie Korth, S. 121–130.
167 vgl. Deeters 1987 – Das Bürgerrecht der Reichsstadt Köln, S. 8. Ab 1356 sind handschriftliche Einträge in das Bürgeraufnahmebuch dokumentiert, leider ohne Adresse, wie van Eyll zu recht bedauert (vgl. van Eyll 1978 – In Kölner Adressbüchern geblättert, S. 21).
168 vgl. dazu ausführlich Militzer 1981 – Die vermögenden Kölner 1417–1418.
169 Das Bürgerrecht war die Voraussetzung, um politische Macht und Verantwortung legal wahrzunehmen. Jedoch bot sich wie erwähnt nur Männern stellvertretend die Möglichkeit, in den Rat gewählt zu werden.
170 Ab 1435 muss durch Ratsbeschluss auch jede Brauerin und jeder Brauer BürgerIn sein, der Status einer Eingesessenen reicht nicht mehr aus.
171 vgl. Stehkämper, Müller et al. 1975 – Kölner Neubürger, S. XLI f.
172 Stehkämper, Müller et al. 1975 – Kölner Neubürger, S. XXII
173 Stehkämper, Müller et al. 1975 – Kölner Neubürger, S. XXII.

174 vgl. Wensky 1980 – Die Stellung der Frau, S. 14.
175 Thomas von Aquin, paraphrasiert nach: Hege 1985 – Die steinerne Fee, S. 21. Schon sein Vorbild Aristoteles konstatierte, jedes Ding, jedes Lebewesen und jeder Mensch habe seinen bestimmten Platz im Aufbau des Universums und übe dort eine ihm (ihr) gemäße Funktion aus. Es entspreche der Natur der Frau, die Kinder der Männer auszutragen und zu gebären. Dies zu tun sei ihr Glück.
176 Die Rechte der Ehemänner oder Väter galten vormundschaftlich für die Frauen mit.
177 Die Aussage: »Somit ergibt sich, daß in Köln ›Bürger‹ eine zusätzliche Qualität beinhaltet, nämlich *das passive Wahlrecht zum Rat*« (Deeters 1987 – Das Bürgerrecht der Reichsstadt Köln, S. 4) ist nicht haltbar, dass Frauen besaßen kein passives Wahlrecht, sie wurden schließlich nicht nur aus Zufall nie gewählt.
178 Laut einer mündlichen Auskunft von Herrn Huiskes (HAStK), 27.11.1991.
179 Die Übereinstimmung vieler neuzeitlicher Texte mit Herrn Aristoteles aus dem 4. Jahrhundert v. Chr. und mit Herrn Thomas von Aquin aus dem 13. Jahrhundert ist frappierend.
180 vgl. Meyer-Renschhausen 1989 – Weibliche Kultur und soziale Arbeit, S. 334 f., und die Aufsätze von Franken, Amling 1995 – Wahlrecht und Jaitner 1979 – Die Anfänge der sozialistischen Frauenbewegung.
181 Pünder 1979 – Hedwig Dransfeld, S. 156.
182 vgl. Faust 1986 – Elisabeth Kirschmann-Roehl.
183 vgl. Frohn 1997 – Arbeiterbewegungskulturen in Köln 1890, S. 94.
184 Auf Anregung des Kölner Frauengeschichtsvereins wurde eine Examensarbeit von Birgit Kummer zu diesem Thema verfasst, die dort eingesehen werden kann.
185 Schumacher-Köhl o.J. – Stadtmütter von 1919 – 1933, S. 1.
186 Hartmann 1955, S. 71.
187 Schumacher-Köhl, S. 3.
188 Hartmann 1949, S. 446 f.
189 Ellscheid 1983 – Der Stadtverband Kölner Frauenvereine, S. 32 und 48, und Fuchs, Chronik, Bd. 2, S. 379 f.
190 vgl. Ellscheid 1983 – Der Stadtverband Kölner Frauenvereine, S. 48.
191 Ellscheid 1983 – Der Stadtverband Kölner Frauenvereine, S. 50.
192 vgl. Hartmann 1955 – Und die Frau..., S. 71.

193 Erstaunlicherweise war dies kein Aspekt der offiziellen Rede von Oberbürgermeister Fritz Schramma anlässlich der Gedenkveranstaltung mit den Mitarbeiterinnen und Mitarbeitern des Rathauses am 70. Jahrestag der Machtübernahme der Nationalsozialisten, gehalten am 13.03.2003 im Hansasaal.
194 vgl. auch Kolberg (Hg.) 1988 – Skulptur in Köln, S. 121.
195 vgl. Brisch 1973 – Geschichte der Juden in Cöln, Bd. 1, S. 20.
196 vgl. Schäfke (Hg.) 1988 – Der Name der Freiheit 1288–1988, Bd. 1, S. 388.
197 vgl. Neuhausen 1992 – Köln und die Kreuzzüge.
198 Wolff 1989 – Das Römisch-Germanische Köln, S. 171.
199 vgl. Straus-Ernst 1999 – Nomadengut; Corbach, Corbach 1987 – Sophie Sondhelm und die Kölner; Matzerath (Hg.) [1988] – Jüdisches Schicksal in Köln; Becker-Jäkli 1993 – Ich habe Köln doch so; die von Frau Becker-Jäkli aufgebaute Sammlung im NS-Dokumentationszentrum; unveröffentlichten Texte im Leo Baeck Institute, in den Central Zionist Archives usw.
200 vgl. Ruerup – Taharah, Tumah und Mikvvah; vgl. Fonrobert – Eine Mikwe für Feministinnen.
201 vgl. zu der Thematik Schneider 1984 – Jewish and female; http://www.berlin-judentum.de/mikwe/index.htm; www.hagalil.com.
202 vgl. Wensky 1980 – Die Stellung der Frau, S. 74, die die Grundlagenforschung zu den Frauenzünften geleistet hat.
203 1709 startete die Familie von der großen Budengasse aus, 1723 logierte sie hier unter dem Namen ›Fratelli Farina, Haus zum Morion genannt auf der Marspforten an dem Eck gegen Gülichs Kopf über‹, vgl. Carl Dietmar: Berühmt durch ein Wunderwasser, KStA vom 7./8.12.1985.
204 Aus einem Begleitschreiben eines Flakons eau admirable durch Johann Maria Farina, zit nach Schäfke, Kuhlmann 1985 – Oh! De Cologne, S. 19.
205 zit nach Schäfke, Kuhlmann 1985 – Oh! De Cologne, S. 19.
206 Rosenbohm 1951 – Kölnisch Wasser, S. 377, S. 364.
207 Rosenbohm 1951 – Kölnisch Wasser, S. 378.
208 vgl. Rosenbohm 1951 – Kölnisch Wasser, 1951, S. 381.
209 vgl. Kölner Stadtanzeiger vom 26.3.1930.
210 Kölner Hausfrau vom 4.11.1906.
211 vgl. Altmann-Gottheiner 1912 – Jahrbuch der Frauenbewegung, S. 156 f.

212 vgl. Meyer-Renschhausen 1989 – Weibliche Kultur und soziale Arbeit, S. 227. Kölner Vorsitzende war Frau Gelhausen.
213 vgl. Meyer-Renschhausen 1989 – Weibliche Kultur und soziale Arbeit, S. 180.
214 vgl. Meyer-Renschhausen 1989 – Weibliche Kultur und soziale Arbeit, S. 224.
215 vgl. Meyer-Renschhausen 1989 – Weibliche Kultur und soziale Arbeit, S. 183 und 269.
216 Wilhelm Sollmann, zit. nach Nyassi 1981 – Wilhelm Sollmann, Bd. II, S. 12 f.
217 Paul Loebe, zit. nach Nyassi 1981 – Wilhelm Sollmann, S. 13. (Das sind die potentiellen Fälle für den Wöchnerinnen- und Hauspflegeverein!)
218 So Otto Rühle, zit. nach Meyer-Renschhausen 1989 – Weibliche Kultur und soziale Arbeit, S. 256.
219 vgl. Kölner Hausfrau vom 28.4.1907.
220 vgl. Ellscheid 1983 – Der Stadtverband Kölner Frauenvereine, S. 32.
221 vgl. Meyer-Renschhausen 1989 – Weibliche Kultur und soziale Arbeit, S. 228.
222 vgl. Meyer-Renschhausen 1989 – Weibliche Kultur und soziale Arbeit, S. 186.
223 Mehr als 170 Gemälde kamen im März 2001 als »ewige Leihgabe« des Schweizer Unternehmerpaars Gérard und Marisol Corboud ans Haus – letztere stammte aus Köln.
224 vgl. Droz-Emmert 2004 – Catharina van Hemessen.
225 Eine Liste wird bei Förster, Hupp 1927 – Köln aufgeführt; die Verfasser erwähnen z. B. die Witwen von Oelbermann, Boisserée, Teller, Asser, die Fräulein von Mevissen, Cremer, Endemann, Werres und die Gattinnen von Oppenheim, vom Rath, Schnitzler, Schaaffhausen, Joest, Farina Koenigs oder Bürgers.
226 Ulrike Rosenbach, Requiem für Mütter/Teil 2, in: Rosenbach (Hg.) 1980 – Schule für kreativen Feminismus, S. 140.
227 vgl. Volland 1995 – Ulrike Rosenbach und die Schule
228 vgl. Wensky 1980 – Die Stellung der Frau, S. 303. Laut Weinsberg wurde das Tor 1545 abgebrochen.
229 vgl. Korsch 1958 – Das materielle Strafrecht der Stadt, S. 39.
230 Korsch 1958 – Das materielle Strafrecht der Stadt, S. 52.
231 vgl. Korsch 1958 – Das materielle Strafrecht der Stadt, S. 83
232 vgl. Kemp 1904 – Die Wohlfahrtspflege des Kölner Rates, S. 307.
233 vgl. Schwerhoff 1991 – Köln im Kreuzverhör, S. 305 ff.
234 vgl. Kemp 1904 – Die Wohlfahrtspflege des Kölner Rates, S. 19.

235 vgl. Schwerhoff 1991 – Köln im Kreuzverhör, S. 302.
236 vgl. Vereinigung »Rechtsschutzstelle für Frauen (Hg.) 1905 – Städtische und private Wohlfahrtseinrichtungen, S. 95; vgl. Küsters 1996 – Zwischen Tradition und Emanzipation, S. 124.
237 Vom tausendjährigen jüdischen Wohltun o. J., Blatt IV.
238 vgl. Matzerath (Hg.) [1988] – Jüdisches Schicksal in Köln, S. 62.
239 Ins Ehrenkomitee waren auch Männer aufgenommen: Ärzte, Rechtsanwälte, Rabbiner unterstützten das Anliegen der Frauen mit ihren Kenntnissen und Verbindungen.
240 Zentralwohlfahrtsstelle der deutschen Juden (Hg.) 1928/ 29 und 1932/33 – Führer durch die jüdische Wohlfahrtspflege, S. 105.
241 vgl. Küsters 1996 – Zwischen Tradition und Emanzipation, S. 124
242 vgl. Clemen 1937 – Die ehemaligen Kirchen, S. 304 f., und die Werke von Keussen.
243 zit. nach Wensky 1980 – Die Kölner Frauenzünfte im Spätmittelalter, S. 71.
244 vgl. zum Folgenden Wensky 1980 – Die Kölner Frauenzünfte im Spätmittelalter.
245 vgl. Wunder 1992 – Er ist die Sonn‹.
246 Zu ähnlichen Konflikten kam es auch zwischen den männlichen Garnzwirnern und den von ihnen abhängigen Garnmacherinnen.
247 Übrigens kann jede Stadtbewohnerin einen entsprechenden Antrag an die Bezirksvertretungen stellen, und wenn nicht gerade gefordert wird, das Konrad-Adenauer-Ufer in Gussi-Adenauer-Ufer umzubenennen, sind diese Anregungen oft recht willkommen.
248 Fanny Lewald, Erinnerungen aus dem Jahre 1848, Braunschweig 1850, zit. nach Hässlin 1957 – Kunstliebendes Köln, S. 71.
249 Hausnummern führten erst die Franzosen ein: Im Oktober 1794 wurden von den Besatzungstruppen 7404 private Gebäude in acht »Quartieren« mit Zahlen gekennzeichnet, vgl. van Eyll 1978 – In Kölner Adressbüchern geblättert, S. 21.
250 zit. nach http://www.bap-fan.de/diemoritatvunjanungriet.html, Lied von der CD Aff un zo von 2001
251 Johannes = Jan.
252 zit. nach Mies 1951 – Das kölnische Volks- und Karnevalslied, S. 27
253 vgl. Rheinische Zeitung vom 4.6.1960.
254 vgl. Korsch 1958 – Das materielle Strafrecht der Stadt, S. 95.
255 vgl. Kemp 1904 – Die Wohlfahrtspflege des Kölner Rates, S. 8.

256 van Eyll 1978 – In Kölner Adressbüchern geblättert, S. 98.
257 Zum Folgenden vgl. Klersch 1961 – Die kölsche Fastnacht und das Grimmsche Wörterbuch zum Begriff »Weiberfastabend«: »der donnerstag vor dem karneval heisst in Köln wiverfastelovend, weil an ihm der marktweiber durch tanz den karneval eröffnen.« (mit Verweis auf Fritz Hönig S. 202); weiterhin im Deutschen Wörterbuch der Brüder Grimm die Begriffe »weiberfasnacht« »weiberdonnerstag«, »weiberfastnacht« und »weibermontag«. – Das jeweilige Datum dieses ersten »jecken«-Tages richtet sich nach dem Mondkalender und kann sowohl in den Januar als auch in den März fallen.
258 Ernst Weyden, zit. nach Hässlin 1964 – Köln, S. 267
259 zit. nach Becker 1913 – Frauenrechtliches in Brauch und Sitte, S. 32.
260 vgl. Klersch 1969 – Volkstum und Volksleben in Köln, S. 109. Um die Braut in ihrer Gruppe zu halten, versuchten die unverheirateten Frauen, die Brautjungfern, wiederum symbolisch, diesen Übertritt mit Austausch des Brautkranzes gegen die Haube zu verhindern.
261 vgl. Becker 1913 – Frauenrechtliches in Brauch und Sitte, S. 32.
262 zit. nach Salmen, Koepp 1954 – Liederbuch der Anna von Köln, S. 31.
263 Hier mischt sich die Tradition der Frauen mit der der Pfaffenfastnacht.
264 http://de.wikipedia.org/wiki/Cellitinnen_zur_Hl._Maria
265 Die Stadtbevölkerung liebte es umgekehrt, sich als Geistlicher, Mönch oder Begine zu verkleiden, was 1614 strengstens verboten wurde, vgl. Korsch 1958 – Das materielle Strafrecht der Stadt, S. 123.
266 Kaiser 1989 – Wieverfastelovend, Text 27 (ohne Paginierung).
267 Unter Verweis auf Schmitz, Simrock 1856/1858 – Sitten und Sagen, Bd. 1, S. 13; zum »Weiberrecht« schreiben die Grimms: »*alem. ruierrecht im Breisgau die sitte der frauen, am aschermittwoch ins wirthshaus zu gehen und sich gütlich zu thun, als rest weitergehender gebräuche...«.* Dagegen gilt der »Weibersonntag« (wibersunntig) als der Festtag, an dem der Paten die Eltern des Täuflings beschenken«, gefeiert einige Wochen nach der Taufe.
268 vgl. Wilczek o.J. – Kölnisches Karnevalskaleidoskop, S. 1.
269 vgl. Becker 1913 – Frauenrechtliches in Brauch und Sitte, S. 27.
270 vgl. Wrede (1965) – Neuer kölnischer Sprachschatz, Bd. 2, S. 200.
271 Ob Frauen umgekehrt zu Karneval in Männerkleidung herumliefen, ist (noch) unbekannt.

272 Korsch 1958 – Das materielle Strafrecht der Stadt, S. 123.
273 Vgl. zur Darstellung der Charaktere Kemmerling, Salchert (Hg.) 2002 – Mieh Hätz wie Holz.
274 zit. nach Wrede (1965) – Neuer kölnischer Sprachschatz, Bd. 1, Stichwort Frau, S. 246/7.
275 Wrede (1965) – Neuer kölnischer Sprachschatz, Bd. 1, S. 247
276 FAZ 2.3.1957.
277 Die Ordensmänner waren damit in eines der bevölkerungsreichsten Viertel der Stadt verlegt, was ungewöhnlich war.
278 City renewal in Cologne in Gross Sankt Martin area wins a prize; Architects for renewal of area: Joachin Schurmann and Margot Schurmann no. 1/2, 1982 Jan/Feb, p. 21–27. Die beteiligte Margot Schürmann (*1924, †1998) soll 1957 als erste Architektin in Köln ein Haus geplant und fertig gestellt haben (Standort Deckstein). Das Paar arbeitete seit 1970 zusammen, vgl. auch http://www.archinform.net/ arch/1610.htm
279 vgl. Johag 1977 – Die Beziehungen zwischen Klerus, S. 156, und Asen 1928 – Die Beginen in Köln, S. 128.
280 vgl. Clemen 1937 – Die ehemaligen Kirchen, S. 33, und Schwarz 1922 – Das Armenwesen der Stadt Köln, S. 81, Anm. 522.
281 Jütte 1984 – Obrigkeitliche Armenfürsorge in deutschen Reichsstädten 1984, S. 261 f.
282 vgl. ebd., S. 262.
283 vgl. Jütte 1984 – Obrigkeitliche Armenfürsorge in deutschen Reichsstädten, S. 261f.
284 vgl. Jütte 1984 – Obrigkeitliche Armenfürsorge in deutschen Reichsstädten, S. 261; Johag 1977 – Die Beziehungen zwischen Klerus, S. 157, und Asen 1928 – Die Beginen in Köln, S. 128 f.
285 vgl. Johag 1977 – Die Beziehungen zwischen Klerus, S. 157; Schantz 1888 – Die Conventsstiftungen 1888, S. 306, und Asen 1928 – Die Beginen in Köln, S. 128 f.
286 vgl. Stein 1977 – The religious women of Cologne, S. 78.
287 Nach Helga Johag standen zu dieser Zeit für Kanonissen, Nonnen und Laienschwestern etwa 550 Plätze zur Verfügung.
288 vgl. Schantz 1888 – Die Conventsstiftungen 1888, S. 306 und Schwarz 1922 – Das Armenwesen der Stadt Köln, S. 225 f.
289 vgl. Stein 1977 – The religious women of Cologne, S. 73.
290 vgl. Habermas 1984 – Die Beginen, S. 203.
291 vgl. Schantz 1888 – Die Conventsstiftungen 1888, S. 308.
292 vgl. Stein 1977 – The religious women of Cologne, S. 87, Graphik S. 281 und 283.
293 vgl. ebd., S. 84.
294 vgl. Heimbucher 1933/34 – Die Orden und Kongregationen, S. 639.
295 vgl. Stein 1977 – The religious women of Cologne, S. 70.
296 vgl. Greving 1902 – Protokoll über die Revision, S. 63.
297 vgl. Böhringer 2004 – Beginen als Konkurrentinnen von Zunftgenossinnen, S. 189
298 vgl. Fuchs 1990 – Chronik zur Geschichte der Stadt, Bd. 1, S. 261.
299 vgl. Greving 1902 – Protokoll über die Revision, S. 65.
300 Vgl. Schantz 1898 – Die Conventsstiftungen, S. 292.
301 vgl. Wrede (1965) – Neuer kölnischer Sprachschatz, Bd. 2, S. 121.
302 Wrede (1965) – Neuer kölnischer Sprachschatz, Bd. 1, Stichwort »Bejing«, S. 64.
303 vgl. zum Folgenden Martinsdorf, Rüther 1998 – Brügelmann in Köln; vgl. Milz 1962 – Das Kölner Grossgewerbe von 1750; Leonhard – Firmenfestschrift; Rheinisch-Westfälisches Wirtschaftsarchiv – Zum Bestand [F.W.Brügelmann].
304 1862 musste etwa die Produktion der Spinnerei aufgegeben werden, das Handelsgeschäft rettete die verbliebene Familie.
305
306 Die Belegschaft wuchs bis 1900 auf 400, 1913 beschäftigte die Firma 1068 MitarbeiterInnen, darunter noch immer ca. 100 Heimarbeiterinnen.
307 vgl. zur Kinderarbeit Milz 1962 – Das Kölner Grossgewerbe von 1750, und in Köln jüngst Kastner 2004 – Kinderarbeit im Rheinland.
308 vgl. Milz 1962 – Das Kölner Grossgewerbe von 1750, S. 44
309 vgl. Milz 1962 – Das Kölner Grossgewerbe von 1750, S. 44
310 vgl. Klersch 1969 – Volkstum und Volksleben in Köln, S. 59; vgl. Milz 1962 – Das Kölner Grossgewerbe von 1750, S. 44/45.
311 Weyden, S. 60.
312 vgl. Klersch 1969 – Volkstum und Volksleben in Köln, S. 59.
313 vgl. Lauing 1926 – Die Geschichte der Kölner Polizei, S. 106; vgl. Milz 1962 – Das Kölner Grossgewerbe von 1750, S. 93.
314 vgl. vgl. Thur 1976 – Um Schulen war es schlecht, S. 24; vgl. Milz 1962 – Das Kölner Grossgewerbe von 1750, S. 91 mit dem Verweis auf den Zeitzeugen Gothein.
315 vgl. Milz 1962 – Das Kölner Grossgewerbe von 1750, S. 45; vgl. Kastner
316 vgl. Schwerhoff 1991 – Köln im Kreuzverhör, S. 125–132.
317 vgl. Schwerhoff 1991 – Köln im Kreuzverhör, S. 147, und Kemp 1904 – Die Wohlfahrtspflege des Kölner Rates, S. 11.
318 vgl. Schwerhoff 1991 – Köln im Kreuzverhör, S. 98.
319 Ebd., S. 96 und 100.
320 vgl. dazu Franken, Hoerner 1987 – Hexen; Franken, Hoerner 2000 – Hexen. Verfolgung in Köln; Schwerhoff 1991 – Köln im Kreuzverhör; Hexenverfolgung im Rheinland 1996
321 Franken, Hoerner 1987 – Hexen, S. 97.
322 vgl. Roeseling 1999 – Das braune Köln, S. 36.
323 vgl. zu diesem Thema Schoppmann 1993 – Zeit der Maskierung, und Grau, Schoppmann 1993 – Homosexualität in der NS-Zeit.
324 zit. nach Schönwandt 1990 – Die Quelle.
325 vgl. Stankowski 1988 – Köln
326 Solche Skulpturen finden sich sowohl im Dom (ein geschnitztes Exemplar von Anfang des 16. Jahrhunderts hängt an der Säule benachbart zum Klarenaltar), als auch z. B. in St. Maria im Kapitol. Der Frauenbrunnen griff das Motiv gleichfalls auf.
327 zit. nach Frohn, Güttsches (Hg.) 1958-1961 – Ausgewählte Quellen zur Kölner Stadtgeschichte, Bd. 2, S. 55.
328 zit. nach ebd. Auch Caesar beschrieb schon einen ähnlichen Ritus, bei dem Frauen aus Rheinwirbeln weissagten.
329 vgl. Weber 1975 – Baden im Rhein, S. 148 f.
330 Edikt von 1616, zit. nach Weber 1975 – Baden im Rhein, S. 147.
331 vgl. Weber 1975 – Baden im Rhein, S. 150 f.
332 vgl. Weber 1975 – Baden im Rhein, S. 152 f.
333 Die billigen Pilgerherbergen lagen eher an der Peripherie. Weitere Hotelzentren der Neuzeit waren die Kutschen-Station Glockengasse und ab 1859 der Bahnhof.
334 vgl. Milz 1962 – Das Kölner Grossgewerbe von 1750, S. 90.
335 Kölner Ordnung von 1615/17, nach der niemand »*offene Herbergen und Wirtschaft* « betreiben darf, »*er habe denn solches ansich auf der Gudestags-Rentkammer erworben, deswegen seinen bürgerlichen Eid und Pflicht, auch die fernere gebühr vermög der alten Tafel daselbst wirklich geleistet.*« zit. nach Deeters 1996 – Wie wird man Kölner Bürger, S. 207.
336 vgl. Küntzel 2005 – Die Überwachung von Fremden, Klersch 1965 – Volkstum und Volksleben in Köln, S. 332.
337 vgl. Kemp 1904 – Die Wohlfahrtspflege des Kölner Rates, S. 23; Wensky 1980 – Die Stellung der Frau, S. 299–300.

338 vgl. Küntzel 2005 – Die Überwachung von Fremden, S. 8.
339 Kurz vor dem Einmarsch der Franzosen wurde diese Praxis eingeführt, vgl. Küntzel 2005 – Die Überwachung von Fremden, S. 11.
340 vgl. van Eyll 1978 – In Kölner Adressbüchern geblättert, S 13.
341 vgl. Klersch 1969 – Volkstum und Volksleben in Köln, Bd. 2, S. 57.
342 vgl. Wensky 1980 – Die Stellung der Frau, S. 18.
343 vgl. http://www.koelnerbrauerei-verband.de/html/koelschdatei/text4-3.htm
344 vgl. Korsch 1958 – Das materielle Strafrecht der Stadt, S. 44, Formulierung von 1552.
345 vgl. Wensky 1980 – Die Stellung der Frau, S. 18.
346 vgl. Klersch, Volkstum, Bd. 2, S. 54.
347 Riesbeck 1783 – Briefe eines reisenden Franzosen.
348 Aus Kölner Sicht lautete alle Schifffahrt nach Norden »niederrheinisch, alle nach Süden »oberrheinisch«.
349 Ernst von Schiller, zit. nach Mettele 1998 – Bürgertum in Köln 1775–1870, S. 23
350 vgl. Stankowski 1989 – Köln, Bd. 2, S. 36.
351 Stankowski 1989 – Köln, Bd. 2, S. 37.
352 Klersch 1969 – Volkstum und Volksleben in Köln, S. 54.
353 vgl. van Eyll 1978 – In Kölner Adressbüchern geblättert, S. 32.
354 vgl. auch http://www.stadt-koeln.de/fifawm2006/sehenswertes/altstadt/stapelhaus/index.html und den von der Verfasserin initiierten Eintrag »Stapelhaus« in Wikipedia.
355 vgl. zum Folgenden Broska 1996 – fluxusfrauen; Dörstel, Illner et al. 1993 – Das Atelier Mary Bauermeister.
356 Wie so oft in gemischten Künstler-Zusammenhängen nahm sie »Mutter«-Funktionen für verantwortungsbedrohte Kollegen ein: »*Ich habe alle ernährt und finanziell durchgezogen*«, zit. nach Broska 1996 – fluxusfrauen.
357 zit. nach Kunst + Projekte Sindelfingen e.V 2005 – Fama Fluxus Mythos Beuys.
358 zit. nach: Das Atelier Mary Bauermeister in Köln 1960–62, Köln 1993, S. 143.
359 zit. nach Broska 1996 -fluxusfrauen.
360 Bauermeister, Schüppenhauer et al. 2004 – Mary Bauermeister Katalog mit Interview-CD; vgl. Dörstel, Illner et al. 1993 – Das Atelier Mary Bauermeister.
361 Broska 1996 – fluxusfrauen.
362 Vgl. Clemen, Bd. 2.4, S. 436.
363 Vgl. Leiverkus 2005 – Köln, S. 176.
364 Vgl. Signon; Schmidt 2006 – Alle Straßen führen, S. 113.
365 Zit. nach Hässlin 1964 – Köln, S. 27.
366 Kölner Hausfrau vom 6.10.1907.
367 Köln wies 1890 281.650 Menschen, 1915 aber schon 656.083 EinwohnerInnen auf.
368 Vogts 1938 – Die Kölner Altstadtgesundung.
369 Bruno Koster im Westdeutschen Beobachter (der Kölner Nazizeitung) vom 30.8.1937, zit. nach: Frohn, Güttsches (Hg.) 1958–1961 – Ausgewählte Quellen zur Kölner Stadtgeschichte, Bd. 5, S. 60.
370 Vgl. Adenauer 1997 – Die Pflege der profanen Baudenkmäler.
371 Die folgenden Informationen beruhen auf Dehmel Juli 1987 – Mannheimer Rede von 1927; sowie mündlichen Auskünften von Inga Dickel, Gedok Köln (frühe 1990er Jahre); Gedok in Zusammenarbeit mit der Staatlichen Kunsthalle Berlin (Hg.) 1986 – Gegenlicht.
372 Dehmel Juli 1987 – Mannheimer Rede von 1927, S. 5.
373 Vgl. HAStK, Bestand 1138, 5.
374 Vgl. Mitgliederverzeichnis der Reichs-GEDOK 1932/3, Hamburg 1933, S. 36 ff., »Ortsgruppe Köln«.
375 Reicke 1984 – Die großen Frauen der Weimarer, S. 80.
376 Vgl. Stankowski 1988 – Köln, S. 101 f.
377 Dehmel Juli 1987 – Mannheimer Rede von 1927, S. 7.
378 Brief im Archiv Zanders, Bergisch Gladbach.
379 Vgl. Katalogheft, Archiv Zanders, Bergisch Gladbach.
380 Vgl. http://www.gedok.de.
381 Weyden 1960 – Köln am Rhein vor fünfzig, S. 15.
382 Vgl. van Eyll 1978 – In Kölner Adressbüchern geblättert, S. 17.
383 Vgl. Wensky 1980 – Die Stellung der Frau, S. 302.
384 Der Abschnitt verdankt wesentliche Impulse Finzsch 1990 – Obrigkeit und Unterschichten und seiner Habilitationsschrift.
385 Weyden 1960 – Köln am Rhein vor fünfzig, S. 15.
386 Aufgrund der Internationalisierung und Differenzierung des Reiseverkehrs und Furcht vor Terroranschlägen zog diese an den Flughafen wieder ein.
387 Vgl. Finzsch 1990 – Obrigkeit und Unterschichten, S. 199 ff.
388 Vgl. zum Folgenden Louis 1985 – Kölner Originale, S. 126 ff.
389 Vgl. Wrede (1965) – Neuer kölnischer Sprachschatz, Bd. 2, S. 27.
390 Von zwischenzeitlich 18 Stellen wurde bereits auf 6,5 abgespeckt.
391 Der Platz entstand erst durch die Sanierung vom 1935; eine Gedenktafel erinnert an den Gründer Winters.
392 Vgl. zum Folgenden die Darstellung des Theaters bei Kemmerling, Salchert 2002 – Mieh Hätz wie Holz, S. 145 f.; Wrede (1965) – Neuer kölnischer Sprachschatz (die Begriffe ›Hänneschen‹ und ›Bärbelchen‹); N.N. (1927): Das alte Kölner Hänneschen-Theater. Köln.
393 Kemmerling, Salchert 2002 – Mieh Hätz wie Holz, S. 145.
394 Der derzeitige städtische Leiter bezweifelte erstaunlicherweise in einer E-Mail an die Verfasserin vom 12.09.2007 die Existenz von Prinzipalinnen.
395 Vgl. Kemmerling, Salchert 2002 – Mieh Hätz wie Holz, S. 63.
396 Vgl. Kemmerling, Salchert 2002 – Mieh Hätz wie Holz, S. 153. Der frühere Name »Frau Käazmann« könnte darauf verweisen, dass es sich hier um eine raffinierte »Kääzemöhn« handelte.
397 Vgl. Kemmerling, Salchert 2002 – Mieh Hätz wie Holz, S. 145.
398 So Hugo Borger, vgl. Kemmerling, Salchert 2002 – Mieh Hätz wie Holz, S. 11; vgl. Hoven 24.2.1995 – Auch Tünnes war im Nazi; vgl. Dietmar 2005 – Kölner Mythen.
399 Vgl. Korsch 1958 – Das materielle Strafrecht der Stadt, S. 168 f.
400 Alle wichtigen besitzrechtlichen Veräsetungen auf der Homepage http://bierhaus.salzgass.de/pages.php?node=03/12/14/5577496.
401 Das prächtige Zunfthaus der Brauer stand bis 1928 in der Schildergasse.
402 Quelle zit. nach Ketsch 1984 – Frauen im Mittelalter, S. 161 f.
403 Vgl. http://www.koelner-brauerei-verband.de/ html/koelschdatei/text4-1.htm. 1520 wurden 27 Hockenbrauer überführt, darunter einige Bäcker, auch ein Gürtelmacher.
404 Kölnisches Stadtmuseum (Hg.) 1995 – Das neue Köln 1945, S. 593.
405 Vgl. Korsch 1958 – Das materielle Strafrecht der Stadt, S. 169.
406 Vgl. Scheiterer 09.01.2007 – Kölnische Bierwirtschaften um 1900.
407 Vgl. Rheinische Hausfrau vom 22.9.1907.
408 Hermann Ritter, zit. nach Hässlin 1964 – Köln, S. 256.
409 Vgl. Ernst Weydens Beschreibung in Weyden 1960 – Köln am Rhein vor fünfzig, S. 124.
410 Rheinische Hausfrau vom 22.9.1907.
411 Vgl. zum Folgenden Klersch 1969 – Volkstum und Volksleben in Köln, S. 60-61.
412 HAStK, Verf. und Verw. V 125, Bl. 72r.; vgl. Stein 1993 – Akten zur Geschichte der Verfassung, Bd. 2, Nr. 231, S. 374 f.

413 Zit. nach Institut für geschichtliche Landeskunde der Rheinlande der Rheinische Friedrich-Wilhelms-Universität Bonn 12. Juni 2006 – liber senectutis auf http://www.weinsberg.uni-bonn.de/Edition/Liber_Senectutis/ls10.htm.
414 Wiethase (Hg.) 1888 – Köln und seine Bauten, S. 615.
415 Die beliebte Karnevalssängerin tritt stets blau gewandet als weiblicher Köbes auf.
416 Vgl. Leiverkus 2005 – Köln, S. 113.
417 Thomas Coryat, zit. nach Signon 1982 – Alle Straßen führen durch Köln, S. 120.
418 Vgl. – auch zum Folgenden – Wensky 1980 – Die Stellung der Frau, S. 187 – 241.
419 Vgl. Wensky 1980 – Die Stellung der Frau, S. 194.
420 Der Reiseradius umfasste das Siegerland, Frankfurt, die Messen von Antwerpen, ganz selten auch England – ansonsten nutzten die Händlerinnen das etablierte Kommunikationsnetzwerk der Handelshäuser, vgl. Wensky 1980 – Die Stellung der Frau, S. 240.
421 Zum Folgenden vgl. Wensky 1980 – Die Stellung der Frau, S. 187 – 241.
422 Vgl. Wensky 1980 – Die Stellung der Frau, S. 301. – Von diese halboffiziellen weiblichen Bediensteten erhalten wir in den Quellen – wie so oft – fast nur im Falle von Verfehlungen nähere Hinweise.
423 Die folgenden Ausführungen lehnen sich an die Memoiren des Helden sowie an die Kurzbiographie der Ursula von Grote durch Rita Wagner (Kölnisches Stadtmuseum) an. Vgl. Casanova 1959 – Memoiren; Wagner – Casanova und die Kölner Bürgermeisterin.
424 Koelhoff, zit. nach Signon 1982 – Alle Straßen führen durch Köln, S. 113.
425 Vgl. Signon 1982 – Alle Straßen führen durch Köln, S. 115.
426 Zit. nach Signon 1982 – Alle Straßen führen durch Köln, S. 115.
427 Zit. nach http://www.csgkoeln.de/Texte/Chronik4WRep.htm
428 »*Dies sei um so skandalöser, als der Rat der Stadt die Höchstmaße festgelegt hatte, die von der Bauherrin überschritten wurden.*« http://www.licht-und-architektur.de/db/news/?news_id=72155; Architekten waren Waclaw Bieniasz-Nicholson und John Seifert.
429 Vgl. Brunn 1986 – Die Kölner Arbeitsnachweisanstalt; zum Dienstjahr Diederichs 1994 – Das große Kölner WeihnachtsBuch, S. 116.
430 Becker-Jákli 1988 – Fürchtet Gott, S. 334.
431 Text von Joseph Roesberg, zit. nach Klersch 1969 – Volkstum und Volksleben in Köln, S. 81.
432 Vgl. Konzept von 1863, zit. nach Becker-Jákli 1988 – Fürchtet Gott, S. 334.
433 Vgl. Apolant März 1916 – Die Mitarbeit der Frau. Preußen konnte die höchste Zahl karitativ tätiger Damen reklamieren, und zwar zwei Drittel. Zwar wirkten auch die meisten Männer, die in der Armenpflege tätig waren, ohne jegliche Ausbildung und Bezahlung, doch hatten sie andere Berufe, um ihren Lebensunterhalt zu verdienen.
434 Die Frau, H. 9, 25. Jg., 1918, S. 319.
435 Baum, Leserinbrief an die Kölnische Zeitung vom 15.2.1914.
436 Baum, Leserinbrief an die Kölnische Zeitung vom 15.2.1914.
437 Vgl. Stadtanzeiger vom 29.10. 1916 aus Anlass der Eröffnung der Sozialen Frauen-Hochschule in Köln; vgl. Franken 1995 – Ja, das Studium der Weiber.
438 Vgl. Ellscheid 1988 – Erinnerungen von 1896, S. 124.
439 Vgl. Jansen, Helmut 1960 – Prof. Dr. phil, S. 142; vgl. http://www.bautz.de/bbkl/l/lauer_am. shtml.
440 Vgl. Lemke 1986 – Herta Kraus, S. 223 – 226; Schirrmacher 2002 – Hertha Kraus; Zeitschriftenartikel aus dem Frauengeschichtsverein; Bestand HAStK 1138 (Stadtverband).
441 Vgl. Führer durch die Verwaltung 1930, S. 78 ff., »Volkswohlfahrt«.
442 Hartmann 1949 – Ehrung der Stadtverordneten Oberbürgermeister Görlinger, S. 448.
443 Vgl. Nyassi-Fäuster 1995 – Hertha Kraus 1897–1968, S. 95.
444 Vgl. Ellscheid 1988 – Der Stadtverband Kölner Frauenvereine, S. 34.
445 Vgl. Hartmann 1949 – Ehrung der Stadtverordneten Oberbürgermeister Görlinger, S. 448. Einweihung war am 1.11.1927.
446 Vgl. HAStK, Bestand 903, 112, Artikel vom 1.10.1931.
447 Das »Gesetz zur Wiederherstellung des Berufsbeamtentums« wurde erst am 7. April 1933 erlassen.
448 Vgl. Artikel in: Westdeutsche Neue Presse/Neue Rheinische Zeitung vom 15.7.54; Kölner Stadtanzeiger vom 17.7.54; Brief von S. Hartmann an OB Schwering vom 12.4.54, Bestand des Historischen Archivs 2, 57; Briefe von Hertha Kraus, Bestand 2, 59 und 62.
449 Dies vor allem Lehrerinnen und Sozialarbeiterinnen betreffende Gesetz »erodierte« erst nach 1945 langsam.
450 Magnus Hirschfeld: Die Homosexualität des Mannes und des Weibes (1914), zit. nach Kokula 1981 – Weibliche Homosexualität um 1900, S. 44.
451 Http://gutenberg.spiegel.de/schopenj/niederrh/ niede10.htm.
452 Vgl. zum Folgenden Wolff 2005 – Das Römisch-Germanische Köln.
453 Vgl. Hellenkemper (Hg.) 1975 – Römer-Illustrierte, H.2, S. 187.
454 Vgl. Walker 1983 – The woman's encyclopedia of myths, Stichworte »Jupiter« (S. 485) und »Trinity« (S. 1019 f.) sowie die Arbeit von Göttner-Abendroth.
455 Diederich 1995 – Geburtshilfe auf Fürsprache der hl. Elisabeth.
456 Frdl. Information von Frau Dr. Böhringer/HAStK.
457 Vgl. dazu die Texte von Heidebrecht/Nolte und von Walterfang 1922 – Studien zur Geschichte des Stiftes.
458 Zit. nach Gerchow, Marti 2005 – ›Nonnenmalereien‹, S. 150 mit Verweis auf ein Dokument im Staatsarchiv Münster.
459 Klersch 1969 – Volkstum und Volksleben in Köln, S. 51.
460 Wenn hochadelige Männer z.B. eine Kölnerin heirateten, was im Mittelalter bisweilen vorkam, wurden sie aus ihrem vornehmen Familienzweig gestrichen und gehörten nun dem geringerwertigen Stadtadel (Patriziat) an. Vgl. Walterfang 1922 – Studien zur Geschichte des Stiftes, S. 25.
461 Gerchow, Marti – Nonnenmalereien, S. 147 mit Verweis auf Hildegard von Bingen, Briefwechsel, 1965, S. 203.
462 Vgl. Johag 1977 – Die Beziehungen, S. 53 f., und Walterfang 1922 – Studien zur Geschichte des Stiftes, S. 27 f.
463 Vgl. Walterfang 1922 – Studien zur Geschichte des Stiftes, S. 9; Johag 1977 – Die Beziehungen, S. 165; Klersch 1969 – Volkstum und Volksleben in Köln, S. 52.
464 Vgl. Ennen 1984 – Frauen im Mittelalter, S. 139; Klersch 1969 – Volkstum und Volksleben in Köln, S. 51.
465 Vgl. Clemen 1911 – Die kirchlichen Denkmäler, S. 195; Frohn, Güttsches (Hg.) 1958-1961 – Ausgewählte Quellen zur Kölner Stadtgeschichte, Bd. 4, Nr. 22.
466 Witwen konnten vorübergehend Regentin werden; die Frauenzünfte wiederum wurden von bürgerlichen Frauen geleitet. Vgl. zum Folgenden auch Heidebrecht, Nolte 1988 – Leben im Kloster; Klersch 1965 – Volkstum und Volksleben in Köln.
467 Vgl. Militzer 1997 – Quellen zur Geschichte der Kölner; Oepen 1999 – Totengedächtnis und Stadtgesellschaft.

468 Wie in Rom St. Maria Maggiore; vgl. Kier 2001 – Kleine Kunstgeschichte Kölns, S. 61; vgl. zum Folgenden auch Signon 1982 – Alle Straßen führen durch Köln, S. 140; vgl. Clemen 1911 – Die kirchlichen Denkmäler, S. 192; Clemen 1911 – Die kirchlichen Denkmäler, S. 191.
469 Vgl. Clemen 1911 – Die kirchlichen Denkmäler, S. 191.
470 Vgl. Beutler 1956 – St. Maria im Kapitol, S. 2 f.
471 Vgl. z.B. Schäfke 1984 – Köln romanische Kirchen, S. 167.
472 Vgl. Köln grüßt Jerusalem, http://www.kirche-koeln.de/doc/ftf_jerusalem.htm.
473 Vgl. Clemen 1911 – Die kirchlichen Denkmäler, S. 246.
474 Fast alle Schwestern gründeten im 11. Jahrhundert bedeutende Kirchen.
475 Auch ihre Schwester Richeza, die Ex-Königin von Polen, die in Köln bzw. im nahegelegenen Brauweiler lebte, beteiligte sich.
476 Mündliche Information von Hiltrud Kier auf der »Frauenführung durch romanische Kirchen« 1985, vgl. auch Kunst- und Ausstellungshalle der Bundesrepublik Deutschland (Bonn), Ruhrlandmuseum Essen (Hg.) 2005 – Krone und Schleier, S. 91.
477 Der Knabe wurde am 8.5.1962 (!) durch Papst Johannes XXIII. heiliggesprochen.
478 Vgl. Hilger 1985 – St. Maria im Kapitol, S. 18; Kunst- und Ausstellungshalle der Bundesrepublik Deutschland (Bonn), Ruhrlandmuseum Essen (Hg.) 2005 – Krone und Schleier, S. 334/5. Über der sogenannten Sängerempore, von der aus gestiftete Singmessen zelebriert wurden, sind die Wappen des Paares Hardenrath und Schlösgen noch deutlich erkennbar.
479 Vgl. Roeseling 1999 – Das braune Köln, S. 57/48.
480 Vgl. Clemen 1911 – Die kirchlichen Denkmäler, S. 193.
481 Vgl. Clemen 1911 – Die kirchlichen Denkmäler, S. 222.
482 Vgl. Kunst- und Ausstellungshalle der Bundesrepublik Deutschland (Bonn), Ruhrlandmuseum Essen (Hg.) 2005 – Krone und Schleier, S. 196 f.
483 Ab dem Spätmittelalter finden wir einen »Hofrichter« an ihrer Seite. Vgl. Schulte 1919 – Der Hohe Adel im Leben, S. 39, und Walterfang 1922 – Studien zur Geschichte des Stiftes, S. 12 ff.
484 Vgl. Schulte 1919 – Der Hohe Adel im Leben, S. 41.
485 Was diese versäumt, hat Carola Stern mit ihrem Artikel über Dorothea Veit-Schlegel in einem Artikel: Franken/Kling-Mathey, S. 255 – 260, bzw. in ihrer Biographie nachgeholt.
486 Zit. nach http://www.epochenapoleon.de/pages/texte/herz/schlegel.htm (bzw. http:// www.epochenapoleon.net/1464.html »Herz«).
487 Vgl. Brandts 1895 – Die katholischen Wohlthätigkeits-Anstalten und -Vereine, S. 14–23 und Kölner Adressbücher.
488 Vereinigung »Rechtsschutzstelle für Frauen« (Hg.) 1905 – Städtische und private Wohlfahrtseinrichtungen, S. 108.
489 Vgl. Meyer-Renschhausen 1989 – Weibliche Kultur und soziale Arbeit, S. 293.
490 Vgl. Neue Bahnen, Jg. 1903, S. 102, zit. nach Meyer-Renschhausen 1989 – Weibliche Kultur und soziale Arbeit, S. 299.
491 Signon 1982 – Alle Straßen führen durch Köln, S. 128.
492 Schreiber 1907 – Kinderhorte, S. 150.
493 Vgl. Wensierski 2006 – Schläge im Namen des Herrn.
494 Vgl. Voß 1952 – Geschichte der, S. 229 ff.
495 Cardauns 1985 – Riehler Straße 13, S. 62.
496 Voß 1952 – Geschichte der, S. 230.
497 Cardauns 1985 – Riehler Straße 13, S. 65.
498 An der akademischen Bildung teilhaben konnten bildungshungrige junge Damen nur in der Schweiz (seit 1864 in Zürich haben sich immatrikuliert). In Deutschland gewährten im 19. Jahrhundert einige Universitäten die Teilnahme an Vorlesungen als Gasthörerin (z.B. Heidelberg 1869, Leipzig 1870/71, Breslau 1886, Bonn 1896).
499 Angabe des Bundesamtes für Statistik 2007: Im Schuljahr 2004/05 waren es genau 55,8 Prozent.
500 Vgl. Voß 1952 – Geschichte der, S. 323; HAStK, Bestand 1067 sowie Bestand Chroniken und Darstellungen, S. 11 (Manuskript Kreutzer).
501 29. April 1903; die dort angebrachte Gedenktafel erinnert nur an das Apostelgymnasium, nicht an das für die Hälfte der Menschheit so wichtige erste Mädchengymnasium!
502 Vgl. Fäuster 1996 – Wir würden einem Übermaß. S. 50 und 57.
503 Zit. nach Voß 1952 – Geschichte der höheren Mädchenschule, S. 325.
504 Vgl. zum manifesten Antisemitismus im Schulumfeld Fäuster 1996 – Wir würden einem Übermaß.
505 Voß 1952 – Geschichte der, S. 327.
506 Vgl. Clemen 1911 – Die kirchlichen Denkmäler, S. 223 f.
507 Ein Dank an Martin Stankowski für seine aufmüpfige Herangehensweise an Kölner Heilige.
508 Ggf. durften auch mal PilgerInnen im Haus übernachten.
509 Vgl. Jütte 1984 – Obrigkeitliche, S. 294, und Schantz 1888 – Die Conventsstiftungen, S. 306.
510 Vgl. Kulenkampff 1989 – Die Marienbruderschaft.
511 Zu einer weiblichen Bruderschaft vgl. Conrad 1995 – Die Kölner Ursulagesellschaft.
512 Asen 1927 – Die Beginen in Köln, S. 87.
513 Johag 1977 – Die Beziehungen, S. 165.
514 Interessant zu dieser Entwicklung der gewichtige Band Frank, Moll (Hg.) 2006 – Kölner Krankenhaus-Geschichten.
515 Corbin 1989 – Das ›trauernde Geschlecht‹, S. 75.
516 Vgl. Roeseling 1999 – Das braune Köln, S. 47.
517 In het Panhuis (Hg.) 2006 – CD-Rom, S. 183: »*Der Amerikanische Vergnügungs-Park in Köln hatte 1913 als dauerhafte Attraktion neben Jongleuren und Trapezkünstlern auch ›Hede – Halb Mann! Halb Weib!‹ in seinem Programm, die/der vermutlich im Abnormitätenhaus bzw. -theater auftrat.*« Mit Verweis auf die Kölner Gerichts-Zeitung vom 10.06.1906, S. 3 bzw. die Rheinische Zeitung vom 18.05.1906, S. 10.
518 In het Panhuis (Hg.) 2006 – CD-Rom, S. 21; Stadt-Anzeiger 07.12.1902, S. 10.
519 Stephan Oettermann in Kosok, Jamin (Hg.) 1992 – Viel Vergnügen, S.96.
520 Vgl. Oettermann 1992 – Alles-Schau; verharmlosend rechtfertigte der damalige Zoodirektor Gunther Nogge 2001 eine Art Aktualisierung: »*Nicht ohne Grund hat es in früheren Jahrzehnten Völkerschauen in den Zoologischen Gärten gegeben. Heutzutage rümpft man über Völkerschauen die Nase – und fährt lieber selber nach Afrika, um die Menschen vor Ort wie in einem Völkerkundemuseum anzugaffen und abzulichten.*«, zit. nach: Jahresbericht der Aktiengesellschaft Zoologischer Garten Köln, S. 26.
521 Die Beschreibung ihrer Beerdigung auf dem Melatenfriedhof spricht von dem ohrenzerreißenden Schreien und den Ekstasen der »Kriegsweiber«, vgl. dazu Volckmann 1992 – Der Dialog mit den Toten.
522 Vgl. van Eyll 1978 – In Kölner Adressbüchern geblättert, S. 62/3.
523 Vgl. Winfried Gessner: Inklusen http://www.geldria-religiosa.de/Frauenkloester/Inklusen%20WEB%20%202.html.
524 Vgl. den Aufsatz Signori 1992 – Eingemauertes Frauenleben.

525 Vgl. HAStK 1067, Nr. 274 (1913); Nr. 275. Zu Else Falk vgl. Ellscheid 1983 – Der Stadtverband Kölner Frauenvereine; Roecken 1995 – Else Falk 1872–1956; Roecken 1995 – Der Stadtverband Kölner Frauenvereine.
526 Vgl. Was ist und was will der Fünfte Wohlfahrtsverband? Dokument vom 15.10.1926, abgedruckt in Hüppe (Hg.) 1989 – Freie Wohlfahrt und Sozialstaat, S. 89 ff.
527 Der Wohlfahrtsverband ging 1934 in die Nationalsozialistische Volkswohlfahrt (NSV) über. 1945 wurde er als Deutscher Paritätischer Wohlfahrtsverband neu begründet.
528 Vgl. HAStK, Bestand 1138, 54, Flugblatt: Was will die Müttererholungsfürsorge der Frauenhilfe?
529 Berufsfrauenhaus vgl. HAStK, Bestand 1138, 5, und 1138, 7; s.a. Kölner Stadtanzeiger vom 25.4.1952, Westdeutsche Neue Presse vom 25.4.1952 u.a.m.
530 Vgl. HAStK, Bestand 1138, 46, Mitteilungen des Amtsgerichts vom 20.9.1933 (Ausscheiden von Else Falk).
531 Zeitungsartikel/Druckfahne Über Zweck und Erfolge der vom Kölner Frauenverein für alkoholfreie Gast- und Erholungsstätten e.V. bewirtschafteten Speisewirtschaften bzw. Trinkhallen von Macco, undatiert, HAStK, Bestand 1138, 49.
532 Vgl. Macco 1931 – Die GOA-Gaststätten in Köln, ebd.
533 Macco 1931 – Die GOA-Gaststätten in Köln, S. 44.
534 Vgl. Macco 1931 – Die GOA-Gaststätten in Köln.
535 Macco 1931 – Die GOA-Gaststätten in Köln.
536 Macco 1931 – Die GOA-Gaststätten in Köln.
537 Ellscheid 1983 – Der Stadtverband Kölner Frauenvereine, S. 51.
538 HAStK, Bestand 1138, 51.
539 HAStK, Bestand 1138, 11 (Einladung vom 28.3.1933 von A. Neven DuMont zu einer Besprechung am 4.4.1933) und 12 (Einladung vom 22.3.1933 von A. Neven DuMont zu einer Besprechung am 23.3.1933).
540 HAStK, Bestand 1138, 11.
541 HAStK, Bestand 1138, 60, Brief vom 5.7.33 (Aufforderung der NS-Frauenschaft an alle Kölner Frauenverbände zur Teilnahme an einer Versammlung).
542 HAStK, Bestand 1138, 43 (Bericht über die Auflösung des Stadtverbandes am 22.5.1933, Schlußwort von Hedwig Pohlschröder-Hahn).
543 Vgl. HAStK, Bestand 1138, 43.
544 Deren Waren hießen übrigens »Herrenkleider«; heute ist das Wort Kleider »gegendert«, d.h. mit dem weiblichen Geschlecht markiert und Männer erschauern bei dem Gedanken, Kleider tragen zu sollen. So ändern sich die Zeiten und Begriffe.
545 Vgl. van Eyll 1978 – In Kölner Adressbüchern geblättert, S. 50–58.
546 vgl. van Eyll 1978 – In Kölner Adressbüchern geblättert, S. 56.
547 Roeseling 1999 – Das braune Köln, S. 44.
548 De Cunfektion – Klersch 1969 – Volkstum, S. 82 mit Verweis auf das Liederbuch der großen Karnevalsgesellschaft 1886, S. 65.
549 Kölner Tageblatt vom 3.11.31.
550 Westdeutscher Beobachter vom 29.3.1933.
551 Vgl. Matzerath (Hg.) [1989] – Jüdisches, S. 158.
552 Vgl. Fuchs 1991 – 100 Jahre Kaufhof Köln, S. 3; Fuchs 1996 – »Arisierung des Warenhauses«; EL-DE-Haus e.V. 1988 – Arisierung in Köln.
553 Silbermann 1989 – Verwandlungen, S. 101.
554 Tietz o.J.(1966) – Interview mit verschiedenen, S. 34 f.
555 Vgl. Fuchs 1996 – »Arisierung des Warenhauses, S. 81.
556 1936 wurde auch das »vormals Leonhard-Tietz A.-G.« fallengelassen; bis heute sind die Besitzstände nicht ganz geklärt.
557 Klein-Meynen, et al. (Hg.) – Kölner, S. 201–204.
558 Vgl. van Eyll 1978 – In Kölner Adressbüchern, S. 58.
559 Fuchs 1991 – 100 Jahre Kaufhof Köln, S. 82.
560 Fuchs 1996 – »Arisierung des Warenhauses«, S. 82.
561 http://www.galeria-kaufhof.de/sales/coco/co_unternehmen_0101_125_schaufenster.asp?FLEXID=0.
562 Vgl. Menne 1989 – Kulturgeschichte, S. 32.
563 Kuske 1939 – 100 Jahre Stollwerck-Geschichte, S. 89.
564 Kuske 1939 – 100 Jahre Stollwerck-Geschichte, S. 89.
565 Vgl. HAStK, Nachlass 1068 – Gustav von Mallinckrodt, S. 477 f.
566 Dies ab 1899; vgl. Kölner Hausfrau vom 21.4.1907 und vom 25.11.1906 sowie Mumm 1906 – Die Pflichtfortbildungsschule des weiblichen Geschlechts, S. 73 f.
567 Sie zog 1912 gleichfalls in die Südstadt, sogar in einen ehemaligen Beginenkonvent (Jakobstraße 37). Die Stadt Köln stellte jeweils die Gebäude.
568 Vgl. Romberg 1916 – Das gewerbliche Unterrichtswesen, S. 95.
569 Akten Hauptstaatsarchiv Düsseldorf, Reg. Köln 7621, zit. nach Wevering 1990 – Prostitution in der, S. 197.
570 Vgl. dazu Schwerhoff 1991 – Köln im Kreuzverhör, besonders die Kapitel »Die Kriminalisierung der Prostitution«, »Unzucht und Ehebruch«, »Sexualität, Ohnmacht und Gewalt«, »Kindesmord, Abtreibung und Aussetzung«.
571 Vgl. Kemp 1904 – Die Wohlfahrtspflege, S. 36, und Irsigler, Lassotta 1984 – Bettler und Gaukler, S. 179–228. Zuletzt Stein 1995/96 – Sozialhistorische Aspekte der städtischen.
572 Der berühmteste Fall ist der von Anita Augspurg, die sich 1902 in Bahnhofsnähe quasi verhaften ließ, um auf die Missstände aufmerksam zu machen – vgl. die humoristische Aufbereitung von Widmann, Willy: Frl. Doktors Verhaftung, in: Die Frauenbewegung 1902, S. 172.
573 Vgl. Klersch 1969 – Volkstum und, S. 88.
574 Keun 1979 – Gilgi, eine von uns, S. 32 f.
575 Schmidt 1992 – Kölsche Stars, S. 34.
576 Vgl. Schmidt 1992 – Kölsche Stars, S. 35.
577 Sta vom 14.2.1930, 218.
578 Vgl. Steimel 1958 – Kölner Köpfe, S. 150.
579 Vgl. In het Panhuis 2006 – August Kopisch.
580 Zit. nach Hilgers 2001 – Die Herkunft der Kölner Heinzelmännchen, S. 27.
581 Zit. nach Hilgers 2001 – Die Herkunft der Kölner Heinzelmännchen, S. 27.
582 »Dat Lehd vun dä Heizemänncher«, zit. nach Hilgers 2001 – Die Herkunft der Kölner Heinzelmännchen, S. 38, vgl. auch Mies 1951 – Das kölnische Volks- und Karnevalslied, S. 57.
583 Zu Kopischs Männerpräferenz vgl. zuletzt In het Panhuis (Hg.) 2006 – CD-Rom zum gleichnamigen Buch Anders, S. 66.
584 Wobei zu ihrer Verteidigung gesagt werden muss, dass Frauen in den meisten bürgerlichen Vereinen der Zutritt lange verwehrt wurde, wie Mettele herausgestellt hat: Mettele 1998 – Bürgertum in Köln 1775–1870.

Register

1848er-Revolution 25, 84, 94, 112, 137
4711 15, 49

Aachener Weiher 262
Äbtissin 45, 146, 154 f., 230–242, 245
Abtreibung 99, 112, 126, 215, 272
Ackermann, Henriette 110
Adenauer, Gussie 188
Adenauer, Hanna 186
Adenauer, Konrad 185, 224 ff.
agisra 20
Agnes de Cervo 258
Agrippa 95
Agrippina 54, 77–80, 95, 105, 170
Akademie für praktische Medizin 90
Albertusstraße 75
Allegorie 77–80, 95–97
Allgem. Deutscher Frauenverein 30, 71, 214
Alpheid 235
Alt St. Alban 129, 127 f.
Altenkirch, Alexe 64, 71–74, 187 ff., 227
Alter Markt 33, 69, 80, 97, 129, 137–150
Alter Wartesaal 20 f.
Am Bollwerk 175
Am Hof 65–77, 285 ff.
Amerikahaus 254
Amme 55
An der Pauluskirche 90
An Farina 112
Andreae, Nina 72, 187–190
Andries, Carola 190
Anna Theresia Ludovica von Ingelheim 242
Anna von Köln 146
Anneke, Mathilde Franziska 26, 105, 112
Anti-Alkohol-Bewegung 23, 125 ff., 194, 205, 268 f.
Antike 13, 25, 37, 55, 77, 79, 132, 148, 168, 171, 229, 236, 159
Antoniterkirche 143
Arbeiterwohlfahrt 59, 225
Arbeitskreis Kölner Frauenvereinigungen 272
Arbeitsvermittlung 218 ff.
Archäologin 23, 27, 137
Aristoteles 43, 103
Armut, Armenbewegung 30, 36 ,51, 58–63, 84, 87–92, 97, 124, 132, 137, 139 ff., 154, 156–164, 183, 211, 220 f., 230–232, 246, 257–258, 267, 273
Art deco 20, 283
Artothek 79
Aschaffenburg, Maja 188
Aston, Louise 26
Auerbach, Ida 17
Auerbach, Johanna 17
Auf dem Brand 164
Auf dem Rothenberg 185, 197
Auguste Victoria 20, 90
Augustinerplatz 263
Augustinerstraße 228
Augustus 54, 79, 95
Auskunfts- und Beratungsstelle in Frauenberufsfragen 123
Automatenrestaurant 278 f.

Bab, Bettina 249
Bachem-Sieger, Minna 58–61, 252
Baden 32, 77, 114, 117 ff., 131, 170–173
Bahnhofshilfe 17
Bahnhofsmission 14–19, 58
Bahnhofsvorplatz 20, 29
Balthasar 42 f.
BankerIn 72, 81 f., 208 f.
Bar Charlott 283
Bar Chérie 283
Barth, Carola 255
Bauermeister, Mary 76, 181
Baum, Marie 222
Baumann, Sally 274
Bäumer, Gertrud 56 f.
Beelgin Guster 208 f.
Beethovenstraße 251
Beginen 22, 39, 104, 152–160, 173, 200, 204, 212, 231, 249, 257, 267
Berbuer, Karl 79
Berufskolleg Ehrenfeld 280
Berufskolleg, Lindenstraße 123
Berufspädagogisches Institut 223
BettlerIn 22 f.
Beuys, Joseph 129
Bevölkerungspolitik 87–92
Bildung 30, 71, 74, 98, 108, 122 ff., 222, 249–253, 267
Bill, Max 181
Birkelin, Gottfried 215 f.
Blankenheimerstraße 133
Blau-Gold-Haus 49
Bockmaier, Wally 284
Bodenheimer, Rosa 58, 107, 266
Bodenheimer, Rosa
Boisserée, Sulpiz 24
Boltensternstraße 223
Bolz, Scholastika (Bolze-Lott) 112, 194
Bolzengasse 212
Bordell 15 f., 20, 167, 171, 185, 282
Börse 32, 74, 206, 209–212
Börsengässchen 209 ff.
Brabanter Hof 66
Brandt, Willy 226
Brassart, Catharina 100
Brauckmann, Carolina 249
BrauerIn 102, 125, 176, 199–203, 236, 248
Brauhaus 130, 199–203
Braut 27 f., 114, 117–119, 215 f.
Brecht, George 182
Brigida von Kildare 154
Brigidenhospital 155 f.
Brigittengässchen 150–160
Broelmann, Cathringin 207 f.
Brors, Marianne Christine 251
Broska, Inge 183
Brückenstraße 280–283
Brügelmann, Aenne 188
Brügelmann, Caroline 162 f.
Brügelmann, Friedrich Wilhelm 161 f.
Brügelmann, Lene 188
Brügelmannhaus 162
Bruloffshaus 215 f.
Brunnen 49, 53, 69 f., 80, 112 f., 118, 138, 152, 180, 285 f.
Bruno I. 153, 230, 238
Bund Deutscher Frauenvereine 85, 271

Bundesverband Bildender Künstlerinnen und Künstler NRW 179
Bürgerrecht 99–103
Bürgers, Ruthilde 72, 75
Bürgerstraße 93, 101
Buschgasse 268
Buschulte, Wilhelm 240

Cäcilienstraße 77, 228, 262 ff.
Cage, John 182 f.
Cardauns, Helma 251, 253
Caro, Clara 266
Casanova, Giacomo 210 f.
Caspar 42 f.
Caspary, Anna 74
Castans Panoptikum 260
Cauer, Minna 108
CCAA (Colonia Claudia Ara Agrippinensium) 33, 54, 78
CDU 110
Centrum Schwule Geschichte 168
Chlotar 233
Christmann, Pauline 85, 108
Christo und Jeanne Claude 182 f.
Classen, Marie 83
Claudius 54, 78 f.
Clay, General 226
Clemen, Paul 39
Cölner Hochschule für Kommunale und Soziale Verwaltung 222
Cölner Verein für Hauspflege e.V. 91, 220, 266
Colonia 33, 78–80, 96 f., 138, 170
Cunningham, Merce 182

Damen-Institut Brors 249
DDP 73
De Groote, Franz Jacob 210, 244
De Heers, Augustina 105, 169
Dehmel, Ida 186
Deichmannhaus 29–32
Demonstrationen 94 f.
Deter, Ina 215
Deutsche Frauenfront 68
Deutsche Frauenwerk 75, 189
Deutsche Gesellschaft für Mutter- und Kindesrecht 58, 90
Deutscher Bund abstinenter Frauen 125 ff.
Deutscher Evangelischer Frauenbund 58, 108
Deutscher Frauenverein für Krankenpflege in den Kolonien 67
Deutscher Frauenverein vom Roten Kreuz für die Kolonien 65–68
Deutscher Lyzeumsklub 266
Deutscher Paritätischer Wohlfahrtsverband (DPWV) 266
Deutz 58, 116, 162, 172, 191 f., 262
Devery, Mary 249
Dickel, Marianne 190
Dienstmädchen 14–18, 69, 83, 140 f., 218–220
Dietrich II. 265
Dinges, Christiane 75
Dionysos-Mosaik 55
DNVP 73
Dom 34–46
Dombauhütte 44, 52, 56–64
Dombaumeisterin 53

Domforum 46–48
Domhof 46–51, 56-65, 93
Domhof e.V. 65
Domhotel 51
Domin, Hilde 255
Domizlaff, Hildegard 190
Domschatzkammer 27 f.
Dornröschen, Lokal 166
Dransfeld, Hedwig 108, 223
Dreikönigenpförtchen 255 f.
Dreikönigenschrein 34, 42
Droste-Hülshoff, Annette von 9, 25 f., 213
Druckerin 85–87
DuMont, Katharina 86
DuMont, Marcus 87
DuMont-Schauberg 87
Dünner, Julia 228
Düntzer, Emilie 252

Eau de Cologne 49, 105, 121 f.
Eisenmarkt 100, 197 f.
Elisabeth von Katzenelnbogen 231
Ellscheid, Claire 228
Ellscheid, Rosemarie 31, 223, 228
Elogiusplatz 224
Elsaßstraße 246
Emil-und-Laura-Oelbermann-Stiftung 145
Emma 112
Engelbert von der Mark 39
Engelbertstraße 251
Epona 53
Erkens, Josephine 52, 228
Ernst, Max 188
Erster Weltkrieg 30 f., 56, 94, 125, 160, 217, 220, 266, 282
Esch, Grete 224
Essen, Gerda von 188
Esser, Adele Josefine 65 ff.
Evangelische Bahnhofsmission Köln 17, 58
Evangelisches Krankenhaus Weyertal 144
Evangelisches Mädchenheim 144

Fachhochschule für Sozialwesen 221
Falk, Bernhard Selmar 265
Falk, Else 189, 265–272
Farina 72, 121 f.
Farina, Johann Anton 122
Farina, Johann Maria 122
Farina, Maria Magdalena 122
Farina, Maria Theresia Hieronymus 122
Feminale 112
Fia upper Bach 100
Firmenich, Johannes Matthias 286
Fischmarkt 173, 179 ff., 183
Flaneurln 280 f.
Fondation Corboud 127
Francke-Roesing, Charlotte 66
Franken, Irene 11, 13, 54, 104 f., 133–137, 196, 224, 248 f.
Fränkin 27 f., 112
Franziskanerinnen 37
Französische Anstalt für Töchter der höheren Stände Le Haaß 249
Frauenamt 195 f.

Frauenbewegung 30–32, 36, 53–62, 73–75, 82, 90, 106–112, 122 f., 133, 147, 175, 188, 196, 212, 223–225, 245, 249, 265, 270 f., 284
Frauenbrunnen 112
Frauenbund der deutschen Kolonialgesellschaft 65–68
Frauenförderung 195
Frauenfriedensverein 214
Frauenrechtlerin 8, 17, 59, 64, 72, 209, 225, 270
Frauenschule 67, 114
Frauenskulpturen am Ratsturm 105
Frauenstimmrecht 30 f., 58, 63, 71, 103, 106–108, 111, 214, 266
Frauenstimmrechtsgruppe Köln 107
Frauenwohlfahrtspolizei 52, 228
Frauenzünfte 100, 120, 135 f.
Frauenzünfte 100, 120, 135 f.
Fremdenpolizei 174
Friedhof 114, 155, 218, 229, 256, 262
Friedrich Wilhelm III. 47
Friesenstraße 23, 246
Frigga 200
Fuchs, Marie-Rose 190
Fygen (Sofia) Lützenkirchen 105, 135 f.

Gaffel 99–103, 120, 175, 206
Galerie Schüppenhauer 183
Geburt 87–92
Gedenkstein 166 ff.
Gedok 75, 128, 186–190, 267, 272, 284
Gefängnis 50 f., 142 f., 164 f., 193 f.
Geldwechslerln 208 f.
Gelinck, Martha von 270
Georgsplatz 175
Gereon 18, 44, 85, 169, 237, 246, 251
Gereonswall 18, 246
Gerhard, Adele 56 f., 252
Gericht 50 f., 94, 99 f., 140–142, 206, 234, 242 f., 265, 268
Gerl-Falkovitz, Hanna-Barbara Prof. 46
Germanln 34, 53 ff., 77, 80, 200, 229
Gerokreuz 34–41
Geschlechtsrollenwechsel 149 ff.
Gesellschaft der Lichtbildner 284
Gesellschaft für Mutter- und Kindesrecht 58
Gesellschaft für Soziale Reform 84
Gesellschaft für Sozialen Fortschritt 84
Ghetto 93, 115
Gleichstellungsamt 195 f.
Gnauck-Kühne, Elisabeth 223
GOA (Gaststätten ohne Alkohol) 267 ff.
Goethe, Ottilie von 25 f.
Goldschmiedln 120, 127, 190, 272
Goldspinnerin 120
González, Muriel Athenas 249
Gotik 24, 35, 41, 45, 97, 103 f., 129, 178, 212, 216
Göttin 13, 34, 39, 53 f., 77–79, 154, 200, 229, 236
Graf Spiegel zu Desenberg 47
Graß, Margarethe 48
Greven, Wilhelm 221
Griechenmarkt 132, 163, 260, 273
Griet und Jan 139

Grohé, Gauleiter Josef 111
Gropp, Elsbeth 188, 190, 284
Groß St. Martin 103, 150, 152–160, 179, 185 f.
Große Budengasse 81
Große Neugasse 164
Große Sandkaul 263
Gschlössl, Ina 228
Gürzenich 62, 70, 82, 127, 171, 212–218, 232
Gürzenichstraße 60, 263, 272

Haaß, Louise 250 f.
Hacht 50 f.
Haep, Gundi 104
Hahnenstraße 262
Haidwigis de Mulnheim 102
Hallensleben, Ruth 284
Hänneschen-Theater 197 ff.
Hansasaal 97
HarnischmacherInzunft 272
Hartmann, Sibille 110, 225, 227
Hauptbahnhof 14–20, 60
Haus Farina 121
Haus für berufstätige Frauen 267
Haus Maulbeer 224
Haus Quatermarkt 215 f.
Haus Saaleck 75 f.
Haus zum Peter 134
Hebammen 88, 147, 222
Hegemann, Martha 188
Heinrich III. 238
Heinzelmännchen 285 f.
Hennes, Frau Rektor 223
Henot, Katharina 105, 112, 165
Hermann Gryn 95
Hermann-Josef 240
Herr, Gigi 152
Herr, Trude 152
Herz, Henriette 243
Herzberg, Sophie 254
Hesse, Johanna 75
Heumarkt 124, 134, 138
Hexen 50, 112, 115, 164 ff., 194 ff.
Hildegard von Bingen 45 f., 231
Hindenburg, Paul von 111
Hirschfeld, Magnus 214, 226
Hl. Barbara 43
Hl. Brigida 154
Hl. Catharina 43
Hl. Christina von Stommeln 159
Hl. Cordula 27
Hl. Drei Könige 34, 37, 42, 44, 169, 255 f.
Hl. Irmgardis 39–41
Hl. Kümmernis 41 f.
Hl. Laurenz 84
Hl. Margaretha 43
Hl. Petrus 37, 41, 53
Hl. Ursula 8, 38, 40 f., 44 f., 104, 112 f., 128, 168 f., 210 f., 213, 230, 237
Hochschulstudium für Frauen 30, 71, 74, 122 ff., 222, 250–253, 267
Hoffmann, Ottilie 125
Hohe Pforte 201
Hohe Straße 81, 260–284
Hohenstaufenring 144
Höhere Handelsschule für Mädchen 123
HökerInnen 103, 141
Hollar, Wenzel 287

299

Homosexuelle 166 ff., 261, 272
Hopmann, Antonie 227
Hospital Ipperwald 88
Hoymann, Marie 254

Ibach, Aline 254
Ichenhäuser, Eliza 10 f.
Ida van der Pfalz 238
Ida, Äbtissin 105, 238, 240 f.
Immunitätstor 255
In der Höhle 127
In der Höhle 127, 215 f.
Inkluse 264
Innozenz X. 246
Internationaler Lyzeumsclub 75
Isabellensaal 70, 214
Israelischer Kindersparverein 132 f.
Israelitischer Frauenverein 17, 58, 89, 133

Jakobstraße 157
Jameson, Anna 25
Jansen, Fasia 215
Jan-von-Werth-Brunnen 80, 139
Jelinek, Camilla 82
Joest, Adele 72, 262 f.
Joest, Carl 72, 262
Joest, Wilhelm 262
Johann Hardenrath 240, 256
Johanna-Hesse-Haus 75
Johanneskapelle 40
Juchacz, Maria (Marie) Luise 59–65, 109, 226 ff.
Judengasse 93, 114, 119
Judenpütz 117
Judinporz 93
Jüdischer Frauenbund 133
Juliana von Lüttich 173
Jülichplatz 121
Julius Cäsar 95

Kaiserhof 284
Kamelle 118
Kanonissen 230–238
Kapitolstempel 235 f.
Karl der Hammer 235
Karneval 12, 49, 78–80, 137 f., 145–152, 160, 171, 210–213
Kartäuserwall 176
Kaserne 172, 225
Kasinostraße 229, 242–248
Kästchenverein 132 f.
Katharina van Hemessen 127 f.
Katholischer Deutscher Frauenbund 17, 58 f., 61, 108, 223, 252
Kaufhaus Tietz 272–278
KeltIn 55, 154
Kessel, Else 75
KetzerInnen 45, 159
Keun, Irmgard 105, 282
Kieselwalter, Edith Gwen 134
Kinderarbeit 163 f., 247
Kirschmann-Roehl, Elisabeth 109, 228
Klapperhof 123
Klarenaltar 34, 37 f.
Klausnerinnen 264
Kleine Budengasse 76–78, 81
Kleine Sandkaul 218
KlöpplerIn 163

Kloster 12, 37, 45, 101, 105, 128, 146, 154 f., 163, 179, 200, 230–238, 245–250, 264
Klosterfrau Melissengeist 46–48, 105
Klotz, Maria 198
Klotz, P. 198
Klug, Witwe 172
Klüngel 12, 45, 97
Knipp, Maria 72
Köbes, Köbine 205
Koch- und Haushaltungsschule 279 f.
Koelhoff, Chronist 213
Kollwitz, Käthe 217 f.
Kölner Frauen- und Mädchenbildungsverein 108
Kölner Frauen-Fortbildungs-Verein 123, 214, 279 f.
Kölner Frauengeschichtsverein 11, 13, 54, 104, 133, 136, 196, 224, 248 f.
Kölner Frauen-Klub e.V. 30, 70–75, 187–189, 214, 276
Kölner Frauenverein für alkoholfreie Gast- und Erholungsstätten 268 f.
Kölner Funken 131
Kölner Handelshochschule 30, 123
Kölner Hausfrau 124
Kölner Hilfsverein für Wöchnerinnen, Säuglinge und Kranke 87, 92
Kölner Initiative gegen sexistische und menschenverachtende Werbung im öffentlichen Raum 196
Kölner Lehrerinnenverein 30
Kölner Stimmrechtsverein 107
Kölner Verschönerungsverein 286
Kölnisch Wasser 49, 105, 121 f.
Kölnische Zeitung 47, 86 f.
Kolonialismus 65–68, 260 f.
Komödienstraße 29, 260
Königin-Augusta-Halle 280
Königstraße 255
Konstantin 95
Konvent 152–160, 212, 230, 232, 242, 257 f., 284
Kopisch, August 285 f.
Korth, Sophia 99, 101
KPD 64, 110, 212, 224
Kraus, Hertha 33, 73, 105, 117, 185–189, 223–227, 267, 272, 278
Krautwig, Peter 221
Kreis, Wilhelm 275
Kreuzzug 114
Kriminalität 18 f., 51, 69, 142 f., 149 f., 164 f., 167, 171, 190, 192 ff., 206, 233
Kroh, Heinz 282
Kronenberg, Christine 13, 195 f.
Krukenberg, Elsbeth 74
Krupp, Alfred 261
Kultur 30, 70–75, 128, 186–190, 214, 267, 272, 276, 284
Kunegundis Overstolz 258
Kuttenkeulerschule 251
Kyllburgerstraße 133

Lang, Else 187
Lange, Sophie 55
Langenbach, Anneliese 112
Lauer, Amalie 105, 223–227
Laurenzgittergässchen 82
Laurenzpfarre 115
Laurenzplatz 84

Le Duc, Clementine 250 f.
Leidgens, Karola 75
Lent, Eduard 89
Leo IX. 238
Lesben 166 ff.
Leutner, Barbara 195
Levi, Deigen 81
Lewald, Fanny 9, 23, 25
Leyden, Maria von 70
Liebigstraße 91
Linckin, Catharina Margaretha 150
Lindemann, Anna 270
Lintgasse 138, 181 ff., 185
Lochner, Lisbeth 127
Lochner, Stefan 34, 44, 119, 127, 129, 217
Löwenkampf 96
Lüdicke, Marianne 166
Ludwigstraße 280
Luxus 34, 77, 120, 215

Mädchenbildung 30, 71, 74, 98, 108, 122 ff., 249–255
Mädchenheim 18, 266
Mädchenschutz 15–19, 31, 52
Madonna 34–45, 76, 129, 236, 239 f.
Malzbüchel 190
Malzmühle 202
Marcks, Gerhard 259
Maria van Oisterwijk 159
Maria von Burgund 213
Maria von Medici, Königin 40
Marianischer Mädchenschutzverein 17
Marienkapelle 37, 39, 44
Marienkirche 36, 228, 234, 238
Marienplatz 229, 248–255
Markmannsgasse 183, 191–197
Marktfrau 139, 140–143, 180
Marktfrieden 142
Markthalle 211, 274
Marsplatz 69, 129–132
Marthastift 18, 175, 218
Martin, Maria Clementine 46–48, 105
Martinspförtchen 140, 150
Martinstraße 127, 212
Marx, Fanny 132
Mataré, Ewald 217
Matronen 17, 34, 53–55, 155, 169
Matuszewski, Nina 249
Mauthgasse 176, 179
Maximilian, Kaiser 212 f.
May, Petra 128
Meistermann-Seeger, Edeltrud 284
Melaten 48, 142, 155, 248, 262
Melchior 42 f.
Mendelssohn-Bartholdy, Edith 190
Menn, Dorothea 85–87
Menn, Johann Georg 85
Mertens, Louis 24
Mertens-Schaaffhausen, Sibylle 10, 23–27, 137, 150
Meurer, Adele Luise 58, 71 f.
Meuter, Hanna 228
Mevissen, Gustav (von) 71
Mevissen, Mathilde von 71 f., 83, 105, 107, 123, 253, 265 f.
Mevissen, Melanie von 71
Meyer, Fanny 199

Meyer-Plock, Gertrud 64
Mikwe 114, 117–119
Millowitsch, Emma 152
Minoritenstraße 284
Miss Marples Schwestern 11
Mondgöttin 34
Montgelas, Pauline Gräfin 66 f.
Morisot, Berthe 128
Mühlengasse 160–164
Müller, Gertraut 38
Mumm (von Schwarzenstein), Elisabeth von 72, 74, 107, 122 ff., 265, 280
Museum Ludwig 22, 183
Museum Ludwig 52, 128

Napoleon 47
Nationale Frauengemeinschaft (NFG) 56–65, 187, 220, 266, 270
Nationalliberale Partei 59, 83, 265
Nationalsozialismus 68, 75, 93, 111 f., 116, 133, 138, 166 f., 185 f., 189, 199, 214 f., 223 ff., 262, 267–276
Nationalsozialismus 33
Nehalennia 53
Neumarkt 30, 94, 138, 251, 262
Neven DuMont, Alfred 32
Neven DuMont, Alice 32, 90–92, 187, 267, 270
Neven DuMont-Straße 58
Nickel, Laura 143
Nikuta, Marie Luise 205
Noël, Matthias Josef de 24
Noitburgiskapelle 257
Nordtor 33, 53, 229, 272
NSDAP 111 f.

Obenmarspforten 120 f., 127
Oelbermann, Emil 143
Oelbermann, Laura 72, 90, 143 f.
Oevel, Grete 188
Oppenheim, Salomon 81 f.
Oppenheim, Simon 82
Oppenheim, Therese 72, 81 f.
oppidum ubiorum 53 f., 77
Orfgen, Samy 152
Ostermannbrunnen 152
Ostermannplatz 152
Österreich, Maximilian Franz von 231
Otto II. 40, 238
Otto III. 238
Otto IV. 42
ÖTV 168
Overstolzenstraße 90

Paalzow, Henriette von 25
Päffgen, Anna 202
Paik, Nam June 182 f.
Palladium 274
Paragraf 175 167
Pastor, Alice 189
Patriziat 77, 96 ff., 100, 104, 121, 158, 231, 240, 280
Perlengraben 23
Pest 69, 115, 234
Peter Lützenkirchen 135 f.
Peter von Amiens 114
Petrarca, Francesco 170
Pferdmenges, Dora 188
Pfründnerln 155 f., 232 f., 257

Pilgerln 8, 40 f., 48, 168, 230
Pippin der Mittlere 235
Pippinstraße 224, 228, 260, 262
Plektrudis 105, 235 f.
Pogrom 114 f., 267
Pohlschröder-Hahn, Hedwig 73, 271
Portalsgasse 85, 93
Pranger 142
Prätorium 77, 114
Preuß. Volksschullehrerinnenverein 30
Prinzipalin 197
Prostitution 19, 52, 130, 247, 255, 282
Prozession 54, 170–173, 228–238, 255 f.
Prozession 54, 170, 173, 228, 230, 232, 234, 238, 255 f.
Publius Cornelius Tacitus 54, 78

Quatermarkt 127, 215 ff.
Quatermarkt 127, 215 ff.

Radegundis 233
Radtke, Marion 152
Rassismus 65–68
Rathaus 79, 85, 87, 89, 93–111, 114–119, 127, 137 f., 142, 174, 217, 223, 273
Rathaus, Spanischer Bau 79, 87, 106
Rathauslaube 95 f.
Rathausplatz 85, 87, 93 f., 114–120, 142
Ratsfrau 105, 109
Ratsherr 11, 93, 98, 101, 106, 134, 138, 163, 204
Ratskapelle »St. Maria in Jerusalem« 119
Ratssaal 97
Ratsturm 48, 103 ff., 111, 135, 137, 224, 226, 236, 249
Ratsturmdebatte 104 f.
Rautenbach, Laura 90, 108
Rautenstrauch, Adele 262 f.
Rautenstrauch, Eugen 262 f.
Rautenstrauch-Joest-Museum 263
Rechenberg, Margrit Freifrau von 189
Rechtsschutzstelle für Frauen 30–32, 82 f., 125, 222
Reformgaststätte 126 f.
Regenbrecht, Katharina 248 f.
Regentin 8, 78, 237
Reichshallen 284
Reichsvereinsgesetz 108
Reissdorf, Gertrud 202
Reliquien 27 f.
Renaissance 24, 44, 95, 128, 132, 144
Rhein 56
Rheinbrücke 55, 166 f., 190 ff., 194 f., 207, 217, 262
Rheingasse 209
Rheinisch-Westfälischer Frauenverband 57, 214
Rheinpark 175
Rheinromantik 174
Rheinufer 56–65, 166–176
Richartz, Johann Heinrich 128
Richeza, Königin 40
Richter, Marianne 190
Riehler Heimstätten 225 f., 267
Riesbeck, Johann Kaspar 87, 176
Riesen, Oberbürgermeister 269
Riphahn, Wilhelm 267
Ritual 49, 117 ff., 147, 157, 170 f.

Rohling, Frl. Doktor 72
Rokoko 121, 210
Roma 79
Romantik 24, 69, 78, 80, 174, 186, 193, 213, 243 f.
Römerin 33, 112
Römerturm 33, 38
Römisch-Germanisches Museum 53–55
Roncalliplatz 29, 33, 49–52, 65, 138
Rosenbach, Ulrike 39, 75, 129
Rosenstengel, Anastasius Lagarantinus 149 f.
Rothgerberbach 123
Rubenshaus 198
Rüling, Anna 74

Saito, Takako 183
Salomonsgasse 283
Salonkultur 85–87
Salzgasse 176, 185, 199–204
Säuglings- und Mütterheim Auguste Victoria 90
Säuglingsmilchanstalt 91, 222
Säuglingssterblichkeit 89
Schaaffhausen, Abraham 24
Schallenberg, Witwe 199
Schätzerln 208 f.
Schauberg, Gereon Arnold 85
Schauberg, Gertrud 87
Schauberg, Katharina (Maria) 87
Schier, Christian Samuel 79 f.
Schildergasse 127, 279
Schiller, Charlotte 174
Schirrmacher, Käthe 214
Schlacht von Worringen 96
Schlegel, Dorothea und Friedrich 24, 243 f.
Schloss, Louis 274
Schlüter, Iris 198
Schmitz, Hermann Harry 19
Schmitz-Imhoff, Käthe 188 ff.
Schmugglerln 192 ff.
Schneider, Anna 108
Schneiderln 273
Schock-Werner, Barbara 53
Schopenhauer, Adele 25 f.
Schopenhauer, Johanna 9, 35, 45, 183, 213, 228
Schröder, Baronin von 188
Schule für kommunale Wohlfahrtspflegerinnen 221 f.
Schulz, Gertrud 226 f.
Schumacher-Köhl, Minna 109 f.
Schürmann, Anna Maria van 9, 13, 105
Schürmann, Joachim 155
Schürmann, Margot 155
Schutzmantelfigur 38, 55, 76, 79 f., 169, 232
Schwarzer, Alice 53
Schwering, Ernst 224
Schwester Bertha und Geizmut 264
Schwimmen 170 ff.
Schwule 166 ff.
Seidenmacherinnenzunft 133–137
Sela Jude 105, 156 f.
Selter, Lie 195 f.
Senatssaal 98
Sibilla Schlösgen 240, 256
Siegesgöttin 77

Silvanstraße 268
Simon, Helene 84
Sinnen, Hella von 152
Sinti 186
Sionsthal 90
Sollmann 226
Sophia van der Pfalz 238
Sophia von Broickhusen 201, 248
Sozialdienst Katholischer Frauen 20
Sozialistengesetz 108
SPD 56–59, 84, 108 ff., 195, 225, 252, 270, 272
Speyer-Kaufmann, Clara 108
Spinola, Laura 26
Spitz, Helene 254
Spizig, Angela 196
St. Brigiden 131, 153–156
St. Cäcilien 230
St. Clara 38
St. Gereon 44, 169, 237, 251
St. Josefshaus 90
St. Maria ad gradus 22
St. Maria im Kapitol 228–248
St. Mauritius 146
St. Nikolaus 257, 264
St. Paulus 94
St. Severin 55, 114
St. Ursula 213, 230, 237
Stadtcölnische Rechtsauskunftsstelle für Unbemittelte 83
Stadthaus 60, 218–227
Städtische Beratungsstelle 88
Städtische Zentralstelle für Säuglingsfürsorge 91
Stadtmauer 33, 79, 97, 132, 166, 173–175, 184, 229, 232
Stadtverband Kölner Frauenvereine 29–33, 58 f., 111, 157, 187 f., 223, 225, 265–272
Stankowski, Martin 178
Stapelhaus 173, 176–179, 186
Stein, Edith 72, 105
Steinweg 132
Sternengasse 198, 202, 278
Stockhausen, Karlheinz 181 ff.
Straus-Ernst, Luise 188
Sturm, Vilma 152
Subkultur 167, 199
Suffragetten 106, 166
Sülzer, Witwe 174
Surmann, Elisabeth 251
Synagoge 18, 44, 114–119
Szilard, Frieda 133

Teusch, Christine 105, 228
Teusch, Käthe 228
Textilindustrie 60, 135 ff., 143, 158, 161 ff., 182, 188, 208
Theater 77, 139, 182, 197 ff., 209
Theo-Burauen-Platz 79–83
Theophanu, Kaiserin 40, 105, 238
Theudebert, Hausmeier 28
Thierry, Elisabeth (Lisette) 198
Thomas Cook 51
Thomas von Aquin 103
Tietz, Alfred 276
Tietz, Flora 274
Tietz, Leonhard 274, 277
Tietz, Margarete 276 f.
Toni von Langsdorff 254

Trankgasse 23–26, 29, 34, 56
Transgender 42
Trauernde Eltern 217 f.
Treitschke, Heinrich von 287
Treskow, Elisabeth 190
Trimborn, Jeanne 17
TrinkerIn 199–205
Tünnes und Schäl 150 f.
Tyrakowski, Marlene 249

Ubierin 112
Ubierring 223, 263
Ulbricht, Walter 226
Ulrepforte 176
Ungers, Oswald Mathias 128
Universität zu Köln 50, 79, 199, 267 f., 276
Unter Goldschmied 82–92, 112, 120–124, 127
Unter Käster 137, 208
Unter Taschenmacher 76
UnternehmerIn 8, 46 ff., 70, 72, 86, 99, 101, 122, 135 f., 161–164, 198, 202, 220, 268 f., 274, 277
USPD 110

Van Lennep, Ternaen 134
Van Zutphen, Durgin 40, 208
Vaterländischer Frauenverein 31, 89 f., 214, 276
Veit, Johann und Philipp 244
Verband für Frauenstimmrecht (Westdeutscher/Deutscher) 107 f.
Verein der Sozialbeamtinnen 225
Verein Fünfter Wohlfahrtsverband 266
Verein für Hauspflege 87, 91, 220, 266
Verein für Soziales Recht 223
Verein für Studentinnenheime 223
Verein gegen den Missbrauch geistiger Getränke 188
Verein Katholischer Deutscher Lehrerinnen 214
Verein Müttererholung und Mütterschulung 266
Verein weiblicher Angestellte 123
Verein zur Verbesserung der Frauenkleidung 30
Vereine zur Fürsorge für arme Wöchnerinnen 89
Vereinigung Kölner Fotografen 284
Vereinigung Rechtsschutz für Frauen 82, 125
Vereins- und Versammlungsrecht 84 f.
VerkäuferIn 275
Viktoria 77
Vinzentinerinnen 245 ff.
Vipsania Agrippina 54
Vogts, Maria 73
Volksküche 60 f., 126, 222, 266
Volmerspforte 205
Vor St. Laurentius 82
Vostell, Wolf 182

Wagner, Dora 190
Waidmarkt 94
Waisenrat 124
Walk, Rainer 180
Wallraf, Ferdinand Franz 24, 56, 86 f., 92, 244
Wallrafplatz 272, 285
Wallraf-Richartz-Museum 127 f., 217
WappenstickerIn 272
Warenhaus Tietz 72, 92, 189, 273–279
Wartesaal 20 f.
Weber, Helene 61 f., 227
Weberstraße 262
Wehrgasse 164
Wehrpflicht 175 f.
Weiberfastnacht 139, 145–148
Weimarer Republik 17, 65, 73, 92, 166, 185 f., 212, 218–220, 265
Weinhaus Brungs 132
Weinsberg, Christian von 101
Weinsberg, Herrmann von 101, 138, 163, 204
Weinsbergstraße 280
Wensierski, Peter 247
Wensky, Margret 207
Wenzel, Luise 59–64, 74, 83, 107
Werkbund-Ausstellung 58
Westdeutsche Kaufhof AG 277
Weyden, Ernst 51, 163, 286
Wilgefortis 41 f.
Wilhelm II. 20
Winters, Elisabeth (Lisette) 198
Winters, Johann Christoph 198
Wirkschule 162 ff.
Wirminghaus, Else 30, 62, 270
WirtIn 102, 130, 173 f., 203
Wisigarde 27 f.
Wöchnerinnenvereine 87–92
Woensam, Anton 153, 176 f.
Wohlfahrt 18, 52, 59, 61, 87, 99, 108, 117, 124, 127, 133, 218–228, 266 f.
Wohlfahrtsschule 18, 218–225
Woker, Gertrud 214
Wollspinnerin 121, 161
Worringer, Emmy 72

Yambga 262

Zanders, Margarethe 188
Zanders, Olga 74
Zauberflöten, Chor 168
Zentrumspartei 109 f., 223 f.
Zollhaus 192, 205
Zum alten Capitol 229
Zum Goldenen Horn 120
Zum Grin 203
Zum Pörtzgen 155
Zum Putz, Maria Ursula Columba 210 f.
Zünfte 11, 13, 39, 96–104, 112, 120, 125 ff., 134–137, 161, 173, 175, 179 f., 201–203, 219, 272
Zweiter Weltkrieg 12, 20 f., 104, 154, 162, 199, 211, 215, 217, 259, 272

Bildnachweis

Öffentliche und Firmenarchive:

Archiv Bachem Verlag: *139, 149, 287 unten*
Archiv der deutschen Frauenbewegung Kassel: *85*
Archiv der sozialen Demokratie Bonn: *62*
Archiv des Katholischen Frauenbundes Köln: *108*
Archiv Fa. Klosterfrau: *46, 48*
Archiv Fa. Tonger: *71 oben*
Archiv Frau und Musik Frankfurt/Main: *21 unten*
Archiv Neven DuMont Verlag: *57, 86 unten*
Baron-Thyssen-Bornemisza Castagnola Sammlung: *101*
Centrum Schwule Geschichte: *167 oben*
Dombauverwaltung: *53*
Fotoarchiv Die Turmkoop | koelnderfrauen: *11, 35, 50 oben, 51, 56, 133, 137, 147, 171, 172 oben, 188 oben, 190, 229, 267, 273 unten, 283 oben, 283 unten, 287 oben*
Galerie Schüppenhauer *181 (Fotos: Peter Fürst): 182*
Gedok: *187, 188 unten*
HAStK: *111 unten, 271*
Johann Maria Farina: *123*
Jüdischer Frauenbund: *17 unten*
Kölner Frauengeschichtsverein: *4, 17 oben, 30, 31, 39, 45 Mitte, 52, 54, 58 oben, 58 unten, 63, 68, 70, 78, 83 oben, 86 oben, 89, 104 unten, 110 unten, 114, 135, 136, 162, 163, 166 unten, 177 unten, 194, 195 unten, 201, 210, 212, 214, 215, 219 unten, 220, 222, 223 oben, 224, 246, 248, 252 oben, 265; 109 unten (Dr. E. Sautter), 110 oben (Helena Eschweiler), 134 (Maria Pooth), 173 (Frau Rischmann)*
Kölnisches Stadtmuseum: *71 unten, 151 unten*
Stadtkonservator: *13, 95, 97, 105, 135 unten, 157, 166 oben, 223 unten, 226, 236, 253*
Rheinisches Bildarchiv: *12, 15, 24, 33, 40 unten, 66, 69, 76, 88, 92, 93, 96, 98, 119 unten, 120, 124, 138, 140, 141, 142, 143, 145 unten, 154, 155, 165, 169, 177 oben, 192, 193, 203, 213, 216, 219 oben, 221, 228, 236, 240, 256, 260, 272, 273, 279, 280, 281 oben, 281 unten*
Rheinisch-Westfälisches Wirtschaftsarchiv (RWWA): *47 unten*
RWWA/4711-Museum Muelhens-Archiv: *49*
Sal. Oppenheim jr. & Cie.: *81, 82*
Schnütgen Museum: *230*
Theaterwissenschaftliche Sammlung Schloss Wahn: *198 unten*
Tina Farina: *121 unten, 122*
Westdeutsche Kaufhof AG Archiv: *275 oben, 276*
Zanders-Archiv: *64*

Private Leihgeber:

Chlubek, Uta (Fotografin): *19 unten, 21, 28 oben, 38 unten, 80, 111, 235, 237 links, 241 oben und unten, 259*
Kroh, Hella: *172 unten, 282 links, 282 rechts, 270*
Kronenberg, Christine: *196*
Franken, Irene: *37, 40 oben, 41, 55, 79, 104 oben, 115, 128, 197, 227 oben, 283 oben*
Palm, Hilde: *255*
Selter, Lie: *195 oben*
Theodor von Rautenstrauch: *263*

Aus Literatur:

Amman, Jost; Sachs, Hans: Das Ständebuch: *121 oben, 230 unten*
Aurnhammer, Achim (Heidelberg 2004): Petrarca in Deutschland. Ausstellung zum 700. Geburtstag: *170*
Bender, Franz, Bützeler, Theodor (1914): Kleine illustrierte Geschichte von Cöln und Umgebung: *184*
Brunn, Gerhard (Hg.) (Köln 1986): Sozialdemokratie in Köln. Ein Beitrag zur Stadt und Parteiengeschichte: *109 oben*
Carstens, Cornelia, Höver, Stefanie, Stange, Heike (Berlin 1999): Frauen an der Spree. Ein Spaziergang durch die Geschichte: *19 oben*
Chiappe, Jean-François: Die berühmten Frauen der Welt von A-Z: *243 unten*
Clemen, Paul (1911): Die kirchlichen Denkmäler. Die Kunstdenkmäler der Stadt Köln, Bd. 2,1: *153, 257*
Clemen, Paul (1930): Die profanen Denkmäler. Die Kunstdenkmäler der Stadt Köln, Bd. 2,4: *178*
Collis, Louise (Berlin 1986): Leben und Pilgerfahrten der Margery Kempe. Erinnerungen einer exzentrischen Lady: *8*
Cronau, Günter, Kersting, Petra (Hg.) (Arnsberg 1990): unbeschreiblich weiblich. Eine Dokumentation zur Geschichte der Frauen in Arnsberg von 1848 bis 1945: *9*
Custodis, Susanna, Heimann, Gisberta et. al. (Köln 1930): 75 Jahre der Schule Le Duc – Haass – Brors – Surmann und Kuttenkeuler, jetzt Katholisches Lyzeum und gymnasiale Studienanstalt an St. Gereon. 1855 – 1930: *251, 254*
Das alte Kölner Hännesschen-Theater. Die dritte Gabe für Freunde rheinischer Volkskunst (Köln 1931): *198 unten*
Dietmar, Carl (Rheda-Wiedenbrück 1997): Chronik Köln: *103*
Dietmar, Carl (Köln 2004): Das mittelalterliche Köln. Der historische Stadtführer durch Köln: *22, 28 unten, 38 oben, 43, 44, 45 oben, 77, 117, 118, 237 rechts*
Ditgen, Peter, Euler-Schmidt, Michael, Pohlmann, Andreas et al. (Hg.) (Köln 1995): Köln auf alten Ansichtskarten. Aus der Sammlung Peter Ditgen: *278*
Ditgen, Peter, Schäfke, Werner, Kölnisches Stadtmuseum (Hg.) (Köln 1996): Köln auf alten Ansichtskarten. Kölner Stadtbild. Aus der Sammlung Peter Ditgen: *14, 211*
Döpper, Franz B. (Hamburg 1986): Köln und seine alten Firmen. Unter Mitarbeit der Ges. für Dt. Wirtschaftsgeschichte: *84*
Een tipje van de sluier. Vrouwengeschiedenis in Nederland (Nijmegen 1978): *250 unten*
Erbstößer, Martin (Leipzig 1987): Ketzer im Mittelalter: *45 unten*
Förster, Otto Helmut (Berlin 1931): Kölnische Kunstsammler vom Mittelalter bis zum Ende des bürgerlichen Zeitalters. Ein Beitrag zu den Grundfragen der neueren Kunstgeschichte: *27*
Fox, Sally (München/Hamburg 1985): Frauenfleiss. Ein immerwährendes Tagebuch: *102, 159*
Frank, Monika, Moll, Friedrich (Hg.) (Köln 2006): Kölner Krankenhaus-Geschichten: *90*
Franken, Irene, Hoerner, Ina (Köln 2000): Hexen. Verfolgung in Köln: *99, 205*
Gerhard, Melitta (Hg.) (Bern/München 1963): Das Werk Adele Gerhards als Ausdruck einer Wendezeit: *252 unten rechts*
Hart und zart. Frauenleben 1920 – 1970 (Berlin 1990): *275 unten*
Hiller, Irmgard, Vey, Horst (Hg.) (Köln 1969): Katalog der deutschen und niederländischen Gemälde bis 1550: *128*
Hoeber, Karl (Köln 1940): Minna Bachem-Sieger und die deutsche Frauenbewegung: *61, 252 unten links*
Houben, Heinrich Hubert (Essen 1935): Die Rheingräfin. Das Leben der Kölnerin Sibylle Mertens-Schaaffhausen. Dargestellt nach ihren Tagebüchern und Briefen: *23, 26*
Hunold, Heinz-Günther, Leifeld, Marcus (Hg.) (Köln 2005): Vom Stadtsoldaten zum Roten Funken. Militär und Karneval in Köln: *132 unten*
Janetzki, Ulrich (Hg.) (Frankfurt/Main 1982): Ottilie von Goethe. Goethes Schwiegertochter; ein Porträt: *25 unten*
Jung, Werner (Köln 2002): Das neuzeitliche Köln. Der historische Stadtführer: *18, 36, 259 rechts*

Jung, Werner (Köln 2005): Das moderne Köln. Der historische Stadtführer: *167 unten, 217 oben,* 261

Keckeis, Gustav (Zürich 1956): Lexikon der Frau: *183, 217 unten*

Kier, Hiltrud, Gechter, Marianne (Hg.) (Regensburg 2004): Frauenklöster im Rheinland und in Westfalen, 238

Kier, Hiltrud, Schäfke, Werner (Köln 1987): Die Kölner Ringe. Geschichte und Glanz einer Straße: *145 oben*

Kindermann, Gisela (Hg.) (1987): Frauen verändern Schule. Berlin: 243

Klapisch-Zuber, Christiane, Opitz, Claudia, Duby, Georges, Perrot, Michelle, Wunder, Heide (Frankfurt/Main 2006): Mittelalter: *50 oben, 158, 233, 239, 264 unten*

Klersch, Joseph (Köln 1961): Die kölnische Fastnacht: *151 unten, 152, 160*

Kloek, Els (Hilversum 1994): Women of the Golden Age. An international debate on women in seventeenth-century Holland, England and Italy: *180*

Köln-Bergheimer Zeitung 1.2.1890: *16 unten*

Kölner Bilderbogen, H. 74 (1966): 286

Kölner Frauen- Klub e.V. (Hg.) (Köln o.J.): Bücherei des Kölner Frauenklubs: 74

Kölner Frauengeschichtsverein (Hg.) (Münster 1995): »Zehn Uhr pünktlich Gürzenich«. Hundert Jahre bewegte Frauen in Köln. Zur Geschichte der Organisationen und Vereine: *32, 129, 185, 225, 268, 269*

Kölner Frauen-Klub (Köln 1908): Festabend des Kölner Frauen-Klub e.V.: 73

Kölner Hänneschen-Theater ([Köln, ca. 1890]): Text der Gesänge aus der von Hänneschen und Bestevader travestirt bearbeiteten Operette Der Bettelstudent in plattkölnischem Dialect in 3 Acten: 199

Kölnische Gesellschaft für Christliche und Jüdische Zusammenarbeit (Hg.) (Köln 1988): Hundert Jahre deutscher Rassismus. Katalog und Arbeitsbuch: 106

Kuhn, Annette, Bodarwé, Katrinette (Hg.) (Dortmund 1992): Die Chronik der Frauen: *59, 119 oben, 207, 231*

Kühn, Heinz (1981): Wilhelm Sollmann. Rheinischer Sozialist, Kölner Patriot, demokratischer Weltbürger: *227 unten*

Leonhard Tietz AG (Köln 1929): 50 Jahre Leonhard Tietz. 1879 – 1929: *274, 277*

Mathar, Franz (Köln 1996): Zeugen Kölner Brau-Kultur 1396 –1996. Ausstellung zur 600-Jahrfeier der St.-Peter-von-Mailand-Bruderschaft: 200

Meyer, Gertrud; Wiessing, Mathijs C. (Hg.) (Hamburg 1978): Gertrud Meyer, die Frau mit grünen Haaren: 94

Parisse, Michel (Le Puy 1983): Les nonnes au Moyen Age: 232

Rahmeyer, Ruth (Stuttgart 1988): Ottilie von Goethe. Das Leben einer ungewöhnlichen Frau: 25

Rheinisch-Bergischer Kreis: Rheinisch-Bergischer Kalender. Heimatjahrbuch für den Rheinisch-Bergischen Kreis (Bergisch Gladbach 1977): 189

Sass, Anne, Bischof, Thomas (Köln 1994): Mehr als nur »Kwartier Latäng«. Leben am Rathenauplatz: 144

Schäfke, Werner (Köln 1992): Köln in Vogelschauansichten. Die Bestände der Graphischen Sammlung des Kölnischen Stadtmuseums: 206

Schäfke, Werner (Köln 1995): Das neue Köln 1945 - 1995. Eine Ausstellung des Kölnischen Stadtmuseums in der Josef-Haubrich-Kunsthalle Köln: 202

Schlegel, Dorothea, Weissberg, Liliane (Frankfurt/Main 1987): Florentin. Roman, Fragmente, Varianten: 244

Schmitt-Rost, Hans (Köln 1952): Altkölnisches Bilderbuch. Eine nachdenkliche Wanderung durch Zeiten und Räume: *148, 234*

Schwann, Mathieu: F. W. Brügelmann Söhne. 1820 – 920: 161

Segre, Bruno (Milano 2000): Gli Ebrei in Italia: 116

Signori, Gabriela (Köln 1992): Eingemauertes Frauenleben. Eigensinn und Selbstaufgabe. In: Franken, Irene, Kling-Mathey, Christiane: Köln der Frauen. Ein Stadtwanderungs- und Lesebuch: *264 oben*

Soden, Eugenie von (Stuttgart 1914): Stellung und Aufgaben der Frau im Recht und in der Gesellschaft: *16 oben*

Specht, Agnete von, Haus der Bayerischen Geschichte (Hg.) (Regensburg 1998): Geschichte der Frauen in Bayern. Von der Völkerwanderung bis heute: 107

Spies, Wilhelm (Köln 1924): Der schaffende Rhein: 191

St. Vinzenz-Hospital Köln-Nippes. Zur Eröffnung des Erweiterungsbaues am 25.1.1928 (Köln 1928): *245, 247*

Steidele, Angela (Köln 2004): In Männerkleidern. Das verwegene Leben der Catharina Margaretha Linck alias Anastasius Lagrantinus Rosenstengel, hingerichtet 1721. Biographie und Dokumentation: 150

Steimel, Robert (Köln 1958): Kölner Köpfe: *47 oben, 65, 67, 72 links und rechts, 75, 91, 284*

Uitz, Erika (1988): Die Frau in der mittelalterlichen Stadt. Stuttgart: *100, 131, 132 oben, 209*

van Eyll, Klara (Köln 1978): In Kölner Adreßbüchern geblättert: 174

van Eyll, Klara (Köln 1993): Alte Adreßbücher erzählen ... Leben und Alltag in Köln: *250 unten*

Vereinigung „Rechtsschutzstelle für Frauen, Köln« (Hg.) (Köln 1905): Städtische und private Wohlfahrtseinrichtungen der Städte Köln, Mülheim am Rhein und Kalk: 125

Weber-Kellermann, Ingeborg (München 1983): Frauenleben im 19. Jahrhundert. Empire und Romantik, Biedermeier, Gründerzeit: 258

Wedderkop, H. von (München 1928): Köln, Düsseldorf, Bonn. Was nicht im Baedecker steht: *111 oben*

Werkstatt für Ortsgeschichte Köln-Brück (Köln 2000): Kneipen, Kotelett, Karneval. Vom Essen, Trinken und Feiern: 126

Wieger, Hermann (Köln 1925): Handbuch von Köln: *29, 285*

Wolf-Graaf, Anke (Weinheim/Basel 1983): Die verborgene Geschichte der Frauenarbeit. Eine Bilderchronik: *204, 208*